# 한국의 증권시장

Securities Market

전양진

pnc publishing and culture
피앤씨미디어

# 머리말

주식시장은 실물경제를 반영하는 거울이다. 실물경제는 매우 다이내믹하게 살아 움직이는 생명체 같다. 당연히 이를 반영하는 증권시장도 끊임없이 경제와 더불어 진화하고 발전하면서 변화를 거듭하는 속성을 가지고 있다.

21세기에 들어서면서 우리나라 증권시장은 엄청난 변화를 거듭했다. 2005년은 주식시장에서 아주 중요한 변화들이 한꺼번에 발생한 시기라고 할 수 있다. 시장의 구조적 변화에 있어서 가장 두드러진 현상은 시장의 규모를 키워서 해외시장과 경쟁을 하려는 시도가 있었다.

즉, 주식 유통시장의 거래소시장과 코스닥시장을 하나의 조직산하로 통합한 조치이다. 이 조치는 기존의 두 시장이 치열한 경쟁을 통하여 시장의 효율성을 증대하고 이런 과정을 통해 시장이 경쟁력을 확보한다는 이점 대신, 통합으로 인한 금융시장에서의 규모의 경제효과에 더욱 비중을 두는 조치로 평가된다. 이런 결단이 결과적으로 어떻게 나타날 것인지에 대해서는 장기적으로 관찰이 필요할 것 같다.

시장 내부적인 변화로는 우선 통합거래소 출범과 함께, 이를 대표할 수 있는 주가지수가 새로 개발되어 서비스를 하고 있다. KRX 100지수가 새롭게 개발되어 서비스되고 있다. 시장 참여자의 두드러진 특징은 직접투자 대신 간접투자의 원년이 시작되었다는 점이다. 이런 현상은 실질이자율이 1% 미만인 현실을 배경으로 시중의 여유자금이 은행의 저축상품 대신 주식시장의 펀드로 큰 물꼬가 변화했다는 반증이다. 향후 이 부분에 대한 추가적인 준비가 필요한 부분이다.

2013년에는 거래소 내에 초기단계의 벤처기업들을 위한 전용 주식시장인 코넥스시장이 새롭게 개설되었다. 코넥스시장은 기존의 프리보드가 담당하던 경제적 역할을 대신하는 시장으로서 프리보드가 장외시장인 데 비해 장내시장으로 개설된 것이 주목할 만하다. 아울러 기존의 프리보드시장은 2014년부터 K－OTC시장으로 거듭나게 되었다.

유통시장의 상황은 시장경제체제를 채택하고 있는 경제시스템에서는 경제 내에서 화폐순환을 결정하고, 이에 따라서 모든 경제주체들이 경제행위를 결정하게 되는 측면이 있다. 그래서 증권유통시장은 현재 및 미래의 실물경제의 예상까지 반영하는 거울이라고 할 수 있다.

이런 관점에서 전공과 무관하게 증권시장에 대한 기본적인 지식을 얻을 수 있도록 가능한 쉽게 자료들을 구성하였다. 그러나 아직 부족한 부분은 지속적으로 수정 보완해야 할 과제로 남겨져 있어 이에 대한 노력이 절실하다.

2017. 2.

저자

## 책의 구성

본서는 증권시장을 전공하지 않았거나 초보적인 증권투자가들에게 입문서 역할을 하고자 집필하였다. 그러나 이미 우리가 주지하다시피, 이 분야는 상식수준을 넘어선 상식으로 우리들의 일상생활에 널리 관련정보들이 널려 있고 우리들의 경제행위에도 부지불식간에 영향을 미치고 있다. 따라서 아무리 쉽게 기술하려고 해도 본질적으로 이 분야의 용어들이 비전공자들에게는 어려울 수밖에 없는 태생적인 한계가 있다.

짧지 않은 세월 동안 이런 고민은 늘 강의시간에 절실히 하면서 소위 눈높이 교육을 지속적으로 노력을 경주해왔다. 그래서 대학 초년생들의 입문서 역할과 비전공자들의 이해를 돕기 위해 최대한 난해한 부분들을 쉽게 기술하려는 몇몇 시도를 해보았다.

첫째, 자본시장 관련한 투자이론은 과감하게 생략하였다. 따라서 본서에서는 흔한 자본자산가격결정모형을 찾아볼 수 없다. 대신, 이런 투자이론의 경제적 해석으로 대신하였다.

둘째, 채권이론 분야를 최대한 줄이고 실무 위주로 편성하였다. 현실적으로 채권투자는 아직 개인투자가나 초보자들에게는 벅찬 투자대상이다. 따라서 채권이론 대신 현재 거래소에서 투자가 교육용으로 개발된 부분을 소개하려고 시도하였다.

본서는 최근 2005년 이후 변화를 거듭하고 있는 주식유통시장의 현황을 최대한 반영하여 구성하였다. 또한 저금리시대의 도래와 더불어 본격화된 간접투자부분에 많은 지면을 할애하였다.

간접투자가 직접투자시에 부담할 위험을 상당부분 제거해 주지만, 여전히 투자가 입장에서 체크하고 알아야 할 부분들은 남아 있으므로 이에 대한 충분한 안내가 절실히 필요하다고 본다.

# 차 례

## 제 1 장 금융시장과 증권시장


제 1 절 금융시장의 개념과 종류 ······ 3
1. 금융시장이란 무엇인가 · 3
2. 금융시장의 기능 · 5
3. 금융시장의 분류 · 5

제 2 절 단기금융상품 ······ 9
1. 단기금융상품의 개요 · 9
2. 주요단기금융상품 · 11

제 3 절 금융기관의 형태 및 종류 ······ 18


## 제 2 장 증권시장


제 1 절 유가증권의 의의 ······ 23

제 2 절 주 식 ······ 24
1. 주식의 의의 · 24
2. 주식의 종류 · 26

제 3 절 채 권 ······ 29
1. 채권의 의의 · 29
2. 채권과 주식의 비교 · 31
3. 채권의 특성 · 32
4. 채권의 종류 · 33
5. 채권투자의 위험 · 36
6. 채권의 신용등급 및 평가 · 39

제 4 절 증권시장의 개념과 경제적 기능 ........ 41
1. 증권시장의 개념 • 41
2. 증권시장의 구조 • 42
3. 증권시장의 경제적 기능 • 43

## 제 3 장 금융투자업과 관계기관

제 1 절 금융투자업 ........ 47
1. 금융투자업의 종류 • 48
2. 금융투자회사 • 49

제 2 절 금융투자업 관계기관 ........ 50
1. 한국금융투자협회 • 50
2. 한국거래소 • 51
3. 증권금융회사 • 51
4. 증권예탁결제원 • 52
5. 증권투자회사 • 52

제 3 절 자본시장통합법 개정 ........ 53
1. 자본시장통합법 개요 • 53
2. 핵심변화내용 • 54
3. 금융시장에 미치는 영향 • 57

## 제 4 장 주식발행시장

제 1 절 발행시장의 성격 ........ 61
1. 발행시장의 의의 • 61
2. 발행시장의 기능 • 61
3. 발행시장의 구조 • 62

제 2 절 주식발행 방법 ........ 64
1. 공모발행과 사모발행 • 65
2. 직접발행과 간접발행 • 66
3. 인터넷공모 • 68
4. 기업의 자본조달과 주식발행방법 • 70

제 3 절 주식이 발행되는 상황 ········· 71
1. 기업공개 • 71
2. 증 자 • 77

## 제 5 장 주식유통시장

제 1 절 주식유통시장의 개요 ········· 83
1. 주식유통시장의 개념과 기능 • 83
2. 한국 주식유통시장의 구조 • 84

제 2 절 한국거래소의 주식유통시장 ········· 88
1. 유가증권시장 • 88
2. 코스닥시장 • 90
3. 코넥스시장 • 93
4. 장외시장 • 98

제 3 절 상장제도 ········· 101
1. 상장의 개념과 효과 • 101
2. 상장의 종류 • 102
3. 상장의 절차와 요건 • 103
4. 상장폐지 • 106

제 4 절 공시제도와 시장규제 ········· 108
1. 공시의 유형 • 109
2. 시장감시제도 • 111

제 5 절 매매거래제도 ········· 115
1. 매매거래의 절차 • 116
2. 호가, 거래단위와 주문유형, 거래시간 • 117
3. 매매체결방법 • 118
4. 매매거래의 관리 • 119
5. 위탁증거금과 신용거래 • 124
6. 결 제 • 126

## 제 6 장 주식시장정보 이해

제 1 절 주식시세표 ........ 129
1. 시장별 상장주식관리 방법 • 129
2. 기본 정보 • 130

제 2 절 주가지수 ........ 133
1. 우리나라의 주요 주가지수 • 136
2. 외국 주식유통시장의 지수들 • 139

제 3 절 기타 주요시장지표 ........ 139
1. 배당수익률 및 배당성향 • 139
2. 주가수익비율 • 140
3. 주가순자산비율 • 141
4. 주가현금흐름비율 • 141
5. 상장주식회전율 • 141

## 제 7 장 투자의 기초

제 1 절 투자의 위험과 수익률 ........ 145
1. 투자의 개념 • 145
2. 수익률과 위험 • 146
3. 투자로부터 얼마의 수익률을 기대할 수 있는가? • 148

제 2 절 투자대상과 투자방법 ........ 152
1. 은행 예·적금 투자에서 증권으로 • 153
2. 직접투자와 간접투자 • 154

## 제 8 장 주식투자분석

제 1 절 주식투자분석의 개념 ........ 159

제 2 절 기본적 분석 ........ 160
1. 거시경제 변수분석 • 161
2. 산업분석 • 167
3. 기업분석 • 170

제 3 절 기술적 분석 ..... 174
1. 기술적 분석의 기초개념 • 174
2. 기술적 분석의 종류 • 176

## 제 9 장 채권시장

제 1 절 채권의 개요 ..... 187
1. 채권의 이용 • 187
2. 채권의 발행 • 188
제 2 절 채권발행시장 ..... 189
1. 채권발행시장 구조 • 189
2. 채권발행방법 • 191
3. 채권종류별 발행방법 • 193
제 3 절 채권유통시장 ..... 195
1. 채권유통시장의 개요 • 195
2. 채권유통시장의 특징 • 196
3. 거래소 채권시장 • 197
4. 채권 장외시장 • 203
5. 거래소채권 매매제도 • 204
제 4 절 채권투자 ..... 210
1. 채권투자 개요 • 210
2. 채권투자 • 215

## 제10장 간접투자

제 1 절 간접투자의 개요 ..... 227
1. 개념 및 등장 배경 • 227
2. 특 징 • 228
3. 간접투자의 국민경제적 역할 • 229

제 2 절 간접투자의 유형 ........ 230
1. 간접투자상품의 조직형태에 따른 분류 · 231
2. 기금의 추가설정 여부에 따른 분류 · 232
3. 중도 환매가능 여부에 따른 분류 · 232
4. 기금운용대상에 따른 분류 · 233

제 3 절 뮤추얼펀드 ........ 233
1. 뮤추얼펀드의 구조 · 233
2. 뮤추얼펀드의 유형 · 236
3. 펀드투자 체크사항 · 238

제11장 간접투자상품

제 1 절 적립식 펀드 ........ 243
1. 적립식 펀드의 정의 · 243
2. 적립식 펀드의 특징과 장점 · 243
3. Cost Averaging Effect · 244
4. 적립식 펀드의 함정 · 246
5. 적립식 펀드와 저축의 차이 · 249
6. 변액보험과 적립식 펀드의 차이 · 249
7. 적립식 펀드의 구분 · 250
8. 적립식 펀드의 현황과 전망 · 251

제 2 절 주가연계증권 ........ 253
1. ELS 개념 · 253
2. ELS의 수익구조와 종류 · 254
3. ELS관련 유사상품과의 비교 · 255
4. ELS의 특징 · 257

제 3 절 상장지수펀드 ........ 257
1. ETF의 개요 · 257
2. ETF거래의 장점 · 260

제 4 절 랩어카운트 ........ 262
1. 국내 도입과정 • 262
2. 랩어카운트의 유형 • 263
3. 랩어카운트의 장단점 • 263
4. 랩어카운트 투자방법 • 265

## 제12장 파생금융상품시장

제 1 절 파생상품시장의 개요 ........ 269
1. 파생상품의 정의와 기능 • 269
2. 선물거래 • 271
3. 옵 션 • 281
4. 파생상품의 거래 • 285

제 2 절 선물시장의 구조와 거래제도 ........ 287
1. 선물시장 구조 • 287
2. 선물계약의 종료와 증거금 • 289
3. 선물중개인 • 292
4. 거래유형 • 293

제 3 절 금융선물 ........ 296
1. 금융선물의 종류 • 297
2. 외환선물 • 297
3. 금리선물 • 299
4. 주가지수선물 • 300

제 1 장

Korea Securities Market

# 금융시장과 증권시장


제 1 절 금융시장의 개념과 종류

제 2 절 단기금융상품

제 3 절 금융기관의 형태 및 종류

금융시장은 금융상품, 또는 금융자산이 거래되는 시장이다. 따라서 금융시장에는 거래되는 금융자산의 종류에 따라 다양한 하부시장이 존재한다. 증권시장은 금융상품 가운데 증권, 즉, 유가증권이 거래되는 시장이라고 할 수 있다. 당연히 증권시장은 금융시장의 서브마켓이다.

유가증권은 여러 가지 유형이 있으나, 여기서는 자본증권인 주식과 채권을 지칭한다. 따라서 증권시장은 다시 주식이 거래되는 주식시장과 채권이 거래되는 채권시장으로 구분할 수 있다.

금융시장은 여러 기준에서 시장을 분류할 수 있는데, 증권시장은 자금의 이동경로를 기준으로 분류하면 직접금융시장이며, 거래되는 금융상품의 만기로 분류하면 자본시장이고, 발행시장과 유통시장을 동시에 가지고 있는 시장이다.

이 장에서는 금융시장 전반에 대해서 살펴봄으로써 증권시장이 금융시장에서 차지하는 위치와 역할에 대한 이해를 돕고자 한다.

# 제 1 절 금융시장의 개념과 종류

## 1. 금융시장이란 무엇인가

금융(Finance)이란 화폐(자금)가 여유있는 경제주체와 부족한 경제주체가 자금을 빌려주거나 빌리는 것을 말한다. 이 경우에 자금이 여유있는 경제주체는 화폐 공급자가 되고, 부족한 경제주체는 자금의 수요자가 된다. 자금의 수요자와 공급자가 자금을 융통하기 위해서는 어떤 매개체가 필요한데, 이것을 금융자산(상품)이라고 한다.

금융시장은 자금의 수요, 및 공급자가 자금을 융통하는 과정에서 금융자산이 거래되는 공간이다. 이런 과정을 보다 포괄적으로 표현하면, 화폐가 부족한 경제주체가 발행한 금융자산과, 화폐가 여유 있는 경제주체가 보유하고 있는 화폐가 서로 교환되는 추상적, 구체적 일체의 공간을 금융시장이고 할 수 있다.

따라서 화폐는 경제주체들 사이에서 화폐의 공급자에서 수요자로 이동하게 되는데, 이동하는 방법은 화폐 수요자가 발행한 금융자산을 금융시장에서 화폐 수요자들이 인수하면서 이동하게 된다. 대표적인 화폐수요자는 기업이나 정부이며, 가계는 화폐의 공급자가 된다.

화폐는 경제체제 내에서 크게 두 가지 흐름을 가지고 있는데, 하나는 산업적 유통이라고 하는 실물시장에서의 흐름이고, 다른 하나는 금융시장에서 흐름으로 나눌 수 있다. 실물거래에 따른 자금의 흐름을 산업적 순환(industrial circulation)이라 하고, 이때는 실물자산(상품)과 화폐가 상품시장에서 교환되면서 화폐가 순환하게 된다.

기업은 실물시장에서 기업활동의 결과로 발생하는 제품과 서비스를 판매하고 수익을 창출하게 된다. 이런 기업의 기본적 활동을 통해 획득되는 매출, 즉 수익을 통해 기업은 필요한 자금을 일차적으로 확보하게 된다. 그러나 이런 기업 본연의 활동에 의해 창출되는 자금으로 부족한 자금은 기업이 금융시장에서 금융수단을 발행하여 조달하게 된다.

이 경우, 기업이 발행하는 금융수단이 금융시장에서 자금공급자와 거래를 통해 자금이 자금수요자인 기업으로 이동할 때, 이런 자금의 흐름을 금융적 순환(financial circulation)이라고 한다. 이 경우는 금융자산과 화폐가 금융시장에서 서로 교환되면서 순환하게 된다.

그런데 이 두 가지 자금의 흐름은 서로 무관한 것이 아니라, 산업적 순환의 활성화가 금융적 순환을 촉진하기도 하고, 반대로 금융적 순환의 활성화가 산업적 순환을 촉진시키기도 한다.

예컨대, 금융기관의 발달로 예금이 증가하면(금융적 순환), 이것이 실물투자(산업적 순환)를 증대시킴으로써 국민총생산과 고용을 증대시킨다. 또한 경제성장으로 인한 저축증가(금융적 순환)는 실물투자(산업적 순환)를 활성화할 수 있다.

금융시장에서의 화폐순환은 화폐가 여유가 있는 경제주체인 흑자지출단위(surplus spending units: SSU)와 화폐가 부족한 경제주체인 적자지출단위(deficit spending units: DSU)사이에 이루어지는 투자와 자본조달의 상황이라고 말할 수 있다.

경제시스템에서 대표적인 흑자경제주체는 가계부분이고, 적자경제주체는 기업과 정부부분으로, 이 두 적자경제주체는 금융시장에서 금융자산을 발행하여 부족한 화폐를 늘 조달하는 입장에 있다. 이 경우에 우리가 혼돈하지 말아야 할 것은 가계가 자금공급자가 된다는 것, 즉 흑자지출단위가 된다는 것은 절대적으로 가계부분에서 화폐가 여유가 있다는 뜻은 아니라는 것이다.

가계의 구성원은 일반적으로 가계소득을 기초로 지출결경, 즉 경제행위를 결정할 때, 우선적으로 저축이나 투자자금 같은 여유자금 부분에 먼저 할당하고 나머지 소득으로 소비수준을 결정하는 의사결정패턴을 가지고 있다는 것이다. 바꾸어 말하면, 가계부분이 일반적으로 자금공급자 역할을 한다는 것은 가계부분에서 자신의 소득에서 소비를 억제하면서 무리하게 여유자금(투자자금)을 마련한다는 것을 의미한다.

실물부분에서의 화폐순환은 흔히 기업들이 일상적인 활동을 통해 생산되는 재화와 서비스를 소비자들이 소비하는 과정에서 화폐의 이동이 일어나는 모습인데, 이 과정을 통해 화폐수요자인 기업이 화폐 수요를 충족하는 과정을 수익창출과정이라고 할 수 있다.

이 과정에서 기업입장에서 생산된 재화나 서비스를 소비자들에게 매출이라는 형태로 제공하는 활동은 경영학의 마케팅 영역에서 접근하고 있으며, 소비자들 입장에서 재화와 서비스를 구매하는 문제는 미시경제학의 합리적 소비행위 영역에서 다루고 있다.

기업과 정부는 상품과 서비스를 생산하기 위하여 막대한 양의 자본설비를 필요로 하고, 이러한 자본설비에 대한 투자는 일반적으로 거액의 자금을 필요로 한다. 이 두 경제주체가 적자경제주체, 즉 자금수요자 입장이 된다는 것은 어디까지나 평균적 개념에서 그렇다는 것이다.

특히 기업은 자금의 과부족 측면에서는 개별기업수준에서 보면 천차만별의 상황이 존재할 수 있을 것이다. 일반적으로 중소기업보다는 대기업이 자금사정이 상대적으로 좋다고 할 수 있고, 대기업 중에서도 다양한 차이가 존재할 수 있다. 그러나 전체적으로, 그리고 평균적으로 보면 기업부분이 자금수요의 가장 큰 비중을 차지하고 있다.

이를 위해 기업은 금융시장에서 주식, 채권 등과 같은 자본조달수단을 발행하여 거액의 자본을 신속히 조달할 수 있고, 정부는 기본적인 조세와 같은 수입원으로 자금이 부족할 경우 채권시장을 통해 국채를 발행하여 대규모 자본을 조달하게 된다. 이렇게 조달된 자금으로 투자를 통해 얻어지는 미래의 소득으로 자본제공자들에게 상환할 수 있다.

## 2. 금융시장의 기능

경제시스템을 구성하는 시장은 크게 실물시장과 금융시장의 두 가지로 나눌 수 있다. 금융시장은 실물시장이 효율적으로 작동할 수 있도록 도와주는 역할을 한다. 즉 흑자 경제주체들이 보유하고 있는 여유자금을 적자경제주체에게 효율적으로 이전시킴으로써 두 경제주체들의 화폐과부족 문제를 해결해준다.

금융시장은 잉여자금이 손쉽게 이전될 수 있도록 물리적인 거래장소나 거래에 필요한 전산시스템 등을 제공한다. 그리고 자금을 필요로 하는 이들과 잉여자금을 가진 이들을 이어주는 일을 한다.

즉, 거래를 원하는 이들을 한 곳에 모음으로써 일시에 많은 양의 금융거래가 이루어지게 하며, 다수의 자금공급자와 자금수요자간의 상이한 기대가격을 조정하여 적정한 가격에 자금거래가 이루어지게 한다.

뿐만 아니라 금융시장은 거래에 필요한 정보를 끊임없이 만들어내고 이를 제공함으로써 시장참여자들이 적정한 가격을 결정할 수 있도록 도와준다. 금융시장은 이 같은 기능 외에도 다음과 같은 경제적으로 중요한 역할을 수행한다.

## 3. 금융시장의 분류

금융시장을 분류하는 기준으로 가장 대표적인 것이 자금이 중개되는 방식에 따른 분류방법이다. 이 방식은 흑자경제주체와 적자경제주체사이에서 화폐가 이동하는 유통경로에 따른 분류방식으로서, 직접금융시장과 간접금융시장으로 나눌 수 있다.

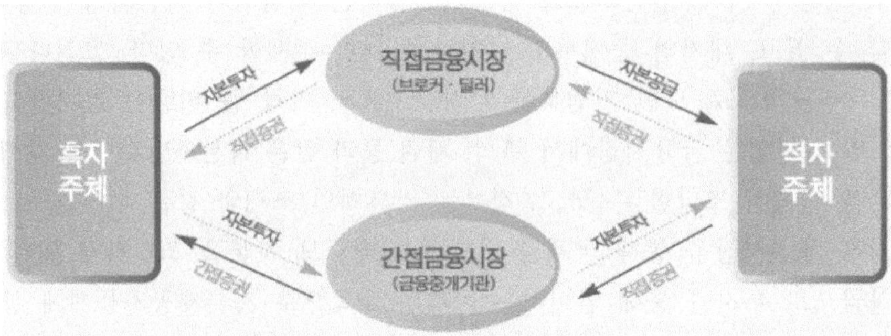


[그림 1-1] 금융시장분류(자금이동경로)

직접금융시장(direct financial markets)이란 자금의 수요자가 발행한 주식과 채권 등의 금융자산을 자금의 공급자인 투자자가 매입함으로써 자금이 투자자로부터 수요자에게 직접 흘러가는 시장을 말한다. 이 경우에 직접금융시장에 참여하여 자금이 공급자에서 수요자로 원활하게 이동할 수 있도록 지원하는 역할을 담당하는 금융기관이 증권회사, 혹은 금융투자회사이다.

즉, 금융투자회사(증권회사)는 직접금융시장에 참여하여 자금수요자인 기업이나 정부와 같은 경제주체들이 발행하는 증권을 자금공급자에게 판매하는 활동을 직간접으로 도와주는 역할을 하게 된다. 대표적인 직접금융시장은 증권시장이다. 즉, 주식시장과 채권시장은 직접금융시장의 대표적인 시장이라고 할 수 있다.

간접금융시장(indirect financial markets)이란 금융기관이 투자자의 자금을 예치 받아서 이를 자금의 수요자에게 공급해 줌으로써 자금의 수요자와 공급자가 간접적으로 연결되는 시장을 말한다. 이 경우에 금융기관이 자금공급자인 예금자를 대상으로 예금이라는 금융수단을 발행하여 소액자금을 자금풀로 전환하는 작업을 하게 된다.

이렇게 형성된 자금풀을 금융기관은 자금수요자들에게 공급하게 되는데, 이때 자금수요자들이 금융기관을 상대로 발행하는 자금조달수단이 대출이다. 그래서 간접금융시장에서는 자금수요자와 공급자 사이에 금융기관이 개입하여 자금의 중개기능을 담당하게 된다.

한편, 금융시장은 거래되는 금융자산의 만기에 따라 분류할 수 있는데, 장기금융시장과 단기금융시장으로 분류할 수 있다. 장기금융시장에서는 만기가 장기인 금융수단이 거래되는 시장이다. 장기금융시장에서는 자본조달주체의 설비자금 등 자본형성을 위하여 자금이 조달되기 때문에 자본시장(capital markets)이라고 한다.

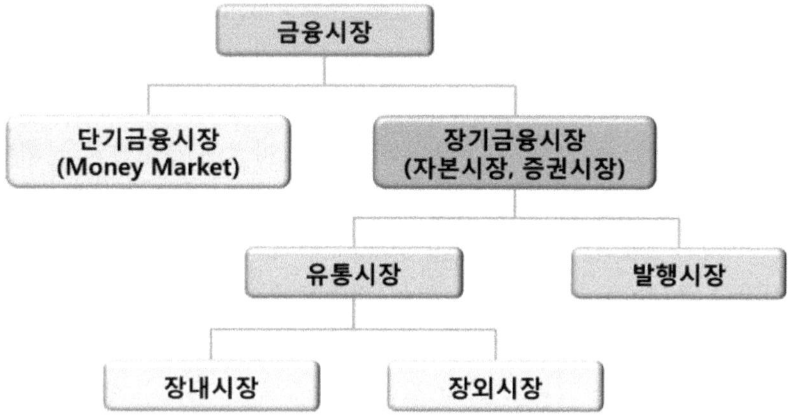


[그림 1-2] 금융시장분류(만기구조)

단기금융시장에서는 만기가 단기인 금융수단이 거래되는 시장이다. 일반적으로 금융상품의 만기를 장단기로 구분하는 기준은 1년이다. 따라서 단기금융시장에서 거래되는 금융상품의 만기는 1년 미만의 만기를 가지고 있다. 이 시장을 화폐시장(money market)이라고 한다.

우리나라는 국가경제규모에 비해서 특히 단기금융시장, 즉 화폐시장의 발달수준이 아직 미미하다. 화폐시장은 경제주체들 간의 단기적인 현금과부족 상태를 조정해주고 금리결정에 매우 중요한 역할을 담당한다. 화폐시장의 발달이 미숙하다는 것은 금융시장의 발전수준이 아직 제대로 이루어지지 않았다는 말과 별반 다르지 않다.

특히 자금공급자 입장에서는 단기적으로 여유가 있는 자금을 적적히 운용할 수 있는 금융상품이 제대로 시장에 공급되지 않는다는 측면에서는 제한된 자원의 효율적 이용이라는 관점에서 경제 전체적인 비효율성을 대변하기도 한다.

넓은 의미의 자본시장에는 증권시장 외에 은행, 보험회사 등의 장기대부시장도 포함되지만, 일반적으로 주식과 채권이 거래되는 증권시장을 자본시장이라고 한다. 화폐시장에서 거래되는 단기금융상품은 점차 다양화되고 있는 추세이지만, 가계부분에서 크게 이용하고 있는 금융상품은 아직 제대로 개발되지 못하고 있는 실정이다.

한편 금융시장은 기능에 따라 발행시장과 유통시장으로 구분하기도 한다. 발행시장은 금융상품의 발행자가 발행된 금융상품을 최초로 투자가에게 매매하고 자본을 조달하는 시장이다. 따라서 이 발행시장에서 자금여유자로부터 자금이 부족하거나 필요한 경제주체로 자금이 이전된다는 측면에서 발행시장을 1차 시장, 본원적 시장이라고도 한다.

반면에 유통시장은 발행시장에서 발행된 금융상품이 투자가들 사이에서 매매되는 시장이다. 따라서 유통시장에서는 이미 발행된 금융자산의 소유권이 매매당사자 사이에서 변동하면서 자금이동이 투자가들 사이에서 이전되는 것이다. 이 공간을 통해서 발행시장에서 금융상품을 구입했던 자금공급자는 만기이전에 투자자금을 회수할 수 있는 기회를 가지게 된다.

금융상품에 따라 발생시장과 유통시장을 다 가지고 있는 경우도 있고, 어떤 금융상품은 발행시장만 존재하고 유통시장은 없는 경우도 있다. 주식이나 채권 같은 금융상품은 두 시장을 모두 가진 대표적인 금융상품이다.

반면에 예금이나 대출 그리고 보험 같은 금융상품은 보통 발행시장만 존재하고 유통시장은 존재하지 않는다. 금융혁신이 진행되면서 기존의 이런 상품에 대해 유통시장 기능을 갖게 하는 편리가 제공되고 있는데, 양도성예금증서는 정기예금에 유통시장기능을 확대한 경우라고 할 수 있다. 또한 대출상품을 기초로 발행되는 자산유동화 증권 같은 경우도 이에 해당한다.

따라서 이 책에서 집중적으로 학습하게 될 증권시장을 금융시장의 분류기준에서 정의하면 다음과 같이 정리할 수 있다. 증권시장은 자본이 중개되는 방식에 따른 분류로 보면 직접금융시장이고, 거래되는 금융상품의 만기에 따른 분류를 하면 자본시장에

자료: 한국은행,한국의 금융시장(2012)

[그림 1-3] 금융시장의 분류

해당한다. 그리고 금융시장의 기능적 측면에서 보면 증권이 발행되는 발행시장과, 발행된 증권이 투자가들 사이에서 거래되는 유통시장을 동시에 가진 시장이다.

일반적으로 간접금융시장에서 발행되는 금융상품은 유통시장이 존재하지 않고, 발행자와 투자가 사이의 대차관계에 의해 교환되는 금융상품의 성격을 가지고 있다.

대표적인 경우가 예금이나 대출 같은 금융상품들은 유통시장이 존재하지 않는다. 그러나 최근의 금융혁신과정에서 이런 금융상품들에게도 유동성을 부여하기 위한 상품개발이 이루어지고 있다.

장기금융시장의 핵심인 증권시장에 대해서는 차후에 상세히 살펴보도록 하고 이하에서는 단기금융시장에 대하여 살펴보도록 한다.

단기금융시장은 통화의 대체성이 높은 만기 1년 이내의 단기금융자산이 거래되는 시장으로서 기업, 금융기관, 정부 등의 경제주체들이 일시적인 현금과부족을 조절하는 시장이다.

다시 말해 단기금융시장은 개별 경제주체들이 단기금융자산의 매매를 통하여 일시적인 현금과부족을 조절하는 수단을 제공함으로써 전체 금융시장의 효율성을 증대시킨다.

## 제 2 절 단기금융상품

### 1. 단기금융상품의 개요

단기금융상품이란 만기가 1년 미만인 금융자산이다. 단기금융상품은 만기가 짧기 때문에 현금 유동성이 높고, 위험이 낮아 단기적으로 자금이 여유있는 경제주체들에게 좋은 자금운영의 대상이 된다.

투자가들은 높은 수익률을 올리면서 가능한 안전한 투자대상을 찾는 것이 목표이다. 금융자산에 대한 투자는 주식, 채권, 파생증권, 은행 예금 및 적금 등으로 분류할 수 있다.

〈표 1-1〉 단기금융시장 현황

**국내 단기금융시장 규모 추이**

(단위: 조원)

| | 2011년(A) | 2013년 | 2015년(B) | 증감(B-A) |
|---|---|---|---|---|
| 콜 | 30.8 | 29.0 | 17.9 | △12.9 |
| RP(기관간) | 15.6 | 24.7 | 38.8 | +23.2 |
| CD(시장성) | 4.2 | 4.6 | 4.1 | △0.1 |
| CP(금융기관) | 18.0 | 22.1 | 16.7 | △1.3 |
| 전단채(금융기관) | - | 0.9 | 10.7 | +10.7 |
| 합계 | 68.6 | 81.3 | 88.2 | +19.6 |

* 주: (콜, RP)일평균 거래액 (CD, CP, 전단채)평잔, ABCP·AB전단채 제외
* 자료: 금융위원회

**국내 단기금융시장 상품별 비중 추이**

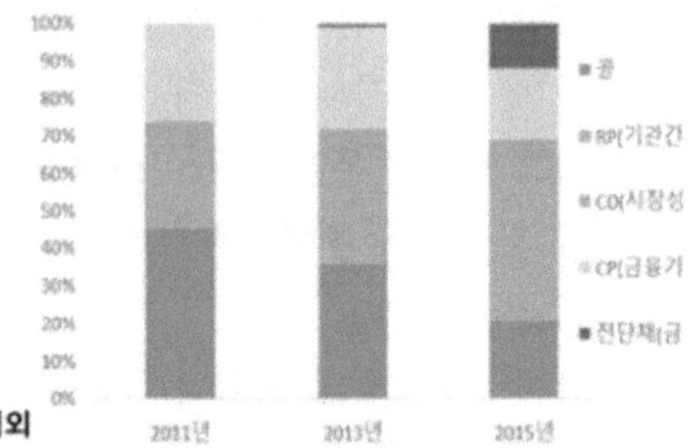


* 자료: 금융위원회

2015년 현재 전반적인 단기금융시장 규모는 증가추세를 유지하고 있다. 단기금융시장의 발전 수준은 금융시스템의 수준을 가늠해 볼 수 있는 척도가 된다는 점에서 바람직한 추세라고 할 수 있다.

특히 우리나라의 금융시스템은 경제규모에 비해 화폐시장의 발전수준이 자본시장에 비해 상대적으로 낙후되어 있어 경제주체들 간의 단기간 자금과부족 문제를 시장이 제대로 해결해 주는데 한계를 보이고 있다. 위 <표 1-1>에서 콜시장의 규모 및 비중은 축소되고 있는 점은 단기금융시장의 개편에 따른 영향으로 보여진다.

또한 금융기관간 RP규모 및 비중이 확대되고 있는 있는데, 이는 콜시장의 대체수요 효과와 다양한 활성화 정책에 힘입은 것으로 보여진다. 특히 CP의 감소추세는 전자단기채권의 영향으로 보여지고 있어 경제주체들에게 전자단기채권이 비교적 안정적으로 정착되고 있다고 보여진다.

금융자산은 서로 경쟁관계에 있는 것이 보통이다. 예를 들어 이자율이 높아질 것으로 예상되면 주식보다는 채권이 유리해지기 때문에 자금은 주식시장에서 채권시장으로 이동한다.

또한 경제가 불안정하여 기업의 수익성이 나빠질 것으로 예상되면 투자가들은 자금을 주식이나 채권보다는 안전한 은행 금융상품에 투자하려고 한다. 그래서 이 경우는 자금들이 증권시장에서 은행 쪽으로 이동하게 된다.

일반적으로 단기금융상품의 경제적 기능은 자금소유자들이 향후 경제의 불확실성으로 여유자금운용을 어느 금융상품에 투자할 것인지를 명쾌하게 결정하기 힘들 때 관망하는 기간 동안 자금을 운용하는 대상이 된다.

흔히 시중에 부동자금이 명확한 투자처를 찾지 못한다고 할 때 그 자금들이 일시

적으로 머무는 금융상품이 단기금융상품들이다. 단기금융상품들은 만기가 1년 미만이기 때문에 투자자금을 빠른 시일내 현금화할 수 있어 유동성이 아주 높다.

유동성이 높다는 이점 외에 단기금융상품들은 주식이나 채권에 비해 위험도 낮다. 물론 위험이 낮다는 것은 주식이나 채권에 비해 수익성이 낮다는 것을 의미한다. 그러나 단기간 자금운용의 명확한 대상을 찾기 힘든 때는 일단 단기금융상품에 자금을 대기시켜 놓고 높은 유동성으로 언제든 자금이동을 가능하도록 준비하는 경우에 매우 유익한 자금운용처가 된다.

## 2. 주요단기금융상품

### (1) 콜시장

콜시장은 금융기관 간에 하루 내지 수일간의 초단기 자금이 유통되는 시장으로, 거래가 주로 전화 등의 통신망을 통해 이루어지기 때문에 콜(call)시장이라 불린다.

콜시장에서 차입측 콜자금을 콜머니(call money), 대여측 콜자금을 콜론(call loan)이라고 한다. 콜시장의 주된 기능은 금융기관의 지불준비금부족과 단기 유동성자금의 부족을 조정하는 것이다.

초과지불준비금을 보유하고 있는 금융기관은 지불준비금이 부족한 다른 금융기관들에게 자금을 대여함으로써 그 자금에 대한이자(call rate)수익을 얻을 수 있다. 이와 같이 콜시장을 통한 자금거래는 금융기관들의 유동성수준을 조절하는 중요한 수단이 된다.

콜시장이 금융시스템에서 중요한 이유는 콜금리가 중앙은행의 금융정책과 밀접한 관련을 맺고 있기 때문이다. 중앙은행이 지준율(지불준비금비율)을 올리거나, 내림으로써 은행제도 내의 초과지준금의 이용가능성에 직접적으로 영향을 미치며, 이는 은행의 대출금액의 크기를 결정하는데 영향을 미친다.

콜거래는 계약체결방식에 따라 직거래방식과 중개거래방식으로 구분되지만 대부분의 거래는 중개거래방식으로 이루어진다. 중개거래는 자금중개회사가 거래조건에 따라 자금의 공급자와 수요자를 연결시켜주는 거래이고 직거래는 거래당사자들이 직접금리, 만기, 금액 등에 합의하여 체결하는 거래이다.

### (2) 재정증권시장

재정증권은 국고의 일시적인 자금부족을 해소하고 재정적자를 메우기 위하여 정부가 발행하는 만기 1년 이내의 단기증권으로서 정부부문의 통화증발을 수반하지 않는 재원조달수단이다.

우리나라의 현행 재정증권은 발행목적과 발행주체에 따라 통화관리목적의 재정증권과 국고출납목적의 재정증권으로 이원화되어 있다. 그러나, 우리나라의 재정증권 거래규모는 대단히 미미한 실정인데, 그 주된 이유는 정부가 일시적인 재정자금 부족을 재정증권 발행을 통한 민간차입으로 충당하기보다는 중앙은행 차입으로 충당하고 있기 때문이고, 또한 재정증권의 유통시장이 발달되어 있지 못하기 때문이다.

### (3) 통화안정증권시장

통화안정증권은 통화관리를 위해 한국은행이 일반이나 기관투자가를 대상으로 발행하는 단기증권이다. 그러나 일부 통화안정증권은 만기가 장기인 증권도 발행되는 경우가 있다. 통화안정증권발행은 1986년 이전까지는 미미하였으나 국제수지흑자 증가로 해외부문의 통화가 크게 늘어나 이를 흡수하기 위한 수단으로 발행이 크게 확대되었다.

지금까지 통화안정증권은 대부분 인수매출에 의해 소화되었으나 발행금리가 실세금리보다 낮아 인수규모를 은행, 증권, 보험, 종합금융회사 등 인수기관을 대상으로 할당하는 형식을 취해 왔으나, 금리자유화가 본격적으로 시행됨에 따라 최근에 들어 실세금리에 의한 공개입찰방식이 증가하고 있다.

### (4) 기업어음시장

기업어음(CP: Commercial Paper)은 상업어음과는 달리 상거래와 관계없이 신용상태가 양호한 기업이 단기자금을 조달할 목적으로 발행하는 만기 1년 미만의 융통어음이다.

우리나라의 기업어음은 소정의 신용등급 이상의 적격업체가 발행한 어음으로 담보없이 신용으로 발행되는 것이 대부분이며 일부는 금융기관의 지급보증을 첨부한 보증어음도 있다. CP의 할인 및 중개시장에는 종합금융회사, 기업 및 개인 등이 참여하고 있다.

CP의 발행방법에는 직접발행(direct paper)과 간접발행(indirect paper)이 있는데, 직접발행은 발행회사가 투자자에게 직접 매각하는 방식으로 우리나라의 경우 기업어음 중개시장으로 통칭한다.

간접발행은 발행된 CP를 일단 인수자인 중개금융기관이 인수(underwrite)하였다가 투자자에게 판매하는 방식이다. 이러한 중개어음의 경우 중개금융기관이 정한 소정의 신용등급 이상의 적격업체가 발행한 무담보어음으로 중개금융기관의 중개를 통해 거래된다. 중개어음의 투자자는 법인과 개인이다.

우리나라 기업어음시장은 할인금리의 자유화 등에 힘입어 발행시장은 그런 대로 제기능을 발휘하고 있으나 매출된 어음이 재매매되는 유통시장이 아직 충분하게 발전되지 않아서 기업어음할인기관이 할인어음을 그대로 보유하는 형태가 많다.

### (5) 환매조건부채권시장

환매조건부채권매매(repurchase agreement)는 채권매매 당사자간에 일정기간 후 채권매매 당시의 가격에다 소정의 이자를 더한 가격으로 되사거나 되팔 것을 약정하고 채권을 매도 또는 매입하는 거래를 말하며 전자를 RP, 후자를 전매약정(역RP, reverse RP)이라고 한다. 환매조건부채권매매는 Repo 또는 buy −back 등으로 표기되기도 하는데 RP로 일반화되어 있다.

RP는 채권의 매매라는 형식을 가지고 있으나 실제로는 채권을 담보로 한 단기자금의 융통이라 할 수 있으며 환매를 조건으로 하기 때문에 현물과 선물거래가 동시에 발생하는 거래라는 특징을 갖고 있다. 이런 의미에서 일본에서는 이를 현선거래라고 부른다.

RP거래는 만기가 짧기 때문에 화폐자산에 속하지만 거래대상이 장기금융자산인 채권이라는 점에서 CP, CD 등 다른 단기금융자산과는 성격이 다르다. 또한 RP거래는 증권거래소 밖에서 매도자와 매수자가 브로커를 경유하지 않고 직접 만나 거래하는 장외거래가 보통이다.

### (6) 양도성예금증서시장

양도성예금증서(CD: negotiable certificate of deposits)는 금융기관이 정기예금에 대하여 발행하는 예금증서로서 제3자에게 양도가 가능한 것을 말한다. 현재 CD는 무기명 할인방식으로 발행되고 있는데, 중도해지를 허용하지 않는 대신 양도가 가능토록 하여 투자자로 하여금 필요시 언제든지 종합금융회사 및 일부 대형증권회사 등의 중개를 받아 현금화가 가능토록 하였다.

CD발행업무는 당초에는 7개 시중은행, 지방은행 및 한국외환은행에게만 허용하였으나 현재는 전 예금은행으로 확대하였다.

### (7) 무역어음시장

무역어음은 수출업체에 대한 생산 및 매입자금 지원을 위해 수출상이 받은 L/C금액의 일정액 범위 내에서 수출상의 거래은행을 지급인으로 하는 어음을 발행하여 이를 거래은행이 인수하고 거래은행 또는 종합금융회사 등이 중개업자로서 이 인수어음을 매입하고 시장에 매출하여 유통시키는 제도이다.

그러나 선적서류가 담보로 되지 않는다는 점에서 통상적인 BA(Banker's Agreement: 은행인수어음)와는 성격이 약간 다르다. 무역어음의 발행금액은 FOB기준으로 한 L/C 금액을 인수당일의 환율(대고객 전신환 매입률)로 환산한 원화금액 범위 내이다.

한편 중개회사는 할인한 무역어음과 팩터링어음을 분할 또는 통합하여 자신이 발행인 및 지급인으로 하는 표지어음을 발행하여 일반에게 매출하기도 한다.

### (8) 상업어음시장

상업어음시장은 금융기관이 할인한 상업어음을 재매출하는 시장을 말한다. 어음은 상거래에 수반하여 발생된 지급대금을 약속어음 또는 환어음의 형식으로 발행한 상업어음(trade bill)과 단순히 자금의 융통을 위해 자기신용으로 발행하는 융통어음이나 기업어음(CP: commercial paper)이 있다.

상업어음을 진성어음(real bill)이라 하고 그 밖의 어음을 융통어음(financial bill )이라고도 한다.

어음할인시장은 원래 일반기업간의 단기거래금융을 가능케 하는 기업간 금융, 즉 상업어음할인이 주류였으나 단기금융시장의 발달로 인해 일반기업은 물론 금융기관들이 적극적인 부채관리수단으로 CP를 활용함으로써 CP시장이 확대되었다고 할 수 있다.

### (9) 은행인수어음시장

은행인수어음(banker's acceptance: BA)은 은행을 지급인으로 하고 은행에 의해 인수된 기한부 환어음이다. 기한부 환어음(time draft)이란 발행인이 지급인으로 하여금 일정한 금액을 일정한 기일에 그 소지인에게 지급하여 줄 것을 지시하는 증서이다.

그러므로 은행인수어음은 은행이 발행자의 신용을 자신의 신용으로 대치하는 행위에 의하여 환어음에 유동성을 부여한 증서라고 볼 수 있다.

### (10) MMDA시장

시장금리부 수시입출금식예금(MMDA: money market deposit account)은 은행의 수시입출금 및 결제기능을 가진 요구불예금에 시장금리를 지급하는 예금으로 우리나라에서는 1997년 7월 제4단계 금리자유화조치로 인해 도입되었다.

동 예금은 원래 1982년 미국은행들이 투자신탁회사의 MMF(money market fund)에 대항하기 위해 도입한 제도로 실적배당상품과 같이 변동된 시장금리를 지급하며 일반적으로 특정증권의 수익률이나 특정지수에 연계된다.

우리나라에서 MMDA는 지준적립의무 부과로 인해 수익률 면에서는 여타 단기금융상품에 비해 다소 낮으나, 결제기능을 갖는 예금이라는 점에서 편의성이 높다. MMDA는 시장실세금리를 지급하는 반면에 은행별로 인출이나 결제회수를 제한하고 최저 예치한도를 설정하는 경향이 있다.

### (11) 단기투자신탁시장

단기투자신탁은 투자자로부터 자금을 위탁받아 이를 주로 화폐자산에 운용하는 상품으로 현재 단기투자신탁시장의 상품으로 어음관리구좌, MMF(money market fund) 등이 있다.

어음관리구좌(CMA: cash management account)시장은 금융기관이 다수의 고객으로부터 자금을 조달, 집합(pooling)하여 이 자금을 주로 기업어음이나 통화조절용 채권 등 단기금융자산에 운용하고, 그 운용수익을 예탁기관에 따라 투자자에게 차등 지급하는 제도로 현재 이 상품을 취급하는 금융기관은 종합금융회사이다.

〈표 1-2〉 단기금융상품 비교

| | CMA (Cash Management Account) | MMF (Money Market Fund) | MMDA (Money Market Deposit Account) |
|---|---|---|---|
| 특 징 | 예금자보호-종금사<br>보험료,통신료,카드대금 등<br>각종 자동이체 기능<br><br>주식청약자격 부여<br>동일 계좌내 금융상품 투자가능<br>수수료 면제 | 예금자보호 안됨<br>실적배당형 상품<br>일반MMF(1일이상)<br>클린MMF(1달이상)<br>CD,CP,국공채투자 | 예금자보호(5,000만원)<br>금액에 따라 이자율 차이<br>각종 자동이체 기능<br>5[illegible]<br>[금융정보1탄!] 1년미만의 초단기 |
| 이자율 | 30일미만:3.0%,<br>59일까지:3.2%<br>90일미만:3.5%, 180일까지:3.7% | 일반MMF:3.0~3.8%<br>클린MMF:3.0~3.8% | 1,000~3,000만:1%<br>3,000~5,000만:2%<br>5,000만이상:2.5% |
| 취급 기관 | 증권회사,종금사 | 증권사,투신사,은행 | 전은행 |

### (12) 자산종합관리구좌시장

자산종합관리구좌(wrap account)는 투자대상이 정형화되어 있는 수익증권과는 달리 금융자산을 개별투자자의 투자성향에 맞게 운영·관리할 수 있는 간접투자상품이다.

동 상품은 금융전문가가 다양한 성격의 포트폴리오를 투자자에게 제시하고 개별투자자가 자신의 투자성향에 맞는 상품을 직접 선택하는 자문형과 자산운용자에게 투자를 일임하는 일임형으로 구분할 수 있다.

선진국 투자은행의 경우 일임형이 일반적이며 우리나라는 2000년 4월부터 증권회사에 자문형이 허용되었다. 투자일임에 따른 고객과 판매사, 투자자문사간의 분쟁소지를 사전에 예방할 수 있도록 책임소재에 대한 엄격한 기준, 자산운용의 투명성 및 정보제공의 의무 등 투자자 보호조치가 마련되어야 한다.

증권회사가 이러한 서비스를 제공하고 받는 대가는 매거래마다 받는 위탁수수료(commission) 대신 미리 정해진 일괄운용보수(fee)의 형태를 취하는 것이 보통이다.

<표 1-2>는 이상의 세 단기금융상품의 특징과 세부내역을 정리 비교한 것이다. 세부내역 가운데 각 금융상품의 이자율 수준은 지금과 다소 차이가 있다.

### (13) 전자단기사채

기존의 기업어음(CP) 거래의 부작용을 해소하고 단기자금시장을 활성화하고자 하는 목적으로 도입된 제도로, 2013년 1월 15일 「전자단기사채 등의 발행 및 유통에 대한 법률」이 시행되면서 도입되었다.

전자단기사채는 전자적인 방식으로 발행이 이루어지기 때문에 종이로 발행되는 기업어음과 달리 거래 지역의 한계가 없고 실물의 위·변조, 분실과 같은 위험을 제거할 수 있으며 발행 사무를 간소화하여 비용을 줄일 수 있다.

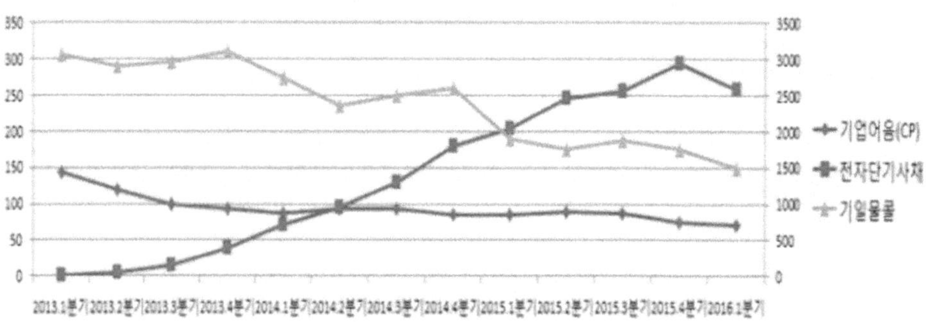


자료 : 예탁결제원

[그림 1-4] 전자단기사채에 의한 타 금융수단의 감소추세

전자단기사채는 제도시행 이후 빠른 시간 내에 정착되는 모습을 보여주고 있다. [그림 1-4]에서 보듯이 전자사채는 기존의 CP와 기업의 단기자금 조달 수단으로 중요성을 점차 더해가고 있는 추세다.

[그림 1-5], [그림 1-6]은 2016년 전자단기사채의 발행주체와 발행된 사채의 만기별 비중을 그래프로 표시한 것이다. 그림에서 알 수 있듯이 전자단기채권은 주로 금융기관들이 단기자금조달수단으로 사용하고 있음을 알 수 있다. 또한 발행되는 사채의 만기는 1,2,3 일정도의 아주 짧은 만기를 가진 단기금융수단임을 알 수 있다.

이런 추세를 봤을 때, 전자단기사채의 도입과 이 금융상품의 활성화는 우리나라 단기금융시장을 활성화 하는데 아주 큰 기여를 할 가능성이 높다고 예상된다.

또한 액면금액이 1억원 이상이어서 최소 액면금액이 10억원인 기업어음보다 거래가 수월하다. 유통내역과 발행내역에 대한 정보를 얻기 어려운 기업어음에 비해 전자단기사채는 한국예탁원을 통해 채권의 발행 현황과 발행사의 과거 발행액은 물론 발행

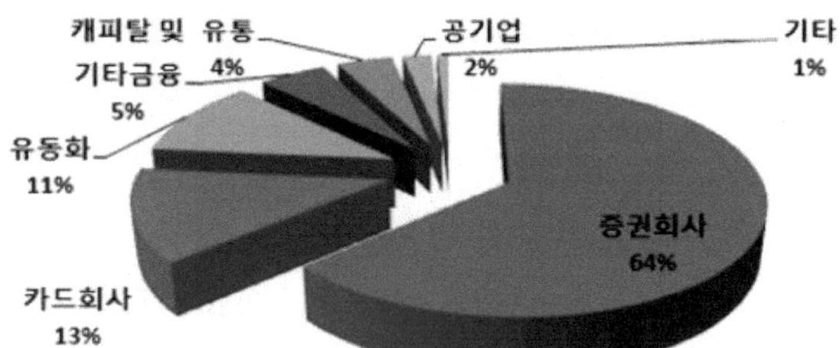


[그림 1-5] 전자단기채권 발행회사

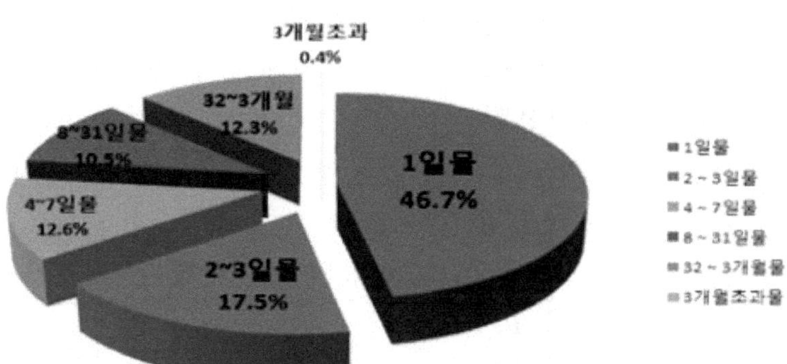


[그림 1-6] 전자단기사채 만기별 발행비중

사의 발행가능 잔액까지 조회할 수 있다.

이처럼 안정성과 유통성, 투명성에 있어서 유리한 전자단기사채는 향후 기업어음의 역할을 빠르게 대체하면서 지속적으로 성장할 것으로 기대되고 있다.

정부는 콜시장의 은행간 시장으로 재편, 기업어음(CP)의 불완전판매 문제 등 단기금융시장의 구조개선을 위해 2011년 1월「전자단기사채 등의 발행 및 유통에 관한 법률」을 제정하고 2013년 1월부터 시행하였다. 그 결과 단기자금 조달이 CP와 전자단기사채로 다양화 되었으며, 콜시장 참여가 제한된 금융투자업자의 발행물량이 크게 증가하였다. 발행물량 대부분이 3개월물 이내로 초단기물(7일물 이내) 발행이 급증하였고, 이는 만기 3개월 이내의 전자단기사채에 대해 증권신고서 제출의무가 없어 신속한 자금조달이 가능하기 때문이다.

## 제 3 절 금융기관의 형태 및 종류

금융기관을 분류하는 기준은 여러 가지이다. 일반적으로 사용되는 기준은 국제통화기금(IMF)의 통화성 기준으로 금융기관의 통화창출 기능의 유무에 따른 구별방법이다. 이에 따르면 금융기관은 크게 통화금융기관과 비통화금융기관, 그리고 기타기관으로 나누어진다.

통화금융기관은 현금통화를 창출하는 중앙은행과 예금통화를 창출하는 예금은행으로 나누어지며, 예금은행은 다시 일반은행과 특수은행으로 나누어진다. 일반은행은 은행법에 의하여 설립된 것으로 시중은행, 지방은행, 외국은행 국내지점 등이 이에 속한다. 특수은행은 일반은행이 기업성이나 전문성 때문에 접근하기 어려운 부분에 자금을 공급하는 등 특수한 목적달성을 위하여 설립된 금융기관이다.

비통화금융기관은 업무의 특성에 따라 개발기관, 투자기관, 저축기관, 보험기관으로 나누어진다. 개발기관에는 산업은행, 수출입은행 등이 있으며 종합금융회사, 자산운용회사, 증권금융회사 등은 투자기관으로 분류된다. 그리고 저축기관으로는 은행신탁계정, 저축은행, 체신예금 등이 있다.

그 외에 통화금융기관이나 비통화금융기관에 포함되어 있지는 않지만 금융중개 기능을 수행하거나 금융기관과 관련성이 많은 업무를 수행하는 증권회사와 증권관련기관, 신용보증기관, 벤처금융회사, 손해보험회사, 리스회사 등이 기타기관으로 분류된다.

최근에는 금융기관을 업무영역으로 구분하기도 한다. 금융의 개방화와 자율화가 확산됨에 따라 금융산업은 전업주의에서 겸업주의로 옮아가고 있다. 이에 따라 우리나라는 금융의 개방이나 제도개선 등을 업무영역별로 구분하며 접근하고 있다.

금융산업을 증권·은행·보험의 3대 업무영역으로 나누어 업무조정을 하고 있는 것이다. 각 영역별 고유업무에 대해서는 자회사를 통한 상호진출을 허용하고, 부수 및 주변업무에 대해서는 겸업을 확대하고 있다. 그러나 2009년 자본시장법이 개정되면서 금융기관의 형태를 크게 4가지 영역으로 구분했다. 가장 두드러진 특징은 직접금융시장인 증권시장관련 업무를 취급하는 금융기관들을 금융투자회사라는 큰 범주로 묶은 것이다. 이와 같은 현상은 자본시장관련 법안의 개정배경이 금융시장에서 증권시장의 비

〈표 1-3〉 우리나라 금융기관(자본시장법 개정)

| 구 분 | 종 류 | 내 용 | |
|---|---|---|---|
| 은 행 | 한국은행 | 무자본 특수법인, 통화신용정책 수립·운용 | |
| | 일반은행 | 시중은행 | 우리·신한·하나·국민·외환 |
| | | 지방은행 | 부산·대구·경남·광주·전북·제주 |
| | | 외국은행 국내지점 | 설립근거를 은행법에 둠 |
| | 특수은행 | 중소기업, 수출입, 산업, 농협, 수협 등(특별법에 의함) | |
| 제2금융권 | 보험회사 | 생명보험, 손해보험,(보험업법; 1962) | |
| | 종합금융사 | 1975년 외자도입을 촉진키 위해 설립, 단기금융업무 | |
| | 신용협동기구 | 신용협동조합, 새마을금고, 상호금융 | |
| | 상호저축은행 | 2002년 상호금고 → 상호저축은행, 수신·여신·부대업무 | |
| | 우체국 | 정부기관·우체국예금과 우체국보험 등 금융서비스제공 | |
| 금융투자(증권·자산운용, 투자자문 등) | 투자매매업 | Dealing(자기계산으로 매매, 발행, 인수 등의 금융투자업) | |
| | 투자중개업 | Arranging Deals(타인의 계산으로 한 매매 등 금융투자업) | |
| | 집합투자업 | collective investment, 독립운영(결과는 투자자에 귀속) | |
| | 투자자문업 | 금융투자상품의 가치와 투자판단에 대한 자문 | |
| | 투자일임업 | 투자판단의 위임을 받아 투자자별로 구분, 일임운영 | |
| | 신탁업 | 신탁을 수탁하는 신탁업 | |
| 증권금융 | 한국증권금융 | 국내유일·증권인수금융, 증권유통금융, 증권담보금융 | |

중이 갈수록 증대하고 있어 이 시장의 금융업무와 관련된 우리나라의 기존 법안들이 시장의 발전과 현실과 맞지 않아 증권시장과 산업의 발전에 저해되는 측면이 있어 대폭적인 수정을 하게 되었다.

# 제 2 장

Korea Securities Market

# 증권시장

제 1 절 유가증권의 의의

제 2 절 주 식

제 3 절 채 권

제 4 절 증권시장의 개념과 경제적 기능

증권은 유가증권의 약칭이다. 따라서 증권시장은 유가증권시장을 지칭한다. 증권시장은 유가증권이 거래되는 금융시장의 하부시장이다. 유가증권의 종류는 다양하지만, 증권시장에서 거래대상이 되는 대표적인 증권은 주식과 채권이다.

주식은 상법상 주식회사 형태의 기업만이 발행할 수 있는 자본조달 수단이지만, 채권은 발행주체가 정부, 공공단체, 기업, 금융기관 등 다양하다. 그러나 기업이 발행하는 채권인 회사채는 주식회사 형태의 기업만이 발행할 수 있는 자본조달 수단이다. 따라서 주식회사는 다른 형태의 기업보다 사업 자본을 조달하는데 있어 상대적으로 유리한 기업형태이다.

이런 측면이 주식회사 제도와 증권시장이 자본주의라는 경제시스템에서 왜 핵심적인 기능을 담당할 수 있는지를 잘 설명해 준다고 할 수 있다. 자본주의라는 시스템을 유지하는데 주식회사 제도와 증권시장은 가장 기본적인 인프라에 해당된다.

## 제 1 절 유가증권의 의의

유가증권이란 '재산적 권리가 표시된 증서'라는 의미이다. 유가증권은 경제적 기능에 따라 어음·수표 등과 같은 화폐증권, 선하증권·창고증권 등과 같은 상품증권, 주식·채권 등과 같은 자본증권 등으로 분류할 수 있다.

화폐증권은 현금대신 거래의 결제수단으로 사용되는 유가증권이다. 어음은 역사가 아주 오래된 유가증권으로서 상거래를 촉진하기 위해 미래 약속한 시점에 현금결제를 하겠다는 약속을 하고 현금대신에 지급하는 증권이다. 이 어음을 상업어음, 또는 진성어음이라고 한다.

비교적 도입된 역사가 짧은 기업어음은 신용도가 높은 기업들이 단기자금을 조달하기 위해 자본조달수단으로 발행된 어음으로 자본증권에 속한다. 기업어음처럼 자본증권은 융통어음이라는 명칭으로 사용되기도 한다.

증권시장에서 발행·유통되는 유가증권은 자본증권으로서 증권거래법에 규정된 것에 한한다. 증권시장에서 매매거래의 대상이 되는 유가증권은 종류가 하루가 다르게 다양한 모습으로 개발되어 발행되고 융통되고 있어서 일목요연하게 정리하는 것이 힘들어지고 있다.

다만 증권거래법에서 유가증권으로 정의하고 있는 대표적인 증권종류는 다음과 같다.

- 국채, 지방채, 특수채, 회사채 등 채권
- 주권 및 신주인수권을 표시하는 증서
- 외국법인 등이 발행한 증권·증서로서 상기 유가증권과 유사한 것
- 신탁회사·증권투자신탁회사(외국 포함)가 발행하는 수익증권
- 상장법인이 발행한 기업 어음(CP)
- 유가증권 선물 및 옵션등과 같은 파생증권: 주가지수선물, 주식옵션, 주가지수옵션, 주가지수선물옵션 등

이와는 별도로 유가증권지수의 선물 및 옵션거래와 관련해서는 선물지수와 옵션지수를 유가증권과 유사한 것으로 규정하고 있다. 또한 유동화전문회사가 발행하는 자산유동화증권(asset backed securities: ABS)과 주택저당채권유동화회사가 발행하는 주택

저당증권(mortgage backed securities: MBS)을 유가증권으로 추가 지정하였다.

그러나 금융환경의 변화에 따라 금융상품들은 금융혁신 과정을 통하여 거래 가능한 편리한 증권으로 발전하고 있기 때문에 유사 유가증권의 종류와 형태가 하루가 다르게 새롭게 생기고 있다. 본 교재에서는 초보자를 위해 가장 기본적인 증권인 주식과 채권에 대해 소개하기로 한다.

## 제 2 절 주식(Stock)

### 1. 주식의 의의

주식(株式)은 주식회사 형태의 기업만이 발행할 수 있는 유가증권으로 주권이라고 표현하는 것이 더 정확하다. 주권은 유가증권의 개념을 전달하는데 반해 주식이라는 표현은 지분개념이 강하게 반영된 표현이다. 즉, 주식은 주식회사가 발행한 출자증권으로서 납입자본금을 조달하기 위하여 발행된 자본의 구성단위이다.

주식발행에 의하여 조달된 자본은 회사의 자기자본으로 전환되어 기업경영의 물적 기초가 되며, 주식의 소유자는 주주로서 회사에 대하여 법률상 규정된 지위를 갖게 된다.

[그림 2-1] 주권견본

주주란 주식을 원시적으로 취득(회사설립 또는 신주발행의 경우)하거나 승계적으로 취득(상속 또는 양수 등)함으로써 권리·의무의 주체가 되는 자를 말한다. 또한 주주의 자격에는 제한이 없으므로 자연인은 물론 법인이나 외국인 또는 무능력자도 주주가 될 수 있다.

주주가 가지는 주요한 권리에는 이익배당청구권, 의결권, 잔여재산분배청구권 및 신주인수권 등이 있다. 이익배당청구권은 주식회사가 한 사업기간, 혹은 회계기간을 마무리하고 결산을 한 후에 순수하게 남은 이익(손익계산서상의 당기순이익)에 대해 주주들이 배당을 청구할 수 있는 권한을 말한다.

이익배당청구권은 상장기업의 경우에 대주주와 소액주주간에 이해가 상충하는 측면이 있어 주주총회 과정에서 민감하게 충돌하는 모습을 자주 볼 수 있다. 대주주는 당기순이익에 대해 사내유보를 선호하는 반면에 소액주주들은 현금배당을 선호하는 것이 일반적인 모습이다.

의결권은 경영참가권이다. 주주가 주식회사의 주인이라고 할 수 있는 가장 중요한 권리이기도 하다. 따라서 의결권은 다양하게 표현을 하고 있다. 소유권, 경영참가권, 의결권은 모두 같은 의미로 사용된다. 주주는 주인으로서 경영에 참여할 수 있지만 참여방식이 주식회사의 본질을 잘 보여주는 방식으로 이루어진다. 즉, 주주총회에 참석하여 자신이 보유하고 있는 의결권주의 숫자만큼만 투표권을 행사할 수 있다.

따라서 주식회사제도에서 가장 중요한 것은 누가 의결권이 있는 주식을 얼마만큼 보유하고 있는가? 라는 사실이다. 이것을 지분율, 또는 지분이라고 한다. 지분율이 높은 주주를 흔히 대주주라고 한다. 대주주는 자신이 보유하고 있는 주식만큼 경영권을 행사함으로써 직접 경영에 참여할 수 있는 가능성이 아주 높다.

신주인수권은 회사가 신주를 발행하게 되면 기존주주는 우선적으로 자신이 보유하고 있는 지분율에 해당하는 신주를 인수할 수 있는 권한이다. 특히 기업이 무상증자를 하는 경우에 신주인수권은 아주 매력적인 투자수단이 된다. 그러나 유상증자의 경우도 경영권과 밀접한 관계를 갖고 있는 대주주에게 상대적으로 더 중요한 권한이라고 할 수 있다.

잔여재산(분배)청구권은 주주의 권한 가운데 가장 의미가 없는 권한이라고 할 수 있다. 이 권한은 주식회사가 청산을 하게 되었을 때, 채권자들이 자신들의 청구권을 모두 행사하고도 잔여재산이 남아 있을 때 주주들이 재산권을 행사할 수 있는 권한이다.

실제로 기업이 청산을 하게 되면 기업의 자산가치는 채권자들의 청구권보다 부족한 것이 대부분이므로 주주들이 잔여재산청구권이 행사할 가능성은 아주 낮은 것이 일반적이다.

## 2. 주식의 종류

주식은 기본적인 특성은 국가마다 대동소이하지만 실제 운영과정에서는 조금씩 차이가 있다. 이런 현상은 국가마다 경제적 역사나 성장과정이 차이가 있기 때문에 자국의 형편에 가장 적합한 모습으로 운영하려는 노력의 결과라고 할 수 있다.

특히 금융상품의 성격이나 금융기관의 업무영역 등에서 국가마다 자국의 특성이 반영된 운영체제를 보여주고 있는 것을 발견할 수 있다. 따라서 우리나라의 경우에 주식이라는 유가증권은 크게 몇 가지 기준에서 그 특징적인 부분을 확인할 수 있다.

### (1) 배당권리의 우선순위에 따른 분류

#### ① 보통주

보통주는 주주가 가지는 각종의 권리를 평등하게 가진 주식으로서 이익배당이나 잔여재산의 청구 등에 있어서 우선적 지위 또는 후배적 지위를 결정하는 기준이 되는 주식을 말한다. 일반적으로 우리나라에서는 보통주는 경영참가권이 부여되어 있는 의결권주이다.

#### ② 우선주

우선주는 이익배당 또는 잔여재산의 청구 등과 같은 재산상 이익을 받는데 있어서 보통주에 비해 우선적 지위가 인정된 주식이다. 그래서 보통주보다 경제적 측면에서 유리한 주식이라고 할 수 있다.

우리나라에서는 우선주는 보통주에 비해 경제적 우선권을 보장하는 대신에 경영참가권을 배제한 비의결권 주식으로 이용된다. 따라서 주식투자가 중에서 경영참가권보다 경제적 측면을 더 중요하게 생각하는 투자가들은 우선주를 취득할 충분한 이유가 된다.

우선주는 구체적으로 주식에 내재된 옵션의 종류에 따라 다음과 같이 세분할 수 있다.

i) 누적적 우선주와 비누적적 우선주

누적적 우선주란 회사의 경영사정에 의하여 어떤 연도에 우선배당률 이하의 배당을 하거나 전혀 배당을 하지 못하는 경우 미지급된 배당분을 다음 결산기에 보상하는 누적적 조건을 붙인 우선주이다.

따라서 다음 결산기에는 전기에 미지급된 배당 이월분과 당기의 우선 배당분과의 합계액이 보통주에 우선하여 배당된다. 비누적적 우선주는 이러한 부족 배당이 보전되지 않고 당해 결산기가 경과하면 소멸되는 주식이다.

ii) 참가적 우선주와 비참가적 우선주

참가적 우선주와 비참가적 우선주의 구분은 우선주가 일정률의 우선 배당을 받은 다음에 남은 이익에 대해서도 보통주와 같이 참가하느냐(참가적 우선주)의 여부에 따른 분류이다.

iii) 신형우선주

최저배당률과 존속기간이 정해져 있다는 점에서 기존의 우선주와는 구별된다. 존속기간 경과 후에는 보통주로 전환되며 최저배당률이 있다는 점에서 회사채형 우선주라고도 한다.

### (2) 의결권의 유무에 따른 분류

#### ① 의결권주

의결권이라 함은 주주총회에 상정되는 여러 의결사항에 대한 투표권을 뜻하는데 보통주에 의결권이 부여되는 것이 일반적이다. 우리나라는 1주에 하나의 의결권만을 부여하고 있다.

#### ② 무의결권주

무의결권주는 통상 경영권 지배가 아닌 배당에만 관심이 있는 투자자를 대상으로 발행된다. 무의결권주는 우선적 배당을 전제로 의결권을 부여하지 않는 것이므로 소정의 배당 우선권이 실현되지 아니할 때에는 의결권이 부활된다.

또한 상법은 무의결권 주식이 너무 많이 발행될 경우 소수의 주주에 의하여 회사가 지배될 우려가 있으므로 무의결권 주식의 총수는 발행주식 총수의 1/4을 넘지 못하도록 하고 있다.

다만 상장법인인 경우는 증권거래법에 의하여 발행주식 총수의 1/4까지 무의결권 주식을 발행할 수 있다. 무의결권 주는 주주총회 시 정족수 계산에서 발행주식 총수에 산입하지 않는다.

### (3) 주식액면기재 유무에 따른 분류

#### ① 액면주

액면주란 주권에 그 주식의 액면가액이 기재되어 있는 주식을 말한다. 우리나라 상법에서는 액면주식의 금액은 균일하여야 하며 100원 이상이어야 한다고 규정하고 있다. 또한 1997년 12월 증권거래법의 개정에 따라 상장주식들의 액면분할도 가능하게 되었다.

#### ② 무액면주

주권에 주금액이 기재되어 있지 않고 주식 수만이 기재되어 있는 주식이다. 현재 미국과 같은 선진국에서는 무액면주식의 발행이 보편화되고 있으나, 우리나라 상법에서는 인정되지 않고 있다.

### (4) 기명(記名) 유무에 따른 분류

#### ① 기명주

기명주는 주주의 성명이 주권이나 주주명부에 기재되어 있는 것을 말하며 상법은 기명주식이 원칙이다. 회사가 기명주식을 발행하는 경우에는 그때 그때의 자본적 배경을 알 수 있기 때문에 경영상 편리하며, 각종의 통지나 최고를 하는 데 편리하고 주주명부에 기재한 사실만으로 권리행사의 자격이 인정된다.

#### ② 무기명주

무기명주식은 주주의 성명이 주권이나 주주명부에 기재되지 않고 주권을 소유함으로써 주주의 자격을 인정받게 된다. 이 주식은 주권의 유통을 신속, 원활히 하는 장점이 있으나 권리행사자를 확정짓기가 곤란하다. 따라서 상법은 무기명주권을 보유한 자가 권리를 행사함에 있어서는 주권을 회사에 공탁하도록 하고 있다.

### (5) 기타의 분류

#### ① 보증주

회사가 발행하는 보통주 및 우선주 등에 대하여 그 이익배당의 지급을 정부, 금융기관 등이 보증하는 주식으로 기업의 이윤에 관계없이 배당이 확정되어 있는 주식이다.

#### ② 상환주

주주권의 존속기간이 한정되어 있는 주식이다. 주식의 발행에 의하여 조달된 자본은 회사의 자기자본을 구성하고 회사가 존재할 때까지 영구적으로 회사에 귀속되는 것이 원칙이나, 상환주는 그 발행 시부터 일정기간 후에 회사의 이익으로써 재매입하여 소각하도록 예정되어 있는 주식을 말한다.

따라서 원금이 상환된다는 점에서 회사채적 성격을 가지고 있다. 우리나라 상법에서는 우선주에 한하여 상환주식을 발행할 수 있도록 하고 있다.

③ 전환주

회사가 여러 종류의 주식을 발행한 경우, 일정한 요건 하에서 정하여진 전환율에 따라 다른 종류의 주식으로 전환할 수 있는 권리가 부여된 주식이다. 전환권은 우선주에 대하여 주어지는 경우가 많으며, 보통주로 전환되는 것이 일반적이다.

④ 유상주와 무상주

이는 기존의 회사가 신주를 발행하는 경우에 주금의 납입이 있느냐 없느냐에 따른 구분으로 주금의 납입에 의하여 발행되는 주식을 유상주라 하고, 주금의 납입 없이 발행회사가 무상으로 할당하는 것을 무상주라 한다.

## 제 3 절 채 권

### 1. 채권의 의의

채권은 정부, 공공기관, 특수법인과 주식회사 형태를 갖춘 사적기업이 흑자지출단위(투자자)로부터 비교적 장기의 자금을 조달하기 위하여 부담하는 채무를 표시하는 유가증권으로서 일종의 차용증서이다.

채권이 차용증서라는 것은, 채권발행자에게 채권발행을 통해 조달된 자본은 주식과 달리 타인자본, 즉 부채가 된다.

이러한 채권은 발행주체에 따라 수행하는 역할을 달리하고 있으나, 본질적으로 다음과 같은 세 가지 공통점을 가진다.

첫째는 확정이자부 증권이라는 것이다. 채권은 발행시점에 지급해야 할 이자와 상환금액이 확정되거나 그 기준이 확정되기 때문에, 투자원금에 대한 수익은 금리수준의 변동에 의한 것 이외에는 발행하는 시점에서 이미 결정된다.

따라서 채권을 구입하는 투자가 입장에서는 채권발행자의 원리금 상환능력이 가장 중시된다. 채권발행자가 만기에 원리금을 상환할 수 없는 상태에 직면하는 위험을 채무불이행위험(default risk)라고 한다.

둘째는 이자지급 증권이라는 것이다. 채권은 주식과 달리 채권발행자는 수익의 발생여부와 관계없이 채권투자가들에게 약속된 금액의 이자를 약속된 날짜에 지급하여야 한다.

채권의 이자는 발행비 등 채권 발행자가 부담하는 금융비용 중에서 가장 큰 비중을 차지할 뿐만 아니라 그 고정비적 성격으로 인해 기업의 손익과 성장에 많은 영향을 주게 된다.

[그림 2-2] 회사채 견본

셋째는 기한부 증권이라는 것이다. 채권은 원리금의 상환기간이 사전에 정해져 있는 기한부 증권이다. 기한부 증권이라는 채권의 특성으로 인해 만기 및 잔존기간이 투자결정 요소로서 그 중요성을 가지며 실세금리는 경제상황에 따라 변동하는 것이 일반적이므로 만기 및 잔존기간이 길고 짧음이 채권투자수익에 큰 영향을 준다.

## 2. 채권과 주식의 비교

채권과 주식은 여러 가지 면에서 차이가 있다. 주식은 그 소유자가 주식회사의 주인신분으로서 주주총회 등에서 경영의사결정에 참여할 수 있으나, 채권의 소유자는 채권자신분으로서 회사경영의 의사결정에 참여할 수 없다.

주식의 발행은 자본금의 증가를 수반하고 채권의 발행은 부채의 증가를 수반한다. 따라서 주식발행이 이루어지면 기업의 재무구조가 양호해지며, 채권발행이 증가하면 상환해야 할 부채가 증가하면서 기업에게 원금과 이자상환의무증가에 따른 자금부담이 증가할 수 있다.

또한 주주와 채권자는 똑같이 기업에게 자본제공자이지만, 기업이 청산을 하는 경우에는 재산청구권에서 입장이 확연하게 차이가 난다. 즉 채권자는 회사의 해산시 주주에 우선하여 원리금을 청구할 권리가 있다.

일반적으로 대부분의 경우 기업이 청산을 통해 해산하게 되면, 주주는 자기가 제공한 자기자본만큼의 자본에 대해 청구할 기업의 잔여자산이 남지 않는다. 결국 제공한

〈표 2-1〉 채권과 주식의 차이점

| 구 분 | 채 권 | 주 식 |
|---|---|---|
| • 자본조달형태 | • 대부증권 | • 출자증권 |
| • 조달자금의 성격 | • 타인자본(부채) | • 자기자본 |
| • 증권의 존속기간 | • 한시적(영구채권 제외) | • 영구적 |
| • 수익의 형태 및 성격 | • 이자(확정적) | • 배당(가변적) |
| • 조달원금 | • 만기시 원금상환 | • 상환의무 없음 |
| • 증권소유자의 지위 | • 채권자 | • 주주 |
| • 투자자의 성격 | • 위험회피적 | • 위험선호적 |
| • 추가발행시의 영향 | • 재무구조 악화 | • 재무구조 건전화 |

자기자본 만큼의 유한책임을 지게 되는 결과가 된다. 이러한 두 유가증권의 특징을 항목별로 비교하면 <표 2-1>과 같다.

## 3. 채권의 특성

채권은 자본증권 중에서 원금은 물론 일정한 이자를 지급받을 권리가 주어져 있는 유가증권이다. 채권이 투자대상 금융상품으로서 매력은 어느 정도일까? 투자가 입장에서는 투자의사결정을 할 때에 직면하는 고려변수는 크게 수익성과 위험이 있다.

채권은 일정한 기간 후에 얼마의 이익을 얻을 수 있는가 하는 수익성과 원금 및 이자를 얼마나 확실하게 받을 수 있는가 하는 안정성, 그리고 중도에 자금이 필요할 때 얼마나 쉽게 현금화가 가능한가 하는 유동성이 골고루 갖추어져 있는 증권이다.

### (1) 수익성

이는 채권을 보유함으로써 얻을 수 있는 금전적인 수익의 발생가능성을 의미하는 것으로 채권보유로부터 얻을 수 있는 수익은 이자소득과 자본소득이 있다.

이자소득은 채권을 보유함으로써 발생하는 이자로서 투자한 자금에 대한 보상을 말하며, 자본소득은 채권을 만기 이전에 되팔 경우 채권가격변동으로 인해 채권 매수가격보다 시장가격이 높을 때 발생하는 차익을 말한다.

채권투자는 일정한 이자가 보장되어 있을 뿐만 아니라 투자운용에 따른 자본이득도 얻을 수 있어 수익성(profitability)이 높다.

### (2) 안정성

채권의 위험은 채무불이행위험과 시장위험의 두 가지로 살펴볼 수 있다. 채무불이행위험(default risk)은 발행주체의 고유한 특성에 의한 비체계적 위험(unsystematic risk)으로서 원리금의 상환이 이루어지지 못할 위험이다.

채권은 발행주체가 신용도가 높은 정부, 지방자치단체, 특수법인 및 상법상의 주식회사이기 때문에 그 안정성이 매우 높다. 또한 회사채의 경우에는 IMF구제금융사태가 발생하기 이전에는 금융기관이 원리금을 지급보증하는 보증사채가 대부분이므로 발행기업의 신용과는 관계없이 안정성이 높았다.

그러나 지금은 대부분 회사채는 무보증사채 형태로 발행되므로 투자가들에게 채무불이행 위험의 크기가 중요한 고려변수가 되었다. 그래서 채권발행주체의 원리금상환능력을 평가하는 신용등급에 대한 정보요구가 높아졌고, 이를 평가하는 신용평가회사의 역할이 갈수록 중요해지고 있다.

### (3) 유동성

채권은 상환일까지 보유하여 확정된 이자와 원금을 받을 수 있을 뿐만 아니라 상환일 전에 증권회사 등을 통해 언제든지 팔아 현금화할 수 있다. 특히 채권은 유통시장이 존재하기 때문에 만기 이전에 현금화해야 할 상황에 직면하더라도 쉽게 환금할 수 있는 제도적 장치가 마련되어 있어 유동성이 아주 좋은 금융상품이다.

유동성(liquidity)이란 화폐가치의 손실없이 현금으로 전환될 수 있는 용이성 정도를 말한다. 일반적으로 채권은 발행자의 신뢰도가 높아 신속하고 원활한 채무이행이 보장될수록, 만기가 비교적 단기여서 시장이자율이 변화하더라도 채권의 가치에 미치는 영향이 크지 않을수록 유동성이 비교적 높아진다.

## 4. 채권의 종류

채권은 원칙적으로 약정된 기일에 원리금을 상환하는 고정수익증권(fixed income security)이다. 채권은 발행주체, 이자지급방법, 보증 및 담보유무, 만기구조와 각종 옵션조건 등의 첨가여부에 따라 다음과 같은 여러 종류로 분류할 수 있다.

〈표 2-2〉 채권의 분류기준

| 기 준 | 해당 채권 |
|---|---|
| 발행주체 | 국채, 지방채, 특수채, 회사채, 외국채 |
| 보증유무 | 보증채, 무보증채 |
| 이자지급방법 | 할인채, 복리채, 단리채, 이표채 |
| 액면이자 확정 여부 | 고정금리채, 변동금리채, 역변동금리채 |
| 상환방법 | 만기상환, 분할상환 |
| 상환기간 | 단기채, 중기채, 장기채 |
| 발행가액 | 액면발행채, 할인발행채, 할증발행채 |
| 내재옵션 여부 | 수의상환채, 전환사채, 신주인수권부사채, 상환요구채, 교환사채 |

### (1) 발행주체에 따른 분류

채권을 발행주체에 따라 분류하면 국채, 지방채, 특수채, 금융채 및 회사채 등으로 나누어 살펴볼 수 있다.

첫째, 국채란 국가가 공공적 목적을 달성하기 위하여 국채법에 따라 발행하는 채권으로 이에는 국고채권, 재정증권, 제1종 및 제2종 국민주택채권 등이 있다. 현재 국고채의 발행사무는 한국은행이, 제1종 국민주택채권은 농협과 여러 시중은행이 대행하고 있다. 국채는 국회의 동의를 받아 정부가 발행한 채권으로 정부가 원리금지급을 보증하기 때문에 채무불이행 위험이 낮다.

둘째, 지방채는 지방자치단체가 지방재정법의 규정에 따라 특수한 사업에 필요한 자금을 조달하기 위하여 발행하는 채권이다. 여기에는 서울시 도시철도채권, 도시철도채권(인천, 대구, 광주), 부산교통채권, 지역개발채권, 상수도공채, 도로공채 등이 있다.

셋째, 특수채는 한국토지개발공사, 한국전력공사, 한국기술개발주식회사, 한국도로공사 등 특별법에 의해 설립된 특별법인이 발행하는 채권으로 토지개발채권, 한국전력공사채권, 한국전기통신공사채권, 한국가스공사채권, 기술개발금융채권, 도로공사 고속도로건설채권, 서울시 지하철공사채권 등이 있다. 또한 통화량 조절을 위해 한국은행이 발행하는 통화안정증권도 특수채의 범주에 해당한다.

넷째, 금융채는 한국은행, 한국산업은행, 중소기업은행, 한국주택은행 등 특수금융기관이 장기대출자금의 조달을 위하여 발행하는 채권이다. 여기에는 산업금융채권, 중소기업금융채권, 주택금융채권 등이 있다. 일반은행과 카드, 리스, 할부금융사에서 발행한 채권은 2009년 2월부터 자본시장법 시행으로 재분류된 분류체계에 의해 금융채에서 회사채로 분류된다.

다섯째, 회사채는 주식회사가 부채 형태의 장기자금조달수단으로 발행하는 채권으로 그 종류는 매우 다양하다. 주식회사는 회사채를 발행하기 위해 금융감독위원회에 등록절차를 거치고 유가증권신고서를 제출하여 수리되어야 발행이 가능하다.

### (2) 이자지급방법에 따른 분류

#### ① 이표채

이표채는 채권의 권면에 이표(이자지급표)가 붙어 있어 이자지급일에 이표를 떼어 이자를 지급받을 수 있는 채권이다. 현재 회사채의 대부분이 이러한 형태로 발행되고 있으며, 통상 3개월마다 이자를 지급한다.

② 순수할인채

순수할인채는 액면금액에서 상환일까지의 이자를 단리로 미리 할인한 금액으로 발행하는 채권이다. 대표적인 순수할인채로는 통화안정증권, 재정증권, 금융채 중 일부이다.

③ 복리채

복리채는 이자지급기간 동안 이자가 복리로 재투자되어, 만기 상환시에 원금과 이자를 동시에 지급하는 채권이다. 대표적인 복리채로는 국민주택채권, 지역개발채권, 금융채 중 일부이다.

이자지급방식에 관계없이 채권 원금은 모두 만기에 지급되는데(원금분할상환채권은 예외), 이중에서 복리와 단리·할인채는 일단 발행되면 만기가 도래하기 전에는 원금 혹은 이자가 지급되지 않으므로 채권발행 이후 만기 시점에서만 현금흐름이 발생하는 반면 이표채는 만기 이전에 여러 차례 이자를 지급하므로 이자지급횟수 만큼의 현금흐름이 발생하게 된다.

### (3) 보증유무에 따른 분류

① 보증채

보증채란 정부 또는 금융기관이 원리금 지급이행을 보증하는 채권으로 정부보증채, 일반보증채(시중은행, 증권사, 신용보증기금 등) 등이 있다. 우리나라의 경우 보증사채가 일반보증채의 대표적인 형태였다. 보증사채의 이율은 1988년 12월 5일 사채발행금리가 자유화됨에 따라 발행회사가 자율적으로 결정한다.

그러나 1997년 발생한 IMF구제금융 사태 이후에는 금융기관들의 회사채 지급보증을 기피하게 되어 최근에는 무보증 회사채가 대부분을 차지하고 있다.

② 무보증채

무보증채는 원리금의 상환에 대한 금융기관의 보증이나 담보의 제공 없이, 오직 발행주체의 신용에 의해 발행되는 채권이다. 무보증사채의 경우 투자자의 입장에서는 보증사채나 담보부사채보다 안전성이 적기 때문에 신용도가 우수한 회사에게만 발행이 허용된다.

그러나 투자자보호를 위하여 발행회사의 대주주 또는 운영지배권자에게 원리금상환에 대한 연대책임을 지도록 하는 것이 보통이다.

③ 담보부채

담보부채란 채권에 담보권이 붙어있는 채권이다. 우리나라 담보부사채의 경우, 담보로 제공할 수 있는 재산이 대부분 은행에 담보로 제공되어 있으므로 회사채 발행총액의 2% 미만이 담보부사채로 발행되고 있다.

### (4) 상환기간에 따른 분류

① 단기채

단기채는 상환기간이 1년 이하인 채권으로 통화안정증권(182일물, 364일물 등), 재정증권, 금융채(1년 만기) 등이 여기에 속한다.

② 중기채

중기채는 상환기간이 1년에서 5년 이하인 채권으로 국민주택채권(1종), 회사채, 금융채 등이 있다.

③ 장기채

장기채는 상환기간이 5년 이상인 채권으로 국민주택채권(2종)과 서울시 지하철공채 등이 이에 속한다. 그러나 미국이나 유럽 등에서는 만기가 10년 이상인 채권을 장기채로 분류하고 있다.

### (5) 지급이자율 변동 여부에 따른 분류

① 확정금리부채권

확정금리부채권은 확정이자율에 의해 일정금액을 약정기일에 지급하는 채권으로 국공채와 회사채의 대부분이 이에 해당한다.

② 금리연동부채권

금리연동부채권은 정기예금금리 등 기준금리에 연동되어 지급이자율이 변동하는 조건의 채권으로 일부 금융채와 일부 회사채 등이 여기에 속한다.

## 5. 채권투자의 위험

채권은 변동금리부 채권을 제외한 대부분의 경우 만기일에 받게 될 원금과 이자를 발행시점에서 확정하는 확정이자부 증권이므로 주식과 비교하면 투자가 입장에서 부담하게 되는 위험 수준은 아주 낮다.

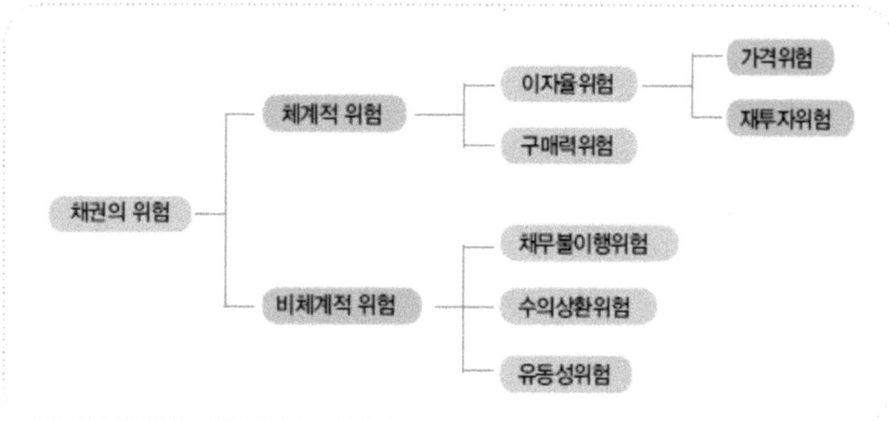


[그림 2-3] 채권의 위험종류

그러나 [그림 2-3]에서 처럼 채권도 다양한 위험이 존재하므로 채권에 투자하는 경우에도 관련된 위험의 종류와 크기를 정확히 평가하는 것이 중요하다. 채권투자에 있어서 관리 대상이 되는 위험의 종류는 크게 체계적 위험과 비체계적 위험으로 구분할 수 있다.

체계적 위험과 비체계적 위험의 개념은 주식의 경우와 동일한 개념으로 사용된다. 즉 채권의 체계적 위험도 주식과 마찬가지로 투자가입장에서는 통제불가능한 변수이다. 채권의 경우 체계적 위험을 야기하는 대표적인 변수가 이자율변동과 물가변동이 야기하는 위험이다.

비체계적 위험은 채권발행자가 야기하는 고유의 위험이다. 따라서 이들 위험은 투자가들의 합리적인 투자결정과정에서 회피가능한 위험이라고 할 수 있다.

### (1) 채무불이행 위험

채무불이행 위험(default risk)은 이자 또는 원금을 약속한 방식으로 약속된 날짜에 지급하지 못할 가능성을 말한다. 채권투자가 입장에서 채권투자결정과정에서 가장 중요하게 고려하는 위험 요인이 채무불이행위험이다.

채무불이행위험이 없는 채권을 무위험채권이라 한다. 일반적으로 증권분야에서 말하는 무위험자산은 채권이다. 왜냐하면 투자가 완료되는 시점에서 수익의 크기를 예상할 수 없는 주식보다는 원금과 이자의 크기가 발행시점에서 확정되는 채권의 위험이 낮을 것은 당연한 일이다.

정부가 발행주체가 되는 국채가 일반 기업이 발행하는 회사채보다는 채무불이행위험이 낮다. 그래서 무위험채권은 회사채보다는 국채일 가능성이 높다. 國債 가운데서는 만기가 짧은 단기국채가 다른 유형의 위험, 즉 구매력위험과 이자율변동 위험도 낮으므로 무위험자산(risk free asset)에 가장 근접하는 유가증권은 단기국채라고 할 수 있다.

채무불이행 위험은 발행주체에 따라 크게 달라지는데 평균적으로 보면 회사채가 가장 높다. 기업의 경우 경기상황에 따라 이 위험이 크게 변동하게 된다. 불경기가 되면 투자가들이 인식하는 채무불이행위험이 호경기보다 더 크게 느껴져 요구수익률도 증가하면서 채권발행금리가 높아지게 된다.

### (2) 이자율 위험

이자율 위험(interest risk)은 이자율변동으로 인한 채권투자수익의 변동가능성을 말한다. 채권투자가 입장에서는 채권보유기간동안 이자율이 변동하게 되면 채권가격이 변동하면서 위험을 부담하게 된다.

그리고 크기는 미미하지만 이자율 변동으로 인해 채권이자수익의 재투자수익크기가 변동하면서 부담하게 되는 위험도 있다. 이를 재투자수익위험이라고 한다.

이자율이 상승하면 채권가격은 하락하고, 재투자수익은 증가한다. 따라서 이자율 변동에 따른 두 가지 위험, 즉 채권가격변동위험과 재투자수익위험은 서로 다른 방향으로 움직이는 위험이다.

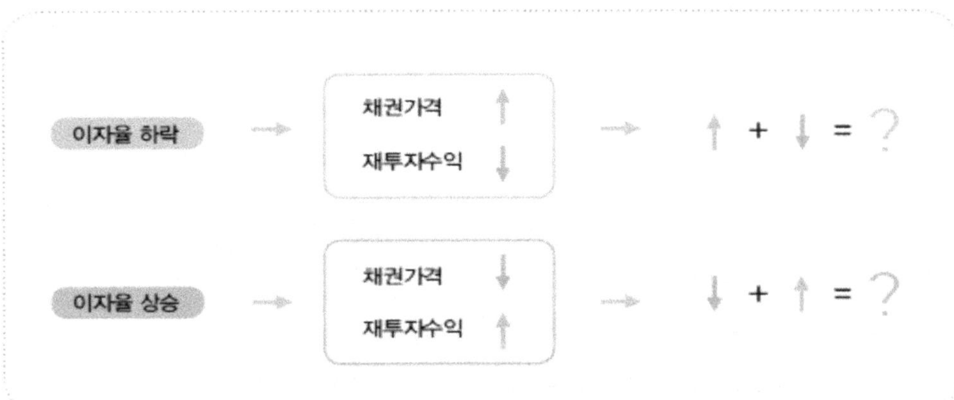


[그림 2-4] 이자율 변동 시 채권가격과 재투자수익률의 변화 및 투자결과

이자율변동위험의 크기는 채권만기와 밀접하게 연결되어 있다. 일반적으로 단기채권이 장기채권보다 이자율이 변동할 수 있는 가능성 노출된 기간이 짧다고 할 수 있으므로, 같은 조건이면 단기채권의 위험이 낮다. 따라서 같은 조건의 채권이면 단기채권 이자가 장기채권이자 보다 낮게 책정된다.

#### (3) 구매력위험

구매력위험은 기대보다 큰 물가상승으로 인해 야기되는 화폐의 구매력변동위험을 말한다. 즉 채권보유기간 동안 예상보다 가파른 물가상승이 진행되면 만기에 받게 될 원금과 이자수익의 구매력크기가 감소하는 위험에 노출되게 된다. 구매력위험도 같은 조건이면 단기채권이 장기채권보다 낮다고 할 수 있다.

#### (4) 유동성위험

유동성위험(liquidity risk)은 보유채권을 매매하여 현금화 할 수 없는 가능성을 말한다. 더 정확하게 정의하면 유동성 위험은 채권을 매각하여 현금화하는데 소요되는 시간이 길수록, 액면가와 차이가 클수록 유동성위험은 크다고 정의한다.

이 위험은 비단 채권뿐만 아니라 모든 형태의 증권 또는 금융상품에 해당하는 개념이다. 전통적으로 만기가 짧을수록, 채무불이행 위험이 낮을수록 그리고 확정이자부 증권일수록 유동성위험이 낮다.

## 6. 채권의 신용등급 및 평가

채권투자가들이 인지하는 가장 큰 위험의 형태는 채무불이행 위험이다. 따라서 투자결정과정에서 채권발행주체의 채무불이행위험을 평가하고 분석하는 것은 채권투자가들이 가장 고민스런 부분일 수밖에 없다.

채권발행자와 투자가들은 자본조달과 투자라는 두 경제행위를 통해 각자의 경제적 목적을 달성하기 위해 채무불이행위험에 대한 정보가 시장에서 효율적으로 획득 가능하고 정보에 대한 신뢰가 가능할 때 전체 채권시장의 효율성이 증대할 수 있을 것이다.

이런 관점에서 채권발행자의 채무불이행 위험에 대해 전문적이고 독립된 경제주체가 평가와 공시를 하도록 제도적인 장치가 마련되어 있다. 신용평가기관이란 독립된 경제주체는 채권발행자의 신용등급(credit rating)을 지속적으로 평가하여 공시하는 기관이다.

신용평가기관은 채권발행자의 원리금 상황능력에 대한 신용등급(채무불이행위험 수준)을 발표하게 되는데, 이에 따라 발행채권의 금리수준이 결정되므로 채권발행자 입장에서는 받게 되는 신용등급결과가 자본조달비용을 결정하게 되는 중요한 의미를 가지게 된다.

현재 우리나라는 기업어음과 회사채를 발행하는 경우 신용등급평가를 통해 원리금 상환능력을 우수하게 인정받으면 유리한 조건으로 자본조달수단을 발행할 수 있다.

세계적으로 유명한 신용평가기관으로 미국의 Moody's와 Standard & Poor's 그리고 영국의 Fitch IBCA가 있고, 우리나라에는 한국신용평가(주), 한국신용정보(주), 그리고 한국기업평가(주)가 있다.

이들의 신용평가 결과는 해당 경제주체의 증권가격과 자본조달비용에 직접적인 영향을 미치게 되므로 금융시장에서 증권을 발행하는 각 경제주체들은 신용등급에 아주 민감하게 반응 할 수밖에 없다.

신용등급의 표시방법은 평가기관마다 조금씩 표현의 차이는 있지만 최상급인 A트리플에서 C 혹은 D 등급까지 걸쳐 세분화하여 나타내고 있다. 기업어음의 신용등급은 채권등급보다는 간단하게 표시하고 있다. 일반적으로 무담보로 기업어음을 발행하기 위해서는 최소한 두 개 이상의 평가기관으로부터 B등급이상을 받아야 가능하다.

채권의 경우 B트리플 수준 이상의 등급을 받아야만 채권발행이 가능한 수준으로 인정되지만, 실제상황에서는 B트리플 수준의 신용등급으로는 채권발행시장에서 소화가 쉽지 않다.

〈표 2-3〉 기업어음의 신용등급

| 등 급 | 등급의 해석 |
|---|---|
| A1 | 적기상환능력이 최상이며, 상환능력의 안정성 또한 최상임 |
| A2 | 적기상환능력이 우수하나 그 안정성은 A1에 비해 다소 뒤떨어짐 |
| A3 | 적기상환능력이 좋으며 그 안정성도 좋은 편이나 A2에 비해 뒤떨어짐 |
| B | 적기상환능력은 적정시 되나 그 안전성은 단기적 여건변화에 따라 가변적임 |
| C | 적기상환능력 및 안정성이 매우 가변적임 |
| D | 무등급 |

〈표 2-4〉 회사채의 신용등급과 해석

| 한신평(주) | 등급의 해석 | S&P |
|---|---|---|
| AAA | 원리금 지급능력이 최고수준임 | AAA |
| AA | 원리금 지급확실성이 매우 높으나 AAA보다는 다소 낮음 | AA+ |
| | | AA |
| | | AA− |
| A | 원리금 지급확실성이 높지만 장래 경제여건 및 환경악화에 따라 다소 영향을 받기 쉬운 면이 있음 | A+ |
| | | A |
| | | A− |
| BBB | 원리금 지급확실성은 인정되지만 장래 여건 및 환경악화에 따라 지급능력이 저하될 가능성이 있음 | BBB+ |
| | | BBB |
| | | BBB− |
| BB | 원리금 지급능력에는 당장 문제가 없으나 장래의 안정성은 보장할 수 없는 투기적인 측면이 있음 | BB+ |
| | | BB |
| | | BB− |
| B | 원리금 지급능력에 문제가 있고 투기적인 면이 강함 | B+ |
| | | B |
| | | B− |
| CCC | 채무불이행이 발생할 위험이 크고 투기적임 | CCC |
| CC | 채무불이행이 발생할 위험이 매우 크고 극히 투기적임 | CC |
| C | 현재 이자지급이 연기되고 있고 채무불이행의 위험성이 매우높음 | C |
| D | 원금 또는 이자가 지급불능상태에 있음 | D |

## 제 4 절 증권시장의 개념과 경제적 기능

### 1. 증권시장의 개념

자본주의 경제체제를 지탱하는 대표적인 시스템은 증권시장과 주식회사 제도라고 할 수 있다. 주식회사가 급속하게 발전하게 된 것은 주식회사가 다수인으로부터 소규모의 영세자금을 모아 대규모 산업자금화 하는 데 효율적인 제도라는 점에서 대규모 자본축적의 가능성이 다른 어떤 형태의 회사보다 잘 충족시킬 수 있었기 때문이다.

주식회사가 다른 회사형태보다도 산업자금 조달에 유리한 점은, 주주는 자기가 납부한 출자지분 한도 내에서 회사의 채권자에 대하여 책임을 지는 유한책임제도와, 주주는 출자에 의해서 주권을 취득(자본의 증권화)하고 취득한 주권을 자유로이 양도하여 현금화함으로써 투자자본을 회수(증권의 자본화)할 수 있는 증권제도, 그리고 기업의 소유주와 경영인이 서로 다른 소유와 경영의 분리가 바로 그것이다. 주식회사 제도의 이러한 기능을 원활히 하기 위해 조직된 것이 증권시장이다.

## 2. 증권시장의 구조

기업이 주식이나 채권 등을 통하여 조달된 자금은 기업의 설비투자 등에 투입되므로 회수하는 데 많은 기간이 걸리는 반면, 일반투자자가 기업에 제공한 자금은 그 투자자가 필요로 할 때에는 언제든지 회수되어 이용될 수 있어야 한다는 서로 상반된 조건을 가지고 있다.

이렇게 자본수요자와 공급자의 상이한 자본기간 조건을 충족해주기 위해서 증권시장은 기업이 유가증권을 발행하여 자금을 조달하고, 투자가는 여유자금을 기업에 제공하면서 발행된 유가증권을 취득하는 공간인 발행시장과, 투자자가 취득한 유가증권을 다른 투자가들에게 매매하여 현금화 할 수 있는 유통시장으로 구성되어 있다.

우리나라 증권시장은 주식시장과 채권시장으로 구성되어 있다. 두 시장은 모두 발행시장과 유통시장을 갖추고 있어 주식과 채권은 다른 금융상품에 비해 특히 유동성이 높아 투자가들이 투자자금을 회수하여 현금화하는데 유리하다.

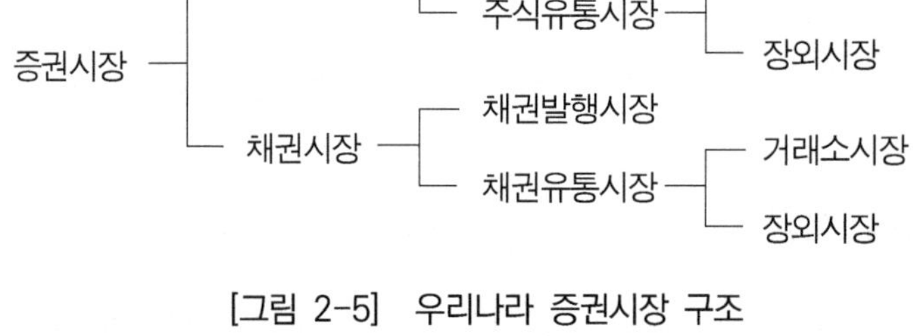


[그림 2-5] 우리나라 증권시장 구조

발행시장에서 발행된 유가증권이 유통시장에서 증권거래소 상장이나 협회중개시장 등록을 통하여 거래될 수 있어야 유가증권을 취득한 최초의 투자자는 원하는 때에 투자한 자금을 회수할 수 있고 발행주체도 계속 유가증권을 원활히 발행할 수 있다.

즉, 유통시장이 얼마나 효율적으로 잘 작동하는가 하는 문제는, 발행시장에서 자본수요자가 자본을 조달할 수 있는 여건을 마련해 준다는 측면에서 매우 중요한 의미를 가진다.

따라서 주식회사나 정부 또는 지방차지 단체는 증권을 발행하여 필요한 자본을 조달하는 자본조달 창구는 증권발행시장이지만, 발행시장에서 자본조달 기능이 제대로 이루어지지 위해서는 발행된 증권이 거래되는 유통시장의 상황이 절대적으로 영향을 미치게 된다.

그래서 유통시장의 활성화나 제도적인 효율성 없이는 발행시장의 기능이 제대로 작동되기가 불가능하다.

현재 우리나라 주식 유통시장은 증권선물거래소 내에 유가증권시장(거래소시장), 코스닥시장 그리고 선물시장을 두고, 코넥스시장이 설치되어 있으며, 장외시장으로 기존의 프리보드시장을 새롭게 개정한 K－OTC과 점두시장이 설치되어 있다.

## 3. 증권시장의 경제적 기능

자본주의 경제에 있어서 생산활동의 주역인 기업은 증권발행을 통하여 자본을 조달하고 있으며, 이와 같은 기업의 금융활동은 주로 증권시장을 통하여 이루어진다. 증권시장은 국민경제적 측면에서 다음과 같은 기능을 수행한다.

### (1) 산업자본의 조달기능

기업의 측면에서 증권시장은 증권발행이란 수단을 통하여 대중의 영세 유휴자금을 널리 모집 흡수하여 이것을 장기의 안정적인 산업자금으로 조달하게 된다.

따라서 증권시장은 기업에 대하여는 자금조달원이 됨과 동시에 유동성 자금을 산업자본화함으로써 시설투자확대 및 기술혁신 그리고 대량생산을 통하여 기업의 체질강화 및 국제경쟁력을 증진시키는 기능을 지니고 있다.

### (2) 투자수단의 제공

일반대중에 대하여 증권시장은 저축 내지 자산의 운용을 위한 투자수단을 제공한다. 저축이나 자산을 운용하는 방법에는 여러 가지가 있지만 크게 나누어 부동산이나 귀금속 등과 같은 실물자산에 대한 투자와 은행예금이나 증권투자 같은 금융자산에 대한 투자로 분류할 수 있다.

그런데 일반적으로 개인의 투자성향은 경제·사회가 안정되고 소득이 점차 증대됨에 따라 실물자산보다는 금융자산을 선호하게 되고 금융자산에 대한 투자 중에서도 은행예금과 같은 간접투자보다는 증권과 같은 직접투자를 선호하는 경향이 강하게 된다.

### (3) 소득의 재분배

사회적 측면에서 증권시장은 주식의 분산에 의하여 소득의 재분배를 구현하는 정책수단이 되고 있다. 현대 자본주의 국가는 주식의 분산을 통한 대중자본주의를 지향하고 있다.

이에 따라 증권시장은 기업공개 및 주식지분의 분산을 촉진함으로써 기업의 성과가 투자대중에게 널리 분산되어 부의 편재를 방지하는 정책수단역할도 담당한다.

즉 주주의 확산에 따라, 투자대중의 자본소득 증대를 통한 국민복지향상과 사회안정 그리고 중산층 육성이라는 사회적 기능을 가지고 있다.

### (4) 자금의 효율적 배분기능

증권시장은 장기적으로 기업의 수익성을 비롯한 모든 정보를 반영하여 진정한 주가를 발견하는 데 기여한다. 주가는 증권시장에 새로 유입되는 정보에 따라 지속적으로 변동한다.

이에 따라 투자자금이 생산성(수익성)이 낮은 기업에서 생산성이 높은 기업으로 이동하게 되므로 생산성이 낮은 기업의 구조조정과 퇴출이 촉진되고 생산성이 높은 기업의 활동이 더욱 활성화되어 평균적으로 사회적 생산성을 증대시키는 방식으로 자금의 효율적 배분이 촉진된다.

### (5) 재정금융정책의 수단 제공

정부는 증권시장에서 재정증권을 발행하거나 상환함으로써 적자 또는 흑자 재정을 운용하는 방식으로 증권시장을 재정정책의 보완적인 수단으로 활용한다. 또한 중앙은행은 증권시장에서 공개시장조작을 함으로써 통화량의 조절 및 경기안정 등을 도모하는 금융정책을 수행한다.

제 3 장

Korea Securities Market

# 금융투자업과 관계기관

제 1 절 금융투자업

제 2 절 금융투자업 관계기관

제 3 절 자본시장통합법 개정

# 제 1 절 금융투자업

금융투자업(financial investment business)은 금융투자상품을 통해 이익을 얻을 목적으로 경제활동을 하는 업무로 취급하는 업무내용의 경제적 실질에 따라 투자매매업(dealing), 투자중개업(Brokerage), 집합투자업(collective investment), 투자자문업(investment advisory), 투자일임업(discretional investment), 신탁업(trust) 등의 업무를 수행하는 것을 말한다.

개정된 자본시장법은 금융기관간의 경쟁을 촉진시키고 이를 통해 금융혁신과 금융산업의 효율성증대를 위해 금융투자업의 업무범위 확대와 겸업허용을 통해 우리나라의 금융기관들이 외국의 투자은행과의 경쟁력 회복을 통해 발전할 수 있는 기초를 마련하였다.

또한 궁극적으로는 직접금융시장 업무에 주력하는 국내의 금융투자회사가 종합적인 직접금융업무를 수행하는 투자은행으로 발전할 수 있는 제도적 기틀을 마련해 주었다. 이를 위해서 국내 금융투자회사들은 업무의 다양화뿐만 아니라 규모의 경제효과를 위한 노력도 병행해야 하는 과제를 안게 되었다.

자본시장법의 개정의 특징을 정리하면 다음과 같다. 첫 번째는 금융투자상품의 포괄주의 도입이다. 기존의 자본시장 관련 금융법은 취급 가능한 상품을 법령에 나열하는 열거주의 규제체계로 열거된 상품에 대해서만 금융기관의 취급이 가능했으며 시장 참가자들의 다양한 욕구 충족이 불가능하며, 신상품 등장이 어려워 금융혁신 저해 가능성이 있었습니다.

또한 열거되어 있지 않은 신상품에 대해서는 규제를 받지 않아 투자자 보호가 미흡했다. 이를 개선하기 위해 자본시장법에서는 금융투자상품의 투자성(investment)의 특징을 갖는 모든 투자상품이 법의 규율대상이 된다.

두 번째는 기능별 규율 체제의 도입이다. 기존의 법률은 진입, 건전성, 영어행위 규제가 금융업별로 서로 달리 적용되어 규제 차익이 발생했다. 기관별 규제에 따른 차익을 해소하기 위해 각 금융기관별로 적용하던 규율체제를 '경제적 실질이 동일한 금융기능'에 따라 동일하게 규율하는 기능별 규율체제로 전환했다.

세 번째는 업무 범위의 확대이다. 바로 이것이 위에 언급되었던 증권사, 선물회사,

자산운용사, 신탁회사 등의 6개 업무에 대해 내부겸영을 허용한다는 내용이다.

네 번째는 투자자 보호제도의 선진화이다. 금융규제의 완화로 원금 손실이 가능한 금융투자상품이 대거 나타나 일반투자자의 선택폭이 넓어진 만큼 피해의 위험이 높아져 이에 대한 보호망을 강화했다.

자본시장법은 투자권유제도를 도입하고 투자상품의 판매 및 영업에 관한 절차를 통일하는 등의 투자자 보호장치를 강화하고 있다. 비정형 간접투자에 대해 모든 형태의 집합투자기구가 허용되어 투자자 보호규제를 적용하도록 했다.

## 1. 금융투자업의 종류

### (1) 투자매매업

투자매매업(Dealing)은 누구의 명의로 하든지 자기의 계산으로 증권이나 파생상품을 매도·매수하거나 증권의 발행 및 인수에 관한 일을 하는 것을 말한다. 증권회사의 자기매매, 증권의 인수 및 매출, 집합투자증권의 판매 등이 이 업무에 해당한다.

### (2) 투자중개업

투자중개업(Brokerage)은 누구의 명의로 하든지 다른 사람의 계산으로 증권이나 파생상품을 매도·매수하거나, 직접 청약하거나 다른 사람에게 청약을 권유하는 일, 그리고 증권의 발행·인수에 관한 일을 영업으로 하는 것을 말한다. 증권회사의 위탁매매업, 중개업, 대리업, 매매위탁의 중개, 주선, 대리업, 모집 매출의 주선업, 선물회사의 선물거래업, 종금사의 중개업 등이 이에 해당한다.

### (3) 집합투자업

집합투자업(Collective Investment)은 2인 이상의 사람에게 투자를 권유하여 모은 자금을 그 투자가로부터 일상적인 운용 지시를 받지 않고 여러 가지 자산을 취득. 처분하여 남는 이익을 투자가들에게 나누어 주는 일을 영업으로 하는 것을 말한다. 즉, 펀드투자처럼 여러 사람으로부터 모은 자금을 제 3자가 운영하고 그 결과를 투자가에게 나누어 주는 행위를 의미한다.

### (4) 투자자문업

투자자문업은 전문적인 지식을 가지고 증권 또는 파생상품의 가치나 투자판단에 관한 자문을 영업으로 하는 것을 말한다. 여기에서 투자판단이라고 하는 것은 종류, 종목, 취득, 처분이나 취득·처분의 방법과 수량, 가격 및 시기 등에 관한 판단을 의미한다.

### (5) 투자일임업

투자일임업은 투자가로부터 금융투자상품에 대한 투자판단의 전부 또는 일부를 일임 받아 자산을 취득 또는 처분하는 방법으로 운영하는 것을 말한다.

### (6) 신탁업

신탁업은 신탁법에 의한 신탁으로서 위탁자가 금융자산의 처분권을 수탁자에게 의뢰하고 수탁자는 위탁자의 이익을 위하여 그 금융자산을 관리 및 처분하는 것을 말한다.

## 2. 금융투자회사

금융투자회사는 위에서 설명한 6종류의 금융투자업 중에서 한 가지 이상을 영업으로 하는 회사를 말한다. 예를 들어 투자자의 주문을 받아서 주식, 채권 등 증권이나 파생상품을 매수 또는 매도해 주는 영업은 투자중개업, 투자가와 직접 증권 또는 파생상품을 매매하는 영업은 투자매매업에 해당하고 이와 같은 투자매매업 또는 투자중개업 등 금융투자업을 영위하는 금융회사를 금융투자회사라고 한다.

[그림 3-1]은 새로 탄생하는 금융투자회사의 업무범위와 기존의 자본시장관련 금융기관들의 업무내용을 나타낸 것이다. 금융투자회사는 그림에서 보듯이 자본시장에 관련된 대부분의 업무를 영위할 수 있는 법적인 장치를 마련하고 있다.

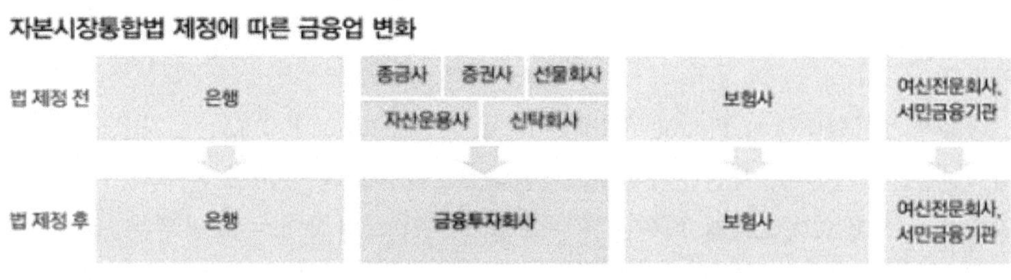


[그림 3-1] 금융투자회사의 업무영역

금융투자업을 영위하기 위해서는 영업의 종류별로 금융위원회의 인가 또는 등록을 해야 한다. 즉, 투자매매업, 투자중개업, 집합투자업, 신탁업을 영위하고자 할 때는 미리 금융위원회로부터 영업의 종류별로 인가를 받아야 하며, 투자자문업과 투자일임업은 금융위원회에 등록을 해야 한다.

금융투자업은 증권회사, 선물회사, 자산운용회사 등이 주로 영위하나, 은행에서 채권과 펀드를 판매하는 경우 등과 같이 은행과 보험회사 등 다른 금융회사도 법령이 허용하는 범위 내에서 금융투자위원회의 인가, 등록을 받아 금융투자업을 영위할 수 있다.

예를 들어 펀드판매는 자본시장법상 투자신탁의 수익증권 또는 투자회사의 주식과 같은 집합투자증권의 투자매매업이나 투자중개업에 해당하나 현재 증권회사뿐만 아니라 은행, 보험회사도 금융위원회의 금융투자업 인가를 받아 영업을 하고 있다.

## 제 2 절 금융투자업 관계기관

### 1. 한국금융투자협회

한국금융투자협회는 회원 상호간의 업무질서 유지 및 공정한 거래를 확립하고 투자가를 보호하며 금융투자업의 건전한 발전을 위하여 한국금융투자협회를 설립하였다. 협회는 회원조직으로서의 법인형태로 구성되어 있다. 또한 협회의 회원이 될 수 있는 자격은 금융투자업자, 그 밖에 금융투자업과 관련된 업무를 담당한다.

2009년 2월 4일 자본시장통합법의 시행에 발맞춰 한국증권업협회, 자산운용협회, 한국선물협회가 통합하여 정식 출범한 대한민국 최대 금융단체이다. 상호 금융 기관 간 업무질서 유지, 공정 거래 확립, 투자자 보호 등 금융투자업의 건전한 발전을 위해 만들어졌다.

금융투자협회(Korea Financial Investment Association, KOFIA)는 자율규제본부, 경영지원본부, 증권본부, 자산운용본부, 선물본부, 연수본부 등 6개 본부와 1개 자율규제위원회로 구성됐으며 224개 회원사를 거느리고 있다. 협회의 주요업무는 회원사 간 건전한 영업질서 확립을 통해 금융투자산업의 신뢰도를 높이고 투자자보호를 위해 자율규제시스템을 마련하는 한편 회원사의 영업행위와 관련된 각종 분쟁의 자율조정 역할을 수행하는 것이다. 또 펀드 판매 등 금융투자업 종사자들 관리에 적극 나서고 자본시장 전 영역에 대한 전문 인력을 양성하는 것도 금융투자협회의 역할이다

## 2. 한국거래소

한국증권거래소와 코스닥증권시장, 한국선물거래소, 코스닥위원회가 합병된 통합거래소이다. 2004년 1월 29일 제정된 한국증권선물거래소법에 따라 2005년 1월 27일 한국증권선물거래소로 통합 설립되었으며, 2009년 2월 한국거래소로 명칭이 변경되었다. 영어로는 'KRX'(Korea Exchange)라고 표기한다.

한국거래소는 주식, 채권, 상장지수펀드(ETF), 상장지수증권(ETN) 및 파생상품 등을 모두 거래하는 종합거래소로, 수행하는 업무는 크게 유가증권시장, 코스닥시장, 파생상품시장의 운영 및 시장감시 그리고 거래소의 전반적인 운영을 지원하는 경영지원부문으로 나누어져 있다.

현물거래소와 선물거래소가 합병되면서 거래규모가 방대해져, 출범과 동시에 세계 금융시장의 관심사로 떠올랐다. 현물 부문은 2014년 12월 기준 상장회사 1,905개사, 거래대금 1,459조원으로 세계 10위권에 올라 있으며, 선물·옵션 부문은 지수선물거래량 세계 8위, 지수옵션거래량 세계 2위를 유지하고 있다.

또한 해외사업에도 진출하여 캄보디아 및 라오스 증권시장 운영에 참여하고 있다. 안정적 증권시장시스템 운영경험을 바탕으로 아시아를 넘어 우즈베키스탄, 아제르바이잔 등 유럽 국가에도 증시 IT인프라를 수출하고 있다.

본사는 부산광역시 남구 문현금융로 40(문현동)에 있으며, 서울지사는 서울특별시 영등포구 여의나루로 76(여의도동)에 있다.

## 3. 증권금융회사

증권금융회사란 증권시장에 필요한 자금을 공급하여 유가증권의 발행 및 유통을 원활하게 하고 공정한 가격형성을 도모하여 증권시장의 건전한 발전에 기여하는 증권금융을 전문으로 하는 회사를 말하는데 우리나라에는 한국증권금융(주)이 설립되어 있다.

한국증권금융은 증권거래법에 의거 허가받은 주식회사로서 주요 취급 업무는 유가증권 인수자금대출, 증권유통금융(신용공여), 증권회사 등에 운영자금 대출, 주식매입

자금 지원 등의 유가증권 담보대출 업무 및 유가증권 대여업무, 환매조건부채권 매수업무, 공모주청약금 예치업무, 고객예탁금 반환준비금 예수업무, 환매도준비금 예수업무 및 우리사주 조합에 대한 지원·지도 등의 업무를 수행하고 있다.

## 4. 증권예탁결제원

대체결제제도란 유가증권의 매매 또는 기타의 거래를 함에 있어서 투자자, 증권회사, 금융기관 등이 소유하고 있는 유가증권을 일정한 수탁기관에 집중적으로 예탁하여 놓고 매매거래 등에 따른 유가증권의 수수를 현물에 의하지 아니하고 계좌간의 대체로 결제하는 제도를 말한다.

현재 우리나라에서는 유가증권의 집중예탁과 계좌간 대체 및 유통의 원활을 기하기 위하여 증권예탁결제원이 설립되어 운영되고 있다. 증권예탁결제원은 증권거래법에 의해 설립된 특수법인으로서 타인의 유사업무 영위가 금지되고 있다.

증권예탁결제원은 유가증권 집중예탁 업무, 유가증권의 계좌간 대체업무, 예탁원과 유사한 업무를 영위하는 외국법인과의 상호계좌 설정을 통한 유가증권예탁 및 계좌간 대체업무, 유가증권의 명의개서 대행업무, 유가증권의 보호예수 업무, 유가증권 관리업무, 기타 법령에서 정한 업무(증권거래세 원천징수, 실질주주 의결권 대리행사)를 수행하고 있다.

## 5. 증권투자회사(Mutual Fund)

뮤추얼펀드는 개별 투자자들의 돈을 모아서 펀드를 만들고 펀드매니저에게 주식투자를 맡기는 명목상의 주식회사로 금감위에 등록(최저자본금 10억)하여야 한다.

우리말로는 '상호회사형 기금'으로 번역되는데 투자신탁의 한 형태로 투신사들이 판매하는 금융상품인 계약형펀드와 외형상 비슷하다. 하지만 펀드 하나 하나가 주식회사 형태로 투자자들이 주주로 참여한다는 점이 다르다. 일명 회사형 투자신탁으로 불린다.

미국 투자신탁의 주류를 이루고 있고 펀드 형태로 개방형, 회사형의 성격을 띠는데, 개방형이란 투자자들의 펀드 가입·탈퇴가 자유로운 것을 의미하며, 회사형이란 투자자들이 증권투자를 목적으로 하는 회사의 주식을 소유하는 형태를 말한다.

가장 먼저 만들어진 것은 1924년 보스턴에 설립된 메사추세츠 인베스터스 트러스트이다. 뮤추얼펀드는 법률상 독립된 회사이기 때문에 계약형에 비해 투명성이 높다는 것이 장점이다.

뮤추얼펀드 투자자들은 출자를 통해 '증권투자 회사'를 만들고 이 회사의 경영을 특정 자산운용회 사에게 위탁하게 된다.

투자자들은 주주로서 정기주주총회와 주주권 행사를 통해 자산운용이 적절하게 이루어지는지 감시하게 된다. 투자자(주주)는 펀드를 운용한 다음 결산을 해서 남은 수익을 1주당 일정액의 배당금으로 지급받는다.

그러나 유가증권시장이나 코스닥시장에 상장해 뮤추얼펀드 주식을 사고 팔 수 있기 때문에 폐쇄형이라고 해도 환금성이 그다지 낮지는 않다.

관계기관으로는 자산운용회사, 자산보관회사, 판매회사 및 일반사무 수탁회사가 있으며 중도에 환매가 불가능한 폐쇄형만 허용되다가 2001년 2월부터는 개방형도 허용되어 판매되고 있다.

## 제 3 절 자본시장통합법 개정

### 1. 자본시장통합법 개요

자본시장 규제를 합리적으로 바꿔 증권사 등 금융회사의 대형화·전문화를 촉진하고 투자자 보호를 강화하기 위해 [그림 3-2]와 같은 기본적인 방향을 설정하고, 정부는 자본시장 관련 법률 16개 중 증권거래법·선물거래법, 자산운용업법 등 7개 법률을 통합하는 것을 주요 골자로 한 「금융투자업과 자본시장에 관한 법률(안)」을 마련하였다.

이를 추진하기 위해 2007년 7월 증권거래법 등 자본시장 관련 6개 금융법을 통합한 「자본시장과 금융투자업에 관한 법률」이 제정되었는데, 이를 줄여서 「자본시장 통합법」 또는 '자통법'이라고도 한다.

「자본시장과 금융투자업에 관한 법률」은 금융투자상품의 매매 그 밖의 거래가 원활하게 이루어지도록 하고 투자자를 보호함으로써 금융투자업을 건전하게 육성하고 자본시장의 공정성, 신뢰성 및 효율성을 높여 국민경제의 발전에 이바지함을 목적으로 2009년에 시행되었다.

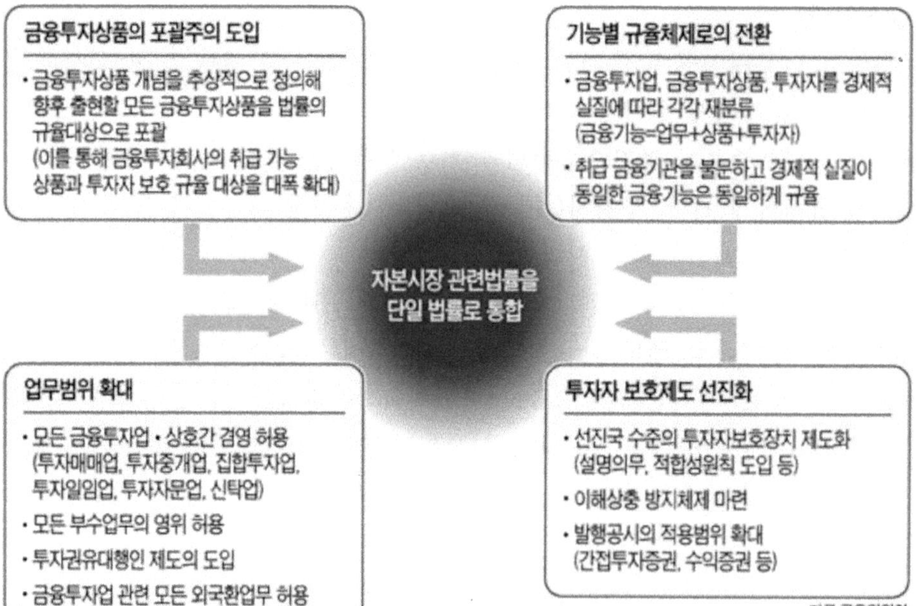


자료:금융위원회

[그림 3-2] 자본시장통합법의 기본방향

주요내용은 상호간 겸업 허용 등을 통한 업무범위의 확대, 투자자 보호제도 선진화, 포괄주의 규율체제로 전환, 기능별 규율체제 도입 등이다. 자본시장법이 시행됨에 따라 증권사·자산운용사·선물회사의 겸영 허용, 금융투자상품의 범위가 열거주의에서 포괄주의로 변화, 증권위탁매매업의 자기자본 규모가 30억원에서 10억원으로 축소되는 등 규제가 완화되었다.

또 금융회사가 금융상품 추천 시 고객 수준에 맞는 투자위험의 상품만 추천해야 하고, 투자상품에 대한 설명의무를 강화하는 등 투자자 보호장치도 한층 강화됐다.

## 2. 핵심변화내용

개정된 자본시장통합법은 <표 3-1>과 같이 금융시장의 규제를 완화해 자유로운 상품개발을 촉진하고 투자자에 대한 보호를 강화하기 위해 마련된 우리나라 자본시장 기본법이다.

금융시장 간 칸막이를 허물어 모든 금융투자회사가 다양한 금융상품을 취급하도록 했다. 따라서 금융기관별 업무영역의 경계가 허물어지면서 치열한 경쟁이 예상된다. 이런 경쟁격화는 금융시장의 전체 효율성을 제고 하고 금융산업의 경쟁력을 종국에는 상승시킬 것으로 기대된다.

2007년 8월 3일 제정돼 2009년 2월 4일부터 본격적으로 시행되고 있다. 자본시장통합법 시행 전에는 종금, 투신, 증권, 은행 등 업무가 다 나누어져 종금사 업무는 증권사가 할 수 없는 등 상호호환이 되지 않는 고유의 영역이 있어 그만큼 경쟁강도가 세지 않았다.

자본시장통합법은 여러 영역의 업무를 겸용함으로써 경쟁력을 강화시키고 이를 바탕으로 전문성과 경쟁력을 겸비한 대형 투자금융기관의 출현을 유도하겠다는 취지로 만들어졌다. 자본시장통합법의 핵심은 투자자보호와 규제 선진화다.

먼저 투자자보호와 관련, 통합법은 금융투자회사 영업의 각 부분마다 투자자보호를 위한 다양한 내용을 담고 있다. 설명을 의무화하고 적합성 원칙을 도입하는 등 투자권유 규제가 새로 규정됐고 금융소비자로서의 투자자들에 대한 보호가 강화됐다. 이를 통해 키코 상품이나 펀드 불완전판매 같은 사태에서 노출된 투자자 위협요소들을 제거했다.

규제선진화와 관련해서는 3가지 제도 개선이 이루어졌다. 첫째, 포괄주의 규율체제로의 전환을 통해 기후변화에 기초한 헤징 목적의 파생상품 등 상상가능한 모든 상품이 시장에 출현할 수 있게 됐다. 금융상품의 범위가 비약적으로 넓어지는 셈이다.

〈표 3-1〉 자본시장통합법 변경 핵심 내용

| 기본 방향 | 주요 내용 |
|---|---|
| 금융투자상품의 포괄화 | • 포괄주의 도입으로 금융투자회사의 취급가능 상품 대폭 확대<br>• 금융투자상품을 투자성(원본손실 가능성)이라는 특징을 갖는 모든 금융상품을 포괄하는 개념으로 정의 |
| 기능별 규율체제 도입 | • 현행 금융회사를 중심으로 규율하는 기관별 규율체제에서 금융회사가 수행하는 업무의 경제적 기능을 기초로 한 기능별 규율체제로 전환<br>• 금융회사 간 형평성을 맞춰 공정한 경쟁이 가능하도록 유도 |
| 업무 범위 확대 | • 투자매매업, 투자중개업, 집합투자업, 투자일임업, 투자자문업, 신탁업 등 6가지 금융투자업 간 겸영 허용<br>• 전문 금융투자업자의 신규진입 활성화를 위해 기존 인가, 등록단위를 세분화 |
| 투자자 보호 강화 | • 투자권유규제 도입, 설명의무, 적합성 원칙 신설<br>• 발행공시 적용 범위 확대 |

자료: 금융위원회, 금융감독원

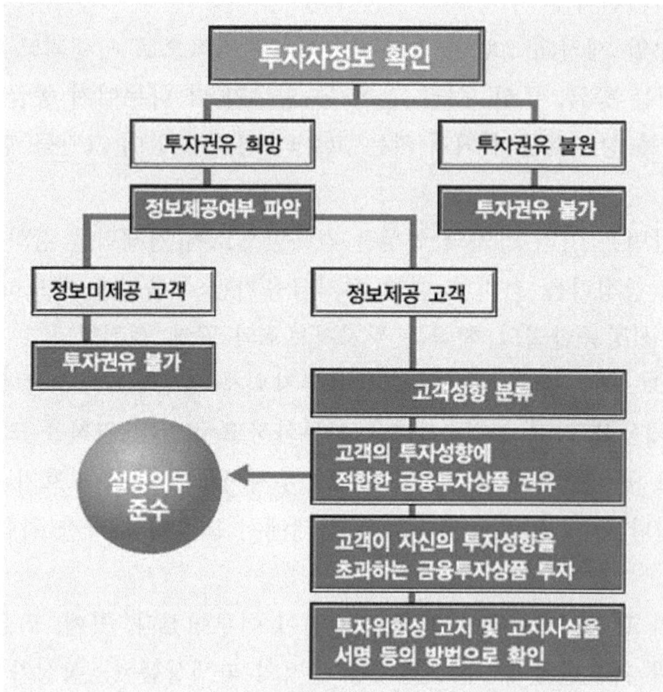


(출처 : 헤럴드경제 09.02.04)

[그림 3-3] 투자권유 규제

둘째, 동일한 금융기능에 대해서는 동일한 규율이 적용되는 기능별 규율체제가 도입돼 각 금융회사는 업권과 상관없이 같은 규제를 적용받게 돼 타 업권에 비해 과도한 규제를 받는 불합리가 개선됐다.

마지막으로 투자매매, 투자중개, 집합투자, 투자일임, 투자자문, 신탁 등 모든 금융투자업 상호간 겸영이 허용되기 때문에 △증권 △자산운용 △선물 △종금 △신탁 등 5개 업종의 교류가 자유롭게 이루어진다. 한 개의 금융투자회사가 통합법 내 규정된 모든 업무를 영위할 수 있게 된 것이다.

금융투자회사들은 고객의 투자성향보다 위험성이 높은 상품에 대한 투자권유를 할 수 없다. [그림 3-4]는 금융상품별 위험수준을 분석한 것이다. 고객들은 상품 추천을 받기 위해서는 자신의 투자성향에 대한 정보를 회사측에 제공해야 하며 투자자가 요청하지 않을 경우에는 방문과 전화를 통한 권유행위도 원칙적으로 금지된다.

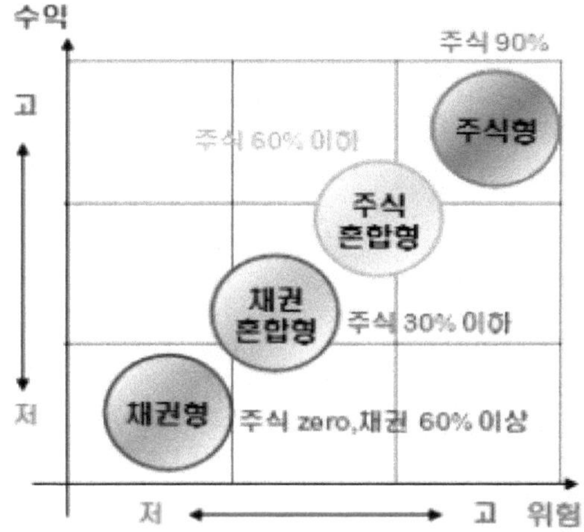


[그림 3-4] 금융상품별 위험수준

## 3. 금융시장에 미치는 영향

금융시장 전반적으로는 겸영에 따른 시너지효과가 기대되나, 은행·보험 관련법규의 통·폐합 및 규제방식 개선요구 증대, 권역간 업무영역 충돌 및 경쟁 심화, 은행·보험권역 금융소비자 보호제도의 강화 요구, 지급결제시스템의 리스크 증대 등도 우려된다.

은행의 경우, 수익구조의 다변화 기회가 확대되는 측면이 있으나 금융투자회사의 결제업무 허용에 따른 자금 유출 우려, 신탁업의 상대적 위축 등 부정적 영향이 우세한 것으로 보인다.

보험업계의 경우에는 업무영역 중복에 따른 경쟁 심화가 예상되나 자산운용 폭 확대 및 수익구조 다변화, 지급결제시스템 참여 가능성 증대 등 긍정적 영향도 기대된다.

증권업계는 외국계금융회사의 시장잠식 정도가 심화될 수 있으나 자본시장 역할 및 절대 규모의 확대, 금융회사의 대형화 및 전문화 촉진, 여러 금융투자업무의 겸영에 따른 상품 경쟁력 강화, 종합금융 서비스 제공을 통한 영업기반 강화 등이 예상된다.

제 4 장

Korea Securities Market

# 주식발행시장


제 1 절 발행시장의 성격

제 2 절 주식발행 방법

제 3 절 주식이 발행되는 상황

발행시장은 개념적이고 추상적인 시장이다. 즉, 유통시장처럼 구체적인 공간이나 전산시스템이 존재하는 것이 아니다.

주식회사 형태의 기업이 자기자본을 조달하기 위해 주식을 발행하는 자본조달 창구는 발행시장이다. 그러나 이런 자본조달 활동이 원활히 이루어지기 위해선 주식유통시장의 상황이 결정적으로 영향을 미친다. 이런 면에서 두 시장은 동전의 양면처럼 서로 맞물려있다.

이 장에서는 주식발행에 따른 제반 절차와 업무 방법들을 숙지하고, 구체적인 주식 발행 상황들을 체크하도록 한다.

실무에서 주식발행업무는 대단히 어렵고 이런 업무를 담당하는 금융기관, 즉 인수기관에게는 고부가가치 업무라고 할 수 있다.

# 제 1 절 발행시장의 성격

## 1. 발행시장의 의의

주식 발행시장은 자본을 필요로 하는 주식회사 형태의 기업이 주식을 신규로 발행·매각하여 장기자본을 조달하는 시장이다. 주식 발행시장은 유통시장처럼 구체적인 장소나 공간(거래소 시장)이 존재하는 것이 아닌, 개념적이고 추상적인 시장이다.

즉, 발행시장은 자본조달주체인 기업이 발행한 주식이 발행시장에 참가하는 최초 투자자에게 매각되어 이전되기 까지 일련의 과정에 대한 법규, 제도, 관행 등을 포함한 일체의 시스템을 말한다.

주식발행시장은 주식발행자와 투자자 사이에서 주식과 대금이 최초로 교환되고, 주식 발행자인 기업에 자금이 직접 공급된다는 점에서 1차 시장(primary market) 또는 신규증권시장(new issue market)이라고 한다.

## 2. 발행시장의 기능

주식발행시장은 다음과 같은 여러 가지 기능을 수행하고 있다. 첫째, 발행시장의 가장 중요한 본질적 기능은 자본의 수요자인 주식회사에게 자기자본이 조달되는, 자본조달 창구기능을 담당하는 것이다.

자본의 수요자인 주식발행주체에게 발행시장은 광범위한 불특정 다수의 투자자로부터 거액의 장기자금(자기자본)을 일시에 조달할 수 있게 해주는 기능을 담당한다. <표 4-1>은 증권시장을 통해 자본을 조달하는 상황을 보여주고 있다.

둘째는 최초 소유분산기능이다. 주식발행시장에서는 신규로 발행되는 주식이 일반투자가들에게 매각되어 주식회사의 소유권이 불특정 다수의 투자가에게로 최초 분산이 일어나는 기능을 담당하게 된다. 특히 기업이 공개되는 경우에 공개기업은 상장지위를 획득하고 나면 지속적으로 주식발행을 통한 자본조달 활동을 하게 되므로 기업의 주인권이 일반 국민들에게 분산되는 효과가 발생된다. 이런 현상을 기업의 소유구조가 분산된다고 한다.

〈표 4-1〉 국내 민간기업의 자본조달 현황

(단위: 조원)

| 년도 | 주식 | 회사채 | 직접금융 합계 | 간접금융 (대출금) |
|---|---|---|---|---|
| 2008년 | 19.0 | 1.2 | 20.2 | 113.9 |
| 2009년 | 21.9 | 32.8 | 54.7 | 16.9 |
| 2010년 | 19.5 | 1.5 | 21.0 | 17.4 |
| 2011년 | 14.6 | 17.6 | 32.2 | 43.5 |
| 2012년 | 14.5 | 17.5 | 32.0 | 35.8 |
| 2013년 | 12.8 | 2.0 | 14.8 | 39.4 |
| 2014년 | 5.7 | 5.1 | 10.8 | 75.9 |
| 평균 | 15.4 | 11.1 | 26.5 | 49.0 |

자료: 한국은행(자금순환)

셋째는 투자수단의 제공기능이다. 주식시장에는 위험의 종류가 매우 다양한 주식들이 발행되어 투자자는 여유자금을 자신들의 위험태도와 목표수익률에 적당한 주식에 투자함으로써 주식을 발행한 기업에게 자기자본 형태의 자금을 제공하고 취득한 주식에 대해 배당을 받아 부(wealth)의 증식이 이루어진다.

## 3. 발행시장의 구조

발행시장은 자금의 수요자인 주식발행주체, 주식발행의 사무절차를 주도하고 발행위험을 부담하는 발행기관, 즉 인수기관 그리고 자금의 공급자인 투자자로 구성된다.

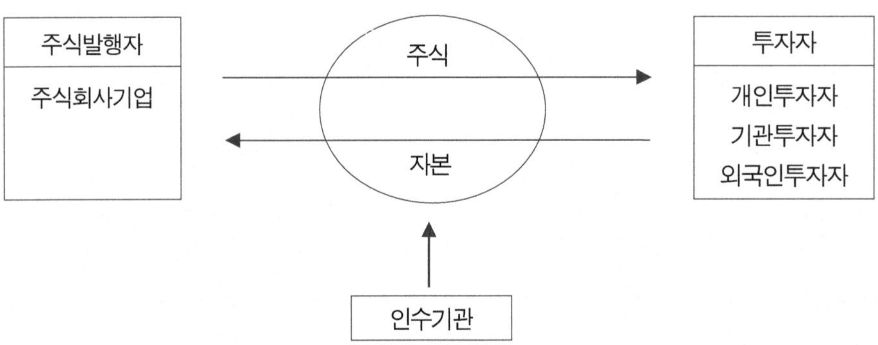


[그림 4-1] 주식발행시장의 구조

### (1) 주식발행주체(Stock issuer)

발행시장에서 주식을 발행하여 자금을 조달하는 주체로서 주식회사가 있다. 상법상 기업의 종류는 개인기업, 합명회사, 합자회사, 유한회사 그리고 주식회사가 있지만, 주식회사만이 주식을 발행하여 자기자본을 조달할 수 있는 법적인 자격이 있다.

### (2) 발행기관(underwriter)

발행기관은 주식의 발행주체인 기업과 투자자 사이에서 주식발행에 따른 사무처리를 하고 주식을 모집 또는 매출할 때 인수기능을 수행하는 금융기관이다. 이들은 증권발행에 관한 지식과 경험 및 자금이 풍부하고 금융·자본시장의 사정에 정통하여야 효율적인 업무수행이 가능하다.

주식발행규모가 매우 큰 경우에는 이러한 인수에 따르는 책임과 위험을 분산하고 발행주식의 매출을 원활히 하기 위해 여러 금융기관이 공동으로 하나의 유가증권 발행에 참여하는 것이 보통인데, 이러한 발행기관의 집단을 인수단(syndicate)이라고 한다.

인수단이 구성되어 인수업무가 진행되는 경우에, 발행기관은 부담하는 역할이나 상황에 따라 간사단, 인수단, 청약단으로 그 역할이 구분되기도 한다. 현재 우리나라의 경우 발행기관 업무는 증권회사(금융투자회사)가 대부분 맡고 있다.

#### ① 간사단

간사단은 인수단을 구성하고 증권발행에 따른 사무처리, 발행자에 대한 조언 및 사무절차대행을 행하는 기관이다. 여기에는 역할에 따라 주간사와 공동간사가 있으며 증권업의 고유업무 중 하나인 인수업무가 간사단의 업무에 해당된다.

따라서 간사단의 자격을 가지는 회사는 증권회사, 금융투자회사, 종합금융회사 등이 해당된다.

#### ② 인수단

인수단은 발행기관의 기능 중 가장 중요하고 큰 기능을 하는 발행기관의 집단으로서 증권을 발행자로부터 직접 매입하는 인수기능을 하는 기관이다.

이 기능 때문에 발행주체는 일시에 거액의 자금을 조달할 수 있게 된다. 인수단의 자격을 가지는 회사는 위의 간사단의 자격을 가지는 회사(증권사, 금융투자회사, 종금사) 및 증권투자신탁회사와 은행의 신탁계정, 증권투자회사(뮤추얼펀드)가 해당된다.

#### ③ 청약단

청약단은 불특정 다수인을 대상으로 청약을 대행해주는 기관으로서 발행에 따르는 위험 부담없이 단순히 청약만 대행하며 모집내역을 집계하여 인수단에 직접 청약을 하게 된다. 그러므로 여기에는 특별한 자격요건이 없으며 불특정 다수인을 모집할 수 있는 기관이면 모두 다 가능하다.

### (3) 투자자(investor)

발행시장에서 모집 또는 매출에 응하여 최종적으로 유가증권을 취득하여 발행주체에 자금을 공급하고 이것을 다시 유통시장에서 매각하는 과정을 통해 부의 증식을 도모하는 경제주체를 말한다.

투자자는 개인들로 구성된 일반투자자와 법인의 형태를 취하고 있는 기관투자가(은행, 증권회사, 종합금융회사, 보험회사, 투자신탁회사, 연금기관, 증권투자회사, 각종 재단 등), 그리고 외국인투자가로 나눌 수 있다.

## 제 2 절 주식발행 방법

주식의 발행형태는 일반적으로 발행될 증권의 수요자, 즉 투자가를 구하는(모집) 방법에 따라 공모발행과 사모발행으로 나누어지며, 발행에 따른 위험부담과 발행모집 사무절차를 누가 부담하느냐에 따라 직접발행과 간접발행으로 나누어진다.

[그림 4-2]는 주식발행시장의 구조를 보여주는 동시에 주식발행방법 중에서 발행위험의 부담주체와 발행에 따른 업무부담을 누가 맡는가에 따라 구분한 간접발행과 직접발행의 모습을 표시하고 있다.

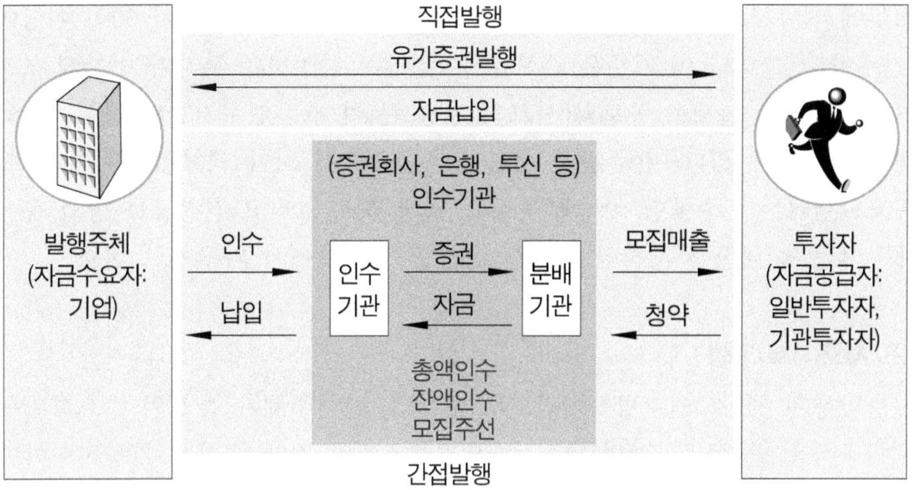


[그림 4-2] 주식발행시장과 발행방법

## 1. 공모발행과 사모발행

### (1) 공모(公募)발행

주식의 공모발행은 회사를 신설하거나 주식회사 설립 후에 자금조달을 목적으로 신주를 발행할 때 발행주식을 일반투자자로부터 동일한 가격과 조건으로 모집하는 것을 말한다.

기업입장에서는 대규모 자기자본을 조달하기 위해서는 공모방식이 당연히 유리하며 공모발행을 희망하지만 공모발행(인수업무가 수반되는 간접발행)을 하기 위해서는 현실적으로 상장기업이어야 가능하다.

특히 주식회사가 설립할 때 공모발행을 통해 설립자본금을 모집하는 경우가 있는데, 이를 모집설립이라고 한다. 대부분의 주식회사는 발기인이 설립자본금을 모두 인수하는 방식의 발기설립 형식을 취하게 된다.

그러나 금융기관의 설립과 같이 기업의 사업내용이 공공성을 가지고 있거나, 설립자본금이 대규모이기 때문에 소수의 발기인이 설립자본금을 모두 인수하는 것이 현실적으로 불가능한 경우에 모집설립 방식으로 창업하는 경우가 있다.

이미 설립되어 운영 중인 주식회사가 기업공개를 하고 상장기업 신분을 획득하려는 다양한 목적 중에 가장 큰 비중을 차지하는 것이 공모(간접발행)발행을 통해 자본조달을 할 수 있는 조건을 구비하는 것이라고 해도 과언이 아니다.

실무에서는 공모와 사모의 구분을 불특정 다수의 투자가 숫자가 50인 이상이면 공모로 간주한다. 그러나 이 기준은 주식발행과정에서 참여하는 투자가 숫자에 초점을 맞춘 표현일 뿐이다. 실제로 공모와 사모의 가장 큰 차이는 인수기관의 참여여부와 인수기관의 업무범위에 있다(이에 관한 것은 간접발행에서 보다 세부적으로 다룬다).

공모발행에는 주주할당, 주주우선공모, 일반공모, 그리고 직접공모 방법 등이 있는데, 이들 방법에 대한 구체적인 설명은 유상증자 부분에서 다루기로 한다.

#### (2) 사모(私募)발행

사모발행은 제3자 인수방식이라고도 하는데, 발행주체가 특정의 수요자만을 상대로 하여 주식을 발행하는 방법으로, 주식 발행총액의 전액 소화가 가능하여야만 취할 수 있는 발행형태이다.

이 경우 주식발행기업과 특수관계에 있는 거래처나 특정 제 3자에게 발행주식을 전액 인수시키는 방법으로서, 사전에 충분한 발행조건들이 협의가 이루어진 후 발행이 된다.

주식회사가 사모발행을 하기 위해서는 사전에 주주동의를 획득해야 하는 문제가 있다. 왜냐하면 기존주주들이 가지고 있는 주주권한 가운데 신주인수권과 충돌하는 문제가 있기 때문이다.

사모방식으로 주식이 발행되는 경우, 특정 3자가 대규모 신주발행 물량을 인수하고 나면 주식발행 후 새로운 대주주가 등장하면서 기업의 주주비율(지분율)에 큰 변동이 생기기 때문에 기존주주들 중 특히 대주주들의 이해관계가 특별하다.

### 2. 직접발행과 간접발행

#### (1) 직접발행

직접발행이란 발행주체가 스스로 발행위험을 부담하고, 발행모집 사무를 직접 담당하여 유가증권을 발행하는 방법이다. 직접발행을 공모로 하는 경우 별도로 직접공모라 하는데, 비상장 금융기관이 주식을 모집할 경우 가끔 사용하는 발행형태이다.

이 경우에는 자본조달 규모가 대규모이기 때문에 공모가(公募價)는 감독기관의 심의를 거쳐야 한다. 그러나 국내에 벤처열풍이 대단했던 시기에 잠깐 등장했던 인터넷공모는 직접공모형식이지만 소규모 자본규모이기 때문에 공모가 산정과정에 전문 인수기관이 참여하지 않은 채 회사가 임의로 공모가를 결정하는 방식이어서 투자가들이 혼란을 겪었던 경우도 있었다.

투자가 모집방법에 따른 주식발행방법을 병행해서 보면 사모발행은 대부분 직접발행의 형태를 취한다. 또한 발기설립 방법으로 주식회사가 설립되는 경우에 소규모의 설립자본금을 조달하는 과정에서도 직접발행방법이 주로 사용된다.

### (2) 간접발행

간접발행은 기업이 주식 발행에 따른 사무처리 부담과 투자가를 직접 모집하는 능력이 부족하여 발생할 것으로 예상되는 발행위험의 부담을 해소하기 위하여 인수기관 또는 발행사무대행기관 등의 도움을 받아 주식을 발행하는 방법이다.

간접발행은 다시 발행위험(발행주식의 미소화분)을 어떻게 처리하는가에 따라 위탁모집, 잔액인수, 총액인수 방법으로 나누어진다. 발행위험이란 발행한 주식이 완전히 투자가들에게 소화되지 않을 가능성을 말한다. 즉 발행위험이 크면 인수기관의 섭외도 어렵고 기업으로서는 자본조달 계획에 차질이 생길 가능성이 있다.

간접발행의 경우 자본조달 주체인 기업이 인수기관을 섭외하는 과정에서 발행위험 처리와 관련하여 상당한 협상력의 문제가 발생한다. 즉 인수기관은 세 가지 유형의 간접발행 방식을 두고 어떤 유형을 선택할 것인가를 두고 고민을 하게 된다.

이 경우 인수기관의 간접발행 방식의 선택에는 향후 주식유통시장의 상황, 즉 수급의 문제와 호황과 불황에 대한 전망이 영향을 미칠 것이다. 당연히 주식을 발행하는 해당기업의 향후 실적이나 전망에 대한 것이 인수기관의 간접발행 형태를 결정하는데 영향을 미칠 것이다.

일반적으로 투자가 모집방법에 따른 주식발행 방법중 공모발행의 경우 대부분 간접발행의 형태를 취하게 된다. 그러나 비상장기업의 경우 공모발행을 하더라도 간접발행 방법중에서 인수기관이 위탁모집방법을 선택하게 될 가능성이 높을 것이다.

#### ① 위탁모집(모집주선)

위탁모집은 유가증권 모집에 관한 사무절차와 모집자체를 제3자인 발행기관에 위탁하는 방법으로서, 발행주체가 스스로 인수위험을 부담하고 발행 및 모집사무는 발행기관에 위탁하여 발행하는 방법이다.

따라서 이 경우 소화되지 않은 증권은 발행기관이 부담하지 않고 발행주체에게 되돌려 주게 된다. 그러면 발행자가 잔량을 처리하게 된다. 비상장기업이 유상증자를 실시하는 경우 모집주선 방식이 이용되기도 하고, 상장기업인 경우에도 증자를 실시하는 기업의 현재 및 미래 전망이 불확실하거나 발행위험이 지나치게 클 것으로 예상되는 경우에는 인수기관이 주식인수를 꺼려할 것이다.

또한 주식유통시장의 상황이 너무 침체되어 있는 경우에도 전반적인 주식 수급의 문제가 발생할 경우 인수기관이 위험부담을 회피하게 되어 모집주선 방식으로 주식발행이 진행될 수 있다.

② 잔액인수

잔액인수는 발행 및 모집사무와 인수위험을 분리하여 발행기관에 위임하는 방법이다. 우선 전문기관에 발행 및 모집사무를 위탁하고 일정 매출시간동안 모집을 한 다음 그 기간이 경과한 후에 모집부족액이 발생한 잔량에 대해서만 이미 맺은 인수계약에 따라 인수기관에 인수시키는 방법이다.

또한, 잔액인수에서는 모집수탁기관과 인수기관은 다를 수 있다. 이 경우 발행증권을 일반투자자들로부터 모집하고 만약 응모총액이 모집총액에 미달할 경우 잔액은 인수기관이 자기의 책임과 계산으로 당초 정해진 발행가액으로 인수하여야 한다.

③ 총액인수

주간사회사가 구성한 인수기관들의 집단인 인수단이 공모증권 발행총액의 전액을 자기의 책임과 계산하에 인수하고 이에 따른 발행위험과 발행 및 모집사무 모두를 담당하는 방법으로서 인수매출이라고도 한다.

따라서 불리한 가격변동에 따르는 손해 등 모든 위험이 발행기업으로부터 인수단으로 이전되며 인수단은 인수에 필요한 많은 자금을 부담한다. 또한 매출하기까지의 기간 동안 매출잔량을 보유하여야 하므로 발행증권의 가격변동에 따른 모든 위험을 부담하게 된다.

일반적으로 상장기업들이 유상증자를 실시하는 경우 선택하게 되는 주식발행방법은 투자가 모집방법은 공모방식이며, 발행위험 부담과 발행업무를 인수기관이 부담하는 간접발행의 방식을 사용하게 된다. 또한 간접발행 방법의 경우 대부분은 총액인수 방식으로 유상증자가 이루어진다.

## 3. 인터넷공모

인터넷공모는 주식을 발행하여 자본을 조달하려는 기업이 인터넷상에 홈페이지를 개설하여 발행기관(인수기관)의 도움없이 직접 주식을 공개모집하는 방법이다. 이 주식

발행방법은 1996년 미국의 맥주회사인 Spring Street Brewing회사가 최초로 사용한 방법이다.

1997년 이후 우리나라가 IMF 구제금융 상황을 극복하는 과정에서 정부가 돌파구로서 벤처산업을 정책적으로 육성하였다. 벤처기업을 활성화시키기 위해 정부는 1996년에 개설한 코스닥시장을 통해 벤처기업과 중소기업의 주식이 거래되는 주식유통시장을 개설하여 정부의 벤처산업 정책은 절묘한 시너지효과를 발휘하였다.

이에 힘입어 우리나라의 벤처산업은 짧은 기간에 양적으로나 질적으로 비약적인 발전을 이루게 되었다. 즉 벤처기업들이 발행하는 주식을 벤처캐피탈이 소화해주고, 이 주식들을 코스닥시장에 상장하면 벤처캐피탈은 투자자금을 회수하는 선순환이 가능해졌다.

이런 시대적 배경에서 벤처기업들이 일반투자가들을 대상으로 기업 홈페이지를 통해서 직접 투자가를 모집하는 새로운 형태의 자본조달 기법이 우리나라에도 시작되었다. 1998년 (주)골드뱅크사가 이 방법으로 최초로 주식공모에 성공하게 되면서 당시 벤처기업들이 주목하게 되었다.

### (1) 인터넷공모의 장점

벤처기업이 이 방식을 선호했던 가장 직접적인 이유는 발행절차가 간단하고, 아주 신속하게 이루어진다는 것이다. 벤처기업은 특히 시간관리가 중요한 전략적인 요소이므로 이 방법은 아주 매력적인 것이었다.

### (2) 단점 또는 위험요소

우리나라의 경우에서는 인터넷공모방식이 투자가보호라는 관점에서 많은 후유증을 남기면서, 현실적으로 이 방법은 잠시 유행하는데 그치고 시장에서는 더 이상 기업들이 이용하기가 힘든 분위기가 되었다.

인터넷공모방식은 증권거래법상 10억원 미만의 공모방식에서는 주간사회사가 인수업무에 참여하지 않아도 되는 법률조항을 벤처기업들이 악용하여 많은 투자가들이 피해를 보게 되는 심각한 후유증을 남겼다.

공모라는 명칭이 사용됨으로써 투자가들이 예전의 인수기관이 참여하는 공모와 많은 착오를 일으키고, 주당 발행가격이 기업 임의대로 산정되었다는 것을 제대로 인지하지 못한 결과는 선의의 피해자를 양산하게 되었다.

## 4. 기업의 자본조달과 주식발행방법

상법상 기업의 형태는 개인기업부터 합명회사. 합자회사 유한회사, 그리고 주식회사의 다섯 가지 법률적인 형태가 존재한다. 이 기업형태의 순서는 매우 의미있는 순서를 보여주고 있다. 즉 기업은 사업자금을 조달하는 능력이 매우 중요한데 이 순서의 역순위로 자본조달능력을 갖게 된다.

주식회사는 다른 네 가지 기업형태보다 월등한 자본조달 능력을 갖고 있는데, 주식회사가 다른 유형의 기업과 비교하여 가장 두드러진 특징은 자본증권인 주식과 채권을 발행하여 필요한 자본을 조달할 수 있는 자격을 갖고 있다는 점이다.

그러나 주식회사도 다시 비상장기업과 상장기업 간에는 엄청난 자본조달 능력의 차이가 현실적으로 존재한다. 기업의 사업자본은 자기자본과 부채로 구분할 수 있다. 비상장기업과 상장기업 간에는 특히 자기자본 조달능력에서 차이가 크게 벌어진다.

상장기업이 비상장기업에 비해 자기자본 조달능력이 크게 향상되는 이유는 바로 두 종류의 기업이 선택할 수 있는 주식발행방법상의 차이에서 비롯된다. 즉 우리나라 상장기업은 유상증자를 하는 경우에 투자가 모집방법으로는 공모방식 가운데 주주우선공모를 간접발행방법 가운데 잔액인수나 전액인수방식을 결합하여 발행시장에서 유상증자를 실시한다.

반면에 비상장기업은 주로 투자가 모집방법으로는 주주할당을, 직접발행이나 간접발행 방법 중 위탁모집 방법을 결합하여 유상증자를 진행하게 된다. 즉 비상기업의 유상증자에서 인수기관이 참여하는 간접발행방법은 위탁모집 방법이 주로 이용되며 인수기능은 현실적으로 발생하기 어렵다.

두 번째 상장기업과 비상장기업 간에 자기자본 조달 능력의 차이가 발생하는 중요한 차이는 바로 두 형태의 기업이 발행한 주식의 유동성(liquidity) 때문이다. 바로 이 유동성 문제가 비상장기업의 주식발행과정에서 인수기관이 잔액인수나 전액인수를 할 수 없는 이유이기도 하다.

발행시장에 참여해서 기업의 신주를 인수하는 투자가들에게 가장 중요한 문제는 바로 인수주식의 환금성 문제, 즉 유동성 문제가 일차적으로 중요한 과제가 되는 것은 너무도 당연하다. 그래서 비상장기업의 경우 투자가 입장에서는 유동성 부족 문제가 투자를 가로막는 첫 번째 걸림돌이 된다.

결국 상장기업과 비상장기업 간의 자기자본 조달능력의 차이는 주식발행방법의 선택과 주식의 유동성 문제로 종합할 수 있다. 비상장기업이 기업공개를 하면서 상장기업의 신분을 획득하려는 궁극적인 목적은 다양할 수 있지만, 가장 주된 목적가운데 하나는 바로 이 자본조달 능력의 향상에 있다고 할 수 있다.

## 제 3 절 주식이 발행되는 상황

주식 발행시장에서 주식이 신규로 발행되어 투자가들에게 인수되는 상황은 크게 기업이 공개될 때, 기업이 자기자본을 조달하기 위해서 증자를 하는 경우가 대표적인 상황이다.

증자의 경우에는 유상증자와 무상증자로 다시 구분할 수 있다. 이 상황들 중에서 빈도수에서는 유상증자가 가장 많으며, 발행되는 주식의 수(금액의 규모)에서는 기업공개가 이루어질 때 발행되는 주식규모가 가장 큰 것이 일반적이다.

증자의 경우는 모든 주식회사에게 발생하는 현상이지만 기업공개의 경우 어떤 주식회사가 설립되고 기업공개(협의의 기업공개: 상장을 전제로 한 주식분산)를 하는 상황이 발생하는 확률은 지극히 낮다고 할 수 있다. 예외도 있지만 대부분의 주식회사를 설립하는 경영자들의 꿈이 상장이라고 해도 좋을 만큼 현실적으로 어려운 일이다.

### 1. 기업공개

#### (1) 기업공개의 의미

기업공개는 주식회사에서 주식소유가 분산되는 현상을 말한다. 즉 의결권있는 주식의 소유가 특정한 일부 주주에게 집중되어 있다가 널리 분산되는 현상을 지칭한다. 또한 기업공개는 주식회사 형태의 기업에게만 존재하는 개념이며 현상이다.

즉, 개인기업 부터 합명회사, 합자회사 그리고 유한회사에게는 기업공개라는 개념 자체가 성립하지 않는다. 그러나 기업공개는 현실적으로 광의의 개념과 협의의 개념으로 분리해서 정리할 필요가 있다.

먼저 넓은 의미에서의 기업공개(going public)는 증권거래법과 기타 법규에 의거하여 주식회사가 발행한 주식을 일반투자자에게 균일한 조건으로 공모하거나, 이미 발행되어 대주주가 소유하고 있는 주식의 일부를 매출하여 주식을 분산시키는 것을 말한다.

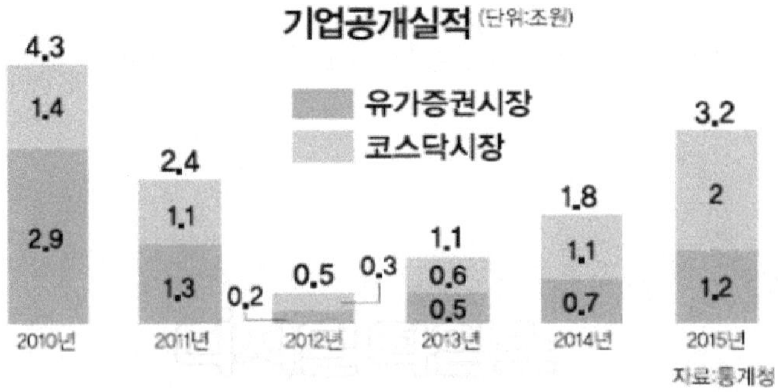


[그림 4-3] 기업공개 추이

즉, 기업공개는 주식소유(주식회사의 소유권)를 분산시키기 위해 증권거래법 등이 규정하는 바에 따라 주식회사가 구주주의 신주인수권을 배제한 공모증자를 통해 주식을 분산시키거나, 또는 기존의 대주주들이 소유한 주식의 일부를 매출을 통해 주식을 분산시키는 것이다.

한편, 협의(실무적)의 개념으로 사용되는 기업공개는 주식분산의 목적을 중요시 하고 있다. 즉, 당해 법인의 주식을 유가증권시장(거래소시장) 또는 코스닥시장 등 체계적인 시장에서 거래할 수 있는 자격을 획득하기 위해 주식을 분산시키는 경우에 한한다.

체계적인 유통시장인 거래소시장이나 코스닥시장은 해당시장에서 특정기업의 주식거래를 허가하기 위해서 요구하는 상장요건 중에 지분(주식소유)분산 요건이 있다.

상장을 시도하는 기업은 이 지분분산 요건을 충족하기 위하여 상장심사 이전에 기업의 주식을 일반인에게 신규발행하여 매각하거나, 기존의 대주주들이 보유하고 있던 주식 중 일부를 매각하는 일련의 조치를 취하게 되는데 이런 경우를 좁은 의미의 기업공개라고 말한다.

따라서 좁은 의미, 또는 실무적 의미의 기업공개는 상장을 전제로 상장요건중 지분분산의 요건을 충족하기 위한 주식분산 행위를 말한다. 결국 광의와 협의의 기업공개 개념의 구분은 주식분산의 목적이 상장유무에 의해 구분된다고 할 수 있다.

### (2) 기업공개의 필요성

#### ① 효율적인 부의 분배기능

기업의 성과가 이에 기여한 다양한 경제주체들에게 골고루 분산되기 위해서는 주식분산을 통해서 가능하다. 즉 배당형태이든 기업가치(주가) 상승형태로든, 기업의 성과(당기순이익)는 주식소유자에게 최종적으로 귀속되므로 기업공개는 부의 분배를 분산시키는 기능을 담당한다.

이처럼 주식회사 형태의 기업이, 주식소유분산을 통해서 기업성과의 분배가 분산되면서 부의 분배정의에 기여하는 측면을 증권자본주의라는 개념으로 표현하기도 한다.

② 기업의 자금조달기능 향상

기업의 초기단계에 있어서는 기업주 개인의 재력이나 간접금융에 의존하여 사업을 영위할 수 있다. 그러나 기업이 대형화되고 경쟁이 격화되면서 기업이 소요로 하는 거대한 자금을 소수의 대주주에게 전적으로 의존하는 것은 한계가 있을 수밖에 없다.

이에 따라 주식을 분산하여 공개함으로써 체계적인 주식 유통시장에서 거래할 수 있는 자격을 획득함으로서 해당 주식의 유동성(환금성)이 높아지며, 정기·수시공시 등의 공시의무를 이행함에 따라 기업에 대한 신뢰도가 증가되므로 유상증자, 채권발행 등 직접금융시장을 통한 추가적인 자금조달이 용이해진다.

기업입장에서 기업공개를 하는 실질적인 목적으로 자본조달 능력, 특히 자기자본조달능력을 향상시키기 위한 것이 가장 주된 공개 목적이라고 해도 무리가 아니다. 왜냐하면 기업공개를 하고 상장심사를 받아 상장기업의 신분을 획득하게 되면 유상증자능력이 향상된다.

상장기업은 유상증자를 통해 자기자본을 조달하려고 할 때 투자가 모집방법은 공모방법 가운데 주주우선공모방식을 선택할 수 있고, 인수기관이 참여하는 간접발행 방식중에서 최소한 잔액인수나 총액인수방법을 선택할 수 있는 가능성이 높기 때문이다.

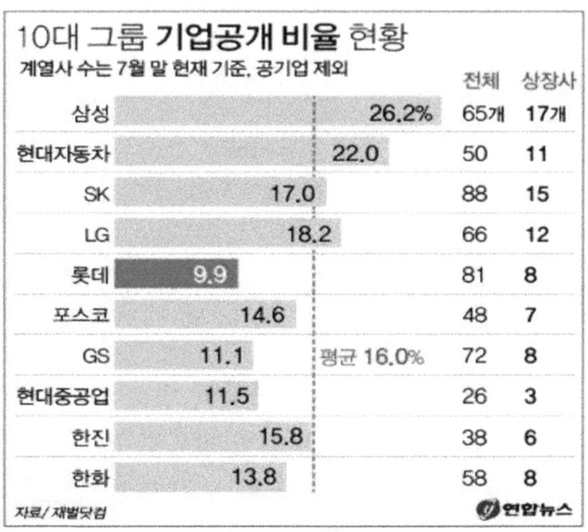


[그림 4-4] 우리나라 대기업집단의 기업공개

비상장기업은 주식의 유동성이 부족하기 때문에 특별한 경우가 아닌 한, 현실적으로 인수기관이 발행위험을 부담하는 것이 위험하기 때문에 인수기능을 기대하는 것이 현실적으로 어려운 측면이 있다.

③ 기업경영의 합리화에 기여

기업공개는 해당기업의 경영투명성을 제고하고 경영의사결정 과정이 보다 합리적으로 이루어질 수 있도록 해주는 효과가 있다. 먼저 기업공개를 통해 기업의 주식분산이 최초로 이루어지고 나면, 시간이 경과하면서 점차 대주주와 소액주주의 소유구조가 역전될 수 있는 첫 시발점이 된다.

주식회사의 의결권 소유를 두 주주집단이 나누어 가지는 비율, 즉 소유구조가 역전되는 것은 기업공개가 첫 계기를 마련한다는 데 의의가 있다. 소유구조에서 절대 다수의 소액투자가들이 주식을 보유하게 되는 상황이 발행하면 소유와 경영의 분리가 현실적으로 이루어져서 전문경영자의 출현을 가능하게 하기도 하여 경영의 합리화를 도모할 수 있다.

다만 미국의 경우에는 상장기업이 유상증자 방법으로 일반공모를 널리 채택하기 때문에 상장 후 대주주의 지분율이 하락하는 속도가 아주 빠르다. 그래서 미국의 상장기업들은 소유와 경영이 분리된 기업들이 많을 수밖에 없다.

반면에 우리나라의 상장기업들은 주주우선공모 방식을 즐겨 채택하고 있어 대주주의 지분율이 하락하는 속도가 아주 늦다. 주주우선공모과정에서 기존주주에게 우선적으로 발행주식을 할당하는 절차 때문에 기존의 대주주가 인수를 포기하지 않는 한 자신들의 지분율이 하락하는 것을 지연시킬 수 있기 때문이다.

발기설립으로 창업한 주식회사는 기업공개가 이루어지기 전까지는 대부분의 주식이 발기인을 중심으로 한 소수에게 집중되어 있다. 기업공개가 되면 비로소 외부주주가 일정비율 이상의 주식을 소유하게 되므로 주식소유구조의 변화가 일어나는 첫 시발점이 바로 기업공개가 된다.

현재 우리나라의 상장기업들은 유상증자방식으로 주주우선공모 방식을 주로 채택하고 있어서 상장 후 대주주 지분율이 하락하는데 소요되는 시간이 매우 길어서 현실적으로 엄격한 의미의 소유와 경영의 분리 현상이 발생할 수 있는 가능성이 낮다.

그러나 미국의 경우 상장기업들이 대부분 일반공모 방식으로 유상증자를 실시하므로 상장 후 대주주 지분율이 하락하는데 소요되는 시간이 매우 짧다. 실제 미국의 경우 20세기 중반에 이르면 현실적으로 소유와 경영의 분리에 따른 전문경영자의 영입이 현실화되는 모습이 발생하게 된다.

기업공개 후 상장기업 신분을 획득하고 나면 경영활동에 대한 공시의무가 대폭 강화되어 경영의 투명성이 제고되고, 다수의 투자자가 기업경영을 감시하게 되므로 기업의 공신력이 제고된다.

#### ④ 다양한 투자수단 제공

기업이 공개되면, 공개기업의 주식은 환금성이 높은 재산운용수단이 되어 투자자에게 새로운 투자수단을 제공한다. 투자가들은 각자의 위험에 대한 태도에 따라 자신에게 맞는 위험과 수익률의 다양한 조합을 선택할 수 있는 폭이 넓어지는 효과가 발생하게 된다.

### (3) 기업공개 법인에 대한 혜택

공개기업은 필요한 자금을 증권시장을 통하여 유상증자와 사채발행 등의 방법으로 일반 대중으로부터 적시에 자금을 조달할 수 있으며 신문, TV 등 대중매체를 통하여 국내외에 전달됨으로써 기업의 PR효과를 얻고 공신력을 높일 수 있다.

또한 종업원에게 자사주식을 분산시킴으로서 생산성 향상, 경영권의 안정, 종업원 이직방지와 저축촉진을 통한 재산증식의 효과를 얻을 수 있으며 나아가서 시장에서의 감시와 경쟁을 통해 경영합리화를 도모할 수 있다.

특히, 대주주는 기업이 공개되면 증권시장의 공정가격 형성기능을 통해 보유주식에 대한 환금성이 높아지고 보유주식을 담보로 금융기관의 대출을 받을 수 있으며 보증금이나 공탁금으로 사용할 수 있으므로 재산운용의 수단이 될 수 있다. 이외에도 유가증권시장이나 코스닥시장 상장주식에 대해서는 세제상의 혜택이나 각종 법률상의 혜택을 주고 있다.

### (4) 기업공개 방법

#### ① 신주모집 방법

신주모집에 의한 기업공개방법은 당해법인의 기존주주들이 갖고 있는 신주인수권을 배제한 채 일반대중을 상대로 신규로 주식을 발행하여 공모하는 방법으로 신규자금이 필요할 경우에 이용된다.

이 경우 참여하는 인수기관은 총액인수방식으로 발행되는 신주를 소화해야 하고, 기존주주의 신주인수권이 배제된 가운데 총액인수 된 주식은 바로 전액 일반공모에 의해 소화되게 된다.

이 경우 해당기업에게는 설립 후 최초로 경험하게 되는 공모발행(간접발행)이 된다는 의미에서 IPO(initial public offering)라고 한다. 발기설립으로 창업한 대부분의 기업들은 기업공개방법으로 신주모집방법을 채택하고 있다.

따라서 실무에서는 기업공개와 IPO를 동일한 개념으로 사용하고 있다. 이 방법의 장점은 상장을 위해 지분을 분산시키는 첫째 목적으로 달성하는 한편, 대규모 유상증자를 통해 자기자본을 조달하는 효과가 발생하는 것이다.

기업공개를 하는 기업으로선 설립 후 투자가 모집방법으로는 공모를, 인수기관이 참여해서 인수기능까지 부담하는 제대로 된 간접발행을 처음으로 경험한다는 점에서 매우 의미있는 경험이기도 하다.

② 구주매출 방법

구주의 매출은 기존의 대주주 등이 소유하고 있는 기발행주식의 일부를 일반 대중에게 공개 매출하여 기업을 공개하는 방법이다. 이 방법은 공개기업의 규모가 큰 경우, 상장심사를 맡은 해당 주식유통시장 측에서 일반적으로 권장하는 공개방법이다.

기업규모가 큰 기업은 자기자본의 규모가 크고 발행주식 수가 많을 가능성이 높다. 이런 기업이 만약 신주모집 방법으로 기업공개를 하게 되면 상장 후 유통시장으로 유입될 주식 매물의 부담을 시장이 감당하기 힘들 수 있다. 이런 이유로 기업 규모가 큰 기업이 기업공개를 하는 경우에는 공개방법을 구주매출 방식으로 하는 것과 동시에 공개비율도 오랜 시간을 두고 시장이 충격을 충분히 흡수했을 때까지 지연시키게 된다.

우리나라에서는 구주매출 방식으로 기업공개를 하는 전형적인 경우가 공기업들이 기업공개를 통해서 민영화 하는 경우에 이 방법을 사용한다. 주지하다시피 대부분의 공기업들이 주로 해당 분야에서 사업을 독점하는 과정에서 개별기업의 규모가 매우 큰 기업들이 대부분이기 때문이다.

실제 공기업이었던 상장기업들은 상장 후 시가총액기준으로 보면 대형주가 대부분이다. 발행주식수도 많고 독점의 형태에서 비롯된 기업의 성과도 좋아 주가도 높기 때문이다.

공기업이 상장하는 경우에는 지분분산 요건을 상당히 오랜 기간을 통해서 충족하도록 하고 있는데, 이는 워낙 발행주식수가 많아 유통시장의 충격을 줄이기 위한 조치이다.

공기업이 민영화할 때, 정부가 보유중인 주식 일부를 국민들을 대상으로 매각하는 과정에서 나오는 매물을 흔히 국민주라고 한다.

③ 모집과 매출의 병행

이는 신주모집과 구주매출을 병행하는 방법으로 신규자금 조달의 필요성이 있으나 그에 따른 신주공모만으로는 주식상장에 필요한 주식분산 요건(총발행주식수의 25/100 이상 공모)을 충족시킬 수 없는 경우에 이용된다.

## 2. 증자(增資)

### (1) 증자의 의의

증자라 함은 회사가 자기자본을 증가시키는 것을 말하며 더 정확하게는 자기자본 가운데 납입자본금을 증가시키는 경우를 의미한다. 자기자본 항목에는 납입자본금, 자본잉여금 그리고 이익잉여금이 있다.

납입자본금은 주식을 발행하여 조달된 자기자본이다. 따라서 납입자본금이 증가하기 위해서는 반드시 신주의 발행이 따르므로 증자를 신주발행이라고도 한다.

수권자본 제도를 채택하고 있는 현행 상법은 회사가 발행할 주식의 총수를 정관에 기재하도록 되어 있으며 신주의 발행은 정관에 기재된 수권자본금의 범위 내에서만 할 수 있도록 되어 있다.

증자에는 회사 자기자본의 증가와 함께 실질적인 자산의 증가를 가져오는 유상증자와, 자기자본은 증가하지만 실질자산은 증가하지 않는 무상증자의 두 가지 형태가 있다.

### (2) 증자의 형태

① 유상증자

신주를 발행함으로써 주식의 증가(자본금 증가)와 동시에 회사의 자산이 증가하는 증자방식이다. 따라서 유상증자는 신주를 발행할 때 그 인수가액을 현금이나 현물로 납입시켜 신규로 현금이나 기타 다양한 자산이 기업으로 들어오는 경우를 말한다.

유상증자를 하게 되면 기업은 재무구조가 건실해진다. 즉 전체 사업자금 가운데 자기자본의 비율이 증가하여 재무적 건전성이 좋아진다고 표현한다. 재무담당자에게 유상증자는 아주 힘든 과제로 평가되는데 유상증자에 성공하기 위해서는 다양한 금융시장의 상황이 영향을 미치기 때문이다.

유상증자는 발행되는 신주를 소화시키는 과정이 중요한데, <표 4-2>처럼 여러 가지 주식소화 방법들이 있다.

〈표 4-2〉 주식소화방법 비교

| | 주주배정 | 일반공모 | 주주우선공모 | 제3자 배정 |
|---|---|---|---|---|
| 개념 | 기존주주에게 신주를 일정비율로 배정 | 기존주주의 신주인수권을 배제, 일반에게 공모 | 기존주주 우선청약, 실권주를 일반에게 공모 | 소수의 특정인에게 배정 |
| 장점 | 대량실권발생 위험 적음, 신주인수권 매매가능, 대주주 청약을 통한 신뢰도 홍보효과 | 단기간 소요, 최대주주 청약 부담 없음 | 대규모 자금조달 가능, 실권주 발생가능성 최소화, 기존 주주의 권익 보호 및 투자기회 제공, 주식 분산효과 제고 | 최단기간 자금조달 가능, 우호세력 배정을 통한 경영권 안정 가능 |
| 단점 | 장기간 소요, 대주주 증자참여 부담 | 기존 주주 반발 가능성, 필요자금 조달 실패위험 | 장기간 소요, 대주주 증자참여 부담 | 기존주주 반발 가능성, 지분율 변동부담, 투자자 확보 어려움 |
| 소요기간 | 약 45~50일 | 약 20일 | 약 60일 | 약 10일 |
| 효력발생 | 7일 | 10일 | 10일 | 7일 |
| 할인율 | 제한 없음 | 30% 이내 | 제한 없음 | 10% 이내 |

i ) (구)주주 배정

(구)주주 배정방식은 현재 우리나라에서 시행하고 있는 가장 일반적인 형태로서 기존 주주에게 신주인수권을 부여하는 방법이다. 정관에 다른 정함이 없으면 주주가 가진 주식의 수에 비례하여 신주의 배정을 받을 권리를 인정하는 것이다.

이 방식은 신주가 주주 이외의 자에게 할당됨에 따라 주주의 지위, 특히 의결권의 비례적 지위에 변동을 가져오는 것을 막을 수 있고, 신주의 발행가액이 시가와 차이가 있는 경우에 주주의 재산상의 피해를 막을 수 있다. 또한 일반공모에 비해 발행비용이 적게 들고 절차가 비교적 간단하다는 장점이 있다.

반면에 발행금액이 대규모인 경우에는 적합하지 못하다는 단점이 있다. 이 경우 인수기관은 발행사무를 대행하는 역할만 하며 모집부족의 위험은 발행기관이 부담하게 된다. 비상장기업들이 유상증자시 주로 사용하는 방법이라고 할 수 있다.

법률적으로는 구주주배정시 주주의 숫자가 50인 이상이면 공모, 49인까지는 사모로 구분하게 된다.

ii ) 제3자 배정(연고자 배정)

연고자 배정은 회사의 특정 연고자(회사의 임원, 거래처, 거래은행 등)에게 신주인수권을 부여하는 것으로서 私募형식으로 주식을 소화시키는 방법이다. 이는 회사의 경영권 및 기존주주의 이해관계에 중대한 영향을 주기 때문에 정관에 특별히 정하거나 주주총회의 특별결의 절차를 거쳐야 하는 등 엄격한 통제를 가하고 있다.

우리사주제도가 제3자 배정의 대표적인 예에 속하며 우리나라에서는 그리 흔한 형태의 증자는 아니다. 그러나 정상적인 상황에서 발행된 주식이 소화되지 않을 가능성이 높은 경우이거나, 적대적 인수합병 상황에서 경영권방어 차원에서 제3자인수 방법의 유상증자가 시도되는 경우가 있다.

iii) 공모방식의 유상증자

▪ 주주우선공모

이는 우리나라의 상장기업들이 유상증자시에 주로 사용하는 방법으로서 간접발행 방법으로 인수기관이 참여하는 형식이다. 발행된 신주를 인수단(주간사회사 등)이 유상증자 분을 총액인수한 후 구주주와 우리사주조합에게 우선 신주인수권을 부여하여 인수할 기회를 먼저 주고, 기존 주주들이 인수를 포기한 실권주가 발생하면 이를 대상으로 일반투자자를 대상으로 청약을 받아 매각한다.

만약 일반인들을 대상으로 한 공모에서 청약이 미달되면 인수단이 인수하는 방식의 유상증자로서 상장기업들이 가장 흔히 사용되는 소화방식이다. 특히 기업들이 이 방식을 선호하는 이유는 주주우선공모 방식은 인수기관이 참여하는 간접발행 방법 가운데 총액인수방식으로 진행되는 경우가 많기 때문이다.

기업은 유상증자가 시작되는 시점에서 계획했던 조달자본을 일시에 조달하여 바로 자본을 투입할 수 있기 때문이다.

▪ 일반공모

일반공모는 주주의 신주인수권을 완전히 배제하고 인수단(주간사회사 등)이 유상증자 분을 총액인수하여 일반투자자에게 청약을 받아 매각하는 방식으로, 청약미달분이 발생하면 인수단이 자기의 책임과 계산하에 인수비율만큼 인수하게 된다.

이는 구주주의 신주인수권을 인정하지 않는 형태로 미국에서는 일반화되어 있으며 우리나라에서는 정관에 구주주의 신주인수권에 대한 제한 규정이 있어야 가능하다. 그러한 규정이 없으면 주주총회의 특별 결의에 의해 정관을 변경하거나 사전 승인을 얻어야 한다.

다만 신주모집 방법으로 기업공개를 하는 경우에는 사전에 주주들의 동의 없이 발행주식을 모두 일반공모로 소화시킬 수 있다.

■ 직접공모

이는 「유가증권의 신고 등에 관한 규정」에 따라 인수인을 통하지 않고 발행회사가 직접 자기의 책임과 계산하에 신주를 공모하는 방식으로 비상장법인의 경우 발행가액의 적정성에 대하여 유가증권분석전문기관(증권회사, 신용평가회사, 회계법인)의 평가를 받아야 한다.

② 무상증자

무상증자는 기업이 준비금과 일부 적립금을 자본금으로 전입하는 등의 방식으로 주주들에게 무상으로 신주를 발행하는 것을 말한다. [그림 4-5]에서 보듯이 무상증자는 자금조달을 목적으로 하지 않고 자본구성을 변경하는 것으로, 회사의 총자본에는 변화를 가져오지 않고 자본계정 내에서 항목간의 변동을 통하여 신주식을 발행하는 형식적 증자라고 할 수 있다.

즉, 잉여금이 감소하고 자본금이 증가하는 만큼 신주가 발행되어 기존의 주주들에게 무상으로 제공되는 과정이다. 이때 기존주주에게 발행된 신주를 무상으로 제공하는 것은 지극히 당연하다. 왜냐하면 자기자본은 주주의 몫이기 때문이다.

무상증자에서 발행된 신주를 기존주주에게 제공하는 것은 유상증자처럼 신주를 소화시키는 것이 복잡할 이유가 없다. 무상으로 제공하는 주식을 거부할 주주는 없기 때문이다.

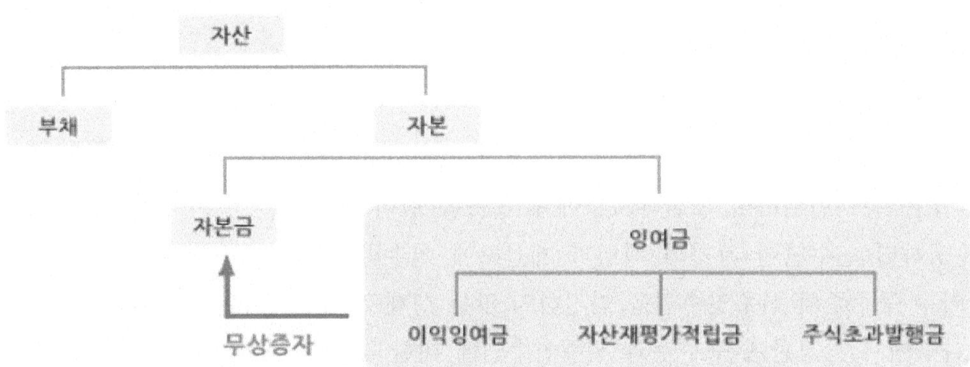


[그림 4- 5] 무상증자 개념도

# 제 5 장

Korea Securities Market

# 주식유통시장

제 1 절 주식유통시장의 개요
제 2 절 한국거래소의 주식유통시장
제 3 절 상장제도
제 4 절 공시제도와 시장규제
제 5 절 매매거래제도

주식유통시장은 이미 발행된 주식이 투자가들 사이에서 거래되는 시장이다. 주식유통시장의 본질적인 기능은 발행된 주식에 대해 유동성을 부여해주는 기능이다.

유통시장이 제공하는 풍부한 유동성은 발행시장에서 기업들의 주식발행업무가 원활하게 이루어질 수 있도록 해주는 여러 요인 중에 하나로 작용한다. 유통시장의 상황, 즉 시장에서 수급의 문제나 활황 또는 침체 등이 주식 발행시장에서 유상증자를 통한 자본조달의 가능성을 비롯한 나머지 금융시장 전체의 화폐순환에 있어서 중요한 역할을 담당하게 된다.

2016년말 현재 한국의 주식유통시장은 한국거래소 내에 유가증권시장, 코스닥시장, 그리고 코넥스시장을 개설하고 있으며, 장외시장은 기존의 프리보드 시장을 확대 개편한 K-OTC, 증권회사 객장에 설치된 점두시장, 그리고 장소의 구애없이 투자가들 사이에서 자유롭게 거래하는 직거래시장이 있다.

유가증권시장은 한국 주식유통시장 가운데 가장 역사가 오래된 시장으로 1956년 개설되었다. 상장에 필요한 요건이 가장 엄격한 시장으로서 우리나라의 대표적인 기업들이 상장된 시장이다. 코스닥시장은 1996년에 개설된, 벤처기업과 중소기업의 전용시장이다. 이 시장은 미국의 나스닥시장을 벤치마킹하여 개설된 시장으로서 비슷한 시기에 개설된 여러 국가들의 시장가운데 가장 모범적인 성공사례로 평가되고 있다.

코넥스시장은 2013년 7월에 개설된 시장으로서, 코스닥시장에 상장요건을 충족하지 못하는 벤처기업을 위해 개설된 시장이다. 이 시장은 같은 목적으로 2000년에 개설되었던 프리보드 시장과 달리 장내시장이며, 매매방식을 경쟁매매 방식을 채택하고 있어 기대를 모으고 있으나 투자가 보호를 위한 전문가 위주의 시장특성과 기타 이유로 유동성 확보에 애로를 겪고 있어 향후 시장의 귀추가 주목되고 있다.

# 제 1 절 주식유통시장의 개요

## 1. 주식유통시장의 개념과 기능

주식 유통시장은 발행시장을 통하여 발행된 주식들이 투자자들 사이에서 거래되는 시장으로 2차시장(secondary market)이라고도 한다. 즉, 발행시장에서 주식을 취득한 투자자들의 주식을 매도하여 투자자금을 회수하거나 매매차익을 실현하는 시장이며, 금융자산에 대한 투자목적으로 이미 발행된 주식을 매수하는 시장이다.

주식유통시장은 구체적으로 공간과 건물 그리고 시설을 구비하고 있는 시장도 있지만, 주식의 특성상 거래장소를 불문하고 거래될 수 있기 때문에 주식소유자와 수요자가 자유롭게 거래할 수 있기 때문에 거래가 발생하는 일체의 공간을 주식유통시장의 범위에 포함할 수 있다.

주식 유통시장은 주식의 유동성과 환금성을 보장하여 투자자본의 회수와 수익실현을 가능하게 한다. 유통시장은 발행시장에서 발행된 주식의 시장성을 높여 언제든지 주식을 적정가격으로 처분하여 현금화할 수 있는 기회를 제공한다.

주식 유통시장의 이런 경제적 기능으로 인해 일반투자자들의 주식시장 참여가 촉진되고 시장의 활성화를 통하여 장기자본의 조달창구인 발행시장의 기능이 확충된다. 유통시장에서의 거래가 활발해지면 발행시장에서도 시장수요가 촉진되어 많은 주식이 신규로 발행되므로 유통시장에서도 투자기회가 확대된다.

주식유통시장의 본질적 기능은 이미 발행된 주식에 대한 流動性(liquidity)을 부여하는 것이 그 본질적 기능이라고 할 수 있다. 따라서 주식 유통시장이 해당시장에서 거래되는 주식에 대해 유동성을 부여하는 기능이 충분하게 작동하지 못하면 그 시장은 시장실패로 귀결되면서 극단적인 경우에는 폐쇄되는 상황을 맞게 될 수도 있다.

모든 금융상품의 유통시장이 유동성이 풍부하게 유지되기 위해서는 해당시장에서 거래되는 금융상품의 가격결정기능(pricing)이 효율적이어야 하며, 시장참가자가 다수일 것, 거래량이 풍부할 것, 양질의 거래대상 품목이 상장될 것, 거래체결률이 높을 것, 시장운영이 효율적으로 이루어질 것 등의 다양한 조건들을 충족할 때 유통시장으로서의 본질적 기능을 충족시킬 수가 있다.

## 2. 한국 주식유통시장의 구조

현재 우리나라 주식유통시장은 [그림 5-1]과 같이 한국거래소 내에 있는 유가증권시장과 코스닥시장, 그리고 최근 2013년에 개설된 코넥스(Konex)시장, 그리고 장외시장으로 프리보드(Free Board)시장을 수정한 K-OTC 시장과 점두시장으로 나누어진다.

이와 같이 주식유통시장은 여러 종류가 있다는 것은 거래되는 주식에 따라 거래시장이 구분되어 있다는 것을 의미한다. 즉 다양한 주식유통시장이 동시에 존재하며 각 시장은 해당시장에서 거래되는 주식에 대해 최소한의 거래자격 요건을 충족하도록 요구한다.

한국거래소(Korea Exchange; KRX)는 증권(주식과 채권) 및 파생상품의 유통시장을 개설하고 운영, 관리하는 주체로서 2005년 1월에 기존의 한국증권선물거래소, 코스닥증권시장, 한국선물거래소, 그리고 코스닥위원회가 하나로 통합하여 한국증권선물거래소로 출범했으나, 2009년 2월에 '자본시장법'의 시행과 함께 그 명칭을 현재와 같이 '한국거래소'로 변경하였다.

한국거래소는 자본시장법에 의해 설립된 주식회사로서 증권 및 선물. 옵션과 같은 파생상품의 공정한 가격형성과 거래의 원활화 및 안정화를 도모하는데 그 설립 목적이 있다. 주요업무로는 첫째, 유가증권시장과 코스닥시장 그리고 파생상품시장의 개설과 운용, 둘째, 증권 및 장내파생상품의 상장과 이들의 매매체결 및 청산과 결제, 그리고 이들 상품의 이상거래 감시를 하며, 셋째, 거래소시장 내에서의 매매거래와 관련하여 발생하는 분쟁조정 등을 담당하고 있다.

[그림 5-1] 한국 주식유통시장의 구조

이를 위해서 한국거래소는 유가증권시장본부, 코스닥시장본부, 파생상품시장본부, 경영지원본부와 시장감시위원회로 구성되어 있다. 이 중에서 경영지원본부와 파생상품시장본부는 부산에 소재하고 있으며 나머지 본부는 서울에 소재하고 있다.

유가증권시장과 코스닥시장, 코넥스시장, 그리고 K-OTC시장은 모두 구체적으로 일정한 건물과 장소(또는 전산시스템)를 갖추고, 일정한 자격을 갖춘 매매당사자들이 일정한 시간에 모여서 공개적이고 계속적이며 조직적인 매매거래를 수행하는 시장이다.

유가증권시장과 코스닥시장, 코넥스시장에서 매매되는 주식을 상장주식이라 하며, 경쟁매매를 원칙으로 일정한 매매거래제도에 따라 증권거래가 이루어진다. 특히 상장주식이 거래되는 유가증권시장과 코스닥시장은 주식거래를 허가해 주는 과정에서 엄격한 상장심사 요건을 충족하는 기업의 주식만을 선별하여 거래하도록 허가하고 있다. 유가증권시장의 상장요건은 코스닥시장의 상장요건보다 더욱 엄격하여 기업으로서는 요건을 충족하는 것이 어렵다.

〈표 5-1〉 상장주식 현황 (2015. 12. 기준)

| | 코스피 | | 코스닥 | | 코넥스 | 합계(코스피+코스닥+코넥스) | | |
|---|---|---|---|---|---|---|---|---|
| 연도 | 회사 | 종목 | 회사 | 종목 | 회사/종목 | 회사 | 종목 | 상장주식 수 |
| 2015 | 770 | 887 | 1,152 | 1,154 | 108 | 2,030 | 2,149 | 63,671,443 |
| 2014 | 773 | 899 | 1,061 | 1,065 | 71 | 1,905 | 2,035 | 59,225,137 |
| 2013 | 777 | 918 | 1,009 | 1,014 | 45 | 1,831 | 1,977 | 56,736,197 |
| 2012 | 784 | 930 | 1,005 | 1,010 | | 1,789 | 1,940 | 56,835,210 |
| 2011 | 791 | 938 | 1,031 | 1,036 | | 1,822 | 1,974 | 56,843,400 |
| 2010 | 777 | 927 | 1,029 | 1,035 | | 1,806 | 1,962 | 57,077,003 |
| 2009 | 770 | 925 | 1,028 | 1,036 | | 1,798 | 1,961 | 55,072,410 |
| 2008 | 765 | 928 | 1,038 | 1,049 | | 1,803 | 1,977 | 51,471,277 |
| 2007 | 746 | 907 | 1,023 | 1,034 | | 1,769 | 1,941 | 47,799,565 |
| 2006 | 731 | 885 | 963 | 975 | | 1,694 | 1,860 | 41,562,479 |
| 2005 | 702 | 858 | 918 | 931 | | 1,620 | 1,789 | 37,286,972 |
| 2004 | 683 | 844 | 890 | 907 | | 1,573 | 1,751 | 35,602,813 |
| 2003 | 684 | 856 | 879 | 894 | | 1,563 | 1,750 | 35,791,608 |
| 2002 | 683 | 861 | 843 | 856 | | 1,526 | 1,717 | 36,980,950 |
| 2001 | 689 | 884 | 721 | 732 | | 1,410 | 1,616 | 27,992,360 |
| 2000 | 704 | 902 | 604 | 615 | | 1,308 | 1,517 | 26,687,504 |

상장사 2천곳 돌파…기업공개 '활발'

코넥스시장에서 거래되는 주식도 상장주식이라고 하지만, 유가증권시장과 코스닥 시장에 상장된 주식과는 유동성에서 차이가 있어 두 시장의 상장주식과는 상장효과에서 차이가 크다. 코넥스시장은 상장요건으로서 지분분산 요건 규정이 없다. 그리고 상장방법도 공모, 사모, 그리고 신주발행 없이 이루어지는 직상장 등 다양한 상장방법을 허용하고 있다.

이런 상장요건의 완화는 당연히 투자가의 관심부족과 참여부족으로 나타나 유동성을 제고하는데 한계가 있다. 이런 상장요건의 차이는 투자가들에게 코넥스시장에서 거래되는 주식은 유가증권시장이나 코스닥시장에서 거래되는 주식보다 위험이 더 크다는 것을 의미한다.

코넥스시장의 가장 두드러진 특징은 지정자문인 제도를 운용하고 있으며, 증권회사 또는 금융투자회사가 지정자문인을 맡고 있다. 이들 지정자문인은 상장기업의 발굴 및 상장을 지도하는 일뿐만 아니라 상장 후 기업들의 부족한 유동성문제를 완화하기 위해 유동성 공급자(liquidity provider; LP)역할을 하도록 규정하고 있다.

한편 한국거래소는 코넥스시장에 대한 일반투자가의 참여를 제한하여 투자가 보호장치를 마련하고 있다. 즉 코넥스시장에서 거래되는 주식은 초기단계의 벤처기업으로서 위험이 높기 때문에 일정수준의 위험을 감당할 수 있는 전문투자가들에게 투자참여를 허용하고 있다. 이에 따라 코넥스시장은 전문가 위주의 시장이라는 특징을 갖게 되었다.

〈표 5-2〉 주식유통시장 현황 (2017. 1. 기준)

| | 한국거래소(장내시장) | | | K-OTC |
|---|---|---|---|---|
| | 유가증권시장 | 코스닥시장 | 코넥스시장 | |
| 상장(지정) 기업 수 | 776 | 1209 | 142 | 138 |
| 매매방법 | 경쟁매매(위탁매매) | | | 상대매매 |
| 투자가 참여 | 제한 없음 | | 전문가에 한정<br>일반투자가는<br>간접투자 | 제한 없음 |
| 개설년도 | 1956 | 1996 | 2013 | 2014 |

증권투자전문가와 벤처캐피탈과 엔젤, 그리고 일정금액(3억원에서 1억원으로 하향 조정) 이상의 기본예탁금을 예탁한 개인투자가에게만 시장을 개방하고, 그 외 일반투자가는 간접투자방식(펀드)으로 참여할 수 있도록 조치하고 있다.

코넥스시장은 최근 개설된 초기단계의 중소기업과 벤처기업들에게 자기자본을 갖추기 어려우므로 주식발행시장에서 유상증자에 의한 자기자본 조달의 필요성이 절실한 기업들이다.

조달할 수 있는 기회를 제공하기 위해 이들 기업의 주식을 전문적으로 거래할 수 있는 시장이다. 즉, 이들 기업이 금융기관으로부터 부채를 조달할 수 있는 여건을

그러나 주식유통시장은 본질적으로 풍부한 유동성을 갖춘 유통시장이 존재할 때 발행시장에서의 자본조달이 용이하므로 이런 요구조건을 충족할 때 유통시장으로서 존재가치가 있다. 이런 측면에서 보면 투자가 제한조치는 유동성을 제고하는 것과는 상반되는 조치로 평가된다.

그러나 아직 이들 기업의 위험이 매우 높아 일반투자가들을 보호하기 위해 비전문가들에게는 주식투자를 전면적으로 허용하지 않고 전문투자가들만에게 개방하고 있는 과도기적 시장특성을 가지고 있다.

K－OTC 시장은 한국금융투자협회가 「자본시장과 금융투자업에 관한 법률」에 따라 개설·운영하는 제도화·조직화된 장외시장이다. K－OTC는 한국장외시장의 영문(Korea Over－The－Counter) 약칭이다. 협회는 비상장 중소·벤처기업의 직접금융 활성화를 위해 '05.7월부터 프리보드를 운영하여 왔으나, [그림 5－2]에서 보듯이 주식거래 대상기업이 소수의 중소기업 위주로 한정되어 시장의 역할이 크게 저하되었고, 2013년 7월 중소기업 전용 주식시장인 코넥스시장이 개설되면서 그 역할이 모호해졌다.

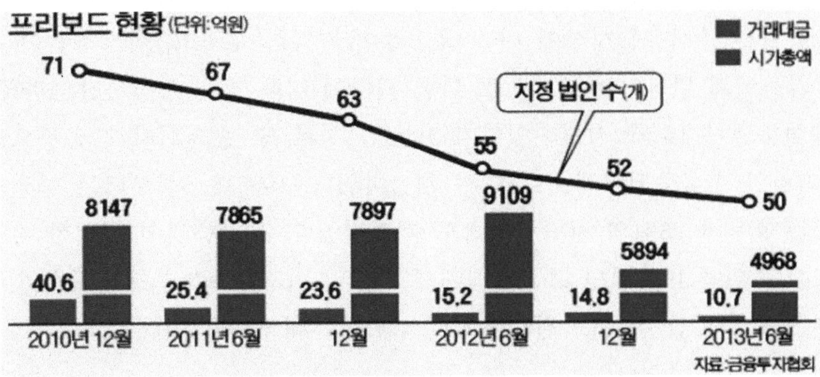


[그림 5-2] 프리보드 시장의 기능위축

이에 중소·벤처기업의 직접금융 활성화에 중점을 두던 시장운영방식을 개선하여 중소기업을 포함한 모든 비상장법인의 주식을 투명하고 원활하게 거래할 수 있는 실질적인 場을 제공하는 데 중점을 두고 시장개편을 추진하게 되었다. 이를 통해 국내 주식거래 인프라를 완비함으로써 투자자의 주식거래 편의성을 제고하고 기업의 자금조달을 지원하고자 하였다.

K-OTC를 제외한 기타 장외시장에는 증권사의 창구에서 거래되는 점두시장(over the counter market; OTC시장)이 있고, 투자가들 사이에서 장소의 제약없이 자유롭게 거래하는 일체의 경우를 직거래시장(No broker market)이라고 부른다.

장외시장에서 주식거래를 하는 경우에는 거래방식이 상대매매방식으로 이루어져서 유통시장의 본질적기능인 유동성확보라는 기능이 제대로 이루어지지 않아 유통시장으로서의 기능을 제대로 수행하고 있지 못하다.

## 제 2 절 한국거래소의 주식유통시장

### 1. 유가증권시장

한국거래소(Korea Stock Exchange)에 있는 유가증권시장은 구체적이고 조직적이며 상설적이고 경쟁적인 유통시장이다. 이 주식시장을 흔히 거래소시장이라고 하는 주식유통시장이다. 이 시장은 우리나라 주식유통시장 가운데 가장 역사가 오래되고, 규모나 역사, 그리고 유동성 등 다양한 시장조건에서 제1시장이라 할 수 있다.

따라서 다른 주식유통시장에 비해 유동성이 가장 풍부하고, 상장조건이 가장 엄격해서 투자가들에게 위험이 상대적으로 다른 시장에 비해 낮은 시장이다. 1956년 비영리법인인 대한증권거래소가 설립되었다가 1963년 정부 및 증권회사가 공동으로 출자한 공사혼합기업인 한국증권거래소로 다시 개장하였다. 1988년 3월부터는 증권회사를 회원으로 하는 회원제 조직의 사단법인으로 개편되었다. 유가증권의 원활한 유통과 공정한 가격형성을 위해 1971년의 포스트매매제도 도입 이후, 1987년 전산매매의 병행을 거쳐 1997년 9월부터 전 종목을 전산매매시스템으로 매매하고 있다.

[그림 5-3] 한국거래소 전경

유가증권의 매매에 따른 결제업무를 원활히 하고 체계적인 유가증권의 보관 및 관리를 위해 1974년 현재 한국예탁결제원의 전신인 증권대체결제 주식회사를 설립하였고, 증권시장의 효율적인 전산화를 위하여 1977년 증권전산주식회사를 설립하였다.

1979년 증권거래소를 현재의 건물로 이전하여 여의도가 한국의 '월 스트리트'(Wall Street)의 모습을 갖추는 바탕이 되었다. 그리고 1996년 주가지수 선물시장과 1997년 주가지수 옵션시장, 1999년 선물거래소 설립에 따라 금리, 통화관련 옵션·선물 등 파생금융시장을 잇달아 개설하였다.

특히 주가지수 옵션시장은 단일옵션시장으로서는 세계에서 가장 거래량이 풍부한 성공적인 시장으로 자리매김 하는 등, 이 기간에 주식유통시장은 양적으로나 질적으로 비약적인 성장을 하였다.

2005년 거래소시장과 코스닥시장을 통합하는 대대적인 구조개편을 통하여 이 통합시장을 관장하는 한국증권선물거래소(KRX)를 출범하였다. 이 과정에서 시장은 서울에 그대로 두고 사무실은 부산에 배치하는 결정을 하게 된다. 한국증권선물거래소는 KRX 100 이라는 통합된 시장의 대표주가지수를 새로 개발하여 정보서비스를 하게 되는데, 유가증권시장(이전의 거래소시장)과 코스닥시장에 상장된 주식가운데 100개 종목을 선정하여 'KRX 100 지수' 발표하기 시작했다.

2009년 '자본시장과 금융투자업에 관한 법률'을 시행함으로써 자본시장 운영에 관한 중대한 국면의 변화가 초래되었다. 자본시장 관련 금융기관들의 업무영역이 확대되고, 관련 법규와 제도가 시대적 상황에 맞게 정비되는 계기를 마련하였다. 아울러 한국증권선물거래소에서 '한국거래소'로 명칭변경을 하게 된다.

이 자본시장관련 법률의 개정은 증권시장의 비중이 갈수록 증가하는 금융시장 환경하에서 기존의 법률이 시장의 발전과 조화롭게 적용되지 못하고 오히려 금융시장의 발전에 걸림돌이 되기도 하는 한계를 극복하기 위한 것이었다.

## 2. 코스닥시장

### (1) 코스닥시장 개요

정부는 1980년대 초부터 중소기업 및 벤처기업 육성을 위하여 기업규모의 영세성이나 수익규모의 영세성 등으로 인하여 현실적으로 거래소시장을 이용하기 어려운 중소기업과 벤처기업 등이 주식발행시장에서 자기자본을 조달할 수 있도록 지원한다는 관점에서 1987년 4월 한국증권업협회(현 금융투자협회) 내에 주식장외시장을 개설하였다.

1996년 7월에는 고객과 증권회사간 또는 증권회사 상호간의 상대매매 방식에 의해 이루어지던 낙후된 거래방식을 경쟁매매방식으로 전환시킨 새로운 시장으로 기존의 협회중개시장을 혁신하였다. 이듬해인 1997년 4월1일부터 미국의 NASDAQ시장을 벤치마킹하여 협회중개시장의 영문글자를 딴 이름인 KOSDAQ(Korea Securities Dealers Association Automated Quotation)으로 명칭을 변경하였다.

이 시장의 의미는 기존의 장외시장이 유지하고 있는 상대매매 방식의 주식거래방식을 경쟁매매방식으로 전환함으로써 시장의 유동성을 획기적으로 제고시키게 된 것이다. 코스닥시장은 이를 계기로 비약적인 성장을 거듭하여 NASDAQ시장을 벤치마킹한 여러 국가의 시장 중에서도 가장 성공적인 시장으로 평가받고 있다.

이를 바탕으로 우리나라의 벤처기업과 중소기업들이 한 단계 도약하는데 결정적인 기여를 하게 된다. 즉 풍부한 유동성을 기초로 코스닥시장에 상장된 벤처기업과 중소기업들이 발행시장에서 활발히 신주를 발행하여 유상증자를 통한 자기자본조달 능력이 획기적으로 개선되는 효과를 가져왔다.

코스닥시장은 거래소시장과 경쟁과 보완의 관계로 각자 운영되어 오다가 2005년에 통합되어 한국거래소 산하에서 운영되고 있는 우리나라의 제2의 주식유통시장으로 자리매김을 하고 있다. 그러나 한국거래소 산하로 통합된 이후부터는 예전의 다이내믹한 시장의 특성을 점차 잃어가고 있다.

현재의 코스닥시장은 처음 설립당시의 취지에 제대로 부응하지 못하고 점차 거래소시장처럼 분위기가 변화되고 있는 실정이다. 벤처기업이 코스닥시장에 상장하는데 소요되는 시간도 점점 길어지고 있어 벤처기업 전용 주식유통시장으로서의 면모를 점차 잃어가고 있다. 이런 추세가 코넥스시장의 신규개설의 필요성을 제시했다고 볼 수 있다.

KOSDAQ시장이 개설되기 이전에는 거래소시장에 상장하지 못한 중소기업이나 벤처기업 중에서 성장성과 기술력 있는 기업들을 장외시장에 등록토록 하고 이들 기업이 발행한 주식을 거래하도록 시장을 운영하여 왔지만, 상대매매방식의 장외시장 체계로는 유통시장으로서의 기능이 미비하여 기업들에게 등록효과를 주지 못했다.

코스닥시장은 매매거래를 위한 건물, 플로어 등이 없는 전자거래시장으로 일정한 거래질서 하에서(유가증권시장과 거의 동일한 운영체제) 경쟁매매가 행하여지므로 예전의 상대매매방식의 장외시장과는 차별화되는 새로운 개념의 증권시장이다.

### (2) 코스닥시장의 기능

#### ① 자금조달 기능

코스닥시장의 개설이 갖는 경제적 의의 중에서 가장 중요한 측면은 벤처기업들에게 자본조달 기능을 증대시키는 작용이라고 할 수 있다. 거래소 시장에서 상장하기 어려운 벤처기업, 유망 중소기업 등이 발행한 주식에 대하여 환금성을 부여함으로써 이들 중소·벤처기업이 신주공모 등을 통해 장기적으로 안정적인 자금인 자기자본을 조달할 수 있도록 기회를 부여하고 있다.

기업이 주식발행시장에서 유상증자를 통한 자기자본을 원활하게 조달하기 위해서는 해당 주식을 처분할 수 있는 효율적인 유통시장이 존재해야 한다. 즉 발행시장에 참여하여 기업의 유상증자에 참여하는 투자가들에게 가장 중요한 문제는 자신들이 인수한 주식을 처분하여 투자자금을 회수할 수 있는 문제, 즉 유동성 문제가 해결되어야 한다.

코스닥시장이 개설되기 전에는 중소기업과 벤처기업의 주식을 투자하고 싶어도 이들 주식을 처분할 수 있는 효율적인 유통시장(유동성과 환금성이 풍부한)이 부재하여 투자가의 여유자본이 이들 기업의 주식을 인수하기가 현실적으로 어려웠다. 이런 관계는 주식발행시장과 유통시장의 상호관계가 어떻게 작용하는지를 보여주는 좋은 사례가 된다.

② 자금운용시장 기능

투자자에게 기존의 거래소 상장주식 이외에 성장가능성이 높은 유망 중소.벤처기업을 주식에 투자할 수 있는 기회를 제공한다. 코스닥시장에서 거래할 수 있는 주식들은 거래소시장에서 거래할 수 있는 주식과는 상장요건이 다르므로 위험이 다른 주식들이다. 투자자의 투자위험 선호도 및 위험부담 능력에 맞는 "고위험－고수익" 상품을 제공한다.

③ 벤처산업의 육성 기능

신생 벤처기업에 자기자본 형태의 자본투자를 전문으로 하는 벤처금융(Venture Capital)회사들이 코스닥시장을 통하여 보유하고 있던 벤처기업의 주식을 처분하여 투자한 자금을 회수하는 한편, 새로운 유망벤처기업을 발굴하여 지원할 자금조성의 장으로써 시장을 활용할 수 있다.

이렇게 벤처기업과 코스닥시장은 벤처캐피탈이라는 특수한 금융업을 영위하는 기관투자가에게 벤처기업의 발굴과 지원이라는 선순환 구조가 코스닥시장이라는 시장기구를 통하여 가능함을 보여준다. 즉 벤처기업 투자로 보유하게 된 주식을 효율적으로 처분하고 회수할 수 있을 때 비로소 벤처기업들에게 장기자본이 유입될 수 있는 가능성이 있다.

이렇게 벤처기업과 벤처금융 그리고 주식유통시장이 하나의 벤처생태계를 구축하여 작동될 때 벤처산업과 중소기업 육성은 가능해지며. 아울러 자금의 효율적인 배분을 통하여 경쟁력을 상실한 기업의 퇴출을 원활하게 하고 새로운 산업(정보화사회를 선도하는 기업)의 성장을 촉진하게 한다.

### (3) 코스닥시장의 특징

기업규모는 작지만 성장 잠재력이 높은 벤처기업, 유망중소기업 등이 용이하게 자금을 조달할 수 있는 시장이다. 그래서 코스닥시장은 단순히 기업들이 거래소시장에 상장이 가능한 수준으로 이들 기업이 성장할 수 있도록 지원하기 위한 전단계적, 보완적 시장이 아닌 독립된 경쟁시장이다.

코스닥시장의 참여기준은 거래소 상장기준에 비하여 상당히 완화된 수준이므로 우량종목 발굴에 대한 책임감 있는 증권회사의 선별기능이 특히 중요하다. 고위험 고수익(high risk, high return)의 새로운 투자수단을 제공해 주는 시장으로서 투자자의 자기책임원칙이 특히 강조된다.

## 3. 코넥스시장

### (1) 코넥스시장의 개요

2013년 7월에 개설된 코넥스(KONEX, Korea New Exchange)는 자본시장을 통한 초기 중소기업 지원을 강화하여 창조경제 생태계 기반을 조성하기 위해 새로이 개설되는 중소기업전용 신시장이다. 비슷한 기능을 담당했던 코스닥시장의 경우 투자자 보호를 위한 계속적인 상장요건 강화로 인해 성숙단계의 중소기업 대상 시장으로 변모하여 초기 중소기업은 진입이 곤란한 시장이 되었다.

[그림 5-4]는 한국거래소시장 내에 설치된 세 유통시장간의 경제적 역할분담을 일목요연하게 나타내고 있다.

코넥스시장의 개설 배경은 현재 중소기업의 자금조달 현황을 살펴보면 대부분 은행대출에 편중되어 있고, 직접금융(주식발행)을 통한 자금조달은 매우 낮은 수준이다. 이로 인해 중소기업 등 비상장기업의 부채비율이 높아지고, 이자비용 부담도 상장기업에 비해 과중한 실정이며 은행의 대출정책 변화 등에 따라 기업의 존립이 위협받을 수 있는 가능성도 있다.

2011년 기준으로 중소기업 외부자금 조달비중을 보면 은행자금 83.3%, 정책자금 10.6%, 비은행 금융기관 자금이 0.9%, 주식 1.1%, 회사채 3.2%, 사채(私債) 0.4%, 해외자금 차입 등이 0.6%를 차지하고 있다. 중소기업 자금조달이 이처럼 은행대출 등에 편중된 데에는 중소기업 지원을 위한 코스닥시장이나 프리보드의 기능이 미흡했다는 점에서도 이유를 찾을 수 있다.

[그림 5-4] 유통시장간 역할구분

〈표 5-3〉 코넥스와 프리보드의 차이

| 코넥스 | 구 분 | 프리보드 |
|---|---|---|
| 장내 시장 | 시장 | 장외 시장 |
| 비상장 및 코스닥 중간 기업 자금조달 | 설립목표 | 비상장 기업 자금조달 |
| 매출 20억, 자기자본 5억 내외 예상 | 최소상장 및 지정요건 | 외부감사의견 적정 기업 가능 |
| 업력 3~8년, 매출 30억~300억 중소기업 | 상장 주대상 기업 | 별도요건 없음 |
| 연기금, 펀드, 벤처캐피털 등 투자자 | 투자자 범위 | 개인 및 전문투자자 |
| 직접투자 불가, 펀드 통한 간접투자만 | 개인참여 | 가능 |
| 배당소득세 면제 등 검토 | 투자자 인센티브 | 벤처 소액주주에 대해 양도세 비과세 |
| 2012년 연말 목표 | 출범 시점 | 2005년 |

2013년 7월부터 벤처산업 육성을 위한 새로운 시장이 'Konex'라는 명칭으로 개설되었다. 제3시장 및 프리보드 시장의 실패를 반면교사로 삼아 매매방법을 상대매매방식에서 경쟁매매방식으로 채택하고 상장요건을 다소 강화하는 대신에 '지정자문인'제도를 통해 초기단계의 벤처기업을 상장시키고 관리해주는 방식을 채택하였다. 기존의 프리보드 시장보다 상장요건을 다소 강화했다고 하지만 현실적으로 아주 느슨한 상장요건 수준이기 때문에 코스닥시장과 비교하면 위험이 너무도 크다. 따라서 투자가 보호를 위해 일반인에게 완전히 개방하는 대신에 전문가 집단에게만 직접투자를 허용하고 일반인들은 간접투자방식으로 참여할 수 있는 과도기적 성격의 시장으로 운영하고 있다.

코넥스시장의 운영에 있어 특징적인 사항은 지정자문인 제도를 두고 있다는 점이다. 지정자문인은 기업에게는 코넥스시장 상장 및 상장유지를 지원하는 후견인 역할을 수행하고, 투자자에게는 코넥스시장의 완화된 규제를 보완하는 역할을 담당한다. 따라서 코넥스시장 상장법인은 상장기간동안 지정자문인과 선임계약을 체결하고 유지하는 것이 상장조건이 된다.

지정자문인은 코넥스시장의 핵심 요소로 높은 성장성과 우수한 기술력을 보유한 초기 중소·벤처기업을 발굴하여 상장을 지원하고, 공시 및 신고 대리, 자본시장법규 준수에 대한 자문·조언·지도, 기업현황보고서 작성 및 주식의 유동성공급업무 등을 담당함으로써 기업의 상장의무이행 활동을 뒷받침 하도록 하였다. 또한 상장예정법인의 상장적격성을 심사하고 지정자문인 계약 해지 등을 통해 부실기업을 사전에 퇴출하여 코넥스시장의 건전성을 유지하고 투자자를 보호하는 역할을 해야 한다.

그러나 코넥스시장에서는 일반투자자를 대상으로 하는 공모, 50인 미만의 자(전문투자자 및 이에 준하는 자는 산정에서 제외)를 대상으로 하는 사모 또는 주식을 신규발행하지 않고 상장하는 직상장 등 다양한 상장방법이 허용되어 있어 기업이 자금조달

규모 및 필요성을 고려하여 기업실정에 적합한 상장방법을 선택할 수 있는 완화된 상장제도를 운용하고 있다.

### (2) 중소기업 특화 시장 및 전문투자가 시장

코넥스시장은 '중소기업기본법'상 중소기업만 상장 가능한 시장으로서 특히 초기 중소기업에 특화된 시장이다. 기술력 있는 중소기업의 성장을 지원하기 위하여 공모, 사모, 직상장 등 진입방법을 다양화하고 진입요건과 공시의무도 완화 하였다.

이 시장은 초기 중소기업 중심의 시장으로서 어느 정도 위험감수능력을 갖춘 투자자로 시장참여자를 제한할 필요가 있어 코넥스시장의 투자가는 벤처캐피탈, 기관투자가, 일정금액(1억원) 이상을 예탁한 개인투자가로 제한하고 있다. 대신 일반투자가는 자산운용회사들이 출시하는 코넥스 상장주식 투자펀드에 간접투자형식으로 참여할 수 있도록 하였다.

### (3) 상장기업의 혜택 및 효과

공모를 통한 유상증자가 용이하도록 하였다. 상장법인은 정관이 정하는 바에 따라 이사회의 결의로써 주주의 신주인수권을 배제하고 불특정 다수인(당해 기업의 주주도 포함)을 상대로 하여 신주를 모집할 수 있다.

또한 비상장법인은 의결권 없는 주식을 발행주식 총수의 25%까지 발행할 수 있는데 반해, 상장법인이 외국에서 주식을 발행하거나 외국에서 발행한 해외전환사채, 해외신주인수권부사채, 기타 주식과 관련된 증권 또는 증서의 권리행사로 발행하는 의결권 없는 주식은 발행한도의 계산에 산입되지 않는다.

배당에 대한 혜택도 주어지고 있는데, 비상장법인은 주식배당을 배당가능이익액의 1/2를 초과하지 못하나, 상장법인은 배당가능 이익총액에 상당하는 금액까지 주식배당을 할 수 있다.

### (4) 코넥스시장 매매제도

#### ① 코넥스시장 매매개요

코넥스시장은 투자자의 거래편의 제고 및 매매 제도의 안정적 운영을 위하여 원칙적으로 主시장인 유가증권시장·코스닥시장과 동일하게 운영하고 있다. 코스닥과 동일하게 운영되는 부분은 매매시간, 휴장·정지, 매매방법, 공매도제한, 청산·결제 및 위탁증거금 등이다. 그리고 매매방식도 유가·코스닥시장과 동일한 경쟁매매(단일가/연속) 방식을 채택하고 있다.

다만, 코넥스시장이 전문투자자시장이고 거래가 활발하지 않으며 공모·사모·직상장 등 다양한 상장유형이 있다는 점 등 코넥스시장이 갖는 특성을 반영할 수 있는 매매제도를 채택하였다. 여기에는 경매매제도, 유동성공급자(LP) 의무화 등이 해당된다.

그리고 코넥스시장 상장기업의 성장성에 기초한 장기투자(Buy & Hold)에 적합한 시장으로서, 시장개설 초기 상장종목 수도 많지 않고, 차익거래 등도 발생하지 않으므로 매매제도를 단순하게 운용할 필요가 있다. 그래서 코스닥시장에 비해 호가종류도 단순화하였고 프로그램매매제도도 도입하지 않고 있다.

② 매매체결방법

코넥스시장은 2013. 7. 1일 개설당시 정규시장 매매방식으로 30분주기 단일가 경쟁매매방식을 채택하였으나, 2014. 6. 30일부터 정규시장 매매방식을 연속경쟁매매방식(접속매매방식)으로 변경하였다.

이는 유가증권·코스닥시장 정규시장 매매방식과 동일한 방식으로 호가정보 공개에 따른 투자정보 노출우려 및 대기시간에 따른 거래 불편 해소를 위해 시행하게 되었다. 다만, 시장을 개시할 때, 종료시, 매매거래정지 후 장중 재개, 시장임시정지 후 재개, 정리매매종목 등의 경우에는 단일가매매가 적용된다

③ 유동성 공급업자

코넥스시장의 경우 원활한 가격형성을 도모하기 위해 원칙적으로 지정자문인이 해당 종목에 대해 매도·매수호가를 제출하는 유동성공급자(Liquidity Provider, LP) 역할을 하도록 의무화하였다.

다만, 코넥스시장의 경우 중소기업 시장으로서 시장참여자가 제한되어 있다는 점을 고려하면 유동성부족과 큰 폭의 호가스프레드가 예상되어 유가·코스닥시장과 같은 LP의무 부과는 지정자문인에게 큰 부담으로 작용하게 된다.

또한 코넥스시장의 LP업무는 다양한 지정자문인 업무 중 하나이므로 코넥스시장 LP에 유가·코스닥시장과 같은 의무 부과시 지정자문수수료 상승으로 코넥스시장에 상장하는 중소기업에 큰 부담으로 작용할 가능성도 있다. 이러한 이유로 코넥스시장의 경우 LP의무를 유가·코스닥시장에 비해 대폭 완화하였다.

LP 호가제출방법은 14시 30분까지 거래가 체결되지 아니한 경우 LP는 10분 이내(14:40 까지)에 매수·매도 양방향으로 LP호가를 제출해야 한다. 다만, 14시 40분 이전

에 제출한 LP호가가 존재하는 경우는 예외로 한다. 이렇게 의무이행을 위해 제출한 LP 호가의 경우, 정정은 가능하나 취소할 수 없다.

LP의 최소호가수량은 코넥스시장 상장법인과 유동성공급계약을 체결한 LP가 거래소에 신고한 수량 이상이고 100주 이상으로서 호가수량에 호가가격을 곱한 금액이 1백만원 이상이어야 한다.

LP가 제출하는 매도/매수호가간 스프레드 비율은 6% 이내여야 하는데, 스프레드비율 계산방법은 "(LP매도호가－LP매수호가)/LP매수호가"이다. LP는 체결의무를 부담하는 것이 아니므로 LP매도/매수호가는 당일의 가격제한폭 이내에서 LP가 자율적으로 결정하되, 매도/매수호가간 스프레드 비율이 6% 이내가 되도록 하면 된다.

### (5) 현황과 향후 해결해야 할 문제점

코넥스시장이 반면교사로 삼은 실패한 시장은 프리보드(Free Board) 시장이었다. 이 시장이 처음에 개설될 때는 '제3시장'이라는 명칭으로 탄생했다. 코스닥시장을 개설하고 기대를 훨씬 뛰어 넘는 성공에 고무된 상태에서 초기 벤처기업들의 자금조달을 원활히 할 수 있는 금융인프라를 구축한다는 명분으로 기대에 부풀어 개설하게 되었다.

그러나 제3시장은 기대에 미치지 못했고 주식유통시장이 갖추어야 할 기본덕목인 유동성을 확보하지 못했다. 시장참가자들에게 외면당하고, 기업들이 해당시장에 지정되기를 원하지 않는 상태가 지속되면서 2005년에는 급기야 시장 명칭을 프리보드로 개명하는 조치까지 감했지만 문제점을 극복하지는 못했다.

코넥스시장은 이런 실패의 경험에서 탄생한 시장이다. 그래서 가장 중점을 둔 시장제도는 매매체결방식이다. 기존의 프리보드 시장이 상대매매 방식이었지만 코넥스시장은 경쟁매매방식을 채택했다. 그리고 프리보드 시장이 장외시장이었지만 코넥스시장은 장내시장이라는 근본적인 차이가 있다.

정책당국자들이 고민했던 부분은 이 시장에서 상장되어 거래되는 기업의 주식들이 초기단계의 벤처기업이 발행한 주식으로서, 고위험 주식이라는 것에 있다. 장내시장으로서 경쟁매매 방식을 통해 거래할 수는 있지만 일반인들에게 자유롭게 거래를 허용하기에는 투자가 보호문제가 너무도 심각하다.

그래서 주식유통시장이 갖춰야 할 가장 중요한 덕목인 유동성증대에 직접적으로 위배되는 제도를 도입하게 되는데, 바로 이 시장의 콘셉트를 투자 전문가 시장의 성격으로 규정하는 것이다. 즉, 일반주식투자가들은 일종의 증거금에 해당하는 예탁금을 (1억원)담보하고 직접투자를 할 수 있다.

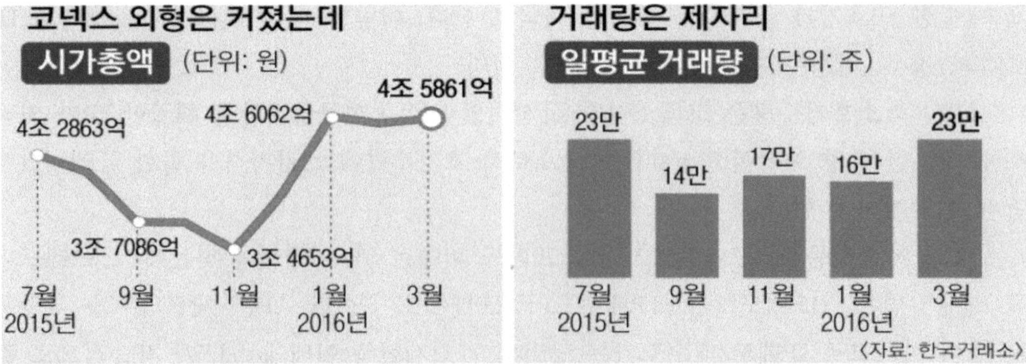


[그림 5-5] 코넥스시장의 유동성 문제

지금까지는 코넥스시장은 기관투자가들이 주로 주식매매를 하고 있는 유통시장의 특성을 갖고 있다. 그러나 코스닥시장이 초기에 활성화된 경험에서 알 수 있듯이 우리나라 투자가들의 경우 개인투자가들이 고위험을 감수하는 경향이 아주 크다. 그래서 이 문제를 향후 어떻게 해결하는 것이 이 시장의 문제점을 극복하는 데 관건이 될 것으로 예상된다.

이 시장도 프리보드시장처럼 유동성이 부족하고 기업들이 상장을 외면하고, 투자가들이 활발하게 거래를 하지 않은 시장으로 전락하면 결국에는 시장실패라는 문제로 귀결될 가능성을 배제할 수 없다. 개설당시에 설정했던 목표에 아직도 상장기업의 숫자나 거래량 등 유동성 지표들이 부족하다.

이런 유동성 문제를 해결해야 주식유통시장으로서 제 기능을 수행할 수 있을 것이다. 처음 출발했던 규제들을 하나씩 제거하고 있지만 여전히 유동성 문제가 해결되지 않고 있어서 시장 활성화를 위한 고민을 더욱 심각하게 해야 하는 상황으로 판단된다.

## 4. 장외시장

### (1) 조직화된 장외시장 K-OTC

#### ① K-OTC시장의 의의

K-OTC시장은 비상장주식의 매매거래를 위하여 한국금융투자협회가 「자본시장과 금융투자업에 관한 법률」에 따라 개설·운영하는 제도화·조직화된 장외시장으로서 K-OTC는 한국장외시장의 영문(Korea Over-The-Counter) 약칭이다. 한국금융투자협회는 이미 코스닥을 개설 운영하면서 이를 세계적으로 모범적인 시장으로 육성한 노하우를 가

지고 있어 K－OTC시장의 전망을 밝게 한다.

한국금융투자협회는 비상장 중소·벤처기업의 직접금융 활성화를 위해 2005년 7월부터 '프리보드' 시장을 운영하여 왔으나, 주식거래 대상기업이 소수의 중소기업 위주로 한정되어 시장의 역할이 크게 저하되었고, 2013년 7월에 중소기업 전용 주식유통시장인 '코넥스'시장이 개설되면서 그 역할이 모호해졌다.

이에 중소·벤처기업의 직접금융 활성화에 중점을 두던 시장운영방식을 개선하여 중소기업을 포함한 모든 비상장법인의 주식을 투명하고 원활하게 거래할 수 있는 실질적인 場을 제공하는데 중점을 두고 시장개편을 추진하게 되었다. 이를 통해 국내 주식거래 인프라를 완비함으로써 투자자의 주식거래 편의성을 제고하고 기업의 자기자본조달을 원활하게 할 수 있도록 지원하려는 목적에 의해 설립되었다.

### ② K-OTC시장의 특징

비상장 대기업, 중견기업 주식이 새롭게 시장에 편입되었다. 장외시장에서 활발하게 거래되고 있는, 비상장 대기업, 중견기업 등 공모실적이 있는 사업보고서 제출대상 비상장법인의 발행주식이 K－OTC시장에서 거래될 수 있게 되었다(비신청 지정제도 도입). 따라서 투자자에게 새로운 투자기회를 제공합니다. 즉 고위험·고수익을 추구하는 투자자가 성장가능성이 있는 중소 벤처기업의 뿐만 아니라 비상장 대기업 및 중견기업의 주식거래도 보다 편하게 할 수 있는 제도적인 장치가 마련되는 계기가 되었다.

비상장주식 투자의 편의성 및 결제의 안정성을 제공할 수 있게 되었다. 투자자는 K－OTC시장을 통하여 비상장주식을 편리하게 거래할 수 있으며, 호가정보와 시세정보가 투명하게 공개되고, 매매체결시 결제가 안전하게 이루어진다. 투자자의 자기책임 원칙이 강조되기도 하는데, 규제가 최소화된 장외시장이므로 투자자는 기업내용과 투자위험성 등을 충분히 검토하고 철저히 자기판단과 책임하에 투자하여야 한다.

### ③ K-OTC시장 소속부 및 신규등록 요건

K－OTC시장은 등록기업부와 지정기업부의 두 종류의 소속부를 두고 있는데, 등록기업부는 기업의 신청에 따라 협회가 매매거래대상으로 등록한 비상장주식을 발행한 기업이고, 지정기업부는 기업의 신청 없이 협회가 직접 매매거래대상으로 지정(비신청 지정제도)한 비상장주식을 발행한 기업이다.

지정기업은 K－OTC시장에서 공시를 하지 않으며, 협회는 금융감독원 전자공시시스템, 예탁결제원 증권정보포털 등에 공개된 지정기업 정보에 따라 시장조치 등을 취하게 된다.

〈표 5-4〉 K-OTC 등록 및 지정기업 요건

| 구분 | 등록법인 | 지정법인 |
|---|---|---|
| 개요 | 기업의 신청에 따라 협회가 그 발행주권을 K-OTC시장 등록기업부에 등록 | 기업의 신청 없이 협회가 직접 매매거래대상 주권을 지정(비신청지정제도) |
| 자기자본 | 최근 사업연도말 현재 자본전액잠식 상태가 아닐 것 | |
| 매출액 | 5억원 이상(최근 사업연도 기준) | |
| 감사의견 | 최근 사업연도의 재무제표에 대한 감사인의 감사의견이 적정일 것 | |
| 주식유통관련 | · 한국예탁결제원의 증권 등 취급규정에 따른 주권일 것<br>· 명의개서대행회사와 명의개서대행계약을 체결하고 있을 것<br>· 정관 등에 주식양도에 대한 제한이 없을 것 | |
| 기타 | - | · 최근 사업보고서 DART공시 (반기보고서 포함)<br>· 해당 주식 공모실적이 있거나 지정 동의서를 제출하였을 것 |

K－OTC시장에 신규등록을 신청하고자 하는 법인은 <표 5－4>와 같이 아래의 요건을 모두 갖추어야 하며, 발행주식 전부를 등록 신청하여야 한다. 다만, 보통주식을 제외한 주식(종류주식)의 경우에는 종목별로 등록신청을 하지 아니할 수도 있다.

신규등록 요건의 핵심내용은 ㉠ 자본전액잠식 상태가 아닐 것, ㉡ 매출액이 5억원 이상일 것, ㉢ 감사인의 감사의견이 적정일 것 등으로 구성되어 있다. 이 등록요건은 예전의 프리보드 시장 등록요건보다는 강화된 요건이다.

### (2) 비조직화된 장외시장

#### ① 점두시장(OTC : Over the Countermarket)

점두(店頭)시장은 증권회사(금융투자회사)의 객장에 마련된 직거래시장이다. 이곳에서는 상장주식과 비상장주식 모두 거래가능하다. 상장주식의 경우 대부분 단주거래가 이루어지는 것이 보통이다. 유가증권시장의 경우 高株價종목을 제외한 종목의 경우 최소거래단위(10주)가 있어 이 보다 적은 숫자의 주식거래는 점두거래를 통해 매매가 능하다.

비상장주식도 거래는 가능하지만 실제 거래가 성사되는 것은 별개의 문제이다. 즉 거래상대방을 탐색하는 것이 어렵고, 객관적인 거래가격자료가 없기 때문에 거래체결율은 매우 낮을 수밖에 없다.

② 직거래시장(No-broker-market)

사전적 의미로 해석을 하면 '브로커가 없는 시장'이란 뜻이다. 우리나라 주식유통시장의 경우 한국거래소 내에서 주식거래를 하는 경우, '장내거래'를 한다고 할 수 있다. 즉 유가증권시장, 코스닥시장, 그리고 코넥스시장에 상장된 상장주식을 장내에서 거래할 경우에는 반드시 브로커를 통해 거래를 하도록 되어 있다. 이런 거래형식을 위탁매매라고 한다. 이때 브로커는 증권회사(금융투자회사)가 브로커를 할 수 있도록 법으로 규정되어 있다.

주식유통시장에서 증권회사(금융투자회사)의 고유한 업무영역이 바로 이 브로커업무이다. 증권회사(금융투자회사)는 이 업무를 통해 위탁수수료를 투자가로부터 받게 되고, 이것이 증권회사와 금융투자회사의 중요한 수입원이 된다. 그러나 주식은 거래형식에 구애받지 않고 자유롭게 거래될 수 있는 금융상품이다. 그래서 매매당사자간에 합의만 되면 거래는 어디서든 성사될 수 있다. 따라서 브로커 없이 매매당사자들이 자유롭게 거래되는 일체의 공간을 굳이 직거래시장이라고 명명할 수도 있는 것이다.

# 제 3 절 상장제도

## 1. 상장의 개념과 효과

상장(上場: listing)이란 한국거래소가 정한 일정한 요건(상장요건)을 구비한 특정기업의 유가증권을 대상으로 거래소 시장에서 거래될 수 있는 자격을 부여하는 것을 말하며, 이런 자격을 얻은 증권을 상장증권이라고 하며, 상장증권을 발행한 회사를 상장회사라고 한다.

현재 한국거래소는 산하에 세 개의 유통시장을 개설하고 각 시장마다 차별되는 상장요건을 심사하여 기업들에게 주식거래를 허가하고 있다. 유가증권시장과 코스닥시장은 특정 주식회사에게 거래자격을 부여하기 위해 기업공개를 통한 주식소유분산 요건과, 기업의 질적 요건에 대해 상장심사를 하게 된다. 그러나 코넥스시장은 지분분산 요건은 없다.

상장을 시도하는 기업입장에서는 유가증권시장의 상장요건이 가장 충족하기 어려우며, 코스닥시장, 코넥스시장 순서로 상장요건의 난이도가 낮다. 상장요건이 엄격하다는 것은 투자가 입장에서는 상대적으로 안전하다는 것을 의미한다. 따라서 코넥스시장은 초기 벤처기업의 전용 주식유통시장으로서 상장요건이 상대적으로 쉬운 반면에 위험이 높다는 것을 의미한다.

증권의 상장은 투자의 안전성과 건전성을 확보하고 기업의 자금조달을 용이하게 하는 효과가 있다. 뿐만 아니라 유동성이 증대되고, 공정한 가격이 형성되기 때문에 증권의 상장은 상장회사나 투자자의 입장에서 많은 장점을 가지고 있다. 상장은 주권발행기업의 자유로운 의사에 따른 상장신청에 의해 이루어지며, 상장신청 법인이 발행한 주권 정부를 상장해야 한다.

상장회사의 측면에서 보면 상장효과는 첫째, 상장의 심사에는 그 회사의 수익성과 안전성 등이 고려되기 때문에 상장되는 회사는 일정수준 이상의 질적 요건이 충족된 기업이라는 것이 입증되는 효과를 얻게 된다. 둘째, 증권의 분산, 시장성의 증대로 유상증자에 의한 자본조달이 보다 쉬워진다. 셋째, 상장회사는 매스컴의 보도를 통해서 회사 자체, 또는 회사의 매출 내지는 서비스에 대해 큰 광고효과를 기대할 수 있다.

투자자의 측면에서 보면 첫째, 상장은 높은 시장성을 부여하여 환금을 용이하게 한다. 따라서 비상장기업에 비해 투자자본 회수가 용이하여 투자부담이 완화된다. 둘째, 상장증권은 높은 담보가치를 가진다. 셋째, 신속하고 공정한 거래형성을 통해 투자자를 보호할 수 있다. 넷째, 신뢰성 있는 투자정보를 입수할 수 있다.

## 2. 상장의 종류

### (1) 상장형태에 따른 분류

상장은 신청유무에 따라 상장신청에 의한 상장과 명령에 의한 상장이 있으나 전자가 일반적인 경우에 해당된다. 또한, 거래대상 유가증권의 종류에 따라서는 주권, 채권, 신주인수권, 수익증권 상장으로 구분되기도 한다.

일반적으로 주권의 상장은 그 형태에 따라 신규상장, 신주상장, 변경상장, 재상장으로 구분할 수 있다. 신규상장은 기업이 기업공개 후 처음으로 한국거래소에서 거래자격을 획득(상장)하는 경우로 공모상장이 일반적이다.

신주상장은 이미 상장된 기업이 유상 또는 무상증자, 주식배당, 예탁증서 발행 등의 경우에 새로이 주권을 발행하게 되면 신주 또한 거래소에서 추가적으로 거래자격을 얻게 되는 경우이다. 따라서 신주상장은 상장기업 자격을 얻은 기업이 추가로 신주를 발행할 때 마다 반복해서 일어나는 상장개념이라고 할 수 있다.

변경상장은 이미 상장된 주권의 종목(상호), 종류(우선주, 보통주), 액면금액, 수량(자본감소, 병합 등으로 주식수 감소) 등을 변경한 후 새로이 발행한 주권을 상장하는 것을 말한다.

재상장은 주권이 상장 폐지된 법인이 상장폐지 후 5년이 경과되지 않은 기업이 자구노력을 기울여 회사가 정상적으로 갱생하였을 경우에 이 회사에 대하여 신규상장요건보다는 완화된 요건을 적용하여 보다 용이하게 다시 상장하는 것을 말한다. 기업이 분할 또는 분할합병으로 신설된 법인이 발행한 주권을 상장하는 경우도 재상장에 해당된다.

### (2) 공모방법에 따른 구분

상장은 공모방법에 따라 공모상장, 직상장, 국내외 동시공모상장으로 나눌 수 있다. 공모상장은 일정비율(10%) 이상의 주식수를 공모하여 상장하는 것이고, 직상장(유통상장)은 이미 기업이 주식분산요건을 충족하여 공모를 하지 않고 상장하는 것을 말한다. 코스닥시장 상장법인이 신규모집·매출 등의 기업공개절차를 거치지 않고 심사를 거쳐 곧바로 유가증권시장으로 이전하려는 경우가 이에 해당한다.

즉, 현재 코스닥시장에서 거래자격을 얻기 위한(등록) 요건에도 상장요건과 동일한 주식소유분산 조건이 있다. 따라서 코스닥시장 상장기업이 거래소시장이 요구하는 질적인 요건만 충족하면 지분분산조건은 이미 충족되어 있으므로 주식거래시장을 코스닥시장에서 유가증권시장으로 이동할 수 있는데, 이 경우를 직상장이라 한다.

또한 모집설립에 의해 창업한 기업도 설립과 동시에 주식분산이 이루어지므로 상장을 목표로 하고 있는 해당 시장이 요구하는 기업의 질적 요건만 충족하면 상장심사를 받고 상장기업 자격을 획득할 수 있다.

## 3. 상장의 절차와 요건

주권상장의 절차는 상장을 위한 선행단계, 준비단계, 상장단계로 나눌 수 있으며, 유가증권시장이나 코스닥시장 모두 이러한 절차는 유사하다. 상장을 원하는 회사가 한국거래소에 상장을 신청하면, 거래소는 소정의 심사기준에 따라 심사 후 적정하다고 인정되는 경우에 상장승인을 하게 된다.

〈표 5-5〉 유가증권시장과 코스닥시장의 신규상장 요건

<table>
<tr><th>유통<br>시장<br>종류</th><th colspan="2">유가증권시장</th><th colspan="2">코스닥시장</th></tr>
<tr><td>외형<br>조건</td><td colspan="2">자기자본 300억원 이상<br>상장주식수 100만주 이상</td><td colspan="2">일반기업 설립경과연수 3년<br>자기자본: 일반기업 30억, VB15억<br>시가총액: 90억 이상</td></tr>
<tr><td rowspan="2">경영<br>성과<br>요건</td><td rowspan="2">택1</td><td>최근 매출액 1,000억원 이상 및 3년 평균 700억원 이상 & 최근 사업연도에 영업이익, 법인세차감전 계속사업이익 및 당기순이익 각각 실현 &<br>다음중 하나를 충족하면 됨<br>① ROE:최근 5% & 3년 합계 10% 이상<br>② 이익액: 최근 30억원 & 3년 합계 60억원 이상<br>③ 자기자본 1천억원 이상법인: 최근 ROE 3% 또는 이익액 50억원 이상이고 영업현금흐름이 양(+)일 것</td><td colspan="2">계속사업 이익실현</td></tr>
<tr><td>최근 매출액 2,000억원 이상 & 기준시가총액 4,000억원 이상<br>*기준시가총액=공모가격×상장예정수식수<br>(시장이전기업 또는 2차 상장 외국기업의 경우 증권시장 시세</td><td>다음 요건 중 택일<br>(일반기업)<br>1) ROE 10%<br>2) 당기순이익 20억<br>3) 매출액 100억원 & 시가총액 300억<br>4) 매출액증가율 20% (&매출액 50억)</td><td>다음 요건 중 택일<br>(VB)<br>1) ROE 5%<br>2) 당기순이익 10억<br>3) 매출액 50억원 & 시가총액 300억<br>4) 매출액증가율 20% (&매출액 50억)</td></tr>
<tr><td>지분<br>분산<br>요건</td><td colspan="2">① 일반주주소유비율 25% 이상 또는 500만주 이상<br>② 공모주식수 25% 이상 또는 500만주 이상(다만, 상장예정주식수 5천만주 이상 기업은 상장예정주식수의 10% 해당 수량)<br>③ 자기자본 500억 이상 법인은 10% 이상 공모하고 자기자본에 따라 일정규모 이상 주식 발행</td><td colspan="2">1) 소액주주 500명 이상, 지분 25% 이상 & 청구후 모집 5%(25% 미만시 10%)<br>2) 자기자본 500억 이상, 소액주주 500명 이상, 청구후 모집지분 10% 이상 & 규모별 일정주식수 이상<br>3) 공모 25% 이상 & 소액주주 500명</td></tr>
<tr><td>비고</td><td colspan="2">장내시장</td><td colspan="2">장내시장</td></tr>
</table>

상장요건은 당해 주식이 공정한 가격의 형성, 원활한 유통 및 투자자 보호에 공헌할 수 있는가에 중점을 두고 있다. 상장요건은 크게 나누어 기업규모(자기자본, 매출액), 주식분산요건, 재무요건(영업이익, 경상이익, 당기순이익), 안전성, 건전성 기타 요건 등을 충족할 것을 요구한다. 유가증권시장과 코스닥시장의 주권 상장요건을 보면 <표 5-5>와 같다.

<표 5-5>에서 보면 코스닥시장의 경우 일반기업과 벤처기업간에는 상장요건의 차이가 존재함을 알 수 있다. 즉 벤처기업의 경우 일반기업에 비해 신규상장 과정에서 적용되는 상장심사요건이 훨씬 완화되어 있음을 알 수 있다. 즉 벤처기업은 코스닥시장에 신규상장을 할 때 일반기업보다 훨씬 수월하게 시장진입이 가능하다는 것을 의미한다. 이것은 벤처기업이 누리는 대단한 혜택이라고 할 수 있다.

그러면 우리나라에서 벤처기업이 되기 위해서는 어떤 조건을 갖추어야 할까? <표 5-6>은 우리나라에서 벤처기업으로 지정될 수 있는 조건을 나타내고 있다. 공통기준으로 적용되는 조건은 기업규모에 대한 기준으로 중소기업에 한정된다. 즉, 중소기업이면서 세 가지 조건 중 하나 이상을 구비하는 경우 벤처기업으로 지정될 수 있다.

〈표 5-6〉 벤처기업 요건

| 구분 | 기준 | 확인기관 |
|---|---|---|
| 공통기준 | 중소기업기본법에 의한 중소기업 | |
| 벤처투자기업 | 01 벤처투자기관으로부터 투자받은 금액이 자본금의 10% 이상일 것<br>02 투자금액이 5천만원 이상일 것<br>03 상기 1,2의 투자내역을 벤처확인요청일의 직전 연속하여 6개월 이상 유지할 것 | 한국벤처캐피탈협회 |
| 연구개발기업 | 01 기술개발촉진법 제7조 규정에 의한 기업부설연구소를 보유할 것<br>02 연간연구개발비가 5,000만원(창업 1년미만 기업의 경우 2,500만원) 이상일 것<br>03 연간 총매출액에 대한 연구개발비의 합계가 5%이상으로서 중기청장 고시 업종별 비율 이상일 것(창업후 3년이 경과하지 않은 기업은 적용하지 않음)<br>04 연구개발기업 사업성평가기관으로부터 사업성이 우수한 것으로 평가받을 것 | 기술보증기금<br>중소기업진흥공단 |
| 기술평가보증·대출기업 | 01 기보의 보증 또는 중진공의 대출을 순수신용으로 받을 것<br>02 기보 또는 중진공으로부터 기술성이 우수한 것으로 평가받을 것<br>03 보증 또는 대출금액이 8천만원 이상이고, 당해기업의 총자산에 대한 보증 또는 대출금액 비율이 10% 이상일 것 | 기술보증기금<br>중소기업진흥공단 |

〈표 5-7〉 코넥스시장과 K-OTC 상장 및 지정요건

| 시장종류 | 코넥스시장 상장요건 | K-OTC 시장 지정요건 |
| --- | --- | --- |
| 재무요건 | ① 매출액 10억원 이상<br>② 자기자본 5억원 이상<br>③ 순이익 3억원 이상 중 택일 | 매출액 5억원이상일 것<br>자본전액잠식 상태가 아닐것<br>(폐지) |
| 감사의견 | 최근 사업연도 감사의견이 적정일 것 | 최근 사업연도 감사의견이 적정일 것 |
| 지분분산요건 | 없음 | 없음 |
| 시장구분 | 장내시장 | 장외시장 |
| 투자가참여 | 전문가 참여(VC, Angel, 예탁금 1억 이상 예치자)<br>일반인은 간접투자 허용 | 제한 없음 |
| 매매방법 | 경쟁매매 | 상대매매 |

<표 5-7>은 코넥스시장과 K-OTC시장의 상장 및 지정요건을 정리한 것이다. 그러나 이런 상장요건은 코넥스시장이 출범한 이후 시장활성화를 위해 점차 완화되어 현재는 재무요건은 대부분 철회되고 없는 상태까지 시장상장이 수월하게 되었다. 그래서 현재 코넥스시장에 상장하기 위해 기업들이 구비해야 할 기업의 외형적 조건은 유일하게 감사의견만 충족하면 된다고 할 수 있다.

## 4. 상장폐지

상장유가증권은 매매거래대상으로서의 일정한 적격성을 유지하여야 한다. 이러한 적격성이 유지되지 않을 경우 투자자들에게 손실을 입히게 되고 주식시장의 신뢰를 그르치게 된다. 상장폐지는 일단 상장된 유가증권에 대하여 유가증권시장에서 매매거래 대상이 될 수 있는 자격을 박탈하는 조치를 의미한다.

상장폐지를 유형별로 살펴보면, 당해법인의 신청에 의하는 신청폐지와, 한국거래소가 상장폐지기준에 의하여 실시하는 직권폐지로 구분한다. 신청폐지의 경우 거래소가 거부할 수 있다. 상장폐지기준에 해당하는 주식은 관리종목으로 먼저 지정한 후 일정기간의 유예기간을 거쳐 상장심사위원회의 심사를 받게 된다. 그리고 만약 상장폐지 결정이 내려지면 당해 주권의 정리매매를 종료한 후 최종적으로 상장폐지 된다.

〈표 5-8〉 유가증권시장과 코스닥시장의 주요 상장폐지기준

| 사유구분 | 유가증권시장 | 코스닥시장 |
|---|---|---|
| 사업보고서 등 미제출 | 제출기한부터 10일 이내 미제출시 | 제출기한부터 10일 이내 미제출시 |
| 반기 · 분기보고서 미제출 | 차기보고서 미제출 | 2년간 3회 분기, 반기, 사업보고서 미제출 |
| 감사의견 부적정 · 거절 | 해당시 | 해당시 |
| 영업활동정지 | 주권영업정지 | 주권영업정지 |
| 부도 · 은행거래정지 | 해당시 | 해당시 |
| 자본잠식 | 자본전액잠식 또는 50% 이상 2년 계속 | 자본전액잠식 또는 50% 이상 2년 계속 |
| 주식분산기준 미달 | 2년 연속 소액주주수 200명 미만 또는 10% 미만 | 2년 연속 소액주주수 200명 미만 또는 20% 미만 |
| 회생절차 개시신청 | - 법원의 회생절차개시신청 기각, 개시결정 취소, 회생계획 불인가 및 회생절차폐지 결정<br>- 거래소의 정기적 심사결과 상장적격성 불인정 | - 법원의 회생절차개시신청 기각, 개시결정 취소, 회생계획 불인가 및 회생절차폐지 결정<br>- 거래소의 정기적 심사결과 상장적격성 불인정 |
| 사외이사 미선임 등 지배구조 미구축 | 2년 연속 | 2년 연속 |
| 월평균거래량 1% 미만 | 2반기 연속 | 2분기 연속 |
| 공시의무 위반 | 고의 · 중과실에 의한 위반 | 고의 · 중과실에 의한 위반 |
| 매출액 | 2년 연속 사업연도 50억원 미만 | 2년 연속 사업연도 30억원 미만 |
| 주가 | 90일 중 액면가 20% 이상 10일 계속 및 누적 30일 요건 미충족 | - |
| 시가총액 | 90일 중 50억 이상 10일 계속 및 누적 30일 요건 미충족 | 90일 중 40억 이상 10일 계속 및 누적 30일 요건 미충족 |

자료 : 한국거래소

일반적으로 상장주식이 형식적인 요건에 미달하였을 경우에는 2년, 실질적인 요건을 갖추지 못하였을 경우에는 3년, 회사정리절차가 개시되었을 경우에는 회사정리절차 폐지시점까지 관리종목에 두면서 주식의 상장폐지를 유예해 주고 있다. 유가증권시장과 코스닥시장의 주요 상장폐지 기준을 보면 <표 5-9>와 같다.

코넥스시장의 상장폐지요건은 유가증권시장 및 코스닥시장의 상장폐지 요건과 유사하지만 초기 중소·벤처기업의 작은 규모, 취약한 재무상태 및 높은 경영성과 변동성 등을 고려하여 재무상태 및 경영성과와 관련한 상장폐지 요건은 적용하지 않는다.

〈표 5-9〉 코넥스시장 상장폐지사유

| 구 분 | 내 용 |
| --- | --- |
| 특례상장기업의 지정자문인 미선임 | 특례상장 후 2사업연도 경과까지 지정자문인 계약을 미체결 (상장공시위원회의 심의를 거쳐 1년 연장 가능)<br>* 스타트업기업부 소속 기업만 해당 |
| 감사의견 | 부적정, 의견거절, 범위제한 한정 |
| 공시서류 미제출 | 사업보고서 미제출<br>정기주총 재무제표 미승인 또는 미개최 |
| 즉시상장폐지 | 부도/은행 거래정지<br>해산사유(피흡수합병, 파산선고 등)<br>지정자문인 선임계약 해지후 30영업일내 미체결<br>주식의 양도제한 |
| 기업설명회 미개최 | 2반기 연속, 3년내 4회이상 미개최 |
| 상장적격성 실질심사 | 불성실공시(누계 15점이상)<br>회생절차개시신청<br>상장관련서류의 허위기재 또는 누락<br>횡령·배임, 회계부정, 주된 영업정지 등 |

대신 지정자문인 보유 여부를 퇴출요건으로 하여 지정자문인이 해당 기업의 상장 유지가 곤란하다고 판단하는 경우 지정자문인 선임계약 해지를 통해 부실기업 등이 신속히 퇴출되도록 유도하고 있다.

## 제 4 절 공시제도와 시장규제

공시제도는 상장기업이 투자가를 포함한 다양한 이해관계자들에게 기업의 내용, 즉, 경영실적, 재무상태, 주가에 영향을 미칠 수 있는 주요한 정보를 제공하여 투자가가 기업의 실체를 정확하게 파악하고 의사결정을 할 수 있도록 함으로써 투자가를 보호하고 주식시장을 통한 자원배분의 효율성을 높이고자 하는 제도이다. 이를 위해서 공시되는 자료가 정확하고 최신의 자료가 제공되어야 하며 이해관계자들이 정보를 이용하는데 용이해야 한다.

주가는 기업의 재무상태, 경영성과, 성장가능성 등 다양한 기업내용에 따라 가치가 결정되므로 정확한 기업공시가 이루어져야 한다. 상장기업은 기업정보가 발생하면 즉시 공시하여야 하며, 기업정보가 허위적이거나 불확실한 경우 투자가의 투자판단에 혼란을 줄 우려가 있으므로 공시정보는 정확해야 하며 중요한 사실이 누락해서도 안된다.

현재 우리나라는 전자공시제도가 정착되어 투자가은 금융감독원이 운영하는 전자공시 시스템과 한국거래소가 운영하는 전자공시시스템을 통하여 상장법인의 공시내용을 파악할 수 있다.

## 1. 공시의 유형

공시는 크게 기업과 투자자가 연결되는 발행시장과 투자가 상호간에 연결되는 유통시장의 공시로 나눌 수 있다. [그림 5-6] 발행시장에서의 공시는 유가증권 발행인이 유가증권과 유가증권 발행인에 관한 정보를 투자가에게 전달하도록 하는 것으로 증권신고서. 투자설명서, 발행실적보고서 등이 이에 해당한다.

유통시장의 공시에는 투자가의 유가증권의 취득, 처분에 필요한 정보를 제공하기 위한 제도로 사업보고서와 반기보고서 등 정기적, 계속적으로 이루어지는 정기공시와 기업내용의 변동사항에 대한 수시공시로 이루어진다.

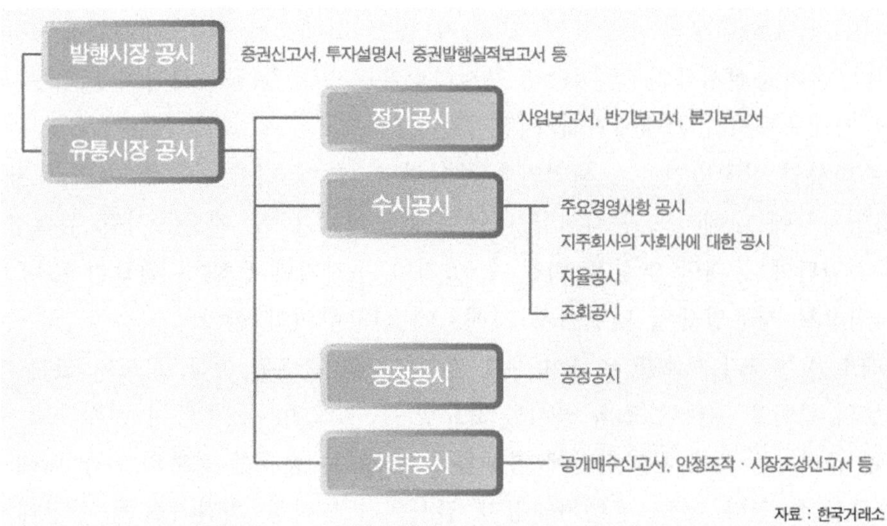


[그림 5-6] 공시분류

### (1) 유통시장 공시

정기공시는 투자가에게 기업내용과 함께 일정기간의 영업성과 및 재무상태를 정기적으로 공시하는 것으로 사업보고서 반기보고서, 분기보고서, 연결재무제표 등이 있다. 사업보고서는 직전 사업연도말 회사개황, 경영실적과 재무사항 및 외부감사인의 감사의견 등을 공시하며 사업연도 경과 후 90일내에 제출해야 한다. 반기보고서는 사업연도 개시일부터 6월간의 영업실적을, 분기보고서는 사업연도 개시일부터 3월간 및 9월간 영업실적 등을 공시하는 것으로 그 기간 경과 후 45일 내에 제출해야 한다.

수시공시는 상장법인 등의 재산 및 경영상태 등 투자판단에 중요한 기업내용을 신속하고 정확하게 공시하도록 하여 투자가가 당해 법인에 대한 정보를 충분히 숙지하여 투자결정을 할 수 있도록 돕는 제도이다. 기존에는 금융감독원과 한국거래소로 구분하여 운영되었으나 자본시장통합법의 시행으로 거래소로 일원화되어 상장기업의 공시부담이 줄어들었다.

유형별로는 주요 경영사항(영업 및 생산활동, 재무구고변경, 기업경영활동)의 공시, 지주회사의 자회사에 대한 공시, 자율공시, 조회공시가 있으며 발생사실 확인 및 증빙서류 준비 등을 감안하여 공시사유 발생일에 공시하여하는 당일공시와 익일의 매매거래시간 종료시까지 공시하여야 하는 익일공시로 나누어진다.

공시사항 중 주가 또는 거래량에 중대한 영향을 미칠 수 있는 부도, 합병 및 분할, 회생절차신청, 10%이상의 무상증자 및 감자 등에 대해서는 장중 매매거래정지조치를 하게 된다. 유가증권시장의 경우 당해 공시시점부터 30분간(공시시점이 14시 이후인 경우 당일 거래종료시까지)매매거래가 정지된다.

지주회사인 상장법인은 당해법인의 주요경영사항에 대한 공시뿐 아니라 자회사의 주요 경영사항에 대해서도 공시시한 내에 신고하여야 한다. 자율공시란 주요경영사항 외에 투자판단에 중대한 영향을 미칠 수 있거나 투자가에게 알릴 필요가 있다고 판단되는 사항으로 사유발생일 익일까지 거래소에 신고하여야 한다.

거래소는 투자가 보호를 위하여 주요 경영사항과 관련된 풍문, 보도가 있는 경우 그 사실여부의 확인을 위하여 조회 공시를 요구할 수 있으며, 풍문 등이 없더라도 주가 및 거래량이 급변하는 경우 투자판단에 영향을 줄 수 있는 중요한 정보의 유뭉 대해 조회공시를 요구할 수 있다. 부도, 은행거래정지, 감사의견 부적정, 의견거절 등 상장폐지와 관련 중대사항인 경우 조회공시 요구시 당해 상장법인에 대해 매매거래를 정지시킨다.

공정공시는 상장기업이 증권시장을 통해 공시되지 아니한 중요정보를 기관투자가가 등 특정인에게 선별적으로 제공하는 경우 모든 시장참가자가 해당 정보를 알 수 있도록 그 특정인에게 제공하기 전에 증권시장을 통해 공시하도록 하는 제도이다. 공정공시의 대상정보는 장래 계획 및 경영계획, 매출액 등 영업실적에 대한 전망, 잠정 영업실적, 중요 경영사항 등이 있다.

### (2) 불성실공시 제도

불성실공시란 상장법인이 유가증권시장 공시규정에 의한 신고의무를 성실히 이행하지 아니하거나 이미 신고한 내용을 번복 또는 변경하여 공시 불이행, 공시번복 또는 공시변경의 유형에 해당된 경우 당해 상장법인을 불성실공시법인으로 지정하는 제도이다.

공시불이행은 주요경영사항, 조회공시 및 이에 대한 재공시 등을 신고시한까지 공시하지 아니하거나 허위로 공시한 경우, 신청에 의한 공시유보 후 유보기간이 경과하거나 유보조건이 해제된 다음 날까지 공시하지 아니한 경우이다.

공시번복은 이미 공시한 내용의 전면취소, 부인, 또는 이에 준하는 내용을 공시하는 경우, 풍문 등의 내용을 부인공시한 후 1개월 이내에 기 공시내용과 상반되는 내용을 공시하는 경우, 주가 및 거래량 급변과 관련하여 조회공시에 응하여 공시한 경우 15일 이내에 답변공시 이외의 사항을 공시하는 경우이다. 공시변경은 기공시내용에서 50% 이상의 금액변경, 20% 이상의 비율변경 등이 있는 경우를 말한다.

한국거래소는 불성실공시법인으로 지정된 경우 당해 상장법인을 대상으로 불성실공시법인 지정사실과 경위 등을 지정일로부터 5일 연속하여 증권시장지에 게재하며, 부과벌점에 따라 정해진 기간 동안 증권시장지 또는 증권정보단말기 등의 시세표에 불성실공시법인 표시를 한다. 또한 부과벌점이 5점 이상인 경우 1일간 매매거래 정지가 된다.

유가증권시장의 경우 과거 1년간 불성실공시법인 지정 등으로 인한 누계 벌점이 15점 이상이 되는 경우 관리종목으로 지정하며, 기업경영에 중대한 영향을 미칠 수 있는 사항 등에 대하여 고의, 중과실로 공시의무를 위반한 경우 상장폐지 등의 조치를 취할 수 있다.

## 2. 시장감시제도

### (1) 불공정거래

불공정거래는 자본시장통합법에서 요구하는 각종 의무를 이행하지 않고 유가증권의 매매 또는 파생상품 거래를 하거나 거래 상대방을 속여 부당한 이득을 취하는 일체의 증권 또는 파생상품 거래행위를 말한다. 대표적인 불공정거래로는 시세조종, 미공개정보이용(내부자거래), 소유주식 및 대량보유보고의무 위반, 단기매매차익취득, 신고. 공시의무 위반 등이 있다.

증권시장에서의 인위적 개입을 제한하기 위한 제도로 누구든지 거래가 성황을 이루고 있는 듯이 오인케 하거나 기타 그릇된 판단을 유발케 하는 행위를 금지하는 것을 말한다. 또한 부당한 이득을 취하기 위해 고의로 허위의 사실 등을 유포하거나 불완전한 문서를 이용하는 등의 행위도 금지한다. 시세조종의 유형으로는 통정매매, 가장매매, 공모조작행위, 허위표시에 의한 시세조작행위 등이 있으며 위반시 형사처벌과 민사배상의 책임이 있다.

회사의 임직원 또는 주요주주 등 내부자 및 준내부자, 정보수령자가 상장법인 또는 협회등록법인의 신고사항 중 중요한 미공개정보를 이용하여 당해기업의 유가증권을 매매하는 것을 내부자 거래라고 하고 이를 엄격히 제한한다.

또한 상장법인 또는 협회등록법인의 임직원 또는 주요주주가 주식 등을 소유하지 않고서 이를 매도할 수 없도록 공매도금지 조항을 두고 있다. 그리고 내부자가 내부정보를 이용 6개월 이내 단기매매로 이득을 얻은 경우 그 이익금을 당해법인에 반환토록 청구할 수 있도록 하는 단기내부자거래 제한규정을 두고 있다.

불공정거래의 규제는 증권 또는 파생상품의 공정한 가격형성과 유통질서의 확립을 이룩함으로써 자본시장의 투명성 및 신뢰성을 제고하고 투자가를 보호하기 위해서다. 불공정거래의 규제를 법적규제와 자율규제로 나눌 수 있는데, 법률규제기관으로는 기획제정부, 금융위원회, 증권선물위원회, 금융감독원이 있다.

그러나 법적규제는 실정법에 명시된 사항만 규제가능하고 그렇지 않은 경우 법적절차를 구비하여야 하므로 신속한 대처가 곤란하다. 따라서 법적규제와 함께 자율규제가 병행이 되는데 자율규제기관으로 한국거래소, 한국금융투자협회가 있다. <표 5-10>은 각종 불공정거래행위 유형과 규제목적을 정리한 것이다.

특히 한국거래소는 거래소 내에 자율규제기구인 시장감시위원회를 두고 이상매매심리 및 회원감리를 수행하고 있다. 이상매매심리 내지 심리란 유가증권의 가격 또는 거래량에 현저한 변동이 있는 거래 또는 유가증권의 가격에 영향을 미칠 수 있는 공시·풍문, 보도 등이 있는 거래 등의 혐의가 있는 경우 이를 조사하는 것을 말한다.

〈표 5-10〉 불공정거래의 유형과 규제목적

| 주요 유형 | 규제 목적 |
|---|---|
| 미공개정보이용행위 | 시장참여자가 균등한 조건하에 공정하게 거래에 참여할 수 있도록 정보접근이 용이한 내부자의 정보이용 방지 |
| 시세조종행위 | 공정거래질서(자유로운 수급결정과 합리적 가격결정)확립과 투자자의 재산보호 |
| 단기매매차익취득 | 미공개정보 이용가능성이 많은 회사내부자의 회사정보이용 사전예방 |
| 소유주식 및 대량보유보고의무위반 | 미공개정보이용 등 불공정거래를 사전에 예방하고 M&A 과정에서의 공정성 확보 |
| 신고 · 공시의무위반 | 기업내용이 증권가격에 적절히 반영되도록 함은 물론 내부자의 독점적 정보이용 방지 |
| 기타 불법영업행위 | 공정거래질서 확립 및 투자자 보호 |

회원감리 내지 감리는 거래소의 업무관련 규정의 준수 여부를 확인하기 위해 필요하다고 인정되는 경우 회원(증권회사, 선물회사)에 대해 당해 매매거래와 관련된 업무, 재산상황, 장부, 서류 또는 그 밖의 물건을 조사하는 것을 말한다.

### (2) 심리 및 감리

심리는 시장감시, 이상매매심리, 조치여부결정의 순서로 이루어진다. 시장감시는 상장주식 및 선물·옵션의 거래와 관련된 매매 및 호가상황이나 이와 관련된 제보. 공시·풍문 및 보도를 감시·조사·분석하여 이상거래를 적출하고 적출된 종목에 대해여 거래소가 정한 기준에 의하여 일정기간 주시를 하여 이상거래의 징후가 발견될 경우 심리관련부서에 심리를 의뢰하게 된다.

이상거래적출은 가격 또는 거래량이 과거 가격 및 거래량을 기초로 한 통계모델에 의하여 만들어진 매매적출 기준에서 정하는 일정 기준을 벗어나 상승 또는 하락할 경우에 이루어진다.

시장감시 결과 불공정거래의 개연성이 높아 심리대상으로 선정된 종목에 대해서는 정미조사에 들어가게 된다. 매매심리의 대상은 이상거래기간 동안이나 중요 기업내용 공시 전후의 특정회원, 지점, 특정계좌 및 기관투자가 등의 거래상 특이점이 인정되는 종목이다. 그리고 심리의 내용은 소유주식 현황검색, 내부자 데이터베이스검색, 계좌별 매매정보분석 등이 된다.

회원감리는 실시방법에 따라 정기감리와 수시감리로 구분된다. 정기감리는 매매거래 또는 호가상황 등을 주기적으로 분석하여 공정거래질서를 저해하는 행위가 많은 회원 증권회사를 감리하는 것이다. 수시감리는 시장감시 결과 회원의 거래소 업무관련규정 준수여부를 확인할 필요가 있다고 인정되는 경우 실시하는 감리를 의미한다.

또한 회원감리는 감리방법에 따라 실지감리와 서면감리로 구분한다. 실지감리는 감리요원이 회원의 본점, 지점 또는 영업소 등에 실제로 임하여 필요한 사항을 직접 조사하는 방법으로 실시하고, 서면감리는 회원으로부터 징구한 자료나 관계자로부터 청취한 증언의 내용을 조사하는 방법으로 실시한다. 감리의 절차는 감리대상회원의 선정, 사전분석, 회원감리, 감리결과 보고 및 조치의 순서로 진행된다. <표 5-11>은 심리와 감리의 목적과 규제대상행위, 그리고 규제수단 등을 비교 정리한 것이다.

〈표 5-11〉 심리 및 감리의 비교

| 구분 | 심리 | 감리 |
|---|---|---|
| 목적 | 이상매매 적출 및 불공정거래행위 혐의여부 조사 | 회원으로서 의무이행 및 업무관련규정 준수상황 조사 |
| 규제 대상행위 | 자본시장통합법상 불공정거래 행위 | 거래소 업무관련규정 위반행위 |
| 위반자 | 불특정다수 | 회원(증권회사 · 선물회사) |
| 규제수단 | 회원에 대한 자료제출 요구권, 출석 및 진술 요구권 | 회원의 업무, 재산상황 등 감리, 자료제출, 출석 및 진술 요구권 |

자료 : 한국거래소 시장감시규정

### (3) 시장경보

#### ① 투자주의 종목

시장감시위원회는 투기적이거나 불공정거래의 개연성이 있는 종목을 투자주의 종목으로 공표하여 일반 투자자들의 뇌동매매 방지 및 잠재적 불공정거래 행위자에 대한 경각심을 고취시키고 있다. 투자주의 종목은 다음 각 항에 해당하는 종목들이다.

- 소수지점 거래집중 종목
- 소수계좌 거래집중 종목
- 종가급변종목
- 상한가잔량 상위종목
- 단일계좌 거래량 상위종목
- 투자경고종목 지정예고 종목
- 투자경고종목 지정해제 종목

② 투자경고

투자경고 종목이란 특정종목의 주가가 비정상적으로 급등한 경우 투자자에게 주의를 환기시키고 불공정거래를 사전에 방지하기 위하여 투자경고종목(과거 감리종목 또는 이상급등종목)으로 지정한다. 이는 가수요를 억제하고 주가급등을 진정시키는 등 시장안정화를 위한 조치이다.

투자경고 종목으로 지정되면 해당종목을 매수할 경우 위탁증거금을 100% 납부하여야 하며, 신용융자로 해당종목을 매수할 수 없으며, 해당종목은 대용증권으로 인정되지 않으며(단, 코넥스주권은 제외), 마지막으로 주가가 추가적으로 급등할 경우 매매거래정지 및 투자위험종목으로 지정될 수 있다.

③ 투자위험 종목

투자위험 종목이란 투자경고종목 지정에도 불고하고 투기적인 가수요 및 뇌동매매가 진정되지 않고 주가가 지속적으로 상승할 경우 투자위험 종목으로 지정한다. 이는 한 차원 높은 시장경보로서 투자자들은 해당종목 투자를 결정할 때 보다 깊은 주의가 필요하다.

투자위험종목으로 지정되면 해당종목을 매수할 경우 위탁증거금을 100% 납부하여야 하며, 신용융자로 해당종목을 매수할 수 없으며, 해당종목은 대용증권으로 인정되지 않으며, 그리고 지정과 동시에 매매거래가 1일간 정지되며, 주가가 추가적으로 급등할 경우 1일간 매매거래가 정지될 수 있다.

## 제 5 절 매매거래제도

주식시장은 다수의 시장참여자가 매매거래에 참여하는 시장이므로 제반제도의 표준화가 필요하다. 이에 따라 자본시장통합법은 수탁 및 매매제도 등 매매거래에 관련되는 사항을 거래소의 업무규정으로 정하도록 규정하고 있다.

수탁제도는 계좌개설, 수탁방법, 위탁증거금, 위탁수수료 등 위탁자가 증권회사에 매매거래를 위탁하는 방법과 절차에 관한 제도이다. 매매제도는 매매거래시간, 매매거래일, 매매계약체결방법 등 거래소 시장에서의 구체적인 방법과 절차에 관한 제도이다. 이외 제도로서 시장관리제도가 있는데, 이는 시세공표, 배당락, 권리락 조치등 유가증권의 공정한 가격형성과 안정을 위한 시장운영에 관한 제도이다.

## 1. 매매거래의 절차

한국거래소는 토요일, 일요일, 공휴일을 제외한 평일에는 오전 9시부터 오후 3시까지 하루에 6시간 동안 거래가 이루어진다. 그리고 장종료 10분 후부터 30분간 시간외 종가거래가 이루어지고 있다.

한국거래소 시장에서 매매거래를 할 수 있는 자는 증권업의 허가를 받고 증권거래소 회원으로 등록된 금융투자회사와 증권회사에 한정되어 있으므로 일반투자자가 매매거래를 행하기 위해서는 거래소 회원인 증권회사에 위탁하여야 한다.

증권회사가 고객의 위탁을 받아 매매거래를 처리하고자 할 때에는 고객과 사전에 매매거래 계좌를 개설해야 하는데 이 경우 금융투자회사(증권회사)와 고객은 매매거래 계좌 설정계약을 체결하여야 한다. 고객이 도장, 주민등록증, 현금 또는 유가증권을 가지고 증권회사에 가서 계좌개설 신청을 하면 증권회사는 증권카드 또는 통장을 교부하게 된다.

주문시 기본적으로 투자가는 매수/매도 표시, 종목, 수량 그리고 가격을 정해야 한다. 투자가의 주문내용이 증권회사에 전달되는 방법은 객장에서 주문표로 전달되는 경우와 전화, 전신에 의한 경우가 있으며, 최근에는 인터넷을 통한 온라인거래도 일반화되어 있다.

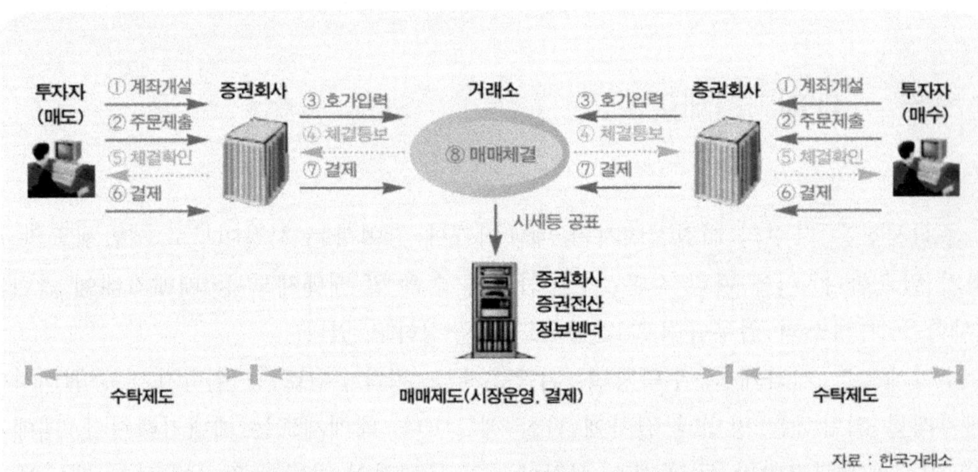


[그림 5-7] 거래소 시장(장내) 거래절차

모든 주문은 전산화된 시스템을 통해 거래소에 직접 전달되며, 매매가 체결되면 그 내역이 즉시 통보된다. [그림 5-7]은 거래소 시장에서 주식거래를 하는 경우(장내거래)의 절차를 표시한 것이다.

## 2. 호가, 거래단위와 주문유형, 거래시간

### (1) 호가와 거래단위

호가는 회원인 증권회사가 시장에서 매매거래를 하기 위하여 매도 또는 매수의 의사표시를 하는 행위를 말한다. 호가단위는 시장에서 가격표시의 최소단위이며 동시에 최소가격 변동폭이기도 하다. 호가단위는 주권은 1주, 수익증권은 1좌별 호가가격단위는 다음과 같다.

매매수량단위는 거래소 시장에서 호가를 할 수 있는 최소단위의 수량으로서 유가증권시장은 10주이고 코스닥시장과 프리보드 시장은 1주를 원칙으로 한다. 다만 유가증권시장의 경우 ETF(Exchange Traded Fund) 및 기준가격이 5만원 이상인 주식의 경우는 매매수량단위가 1주이다.

### (2) 매매주문 유형

매매주문의 유형에는 지정가, 시장가, 조건부지정가, 최유리지정가, 최우선지정가 주문이 있다. 지정가주문은 투자자가 지정한 가격보다 유리한 가격에서만 거래가 체결

〈표 5-12〉 시장별 호가단위

| | 호가가격단위 | | | |
|---|---|---|---|---|
| | 유가증권시장 | 코스닥시장 | 코넥스시장 | K-OTC |
| 1,000원 미만 | 1원 | 1원 | 5원 | 5원 |
| 1,000~5,000 미만 | 5원 | 5원 | | |
| 5,000원 이상~10,000미만 | 10원 | 10원 | | 10원 |
| 10,000원 이상~50,000원 미만 | 50원 | 50원 | | 50원 |
| 50,000원 이상~100,000원 미만 | 100원 | 100원 | | 100원 |
| 100,000원 이상~500,000원 미만 | 500원 | 100원 | | 500원 |
| 500,000원 이상 | 1,000원 | 100원 | | 1000원 |

될 것을 요구하는 주문이다. 지정가주문은 사자주문에서는 지정가 이하로 매입해 달라는 주문이고, 팔자주문에서는 지정가 이상으로 매도해 달라는 주문이다.

투자자가 원하는 가격을 지정하지 않고 현재 가장 유리한 시장가격으로 주문을 체결시켜 달라는 주문이다. 시장가주문은 다른 주문보다 거래가 가장 빨리 체결될 가능성이 높다. 지정가 주문을 낸 후 종가결정을 위한 동시호가시간 전까지 매매거래가 체결되지 않는 경우에, 마지막 동시호가에 자동적으로 시장가주문으로 전환되는 주문을 말한다.

거래소의 조사에 따르면 지정가 주문을 사용하는 비중이 96%수준으로 대부분의 투자가들이 지정가 주문을 사용하고 있는 것으로 나타났다. 이에 반해 시장가주문은 3.6%, 조건부지정가 주문은 0.12% 수준으로 나타났다.

### (3) 거래시간

매매거래일은 월요일부터 금요일까지이며, 다음의 휴장일에는 매매거래 및 결제를 하지 않는다. 휴장일은 관공서의 공휴일에 관한 규정에 의한 공휴일, 근로자의 날 제정에 관한 법률에 의한 근로자의 날(5월 1일), 그리고 토요일, 12월 31일(공휴일 또는 토요일인 경우에는 직전의 매매거래일), 기타 거래소가 필요하다고 인정하는 날은 휴장한다.

한국거래소의 거래시간은 <표 5-13>과 같다. 거래소는 2016년 8월말부터매매거래시간을 종전보다 30분 더 연장하여 거래시간을 확대하는 조치를 취했다.

## 3. 매매체결방법

거래소에서는 복수의 매도자와 복수의 매수자간에 이루어지는 개별경쟁매매 방식에 따라 매매계약을 체결시킨다. 개별경쟁매매방식은 딜러 또는 시장조성인 없이 시장에 전달된 투자자의 주문간에 직접 매매하는 것으로 투자가의 매수주문과 매도주문이 경합하여 수요와 공급이 일치되는 가격에서 매매계약을 체결하는 방식이다.

〈표 5-13〉 한국거래소 거래시간

| 구분 | | 매매거래시간 | 호가접수시간 |
|---|---|---|---|
| 정규시장 | | 09:00 ~ 15:30(6시간30분) | 08:00 ~ 15:30(7시간30분) |
| 시간외시장 | 장개시전 | 07:30 ~ 09:00(1시간30분) [1] | 07:30 ~ 09:00(1시간30분) |
| | 장종료후 | 15:40 ~ 18:00(2시간20분) | 15:30 ~ 18:00(2시간30분) |

한국, 뉴욕, 동경, 대만, 태국, 홍콩, 싱가포르 등 대부분의 거래소가 개별경쟁매매 방식을 채택하고 있다. 이에 반해 K－OTC시장은 상대매매방식으로 매매계약을 체결하고 있다. 상대매매 방식은 거래 체결률이 낮아 유동성을 확보하는데 걸림돌이 되기 때문에 주식유통시장이 활성화 되는 데는 취약한 거래체결방식이다.

개별경쟁매매는 다시 단일가격에 의한 개별경쟁매매와 복수가격에 의한 개별경쟁매매로 구분된다. 단일가격에 의한 개별경쟁매매방식은 일정시간 동안 매도·매수호가를 접수하여 가격 및 시간우선원칙에 따라 우선하는 호가간에 하나의 가격으로 매매체결이 이루어진다. 과거에는 단일가격에 의한 개별경쟁매매에 참여한 호가간에는 시간우선의 원칙이 적용하지 않았으나(동시호가), 현재는 원칙적으로 시간우선원칙을 적용하되 始價 등이 상한가 또는 하한가로 결정된 경우에 한하여 예외적으로 동시호가를 적용하고 있다.

단일가격에 의한 개별경쟁매매는 시가(始價: 08:00~09:00), 종가(終價: 15:20~15:30), 그리고 매매거래중단 후 최초가격(재개시점 이전 10분 동안)결정에 적용되고 있다. 이에 반해 복수가격에 의한 개별경쟁매매는 매매거래시간 중에 매도호가와 매수호가의 경합에 의하여 가장 낮은 매도호가와 가장 높은 매수호가가 합치되는 경우 먼저 접수된 호가의 가격으로 매매거래를 성립시키는 매매체결 방식이다.

이러한 복수가격 개별경쟁매매는 다음과 같은 일정한 경쟁매매 원칙을 차례로 적용하여 계약을 체결시킨다. 가격우선의 원칙은 저가의 매도호가는 고가의 매도호가에 우선하고 고가의 매수호가는 저가의 매수호가에 우선한다. 시간우선의 원칙은 동일한 가격호가의 경우에는 호가가 행하여진 시간의 선후에 따라 먼저 접수된 호가가 뒤에 접수된 호가에 우선한다.

수량우선의 원칙은 동일가격의 호가간에 그 시간의 선후가 분명치 않은 경우에는 수량이 많은 호가가 적은 호가에 우선한다. 이 원칙은 동시호가의 경우에만 적용되는 원칙이다. 마지막으로 위탁매매우선의 원칙은 고객의 위탁매매호가가 증권회사 자기매매호가보다 우선한다. 즉, 동일가격의 동시호가 매매체결에 있어서 고객분이 전량 처리된 후에야 증권회사의 자기매매분이 처리된다.

## 4. 매매거래의 관리

### (1) 가격제한폭

거래소는 유가증권의 공정한 가격형성과 급격한 시세변동에 따른 투자자의 피해방지 등 거래질서를 확립하기 위하여 하루 변동할 수 있는 주식가격의 상·하한폭을 일정한 범위로 제한하고 있다. 한국거래소의 유가증권시장과 코스닥시장은 가격제한폭을 원칙적으로 전일 종가를 기준으로 30% 범위 내에서 상하 변동할 수 있다. 그리고 호가가격 단위미만은 절사한다. K-OTC시장도 상하 30% 범위 내에서 가격제한폭을 실시하고 있다.

가격제한폭을 실시하고 있는 나라는 일본, 프랑스, 태국 등이 있으나 가격제한폭이 주식시장의 안정을 유지할 수는 있으나 주가를 신속하게 반영하기 어렵다는 단점을 가지고 있어 점차 완화될 것으로 전망된다.

### (2) 매매거래중단제도(Circuit Breaker)

이 제도는 1987년 10월 미국 증시의 주가 대폭락 사태인 Black Monday 이후 각국에서 도입되었고 우리나라에서는 1998년 12월 7일 가격제한폭이 12%에서 15%로 확대되면서 동시에 도입되었다. 거래소는 가격이 급변할 경우에 투자자에게 시장상황을 냉정하게 판단할 수 있는 시간을 제공함으로써 무분별한 매매에 따른 피해를 최소화하려는 목적 하에서 가격연속성을 저해하지 않는 범위 내에서 일시적으로 매매거래를 중단하는 제도(circuit breaker)를 운용하고 있다.

처음 도입된 서킷브레이커 제도는 종합주가지수가 전일보다 10%이상 하락한 상태가 1분간 지속되면 모든 주식의 매매거래가 일시적으로 중단된다. 이러한 경우에 매매거래는 20분간 정지되고 이후 10분간의 동시호가 접수를 거쳐 매매거래가 재개된다. <표 5-14>는 우리나라가 서킷브레이크 제도를 도입한 이래 지금까지 발동되었던 사례이다.

〈표 5-14〉 서킷브레이크 발동 사례

| 코스닥시장 | | | 유가증권시장 | | |
|---|---|---|---|---|---|
| 회차 | 일자 | 주요원인 | 회차 | 일자 | 주요원인 |
| 1 | '06.1.23 | 미국 증시 악화 및 테마주 급락 | 1 | '00.4.17 | 미국 증시하락 |
| 2 | '07.8.16 | 서브프라임 위기확산 | 2 | '00.9.18 | 미국 증시하락 및 유가급등 |
| 3 | '08.10.23 | 미국 등 글로벌증시 동반 하락 | 3 | '01.9.12 | 미국 9.11 테러 |
| 4 | '08.10.24 | 미국 금융위기에 따른 실물경기 침체 우려 | | | |

매매거래 중단제도는 하루에 1회만 적용하고, 장 종료 전 40분 동안에는 적용되지 않는다. 그러나 2015년 가격제한폭이 15%에서 30%로 확대되면서 서킷브레이크 제도는 3단계로 다음과 같이 확대. 개편되었다.

한국종합주가지수(KOSPI)가 직전거래일의 종가보다 8%/15%/20% 이상 하락한 경우 매매거래 중단의 발동을 예고할 수 있으며, 이 상태가 1분간 지속되는 경우 주식시장의 모든 종목의 매매거래를 중단하게 된다.

최초로 한국종합주가지수가 전일종가대비 8%이상 하락한 경우 1단계 매매거래중단이 발동되며, 1단계 매매거래중단 발동 이후 한국종합주가지수가 전일종가대비 15% 이상 하락하고 1단계 발동지수대비 1% 이상 추가하락한 경우 2단계 매매거래중단이 발동된다.

1, 2단계 매매거래중단이 발동되면 20분 동안 시장 내 호가접수와 채권시장을 제외한 현물시장과 연계된 선물·옵션시장도 호가접수 및 매매거래를 중단한다. 매매거래중단 시간중에는 신규호가의 제출은 불가능하나 매매거래중단전 접수한 호가에 대해 취소주문을 제출하는 것은 가능하다. 각 단계별로 발동은 1일 1회로 한정하고 당일종가결정시간 확보를 위해 장종료 40분전 이후에는 중단하지 않는다.

한편, 2단계 매매거래중단 발동 이후 한국종합주가지수가 전일종가대비 20% 이상 하락하고, 2단계 발동지수대비 1% 이상 추가하락한 경우 당일 발동 시점을 기준으로 유가증권시장의 모든 매매거래를 종료하게 된다. 20% 기준에 의한 당일 매매거래중단이

〈표 5-15〉 거래시간 연장에 따른 기타변경사항

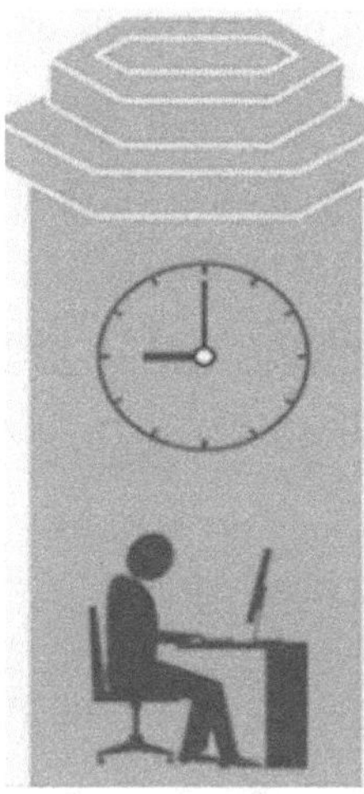

**8월부터 30분 늘어나는 증권·외환 거래시간**

| 구분 | | 변경 전 | 변경 후 | 비고 |
|---|---|---|---|---|
| 증권시장 | 정규시장 | 9시~15시 | 9시~15시30분 | 30분 연장 |
| | 시간외시장 (장 종료 후) | 15시10분~18시 | 15시40분~18시 | 30분 단축 |
| 금시장 | | 9시~15시 | 9시~15시30분 | 30분 연장 |
| 외환시장 | | 9시~15시 | 9시~15시30분 | 30분 연장 |
| 파생상품 시장 | | 9시~15시15분 | 9시~15시45분 | 30분 연장 |
| 서킷브레이커 발동가능 시각 | | 1·2단계 : 14시 20분까지 | 1·2단계 : 14시 50분까지 | 30분 연장 |
| | | 3단계 : 14시 50분까지 | 3단계 : 15시 20분까지 | |
| 사이드카 발동가능 시각 | | 14시 20분까지 | 14시 50분까지 | 30분 연장 |

발동된 경우 취소호가를 포함한 모든 호가접수가 불가능하다. 3단계 매매거래중단은 40분전 이후에도 발동이 가능하다.

<표 5-15> 거래시간 연장에 따라 서킷브레이크와 사이드카 발동가능 시간에 대한 추가적인 변경사항을 정리한 것이다.

### (3) 프로그램매매 호가관리제도(Side car)

프로그램매매는 주식시장과 선물 및 옵션시장간 연계투자를 통하여 거래를 성사시키는 방법을 말한다. 이 거래시스템은 급변하는 시장상황에서 컴퓨터에 의해 미리 입력된 프로그램에 따라 수십개 종목에 대해 한꺼번에 매매주문을 내는 방식이다. Sidecar는 이러한 프로그램매매에 의한 주식시장의 과도한 급등락을 방지하기 위하여 일시적으로 프로그램매매 호가의 효력을 중단시킴으로써 일반투자가들을 보호하고 시장을 안정화 시키고자 하는데 목적이 있다.

마치 경찰의 사이드카가 길을 안내하듯이 과속하는 가격이 교통사고를 내지 않도록 유도한다는 의미에서 붙여진 명칭이다. 한국거래소는 선물가격이 전일 종가 대비 5%(코스닥시장은 6%) 이상 등락하여 1분 이상 지속되는 경우 프로그램매매 호가에 대하여 5분간 효력을 정시킨다. 서킷브레이크와 마찬가지로 하루 1회에 한해서만 발동되며, 14시 20분 이후에는 발동하지 않는다.

### (4) 개별종목의 매매거래정지 및 재개

한국거래소는 투자자보호와 시장관리상 필요하다고 인정하는 경우에는 특정종목의 매매거래를 일시적으로 정지할 수 있다. 즉, 어음 또는 수표의 부도발생, 은행과의 거래정지 및 금지, 영업활동의 전부 또는 일부정지 등 상장법인의 존폐와 관련된 풍문 등의 사유로 주가 및 거래량이 급변하거나 급변이 예상되는 종목에 대하여 매매거래를 정지할 수 있다.

매매거래 재개는 중단사유에 대하 조회결과를 공시한 시점부터 30분이 경과한 때에 재개한다. 다만 14시 이후에 공시하는 경우에는 다음날부터 매매거래가 재개된다. 한편, 당해 풍문 등이 공시 후에도 해소되지 않거나 공시내용이 상장폐지기준에 해당하는 경우 및 관리종목 지정사유에 해당하는 경우에는 매매거래의 재개를 연기할 수 있다.

### (5) 관리종목

상장폐지 사유가 발생한 기업의 경우에는 해당기업의 종목을 별도 관리를 통해 투자가의 주의를 환기시키기 위한 제도가 바로 관리종목 지정제도이다. 관리종목으로 지정된 이후 지정 사유 해소 여부에 따라 상장폐지 또는 지정해제 조치를 취하게 된다. 관리종목의 대표적인 지정기준으로 사업보고서 등 미제출, 영업활동의 정지, 자본금잠식, 주식분산 기준 미달, 거래량 주가 및 시가총액 일정수준 미달 등이 있다. 투자경고(위험)종목과 마찬가지로 신용거래가 허용되지 않으며 대부분 증권회사는 위탁증거금 100%를 징수하고 있다.

### (6) 배당락과 권리락 조치

주식회사는 매 사업연도가 종료된 후에 결산을 확정하고 이익잉여금을 처분하기 위하여 정기주주총회를 개최하게 되는데, 이때 주주총회에서의 주주권을 확정하기 위하여 권리확정일을 매 사업연도 최종일로 하며, 그 다음 날부터 주주총회종료일까지 주주명부를 폐쇄하고 주권의 명의개서를 금지하게 된다.

따라서 사업연도가 끝난 날의 다음날 이후에 주권을 매수하는 자는 전 사업연도의 결산에 의한 이익배당을 받을 권리가 소멸되므로 거래소는 이날부터 당해 주권에 대하여 배당락을 취함으로써 주가가 합리적으로 형성되도록 관리한다.

현재 거래소에서의 매매거래는 보통거래로서 3일째 결제되므로 실제로는 사업연도 종료 전일 매매분부터 배당락 조치를 취하게 된다. 즉, 사업연도 종료 이틀 전까지 배당부가 된다.

권리락이란 신주배정기준일이 경과됨에 따라 구주에 부여되어 있는 신주인수권 또는 신주의 무상교부권이 소멸됨에 따라 이론적으로 계산된 가격(권리부가격과 권리락가격의 차이)만큼 주가를 떨어뜨리는 시장조치를 말한다.

주식회사가 증자를 하는 경우에 신주인수권을 확정하기 위해 신주배정기준일을 정하는데, 이때 그 기준일의 익일 이후에 결제되는 주권에는 신주인수권이 없어진다. 따라서 거래소에서는 배당락이 발생한 경우와 마찬가지로 신주배정기준일 전일에 실제로 당해 종목에 권리락 조치를 취함으로써 주가가 합리적으로 형성되도록 관리한다. 즉 신주배정기준일 이틀 전까지가 권리부가 되어 인수권을 가진다.

## 5. 위탁증거금과 신용거래

### (1) 위탁증거금

위탁증거금은 증권회사가 고객으로부터 매매거래의 위탁을 받았을 경우, 고객으로부터 징수하는 증거금을 결제이행의 담보로 확보하는 취지이다. 증거금 수준은 증권사별로 자율화되어 있으며 증거금을 차감한 나머지 잔액은 3일째 되는 날 결제시 입금하면 된다.

위탁증거금은 매매총액의 30~40% 이상 범위 내에서 증권사별, 종목, 매도 또는 매수별로 그 율을 달리할 수 있으며, 증권정책에 따라 수시로 변하고 있다. 거래소는 주식거래를 활성화하려는 경우에는 위탁증거금을 낮추고, 과열장세를 진정시키려는 목적으로 위탁증거금을 높이기도 한다.

주식의 경우 매수주문시에는 매수예정금액의 30% 이상을 현금으로 예치하고, 매도시에는 매도증권의 일부가 위탁증거금으로 사용된다. 관리대상종목에 적용되는 당일결제거래에서는 매수예정대금 전액 또는 매도증권 전부가 위탁증거금으로 예치된다. 한편 기관투자자나 기타 증권거래소가 지정하는 투자자는 위탁증거금을 면제받을 수 있다.

### (2) 신용거래

신용거래는 투자자가 자금을 차입하여 주식을 매입하는 융자거래와 주식을 차입하여 매도하는 주식공매도로 나뉘어진다. 신용거래를 원하는 고객은 일정금액의 보증금과 함께 별도의 신용거래계좌를 개설해야 한다. 신용거래계좌의 개설은 보통거래계좌를 개설한 지 3개월이 지난 후에야 가능하다.

융자거래의 특징은 자기자본과 차입한 자본을 합쳐 많은 주식을 매입할 수 있기 때문에 주가상승기에는 순수 자기자본만으로 투자하는 경우보다 높은 수익률을 얻을 수 있지만 주가가 하락하면 수익률도 크게 하락하기 때문에 위험이 확대된다.

주식공매도는 주가하락이 예상될 때 주식을 빌려 미리 매도하고 주가가 하락하면 주식을 재매입하여 상환함으로써 차익을 얻는 거래이다. 주식공매도는 증권사의 상품보유주식을 빌려 매도하는 대주거래와 증권사의 중개로 해당 주식을 보유하고 있는 개인, 기관 또는 대주주들로부터 주식을 빌려 매도하는 대차거래가 있다.

주식공매도는 주가가 상승하는 만큼 손실이 발생하고, 주식공급물량을 증가시켜 주가하락을 부추기는 효과가 있다. 융자나 대주는 거래일로부터 150일 이내에 상환되어야 하며 이 기간은 연장할 수 없다. 150일 이내에라도 증권사는 고객에게 상환을 요구할 수 있다. 융자거래에서는 융자액을 현금으로 상환하고, 대주거래에서는 차입한 주식과 동일한 주식으로 상환한다. 상환시에 융자액에 대해 증권사는 고객으로부터 이자를 징수하고 대주시에는 대주매각대금 이용료를 징수한다.

### (3) 대용증권

대용증권은 증권의 활용도를 높이기 위하여 현금에 갈음하여 위탁증거금으로 사용할 수 있도록 거래소가 별도로 지정한 증권으로, 위탁증거금은 물론, 신용거래보증금으로 사용되며, 국가·지방자치단체 또는 정부투자기관에 납부하는 각종 보증금·공탁금으로도 사용될 수 있다.

대용증권으로 사용할 수 있는 증권으로는 시장에서 환금성이 있는 증권은 대부분 지정되고 있는데, 상장주권 및 상장외국주식예탁증권(관리종목, 정리매매종목, 실질심사 대상종목, 투자위험종목, 투자경고종목은 제외) 및 상장채권 외에 상장외국주식예탁

〈표 5-16〉 대용가격 산출방법

| 대상증권 | 기준시세 | 사정비율 | 사정비율 | 산출주기 |
|---|---|---|---|---|
| 상장주권, DR | 당일 기준가격[1] | KOSPI200지수 구성종목중 일평균 거래대금이 상위 50%에 해당되는 종목[2] | 80% | 일별 |
| | | 일평균거래대금 하위 5%에 해당되는 종목 | 60% | |
| | | 그 밖의 종목 | 70% | |
| ETF | 당일 기준가격 | 국채/지방채/특수채/금융채/CD로 구성된 ETF | 95% | |
| | | 일반 사채권/CP(주식관련 사채권 제외)가 포함된 ETF | 85% | |
| | | 주식관련 사채권 및 주가연계증권이 포함된 ETF | 80% | |
| | | KOSPI200지수, KOSPI50지수 KRX100지수를 각각 기초 지수로 하는 ETF | 80% | |
| | | 그 밖의 ETF | 70% | |
| 상장채무증권 | 직전 5매매일 종가평균 | 국채·지방채 등 | 95% | 주별 |
| | | 기타 사채 | 85% | |
| | | 주식관련 사채 | 80% | |
| 수익증권, 비상장 뮤추얼펀드 | 직전 7일간 NAV 평균 | 채권형 이외 | 70% | 월별 |
| | | 채권형 | 80% | |

증권, 자산운용회사가 발행한 수익증권, 주택저당채권유동화회사가 발행한 수익증권 등이 있다.

대용가격은 기준시세에 해당 사정비율을 곱하여 산출하면 된다.

## 6. 결 제

### (1) 결제방법

매매거래가 성사되면 결제가 이루어지는데 결제기간에 따라 당일결제거래와 보통거래결제로 구분한다. 당일결제거래는 매매계약을 체결한 당일(오후 4시)에 증권과 거래대금의 결제가 이루어지는 거래방법이다. 관리대상종목인 주식과 채권의 거래에 적용되고 있다. 매매를 위탁할 때 매수대금 전액을 위탁증거금으로 납입해야 한다.

보통거래는 매매계약을 체결한 날로부터 3일째 되는 날(공휴일 제외)에 결제가 이루어지는 것으로 주식의 일반적인 거래와 주식관련채권(전환사채, 신주인수권부사채)의 거래에 적용된다. 앞서 본 권리락과 배당락 현상은 우리나라의 보통결제방법에 기인하는 현상이다.

### (2) 대체결제제도

증권의 매매와 결제에 있어서 계좌이용자(투자자, 증권회사, 금융기관)들은 그들이 소유하고 있는 유가증권을 미리 증권예탁원에 예탁하여 매매거래에 수반되는 유가증권의 수수를 실물에 의하지 않고 이용자의 계좌간에 대체함으로써 결제를 종료하게 된다.

이러한 증권예탁원을 통한 계좌간 대체결제는 유가증권의 실물수수에 따른 인력 및 시간을 절약할 수 있고 유통과정에서 분실, 도난 등의 사고를 예방할 수 있으며 또한 결제업무 처리의 신속·정확성을 확보할 수 있는 이점이 있다.

### (3) 예납조치

증권거래소는 지나친 투기 등의 불공정거래가 발생하거나 발생할 우려가 있어서 시장관리상 필요하다고 인정되는 경우 종목, 회원 또는 위탁매매와 자기매매를 구분 지정하여 일정금액 또는 증권을 미리 납부할 수 있다. 실제 사용례는 많지 않지만, 예납조치는 증시주변자금의 유동성을 억제하여 증시 안정화를 도모하는데 기여할 수 있다.

제 6 장

Korea Securities Market

# 주식시장정보 이해


제 1 절 주식시세표

제 2 절 주가지수

제 3 절 기타 주요시장지표

주식시장 상황을 파악할 수 있는 다양한 정보들이 실시간으로 엄청난 양이 제공되고 있다. 이들 정보를 토대로 우리는 실제 시장에 들어가 보지 않고도 이 정보를 통해 시장의 상황을 알 수 있는 것이다.

대표적인 시장정보가 주가지수이다. 많은 사람들이 주가지수를 제대로 해석하지 못하는 오류를 범하고 있는데, 이는 지수가 어떻게 산출되는지를 잘 이해하지 못하는 데 기인한다. 즉 지수는 산출방식에 따라 여러 가지 지수들이 만들어질 수가 있는데, 어떻게 지수를 만드는가에 따라 의미가 달라질 수 있다.

이 장에서는 이런 주가지수를 비롯하여 투자의사결정에 이용되는 다양한 시장정보를 해석하는 능력과 이들을 이용하여 실제 투자결정을 하는 과정을 학습하도록 한다.

# 제 1 절 주식시세표

주위에서 가장 손쉽게 정보획득이 가능한 자료가 주식시세표이다. 주식시세표만 정확히 읽어낼 줄 알아도 상당한 정도의 시장관련 정보와 경제정보를 획득할 수 있으므로 이것은 아주 중요한 정보원천이 된다. 그러나 주식시세표가 제공하는 정보를 제대로 해석하는 것은 일정 수준 이상의 사전지식이 축척되어야 가능한 일이라고 할 수 있다.

## 1. 시장별 상장주식관리 방법

유가증권시장은 일반종목과 관리대상종목, 투·융자회사 그리고 상장지수 펀드 및 증권으로 크게 구분하여 상장주식을 배치하고, 일반종목은 다시 업종별로 세분한다. 해당 업종 내에서는 먼저 영문 상호를 알파벳 순서로 배치하고, 우리말 상호는 가나다순으로 배치하여 관리하고 있다.

다만 관리대상종목은 업종 구분없이 영문과 한글 순서로 일괄배치하고 있다. 관리대상 종목은 상장폐지 사유가 발생한 기업이 해당 원인을 극복하는 과정에 있는 경우에 투자가들의 주의를 환기하기 위해 집중관리하는 방식이다. 따라서 거래소 일반종목은 먼저 업종을 파악하고 난 뒤 상호명에 따라 찾으면 쉽게 찾을 수 있다.

그러나 코스닥시장 종목은 크게 우량기업와 벤처기업부 그리고 신성장기업 등 다양한 기준으로 상장기업을 분류하여 관리하고 있다. 코스닥시장은 상장종목수가 거래소시장보다 더 많은데도 불구하고, 아직 업종별 분류 없이 해당 소속부내에서 영문과 한글 배치순서에 따라서 관리하고 있어서 특정 기업을 찾아보기가 불편한 편이다.

시장별 소속부관리는 해당 시장의 상황에 따라 자주 변경되어 지속적으로 관찰해야 한다. 특히 코스닥시장의 경우 소속부 변경이 상대적으로 자주 발생하는 편이라 점을 고려하고 필요한 정보를 획득하는 것이 필요하다.

## 2. 기본 정보

### (1) 종목 표시

종목명에 별다른 표시가 없는 경우는 보통주를 나타내고 있다. 따라서 종목 명칭에 우선주, 신주, 전환사채의 표시가 붙어있는 경우와, 영문 이니셜이 붙어있는 경우 액면가의 종류를 나타낸다.

각 영문 이니셜이 나타내는 액면가는 주식시세란 상단에 구분 표시되어 있으므로 참고하면 된다. 가장 많은 형태의 액면가는 500원짜리이고, 이 액면가는 5,000원짜리 주식이 10주로 액면분할했다는 것을 의미한다. 별다른 영문 이니셜이 없는 경우 액면가가 5,000임을 의미한다.

우선주 표시는 다시 발행조건에 따라 구형 우선주, 신형우선주, 전환형 우선주등의 종류가 있다. 구형 우선주는 우선주 표시 외에 다른 기호가 없는 경우로서, 보통주보다 일반적으로 배당률이 조금 더 높게 지급되는 관행이다.

신형우선주는 우선주 명칭 뒤에 B가 있고, 이 우선주는 최저배당률이 사전에 결정된다는 특징을 가지고 있고, 일반적으로 일정기간이 지나면 보통주로 전환되는 옵션이 첨부된 우선주이다.

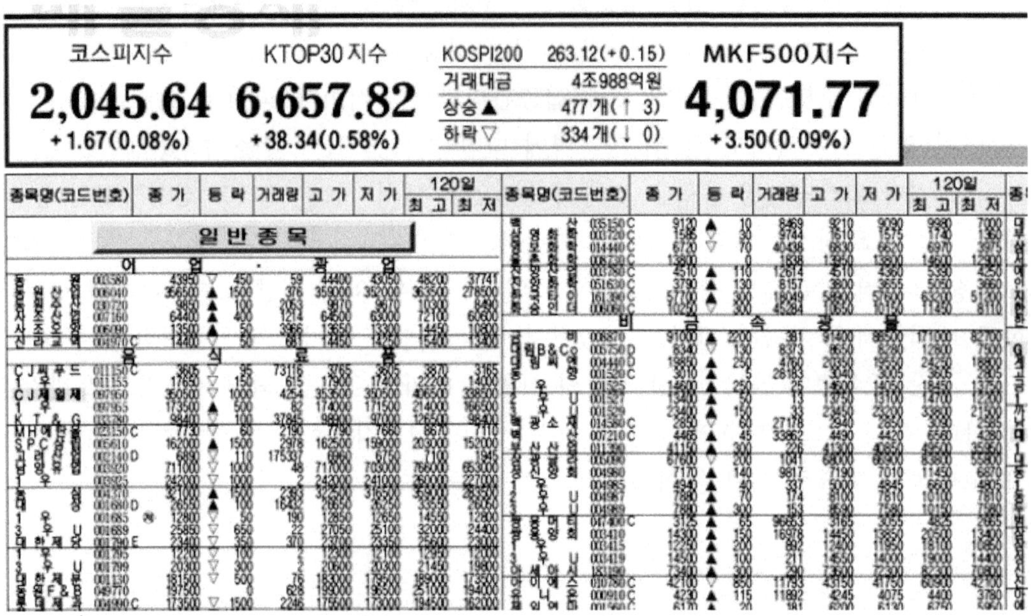

코스피지수 2,045.64 +1.67(0.08%)

KTOP30 지수 6,657.82 +38.34(0.58%)

KOSPI200 263.12(+0.15)

거래대금 4조988억원

상승▲ 477개(↑ 3)

하락▽ 334개(↓ 0)

MKF500지수 4,071.77 +3.50(0.09%)

[그림 6-1] 경제신문의 주식시세표

### (2) 가격정보

#### ① 시가와 종가

시가(始價)는 아침 개장하면서 종목마다 적용되는 가격이다. 즉 단일가격 경쟁매매 방식에 의해 결정된 종목별 시작가격이다. 시가는 오전 8시부터 9시 개장 전까지 종목별로 접수된 매수/매도 호가를 기초로 하여 가장 많은 주문을 체결할 수 있는 대표 가격을 정하여 시가로 한다.

종가는 시장 폐장 전 10분 동안 종목별 접수된 주문을 역시 동시에 접수되었다는 가정하에 가장 많은 주문을 체결할 수 있는 대표가격을 당일 폐장가격으로 삼게 된다. 이렇게 결정된 각 종목의 종가는 다음날의 종목별 가격제한폭을 설정할 때 기준가격으로 적용된다.

이렇게 시가와 종가는 각각 시간우선의 원칙을 무시하고 가급적 많은 주문을 체결할 수 있게 대표 가격을 정하게 되는데, 이를 단일가격 경쟁매매 방식이라고 한다. 따라서 정상적인 경우에는 하루 동안 시가와 종가를 결정하기 위해 두 번의 단일가격 경쟁매매방식이 적용되고, 장중에는 복수가격 경쟁매매에 의해 거래가 체결되는 방식으로 운영되고 있다.

#### ② 등락표시

장중 등락표시는 전일종가를 기준으로 나타낸다. 즉 현재 가격이 전일종가에 비해 상승 또는 하락 표시를 △,▽ 로 나타낸다. 보통 상승의 경우 붉은 색으로, 하락의 경우는 검정색 또는 푸른색으로 나타낸다.

또한 해당종목이 가격제한폭까지 오르거나(상한가), 내리는 경우(하한가)는 흑색의 ⇧, 하얀색 ⇩로 표시한다. 종목마다 상·하한가 표시가 되어 있으면서 금액이 다른 이유는 가격제한폭 기준이 종목마다 전일종가의 30% 범위 내에서 결정되기 때문이다.

기세는 매수가와 매도가의 불일치로 거래가 이루어지진 않았지만, 전일종가와는 달라진 가격을 표시하는 경우이다. 이 경우는 하루 동안 거래량이 0이지만 전일가격과는 차이가 있다는 점에서 유의하여야 한다.

기세종목의 경우, 가격 앞에 ■표시가 되어있다. 이런 경우 하루 동안 매수가격과 매도가격이 일치하지 않아 거래는 이루어지지 않았지만, 내용상 전일종가로 계속 표시하기에는 무리가 있는 상황에서 처리하는 방법이다.

따라서 기세종목은 매매시 특별히 기세원인이 무엇인지를 확인한 이후에 신중하게 매매를 할 필요가 있다.

**[기세]**

기세는 매수자와 매도자의 호가가 일치하지 않아서 거래가 이루어지지 않은 경우에 처리하는 특수한 경우이다. 일반적으로 이런 경우에는 전일종가를 그래도 표시하지만, 기세의 경우는 조금 상황이 다르다.

예를 들어, A기업의 전일종가가 5,000원 이었는데, 폐장 후 이 기업에 대한 부정적인 주요 뉴스가 나왔다고 가정해보자. 그럼 오늘 개장하자마자 매도자들이 4,800원에 매물로 내어 놓았는데, 매수주문의 가장 고가가 4,500원으로 나왔다고 하면, 거래가 이루어지지 않는다.

이 경우 거래가 이루어지지 않았다고 해서, 전일종가를 그대로 유지하게 되면, 오히려 시장 분위기를 적절하게 반영하지 못하는 셈이 될 수 있다. 이 경우 이 종목의 가격표시는 4,800원을 시세로 인정하는 것이 더 적절한 시장상황을 반영하는 것이 될 것이다.

만약 이 종목을 하한가로 매도주문을 내어도 아무도 사자는 주문이 나오지 않을 경우 "기세 하한가"라고 하고 그 반대의 상황도 가능하다.

③ 고가 및 저가

당일 체결된 가격 중에서 최고가와 최저가를 의미한다. 또한 당일가격 중에서만 고가와 저가를 표시하는 것이 아니라 반기중, 연중, 월중, 52주간동안 최저가 및 최고가를 제시해줌으로써 투자가들이 현재가격수준이 검토기간 중 어떤 가격대인지를 알게 해줌으로서 매매결정을 도와준다.

④ 거래량

거래량은 당일 체결된 매수/매도 총량을 말한다. 투자결정시 거래량정보는 주가정보 못지않은 중요한 정보를 가지고 있기 때문에 그 중요성이 점점 증가하고 있다. 특히 주가와 거래량정보가 결합되어 분석되면 더 좋은 투자결정을 할 수 있는 분석기법들이 계속 개발되고 있다.

### (2) 주식시세표 범례

주식시세표에는 다양한 기호가 표시되어 있는데, 각 기호들은 매우 중요한 정보를 담고 있기 때문에 이에 대한 정확한 이해를 하고 있어야 한다. <표 6-1>에 소개된 다양한 범례는 주식 유통시장에서 지금까지 다루었던 내용들을 담고 있다.

신고가와 신저가는 최근 120일 동안의 거래일을 기준이며 이들 정보는 특히 매수와 매도를 위한 기본정보로 중요하다.

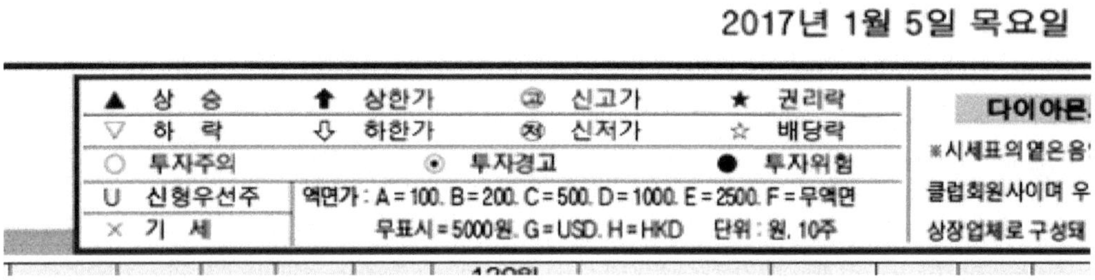
2017년 1월 5일 목요일

| | | | |
|---|---|---|---|
| ▲ 상 승 | ⬆ 상한가 | 신고가 | ★ 권리락 |
| ▽ 하 락 | ⇩ 하한가 | 신저가 | ☆ 배당락 |
| ○ 투자주의 | ⊙ 투자경고 | | ● 투자위험 |
| U 신형우선주 | 액면가 : A=100. B=200. C=500. D=1000. E=2500. F=무액면 | | |
| × 기 세 | 무표시=5000원. G=USD. H=HKD 단위 : 원. 10주 | | |

[그림 6-2] 주식시세표 범례

## 제 2 절 주가지수(stock index)

주식시장 전체 주가의 움직임을 종합적이고 전체적으로 알아볼 수 있는 지표가 주가지수이다. 주가지수는 일정시점의 주가수준을 기준으로 현재 시점의 주가수준이 어느 정도인가를 지수로 나타내어 시장 전체수준에서의 주가변동을 알아보기 위한 지표이다.

주가지수는 시장이 제공하는 다양한 정보들 가운데 가장 중요한 정보이므로 위 [그림 6-2]와 [그림 6-3]의 주식시세표에는 유가증권시장과 코스닥시장에서 제공하는 주가지수 가운데 투자가들이 가장 많이 이용하는 대표지수를 제공한다. 다양한 경제주체들은 이 주가지수 정보를 통해서 직접 시장에 참여하지 않더라도 현재의 경제상황과 금융시장 전체 분위기 등 다양한 정보를 직간접적으로 추측해 볼 수 있다.

매일경제 2017년 1월 5일 목요일

코스닥지수
639.79
+3.22(0.51%)

| | | | |
|---|---|---|---|
| 코스닥150지수 | 944.54(+ 6.35) | 거래량 | 6억1747만주 |
| 코스닥M300지수 | 655.94(+ 2.00) | 거래대금 | 2조9565억원 |
| 제조업지수 | 2,041.39(+ 9.72) | 상승▲ | 684개(↑ 2) |
| 코스닥100지수 | 1,202.82(+ 8.29) | 하락▽ | 406개(↓ 0) |

| 종목명(코드번호) | 종 가 | 등 락 | 거래량 | 고 가 | 저 가 | 120일 최 고 | 120일 최 저 | 종목명(코드번호) | 종 가 | 등 락 | 거래량 | 고 가 |
|---|---|---|---|---|---|---|---|---|---|---|---|---|
| 우 량 기 업 | | | | | | | | | | | | |
| AP시스템 054620 C | 28650 | ▽ 650 | 86537 | 29300 | 28400 | 29850 | 16900 | | | | | |

[그림 6-3] 코스닥시장 주가지수

주가지수를 산출하는 방법에는 일반적으로 해당 시장의 대표적인 종목들을 선별하여 이들 주가를 단순평균하여 비교하는 다우존스(Dow Jones)식과 전체 상장종목의 개별주가에 해당 상장주식수를 곱하여 계산한 시가총액에 가중치를 부여하여 산출하는 시가총액식의 두 가지가 있다.

따라서 주가지수를 정확히 이해하기 위해, 다음과 같은 기본적인 속성을 염두에 두고 접근해야 한다. 첫째, 주가지수는 기준시점의 주가수준과 비교시점의 주가수준을 비교하는 개념이다. 즉, 모든 주가지수를 해석할 때는 반드시 기준시점이 언제인지를 확인해야 한다는 것이다. 그래서 주가지수를 나타내고 있는 숫자의 절대적인 크기가 중요한 것이 아니라 기준시점에 비해 얼마나 시장이 또는 종목들이 평균적으로 상승했는가를 나타내고 있다는 것에 유념해야 한다.

둘째, 주가지수는 평균개념이라는 속성을 가진다. 그래서 어떻게 평균을 하는가에 따라 지수산출이 달라질 수 있다는 것을 염두에 두어야 한다. 단순히 주가수준만 고려하는 방법과(다우존스식), 주가과 기업의 규모(발행주식수)를 고려하는 시가총액방법이 있다. 다우존스식 주가지수는 구성종목 중에서 기준시점에 비해 비교시점의 주가가 많이 상승한 종목이 지수산출에 영향을 크게 미친다.

반면에 시가총액식 지수는 시가총액이 큰 종목의 가격변동이 지수산출과정에서 영향을 크게 미치게 된다. 시가총액방식의 주가지수가 가지고 있는 가장 큰 단점이 바로 이 부분이다. 주가지수의 목적은 시장상황을 투자가들에게 전달하기 위한 것인데, 시가총액 기준의 주가지수는 지수산정의 방식 때문에 가끔식 시장분위기를 왜곡해서 전달하는 경우가 발생하기도 한다.

예를 들어 소수의 시가총액이 큰 기업들의 주가움직임과 대다수의 중소형주식의 주가움직임의 방향이 상반될 때 지수는 소수의 대형주의 움직임을 반영하는 방향으로 산출되는 경우가 가끔식 발생하게 된다는 것이다.

그리고 주사지수는 종목구성을 달리하여 목적에 따라 다양한 종류를 만들어 낼 수 있다. 주가지수 명칭에 숫자가 포함되어 있는 경우 대체로 지수를 만드는데 포함된 주식의 숫자를 반영하고 있는 것으로 이해해도 무방하다. 그래서 숫자가 없는 지수명칭은 일반적으로 해당시장에서 거래되는 주식 전체를 지수산정과정에 포함시킨 지수로 이해할 수 있다.

현재 우리나라와 마찬가지로 대부분 국가들의 주식유통시장에서 대표 주가지수로 제공하고 있는 시가총액식 주가지수와 단순주가 평균방식의 주가지수가 어떤 차이가 있는 가를 아래 간단한 예를 통해서 살펴보기로 한다.

상황을 단순화하기 위해 시장에 상장된 종목은 3종목이고 기준시점과 비교시점간에는 종목변화가 없다고 가정한다. 그리고 발행주식수도 변동이 없고 다만 주가만 변했다는 매우 비현실적인 가정까지 하도록 한다. 현재 Kospi지수의 경우처럼 기준시점과 기준시점의 시장전체 주가수준을 100으로 가정하고 두 가지 방법에 의해 주가지수를 산출하면 아래와 같다.

표에서 시가총액은 발행주식수와 주가를 곱한 것이며, 시가총액은 개별기업의 시가총액뿐만 아니라 시장전체의 시가총액도 상장기업의 시가총액을 합산하면 구할 수 있다. 그래서 표 하단의 합계는 시장전체 시가총액이라고 할 수 있다. 흔히 상장기업의 경우 규모를 판단할 때, 비상장기업과 달리 시가총액을 기준으로 사용하는 경우가 있다.

주식유통시장의 규모를 비교할 때 시장전체 시가총액을 기준으로 시장규모를 비교하는 경우가 많다. 즉 비상장기업의 경우 규모를 평가할 때 연간 매출액, 총자산금액 등이 가장 대표적인 기준이다. 그러나 상장기업의 경우 시가총액이 규모판단의 기준으로 흔히 사용된다.

상장기업의 시가총액이 크기 위해서는 두 가지 조건이 필요함을 금방 눈치 챌 수 있다. 즉 발행주식 수도 많고, 주당 가격도 높으면 시가총액이 크게 된다. 시가총액은 개별기업의 규모를 판단하는 기준뿐만 아니라 주식유통시장의 규모를 판단하는 기준으로도 사용된다.

예를 들어 세계에서 가장 큰 주식유통시장이 뉴욕증권거래소라고 할 때 그 규모의 기준이 바로 시장전체 상장기업의 시가총액을 합한 것이 가장 크다는 것이다. 시장전체 수준에서 시가총액이 커지기 위해서는 상장기업수가 많을수록, 상장기업들의 발행주식수가 많을수록, 그리고 각 기업의 주당가격이 높을수록 시장전체의 시가총액이 클 가능성이 높아질 것이다.

〈표 6-1〉 주가지수 산출자료

| 종목명 | 1980. 1.4 | | | 비교시점(현재) | | |
|---|---|---|---|---|---|---|
| | 발행주식수 | 주가 | 시가총액 | 발행주식수 | 주가 | 시가총액 |
| A | 2만주 | 2만원 | 4억 | 2만주 | 50만원 | 100억 |
| B | 1만주 | 1만원 | 1억 | 1만주 | 60만원 | 60억 |
| C | 5만주 | 5만원 | 25억 | 5만주 | 100만원 | 500억 |
| 합계 | | 8만원 | 30억 | | 210만원 | 660억 |

먼저 위 단순한 자료를 통해 단순주가평균지수(다우존스식 주가지수)와 시가총액식 주가지수를 산출하면 각각 다음과 같다.

다우존스식 주가지수 = (210/8) × 100 = 2,625
시가총액식 주가지수 = (660/30) × 100 = 2,200

다우존스식 주가지수는 비교시점인 현재, 기준시점보다 시장 전체적으로(세 종목) 주가수준이 약 26.25배 상승했다고 정보를 제공하고 있다. 이 지수에서 상장종목 가운데 B기업이 주가지수를 산출하는 데 가장 많은 영향력을 미치고 있다는 것을 알 수 있다. 즉 이 기업은 기준시점에 비해 비교시점에 주가가 60배 상승했다.

반면에 A주식과 C주식은 은 실제 기준시점에 비해 비교시점 현재, 각각 25배 와 20배 정도 주가가 상승하여 전체 시장의 주가상승, 즉 주가지수 상승보다 실제 낮은 상승률을 보이고 있다.

한편, 시가총액식 주가지수는 현재 기준시점에 비해 시장전체 주가수준이 22배정도 상승한 것으로 나타났다. 이 지수에서는 시가총액이 가장 큰 C 주식이 지수산출에 가장 큰 영향을 미치고 있음을 알 수 있다.

주가지수는 시장의 주가수준을 가장 단적으로 잘 나타내 주는 지표로서 뿐만 아니라, 직접투자와 간접투자시에 성과측정의 기초자료로도 이용된다. 즉 투자가의 투자수익률과 지수수익률을 비교하여 투자성과를 측정하는 기준이 되기도 하고, 지수자체가 투자대상으로 거래되기도 한다.

한국증권시장에서는 1964년부터 주가지수(주가평균식)를 산출하기 시작하였으며, 1983년부터 시가총액식인 현재의 한국종합주가지수(KOSPI)를, 1994년 6월부터는 선물옵션시장 개설에 대비하여 거래대상지수인 KOSPI 200을 산출하여 왔다. 1997년에는 중소벤처기업의 안정적인 자금조달을 위해 설립된 코스닥시장의 시황지표로 코스닥 종합지수를 산출하기 시작하였고 2000년 11월부터는 또 다른 선물 옵션대상지수인 KOSDAQ 50을 산출하는 등 시장의 요구에 부응하여 다양한 지수를 개발하여 왔다.

## 1. 우리나라의 주요 주가지수

### (1) KRX 100지수와 KTOP 30지수

2005년 2월부터 기존의 거래소시장과 코스닥시장이 통합 출범하면서, 통합된 시장의 대표지수를 새로 개발할 필요에 의해 만들어진 대표적인 지수로 KRX100지수와

KTOP 30지수가 있다. 지수 명칭에서 알 수 있듯이, 이 지수는 거래소시장과 코스닥시장에서 대표종목을 선택하여 지수를 산출하였다.

KRX 100(Korea Exchange 100 Index)은 한국증권선물거래소 설립이후 처음 개발되는 주가지수로서 증권시장 통합의 취지를 반영하여 유가증권시장과 코스닥시장의 대표종목 100종목으로 구성되었다. 따라서 KRX 100 구성종목은 기존 지수에서 선정기준으로 사용되는 기업규모(시가총액)나 유동성(거래대금)뿐만 아니라 수익성, 안정성, 건전성 등 다양한 각도의 재무기준을 반영하여 명실상부하게 한국 증권시장을 대표할 수 있는 우량종목이 선정되었다.

또한 보다 정확한 시황 반영과 지수이용 편의성 도모를 위해 산출방식에서도 유동주식 가중방식(Free Float Weighted) 및 시가총액비중 상한제한(Cap Limit) 등 국제적인 트렌드를 반영하였다. 이 지수는 기준시점을 2001년 1월 2일자로 하고, 이날 기준의 주가수준을 1000으로 하여 비교시점의 주가수준을 발표하고 있다.

한편 한국거래소는 2015. 7. 13부터 유가증권시장과 코스닥시장에 상장된 종목중에서 대표종목 30개종목을 선정하여 새로운 주가지수를 개발하여 발표고 있다. 이 지수를 KTOP 30 지수라고 한다. 이 지수는 기준시점을 1996. 1. 3으로 하고, 이 날짜의 지수가격을 888.85로 하여 지수를 산출하고 있다.

이 지수는 미국의 다우존스 30 산업지수를 벤치마킹하여 지수를 구성하는 종목 숫자를 결정하였다. 다만 다우존스지수는 금융업체를 구성종목에서 배제했으나 KTOP 30 지수는 금융종목도 포함하고 있다. 우리나라의 대표지수들은 대부분 시가총액방식의 지수였지만 이 지수는 다우존스 산업지수처럼 단순주가평균방식의 지수라는 것이 특징이다.

### (2) Kospi(한국종합주가지수)

코스피지수는 Krx 100지수가 발표되기 이전까지 우리나라 주식유통시장을 대표하는 지수였다. 이 지수는 거래소시장에 상장된 상장기업 전체종목을 편입시켜 시가총액방식으로 산출된 지수다. 물론 여전히 실제 투자과정에서 투자가들이 가장 중요하게 참고하는 지수는 KRX 100지수보다는 시장별로 대표되는 지수들이라고 할 수 있다.

이 지수는 기준시점을 1980년 1월 4일자로 하고, 이 기준시점의 주가평균을 100으로 정하고 비교시점의 지수로 발표해 오고 있다. 따라서 만약 오늘의 KOSPI가 1,000포인트라 하면 1980년 1월 4일에 비해 시장전체 상장주식의 주가가 평균 10배 올랐다는 의미를 가지고 있다.

### (3) Kospi 200 지수

KOSPI 200 지수는 거래소에 상장된 전 종목 중에서 시장을 대표할 수 있는 우량주 200종목만을 선정하여 1990년 1월 3일을 기준시점으로 하고, 이 기준시점의 200종목 평균 주가수준을 100으로 하여 산출하는 지수이다.

KOSPI 200은 주가지수선물 및 주가지수옵션의 거래대상으로 개발된 주가지수로서 선물 및 옵션거래에 적합하도록 유가증권시장에 상장된 전체 종목 중에서 시장대표성, 업종대표성 및 유동성 등을 감안하여 선정된 200종목을 구성종목으로 한다. KOSPI 200은 1990년 1월 3일을 100p로 하여 1994년 6월 15일부터 산출, 발표하였다.

### (4) Kosdaq 종합지수

코스닥 지수는 코스닥시장을 대표하는 주가지수로서 코스닥시장에 등록된 전 종목을 지수산출에 편입시켜, 시가총액방식으로 구한 지수이다. 기준일은 1996년 7월 1일이며, 이 날짜 주가수준을 100으로 하고 지수를 산출 발표했으나, 2004년 1월 26일부터 기준일은 그대로 두고 기준시점의 주가수준을 1,000으로 조정하였다.

### (5) 기타 우리나라 주가지수

주가지수는 평균방법, 기준시점, 종목편입 등에 따라 다양한 형태의 지수개발이 가능하다. 따라서 투자가의 이용목적에 따라 이미 다양한 형태의 지수가 개발, 이용 중에 있다. 현재 이용 중인 여러 지수들의 내용과 특징을 정리하면 다음 표와 같다.

〈표 6-2〉 현재 이용 중인 우리나라 주가지수들

| 지수명칭 | 지수내용 | 기준일 및 기준가격 | 비 고 |
|---|---|---|---|
| Kospi 100(50) | 거래소 대표종목 100(50) | 2000.1/4, 1000 | 시가총액식 |
| Kosdaq 50 | 코스닥 대표종목 50 | 2001.1/30, 100 | 시가총액식 |
| Kodi(배당지수) | 코스피 200종목중<br>배당실적우수종목으로 구성 | 2001.7/2, 1000 | 시가총액식 |
| Kogi(지배구조지수) | 지배구조 우수기업 50개종목 | 2001.7/2, 1000 | 시가총액식 |
| Kospi IT(정보통신) | 거래소 IT관련주식 20개종목 | 2000.1/4, 1000 | 시가총액식 |

## 2. 외국 주식유통시장의 지수들

현재 이용되고 있는 각 국가들의 주요시장 지수들은 대부분 시가총액방식으로 개발된 지수들이 각 시장의 대표지수 역할을 하고 있다. 우리가 매스컴을 통해 이들 시장의 지수를 대할 때 흔히 갖게 되는 의구심 중에 하나가 지수별 수치의 차이가 엄청나게 존재하는 것이다.

이런 현상은 물론 해당 지수를 발표하는 주식시장의 주가수준이 기준시점에 비해 현재에 주가가 전반적으로 매우 상승했기 때문일 수 있지만, 우리가 간과해서는 안될 부분이 바로 지수마다 기준시점과 기준시점의 가격 등이 차이가 나는 것도 지수의 크기가 차이나는 한 원인이 된다.

〈표 6-3〉 각국의 주가지수현황

| 구분 | 국가 | 주가지수 | 기준시점/기준가격 | 발표기관 |
|---|---|---|---|---|
| 시가총액식 | 미국 | S/P 500 | 1941－1943＝10 | S&P사 |
| | 미국 | NYSE종합지수 | 1965.12.31＝50 | 뉴욕증권거래소 |
| | 독일 | DAX30 | 1953.12.31＝100 | 코메르쯔은행 |
| | 일본 | TOPICS | 1968.1.4＝100 | 동경증권거래소 |
| | 영국 | FTSE 100 | 1962.4.1＝100 | FT신문사 |
| | 캐나다 | TSX | 1964.11.4＝100 | 토론토증권거래소 |
| | 홍콩 | HSI 33 | 1964.7.31＝100 | 항셍은행 |
| 다우식 | 미국 | DJ 30 | 1982.10.1＝100$ | 다우존스사 |
| | 일본 | Nikkei 225 | 1949.5.16＝50¥ | 일본경제신문사 |

# 제 3 절 기타 주요시장지표

## 1. 배당수익률 및 배당성향

배당수익률(dividend yield)은 주가에 대한 주당배당금의 비율이다. 우리나라에서는 보통 배당수익률을 산정할 때 분모 주가에 액면가를 넣어 배당수익률을 산정, 발표하고 있다. 그러나 투자가에 있어서 의미가 있는 배당지표는 액면가 대비 배당수익률이 아니라 현재주가(시가)대비 배당수익률이다.

현재 투자가들은 주식보유로부터 배당수익에 대해 전혀 수긍하지 못하고 있는 실정이므로, 합리적인 수준의 배당지급을 통하여 주식의 장기보유를 유도하기 위해서는 우리나라 기업들의 배당패턴이 전환되는 것이 중요하다고 하겠다.

배당성향(dividend payout ratio)은 주당순이익에서 배당금이 차지하는 비율이다. 배당수익률은 주식투자가들에게 매우 중요한 정보가 된다. 주식투자가들의 투자수익률은 다음과 같이 구성되어 있다.

$$
\begin{aligned}
\text{주식투자수익률} &= (\text{매도가격} - \text{매수가격}) + \text{배당금}/\text{매수가격} \\
&= (\text{매도가격} - \text{매수가격})/\text{매수가격} + \text{배당금}/\text{매수가격} \\
&= \text{자본이득율} + \text{배당수익률}
\end{aligned}
$$

즉, 투자수익률은 매매차익에 따른 자본이득율과 보유기간 중에 받게 되는 배당수익률로 구성된다. 이 투자수익률 식이 의미하는 것은 배당수익률만 투자가들이 만족할 수준으로 획득할 수 있으면 굳이 위험을 부담하면서 매매를 자주 할 필요없이 장기투자를 할 수 있는 조건이 충족된다는 것을 의미한다.

불행하게도 우리나라의 상장기업들은 투자가들에게 시가기준의 만족할 만한 배당수익률을 제공하지 못하고 있다. 즉 현금배당금 지급규모가 너무 작아서 투자가들은 자신의 목표수익률을 달성하기 위해 단기투자를 하게 된다는 것을 의미한다. 이런 배당관행은 하루빨리 개선되어야 할 중요한 문제이다.

특히 개인투자가들 중에서 소액투자가들이 단기매매를 하는 경향이 높다는 조사결과 자료가 우리 유통시장의 허약한 구조를 반영하고 있다. 이런 투자패턴은 개인투자가들이 주식시장에서 손실을 초래할 가능성을 높일 뿐만 아니라 하락장에서 시장의 불안정성을 더 키우는 이유가 되기도 한다.

## 2. 주가수익비율

주가수익비율(PER : Price Earning Ratio)은 현재의 주가를 주당순이익으로 나눈 것으로 주가가 주당순이익의 몇 배인가를 표시한다. PER는 흔히 기본적 분석과정에서 주가의 현재수준이 내재가치보다 과대 혹은 과소평가되어 있는지를 분석할 때 기초자료로 많이 사용하고 있다.

산출된 PER의 값이 높다는 것은 이익에 비하여 주가가 높게 형성되어 있다는 것으로, PER의 값이 낮다는 것은 이익에 비하여 주가가 상대적으로 낮게 형성되어 상태로 그만큼 주가상승의 가능성이 많다고 볼 수 있다.

## 3. 주가순자산비율

PBR(price book value ratio)은 일정시점에서의 주가를 주당순자산으로 나눈 값으로 기업의 자산가치에 중점을 둔 지표이다. 기업의 순자산가치는 기업의 수익성 창출에 기여할 뿐만 아니라 채무변제후의 잔여재산 분배가능액을 의미하므로 기업의 안전성 판단의 척도가 된다. 일반적으로 PBR이 1 이하인 경우에는 현재의 주가가 자산가치에 비해 저평가되어 있는 것으로 해석한다.

## 4. 주가현금흐름비율

주가현금흐름비율(price cashflow ratio; PCR)은 주가를 주당 현금흐름으로 나눈 것이다. 이 지표는 실제 기업의 자금상황을 알아볼 수 있는 좋은 지표로 이용되고 있다. 즉 손익계산서상의 지표가운데는 현금지출이 발생하지 않는 비용들이 많이 있어 실제 기업현금상황을 알아보기 위해서는 이 지표가 더 유용하게 사용된다. 따라서 PCR은 기업의 부채상환능력, 설비확장 등을 위한 자금조달 능력을 현재의 주가와 비교한 값이라 할 수 있다.

## 5. 상장주식회전율

상장주식회전율은 기본적으로는 거래량과 같이 시장의 유통상황을 보기 위한 지표로서 상장주식회전율이 높은 수준에 있을 때는 주식시장의 인기가 높다는 것을, 반대로 낮은 수준에 있을 때는 투자자들이 주식시장에 대해 별로 관심이 없다는 것을 나타내는 것이다.

한편 이 회전율 정보는 해당 시장의 유동성수준을 가늠해주는 중요한 비율이기도 하다. 상장주식들이 활발하게 투자가사이에서 매매되는 것은 주식유통시장이 갖춰야 할 가장 중요한 덕목이기도 하다.

제 7 장

Korea Securities Market

# 투자의 기초


제 1 절 투자의 위험과 수익률

제 2 절 투자대상과 투자방법

투자는 소비를 시간적으로 연기하는 행위다. 다만 무작정 시간상 연기가 아니라, 미래 소비할 수 있는 소득의 크기를 증가시킬 목적으로 위험을 부담하면서 수익을 도모하는 행위라고 할 수 있다.

당연히 투자에서는 미래 기대수익을 위해 위험을 부담하게 된다. 위험의 구체적인 형태는 소비를 연기하는 대신 취득한 금융상품 또는 유가증권이 가지고 있는 위험을 보유기간동안 떠안게 된다.

투자는 수익률과 위험이라는 두 상반된 요소에 대한 자신의 태도를 결정하는 문제다. 합리적인 투자가는 수익은 높을수록, 위험은 낮을수록 선호하는 가치체계를 가지고 있다. 따라서 높은 수익을 기대하려면, 당연히 높은 위험을 부담해야 한다.

일반투자가들이 주식처럼 위험이 높은 투자대상에 투자하면서 많은 실패를 하게 되는 것은 수익률과 위험이라는 두 요소 가운데 수익률에만 집착하는 경향을 보이는데 기인한다고 해도 과언이 아닐 만큼, 일반적으로 위험관리에는 소홀하다.

투자이전에 반드시 체크해야 할 요소 또는 과정으로서, 본인이 부담할 수 있는 위험수준이 어느 정도인가를 확인하는 작업이다. 가급적 최악의 상황이 발생했을 때 감당할 수 있는 위험수준을 가정해보는 것이 좋다.

또한 자신이 투자로부터 희망하는 수익률 수준이 어느 정도인지를 합리적으로 결정해보는 작업도 중요하다. 사전에 자신의 투자유형과 투자지식 등을 측정해보는 다양한 설문조사를 활용해보는 것도 좋은 방법이 된다.

대부분의 투자에서 수익을 창출하는 과정은 다양한 수준의 투자가들이 참여하는 게임에서 승부를 가리는 경기와 본질적으로 다르지 않다. 따라서 자신의 투자지식과 위험에 대한 태도 등을 냉정히 평가하고 나름대로의 투자원칙을 수립하는 것이 중요하다.

# 제 1 절 투자의 위험과 수익률

## 1. 투자의 개념

### (1) 투자란 무엇인가?

"투자는 소비의 연기"행위이다. 즉 투자와 소비는 시간차원에서 보면 목적이 동일한 경제행위라는 말이다. 다만 어느 시점에서 소비를 할 것인가만 차이날 뿐 본질적인 목적은 동일하다. 결국 투자행위의 최종 목적은 소비를 위한 행위이다.

즉 투자는 미래 소비할 수 있는 소득의 크기를 증가시키기 위해 현재 소비를 시간적으로 연기하면서 금융자산이 보유하고 있는 위험을 부담하고 수익률을 기대하는 행위라고 할 수 있다.

소비라는 경제행위는 지금 현재시점에서 보유하고 있는 화폐로 재화를 구매하여 사용함으로써 효용을 극대화시키려는 행위라고 경제학에서는 정의한다. 반면에 투자행위는 현재소비를 시간적으로 연기하는 대신에, 미래에 소비할 수 있는 소득을 증가시킬 목적으로 금융시장에서 금융상품을 취득하여 적극적으로 위험을 부담하면서 수익을 창출하려는 행위이다.

이 투자의 정의에서 보면, 단순히 소비를 연기하는 행위만으로는 투자라고 할 수 없다는 것이다. 소비를 연기하되, 반드시 위험을 부담하면서 적극적으로 미래소득을 증가시키기 위한 구체적인 금융상품을 구매하는 경우에 투자라고 한다.

투자는 본질적으로 미래 소비할 수 있는 소득의 크기를 증대시킬 목적으로 현재소비를 연기한다는 점에서는 소비와 시간차원에서 동일한 속성을 가지고 있지만, 현재 소비는 확실하게 소비자의 효용을 증가시키는 데 반해, 투자는 예상대로 미래소득을 확실하게 증가시킨다는 보장이 없다는 점에서 큰 차이가 있다.

즉, 현재소비는 결과가 확실성을 갖지만, 투자는 본질적으로 불확실성을 가지고 있다는 점이다. 따라서 현재의 확실한 소비를 연기하고 대신 불확실한 투자로 자금이 이동하기 위해서는 불확실성(위험)에 대한 보상수준이 매력이 있을 때 비로소 소비에서 투자로, 소비시장에서 금융시장으로 자금이 이동하게 될 것이다.

투자가들은 여유자금을 가진 흑자경제주체로서 동시에 실물시장에서 소비를 할 수 있는 경제주체이다. 즉, 투자가 이루어지는 금융시장과 소비가 이루어지는 실물시장은 한편으론 상호 보완적이지만, 여유자금이 실물시장과 금융시장 중 어느 곳으로 갈 것인가라는 관점에서 보면 상호 경쟁관계에 있다고도 할 수 있다.

### (2) 투자의 양면성 — 수익과 위험

투자를 하면 구체적으로 금융상품을 취득하게 되고, 만기에 보유한 금융상품을 매각함으로써 수익을 얻게 된다. 그러나 이 과정에서 필연적으로 보유하게 된 금융상품이 갖는 위험도 같이 부담하게 된다.

투자가입장에서는 투자에서 수익은 많이, 위험은 낮게 부담하면 가장 바람직한 상황이 되겠지만, 불행하게도 수익과 위험은 철저하게 상호배반적이다. 즉 대부분의 경우 수익이 높으면 위험도 크게 된다.

그래서 투자가는 항상 증권에 투자할 경우에 이 두 가지 요인에 대해 신중하게 고려하여야 한다. 실패하는 대부분의 투자가들이 범하는 오류는 위험요인을 명확히 평가하지 않은 상태에서 얻게 될 수익에만 집착하는 모습을 보인다는 사실이다.

그러나 투자행위에서 더 중요한 것은 위험관리라는 것이 정설이다. 투자가입장에서 부담할 수 있는 위험의 크기를 사전에 명확히 규정하고, 그 범위 내에서 구체적으로 투자결과 보유하게 되는 금융상품의 위험을 정확히 인지하는 것이 보다 중요한 자세이다.

## 2. 수익률과 위험

### (1) 수익률

투자를 할 때는 투자한 돈으로부터 얻게 될 수익이 얼마나 될 것인가를 생각하게 된다. 증권에 투자하는 사람은 증권가격보다는 증권의 수익률에 더 관심이 크다. 즉 증권가격 그 자체는 증권투자로부터 얼마만큼의 이익을 얻게 되는가를 직접적으로 측정하는 지표가 되지 못하기 때문이다.

투자가가 증권투자로부터 얻게 되는 수익에는 두 가지 요인으로 구성되어 있다. 먼저 주식이나 채권에 투자할 때 현금소득을 받는다. 채권에 투자할 경우에는 일정한 금액의 이자를, 주식에 투자할 경우에는 배당을 받는다.

두 번째 요소는 증권의 가격변동에서 오는 소득이다. 주식이나 채권의 가격은 고정되어 있지 않고, 시장상황에 따라 시시각각 변동하는데 증권의 시장가격이 매입가격보다 높으면 그 차액이 자본이득(capital gain)이 되고, 반대의 경우는 자본 손실(capital loss)가 된다.

한편 투자수익을 이러한 금액으로 표시하는 것보다 총 투자액에 대한 비율, 즉 수익률과 환산해서 분석하는 것이 편리하다. 증권투자에 대한 수익률(rates of return)은 현금소득과 자본이득을 합친 총 투자수익을 투자금액으로 나눈 값이 된다.

주식투자수익률 = (배당 + 자본이득)/투자금액
채권투자수익률 = (이자 + 자본이득)/투자금액

흔히 수익률개념에서 초보자들이 혼동하는 부분은, 수익률개념에는 두 가지가 있다는 것이다. 즉 투자가 완료되고 난 뒤 투자성과를 측정해보는 경우에 해당되는 실제 실현된 수익률개념 또는 사후적 수익률과, 투자를 결정하기 전에 사전에 예상수익률을 측정해보는 경우의 사전수익률(예상수익률) 개념이 있다.

일반적으로 "투자대상의 위험이 높으면 수익률이 높다"고 할 때의 수익률은 사전수익률개념을 지칭한다. 즉, 주식은 채권보다 일반적으로 위험이 높기 때문에 수익률도 높다고 했을 때의 수익률은 사전수익률, 즉 기대수익률, 예상수익률 또는 요구수익률 개념이라는 것이다.

사후적으로 즉, 투자가 완료되었을 때 구하는 수익률은 비교적 간단하게 측정이 된다. 그러나 사전수익률, 즉 기대수익률은 투자행위가 발생하기 전에 투자대상이 가지고 있는 위험의 크기를 측정하고, 이에 상응하는 수익률크기를 추정해 보는 것을 의미한다. 따라서 사전수익률은 투자대상이 내포하고 있는 위험을 고려했을 때 투자가 입장에서 어느 수준의 수익률을 기대할 수 있는가? 또는 어느 수준의 수익률을 합리적으로 요구할 수 있는가를 추정해 보는 작업이라고 할 수 있다. 그래서 사전수익률을 예상수익률, 또는 요구수익률이라고 표현할 수 있는 것이다.

그럼 사전적으로 수익률과 위험의 크기를 어떻게 추정할 수 있을까? 이 문제는 그리 간단하지가 않다. 일반적으로 주식과 같이 투자로 인해 얻게 될 수익이 불확실한 경우에는 사전수익률 측정은 확률값으로 추정하게 되므로 매우 주관적인 측정이 된다. 주식의 경우 자본이득을 예상하기 위해서는 향후 매도가격을 추정해야 하는데 향후의 주식가격이 어떻게 결정될 것인가는 완전히 불확실성의 세계에 해당하는 것이다.

반면에 미래시간에 받게 될 배당의 경우 본질적으로는 향후 주가와 마찬가지로 불확실한 것이지만 상대적으로 주가보다는 기업들의 배당관행이 비교적 안정적이라 변동성이 그리 커지는 않다. 그래서 배당의 경우 최근 배당추이를 토대로 배당패턴의 급격한 변화가 발생하지 않을 것으로 가정하게 된다.

'사전수익률이 주관적이다'는 표현은 수익률을 측정하는 사람이 투자로부터 받게 될 배당소득과 자본이득의 크기를 어떤 확률분포값으로 평가하는가에 따라 달라진다는 것을 의미한다.

### (2) 위험

증권투자에서 위험은 "기대했던 수익률이 일어나지 않을 가능성"으로 정의한다. 주식이라는 금융상품의 위험이 높다는 것은 실제 투자가 완료되었을 때 사전에 기대했던 수익률이 발생하지 않을 가능성이 높다는 말과 같다.

반면에 채권은 이자가 사전에 확정되어 있고, 만기에 원금을 상환받게 되므로 주식에 비해서는 상대적으로 훨씬 안전하다고 말할 수 있는데 이유는 만기에 얻게 될 수익의 크기가 확실성이 높기 때문이다. 채권은 발행주체의 디폴트 상황에만 빠지지 않는다면 약속한 원리금을 지급받을 가능성이 아주 높다. 채권의 경우 발행주체에 따른 분류를 할 때 회사채가 디폴트 위험이 가장 높은 채권이라고 할 수 있다. 일반적으로 채권보다 더 위험이 낮은 경우는 은행예금상품 같은 유형이다.

금융자산의 경우 위험이 크면 투자로부터 기대되는 수익 또한 크며, 반대의 경우도 성립하게 된다. 그래서 높은 위험과 높은 기대수익을 갖는 금융상품과, 낮은 위험과 낮은 기대수익을 갖는 금융상품 중 어느 것을 선택할 것인가의 문제는 투자가의 위험-수익률에 대한 태도나 투자스타일에 전적으로 의존하게 된다.

이 두 요인에 대한 투자가의 태도유형에 따라 일반적으로 위험선호자, 위험 회피자로 분류하지만, 합리적인 투자가는 위험을 회피하려는 경향이 있다고 가정한다. 따라서 위험과 수익률에 대한 태도에 따라 투자가를 분류하자면 보다 공격적인 투자가와 보수적인 투자가 유형으로 구분하는 것이 더 바람직하다.

## 3. 투자로부터 얼마의 수익률을 기대할 수 있는가?

### (1) 개별위험과 시장위험

주식은 시장위험(market risk)과 개별위험(firm risk) 두 가지 요인으로 이루어져 있다고 한다. 시장위험은 예측하기도 힘들고, 기업입장에서 통제할 수 있거나 회피하기도 힘든 위험이다.

예를 들면, 금리가 상승한다거나, 금리가 변동에 따른 환율이 급변하거나 또는 정치적 상황이 변한다거나 하는 상황들은 기업입장에서는 예측하거나 회피하기가 거의 불가능한 환경들이다. 따라서 어쩔 수 없이 이런 시장위험요인은 기업이 감수하는 수밖에 없다.

개별위험은 전체 시장상황과는 무관하게 해당 기업의 고유한 위험이라고 정의한다. 예를 들면 기업이 부도가 난다든지, 기업의 자본상황이 악화된다든지, 시장에서 제품의 매출이 부진하든지 하는 요인에 의해 발생하는 위험이다.

주식투자에서는 시장위험을 체계적 위험, 개별위험을 비체계적 위험이라고 하며, 투자가입장에서 이 두 형태의 위험은 투자패턴을 어떻게 하는가에 따라 투자가의 위험부담이 달라질 수 있다고 정의한다.

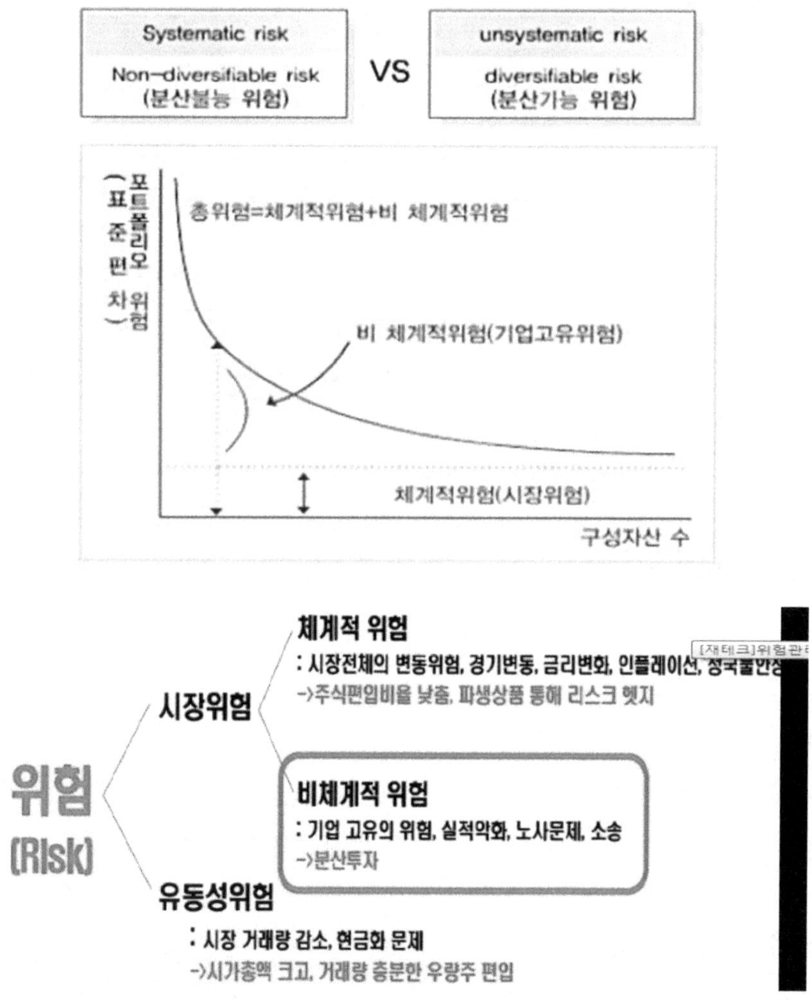


[그림 7-1] 체계적 위험과 비체계적 위험

투자가입장에서 보면 체계적 위험이 시장위험은 주로 거시경제변수의 변화로 야기되는 것으로 회피가 불가능한 위험으로 인식된다. 반면에 비체계적 위험은 개별기업 특유의 위험인데, 이 위험은 분산투자를 적절히 하게 되면 얼마든지 투자가입장에서는 회피가능한 위험이다.

흔히 투자자금을 여러 종목에 분산투자 하는 것이 유리하다는 말은 바로 개별종목에 투자를 집중하는 경우에 안게 될 비체계적 위험을 제거 할 수 있으므로 동일한 수준의 목표수익률하에서도 분산투자로 위험크기를 줄일 수 있다는 말과 같은 의미라고 해석하면 된다.

### (2) 베타 위험

어떤 주식이 위험하다거나 위험하지 않다고 말할 때 기준은 무엇인가? 즉, 어떤 주식이 위험하다는 평가는 어떤 기준에 비해 그것보다 위험한가 아닌가를 비교할 때만 의미있는 것이며, 막연히 주식이 위험하다는 평가는 투자과정에서 별 도움이 되지 않는다.

이런 질문에 대한 답으로 일반적으로 베타라는 개념을 사용하고 있다. 베타의 개념은 어떤 주식의 위험이 시장전체(마켓포트폴리오; 해당 시장에서 거래되는 모든 금융자산을 포함하고 있는 포트폴리오)의 위험과 비교하여 얼마나 위험한가를 분석하는 도구라고 할 수 있다.

베타의 개념은 '마켓포트폴리오 수익률 움직임에 비해 어떤 주식의 수익률이 얼마나 움직이는가?'를 나타낸 수치라고 할 수 있다. 여기서 시장의 움직임, 즉 마켓포트폴리오 수익률의 대용치로 우리나라에서는 한국종합주가지수(Kospi) 수익률을 이용하고 있다.

$$\beta_i : \text{자산 } i\text{의 체계적 위험의 크기}[= \frac{cov(R_i, R_m)}{\sigma_m^2}]$$

위 식에서 보면 자산 I의 체계적 위험, 즉 베타값은 I자산과 마켓포트폴리오(m) 수익률간의 공분산을 마켓포트폴리오수익률의 분산값으로 나눈 것임을 알 수 있다. 즉 특정 개별자산의 베타값은 개별자산과 시장포트폴리오 사이의 공분산 값을 표준화 시킨 계수라는 것을 알 수 있다.

여기서 표준화시켰다는 것은 예를 들어 시장포트폴리오의 베타값은 1이 된다는 것을 말한다. 즉 Cov(Rm, Rm)은 마켓포트폴리오 수익률의 분산값과 같으므로 베타값은 당연히 1이다. 따라서 특정 개별기업의 베타값이 1보다 크면 이 기업의 주가는 시장전체 주가 움직임보다 더 민감하게 반응하는 특징을 갖고 있다고 해석한다.

예를 들어 (주)현대자동차 주식의 베타크기가 1.2 라고 하면, 이 기업의 주가움직임은 시장전체수익률, 즉 종합주가지수 수익률이 1만큼 움직일 때 1.2만큼 움직이는 주식이라는 의미를 갖는다. 이 경우 (주)현대자동차 주식은 시장포트폴리오보다 더 위험한 주식이라고 한다.

아울러 가격이 하락하는 경우도 마찬가지다. 만약 코스피 수익률이 10% 하락할 때, 베타계수가 1.2인 (주)현대자동차 주식 수익률은 12%만큼 수익률이 떨어진다는 것을 의미한다. 따라서 베타계수가 크다는 것은 시장전체 움직임보다 더 가격변동성이 크게 움직이는 주식이라는 말이므로, 세련되고 공격적인 투자가들에게 적합한 종목이라고 할 수 있다.

반면에 베타계수가 1보다 작은 주식은 시장움직임보다 변동성이 작은 주식이므로 초보자에게 적합한 안정적인 주식이라고 할 수 있다. 일반적으로 우리나라에서는 첨단제품을 생산하는 기업이나, 경기변동에 민감한 비즈니스 모델을 가진 기업들의 주식이 베타계수가 크게 나타나는 데 비해, 시중은행이나 생필품을 취급하는 기업들이 베타계수가 적게 나타난다.

이 베타크기는 다름 아닌 앞의 체계적 위험지표라고 할 수 있다. 따라서 이 베타위험은 분산투자로부터 회피가 불가능한 위험크기로, 우리가 투자로 부터의 기대수익률은 위험크기와 관련이 있다고 말할 때, 그 위험은 바로 베타위험을 지칭한다.

이 말은 매우 중요한 의미를 담고 있는데, 투자수익률은 바로 위험에 대한 보상수준이라고 말할 수 있다면, 우리가 투자를 함으로써 부담하는 위험과 그 위험의 보상수준은 바로 비체계적위험에 대해서는 보상이 없다는 말로 해석할 수 있다.

따라서 각 개별주식의 베타크기는 바로 해당주식이 위험한 주식인지, 아니면 덜 위험한 주식인지를 구분해주는 지표가 되는데, 베타가 1을 기준으로 1보다 큰 베타를 가진 주식을 위험한 주식이라고 한다.

### (3) 합리적인 기대수익률

베타가 주식의 위험수준을 측정하는 자료가 된다면, 일반적으로 위험에 대한 태도가 회피하려는 경향이 있다고 가정했던 투자가들이 베타가 큰 주식에 투자하려고 하지 않을 것이다.

이 말은 달리 표현하면, 베타가 높은 주식에 투자를 하도록 유도하려면 그 위험에 대한 보상이 충분히 제시될 때 비로소 투자가 이루어질 가능성이 생길 것이다. 그러면 투자가는 투자로 인해 보유하게 되는 금융자산으로부터 어느 정도 수익률을 기대하는 것이 합리적인 것인가?

이 질문에 대한 해답을 설명하는 모델이 Sharp 와 Lintner가 베타개념을 이용하여 개발한 CAPM(Capital Asset Pricing Model)이다. 이 모델에 의하면 어떤 증권에 투자할 때 기대수익률은 두 가지 요인으로 구성된 보상수준으로 결정된다고 설명한다.

$$E(R_j) = R_f + [E(R_m) - R_f] \cdot \beta_j$$

즉, $j$증권에 투자할 경우 기대수익률은 소비연기에 대한 보상수준인 무위험자산 수익률 $R_f$와 $j$증권이 가지고 있는 체계적 위험(베타위험)에 대한 시장에서 제공하는 보상수준을 곱한 것만큼의 위험프리미엄을 더한 크기만큼 수익률을 기대할 수 있다.

여기서 소비연기에 대한 보상수준인 무위험자산 수익률은 모든 투자에서 공통적으로 시장이 제공하는 보상이지만, 투자로 인한 위험에 대한 보상수준은 구체적으로 보유하게 되는 금융상품의 베타위험 크기에 의해 결정된다는 것을 알 수 있다.

또한 위험도 구체적으로 체계적 위험에 대해서만 보상을 기대할 수 있는 것이지, 분산투자로 회피가능한 개별위험에 대해서는 어떠한 보상도 시장에서 기대할 수 없다는 것을 위 모델에서 알 수 있다.

## 제 2 절 투자대상과 투자방법

일반 투자가에게 있어서 투자대상으로 금융자산은 크게 은행 예금이나 적금과 같은 간접금융시장에서 제공하는 금융자산과 주식이나 채권 같은 직접금융시장에서 제공하는 금융자산으로 구분할 수 있다.

전통적으로 우리나라의 경우에는 은행 예금이나 적금에 대한 투자비중이 주식이나 채권보다 절대적으로 높은 추세였지만, 최근 들어 개인투자가들의 투자대상이 급격하게 변동하고 있는 상황이 전개되고 있다.

## 1. 은행 예·적금 투자에서 증권으로

### (1) 저금리시대 진입

1980년대 중반 이후부터 10%대 수준에서 비교적 안정적으로 유지되던 금리는 외환위기가 발생하자 큰 변화를 보이기 시작했다. 당시 국가부도 위기라는 사상 초유의 사태가 벌어지면서 시중 회사채금리는 연 30%대에 육박했고, 예금금리도 최대 18%까지 수직상승하였다.

이후 이런 상황이 점차 극복되면서 금리는 안정되기 시작했고, 1998년 이후 마침내 우리나라도 한자리수의 금리시대가 시작되었다. 그러나 2000년 이후 마침내 5% 이하 수준까지 금리가 하락하면서 초저금리 시대로 진입하게 된다.

이런 저금리시대의 진입은 지금까지 개인들의 자금운용에 일대 충격을 주면서 특히 고령자나 퇴직자들의 노후 생활설계가 근본적으로 변화의 전기를 맞게 되었다. 즉, 외환위기 이전까지만 해도 이자소득으로 노후를 생활하는데 별 차질이 없었지만 5%수준의 예금금리에서 제공되는 이자소득으로는 정상적인 생활이 불가능한 상황이 초래하였다.

5% 수준의 금리는 물가상승률을 차감한 실질금리로 환산하면 거의 제로금리수준이라고 할 수 있는 수준으로, 이는 더 이상 예금이나 적금형태의 금융자산은 투자대상으로 거론하기가 어려운 상태라고 할 수 있다.

저금리시대의 진입은 예금상품이 자산을 증가시키는 투자상품이 아니라 원금유지마저 어려워지면서 증권형태의 금융자산에 대한 투자가 본격화되는 계기를 마련하였다. 고금리시대에 유행했던 안정성에 초점을 맞춰 금융상품을 선택하는 추세에서 일정수준의 위험을 부담하면서 수익성에 초점을 맞추는 투자패턴으로 전환이 이루어지고 있는 것이다.

그러면 향후 금리추세는 어떻게 변화할 것인가? 이에 대해서는 과거와 같은 고금리시대는 영원히 도래하지 않을 것이라는 것은 분명한 것 같다. 물론 단기적으로 금리상승이 불가피할 경우도 있겠지만, 미래에서 보면 지금의 저금리가 다시 고금리시대로 기록될 가능성도 충분하다.

우리와 여러 면에서 치열하게 경쟁하는 일본의 경우 1년 정기예금 금리가 0.3% 수준으로 현재 우리나라는 일본보다 금리가 10배 이상 높다고 할 수 있다. 국가간 금리차에 따라 국제자금이동의 문제를 고려할 때, 미국과 일본 그리고 대만의 금리수준이 아직은 우리보다 낮기 때문에 향후에서 우리나라 금리는 상승보다는 하락의 가능성을 더 내포하고 있다고 할 수 있다.

### (2) 투자대상 자산의 변화

2004년부터 우리나라의 개인 금융자산 운용에도 서서히 저축에서 투자로 바뀌는 조짐들이 나타나기 시작하다가, 간접투자 원년이라고 할 수 있는 2005년부터는 본격적으로 주식시장으로 자금이동이 가속화되기 시작하였다.

저금리가 촉발시킨 이런 자금운용패턴의 변화추세는 시간이 갈수록 점점 더 강화되고 있는 느낌이다. 은행에서 이탈한 자금이 주식시장으로 이동하는데 크게 기여한 금융상품은 단연 적립식 펀드라는 간접투자상품이다.

적립식 펀드는 저금리로 은행금융상품이 매력을 잃어버린 시대적 환경과 맞물려 증권시장으로 눈길을 돌리던 투자가들에게 가장 매력적인 투자상품으로 자리매김을 했다. 직접투자에 대한 위험부담을 제거하면서도 예전의 투자신탁회사가 발매했던 수익증권과 달리 이 펀드상품은 뮤추얼펀드로 투자가들의 요구를 충족시키는데 부족함이 없었다.

전통적으로 일본과 우리나라는 개인의 여유자금이 안정성 위주로만 운용이 이루어져 왔지만, 우리나라는 2004년 적립식 펀드라는 신종 간접투자상품이 도입된 이후 저금리환경과 맞물리면서 자금운용의 본질적인 변화가 점차 가속화되고 있다.

## 2. 직접투자와 간접투자

증권에 투자하는 경우 그 방법상의 문제가 직접 증권을 선정하고 매매할 것인지, 아니면 간접투자방식으로 할 것인지를 결정해야 한다. 직접투자란 자신의 책임하에 투자대상을 선별하고 구체적인 매매시점을 결정하는 것을 말한다.

반면에 간접투자는 투자가들의 자금을 모아서 공동자금을 만든 다음 투자하는 방식을 말한다. 예를 들어 특정 주식을 사는 행위는 직접투자이고, 주식형 펀드를 사는 행위는 간접투자가 된다.

부동산의 경우도 직접 건물이나 토지. 주택을 사면 직접투자가 되고, 리츠(REITs)라는 부동산 투자신탁을 이용하면 간접투자가 된다. 채권도 직접 증권회사에서 매입하면 직접투자가 되지만 채권형 수익증권을 매입하면 간접투자 방식이 되는 것이다.

〈표 7-1〉 직접투자와 간접투자의 비교

| 구 분 | 직접투자 | 간접투자 |
|---|---|---|
| 투자주체 | 본인 | 투자전문회사 |
| 투자결과에 대한 책임 | 본인 | 본인 |
| 거래비용 | 높은 회전율로 비용증가 | 공동투자, 장기투자로 비용절감 |
| 위험관리능력 | 비체계적관리로 낮음 | 분산투자와 여러 안전장치로 높은 |
| 투자범위 | 소수종목에 국한 | 투자목적과 자산규모에 따라 다양함 |

이 두 가지 투자방식은 각각 장단점을 가지고 있어서 어느 방식이 더 좋다고 이야기 할 수는 없다. 사람마다 투자패턴이 다르고, 위험에 대한 태도가 차이 나며, 자금의 규모와 투자기간도 차이가 난다. 또한 투자가들의 투자지식 수준도 천차만별이다.

그럼에도 불구하고 분명한 것은, 위험관리 측면, 운용능력, 자산배분능력에서는 직접투자방식보다는 간접투자방식이 더 유리하다. 왜냐하면 일반적으로 직접투자의 경우 한정된 자금으로 다양한 투자포트폴리오를 구성하기가 현실적으로 어렵다. 이는 곧 위험분산기능에서 직접투자가 한계를 가질 수 있다는 것이다.

간접투자방식은 개인입장에서는 소액이라도 공동투자기금이 모아지므로 분산투자가 가능해진다. 특히 주식형 펀드는 리스크관리를 위해서 다양한 제도적, 법률적인 규제와 장치가 마련되어 있다. 대표적인 것이 특정종목에 투자비중을 제한한다든지, 손절매(loss cut)장치들이 마련되어 있다.

다만 투자가 스스로 투자대상에 대한 해박한 지식과 경험, 그리고 시간적인 여유가 충분히 있을 때는 직접투자를 고려해보는 것도 좋다. 그러나 그렇지 못한 상황이라면 전문가에게 투자를 맡기는 것이 더 유리하다고 할 수 있다.

물론 간접투자가 늘 이익을 내는 것은 아니다. 간접투자의 경우도 언제든지 손실을 초래할 수 도 있지만, 위험관리능력이나 모든 면에서 일반인들보다는 능력이 뛰어나다. 최근까지 우리나라의 투자성향은 개인의 직접투자 비중이 절대적으로 높아서 시장의 변동성이 매우 높아 투자피해 사례들이 증폭된 점을 볼 수 있었다.

이런 투자문화가 최근의 저금리시대 도래와 함께 시작된 간접투자 추세로 상당부분 개선되면서 증권시장의 질적 성숙도 아울러 이루어지고 있는 것을 볼 수 있다. 이런 추세는 향후 지속적으로 강화될 것으로 보여진다.

# 제 8 장

Korea Securities Market

# 주식투자분석


제 1 절 주식투자분석의 개념

제 2 절 기본적 분석

제 3 절 기술적 분석

증권투자를 결정하는 과정은 크게 종목선택을 위한 기본적 분석과, 매매타이밍을 결정하기 위한 기술적 분석을 종합하는 것으로 이루어진다. 그러나 이런 절차는 가장 기초적인 분석일 뿐, 실제 투자를 결정하는 과정에서 고려해야 하는 변수는 계속 늘고 있다.

대표적인 경우가 현물시장에 연계된 선물, 옵션시장의 상황이다. 흔히 프로그램 매매라고 불리우는 매매기법은 현물시장과 파생금융시장을 매매대상으로 묶어놓고 매수와 매도를 결정하는 기법으로 시장의 수급을 결정하는데 큰 비중을 차지하고 있다.

따라서 예전보다 훨씬 매매과정에서 확인해야 할 변수들이 증가하고 있어 개인투자가들의 결정을 어렵게 하는 요인으로 작용하고 있다. 그러나 여전히 기본적 분석과 기술적 분석기법은 투자를 위해서는 반드시 체크하고 고려해야 하는 핵심사항들이다.

기술적 분석은 매매타이밍을 결정하는 데 유용한 도구이다. 현실적으로 실무에서 수많은 기법들을 사용하고 있어, 여기서 모두 거론하기가 어려우므로 대표적인 기법들만 소개하기로 한다. 기본적 분석 방법과는 달리 기술적 분석도구들은 사용자의 관점이나 취향에 따라 선택적으로 이용가능하므로 일정한 분석 원칙이나 규정이 존재할 수 없는 특징이 있다.

## 제 1 절 주식투자분석의 개념

투자자가 직접 주식투자를 하기 위한 분석방법은 여러 가지가 있을 수 있으나, 일반적으로 기본적 분석과 기술적 분석으로 나눈다. 기본적 분석은 투자종목을 선택하기 위한 분석과정이고, 기술적 분석은 선택된 종목에 대한 매매시점을 결정하기 위한 분석이다.

기본적 분석, 즉 종목선택을 위한 분석과정의 최종 목적은 기업의 내재가치보다 저평가된 종목을 선별하는 작업이 핵심이다. 그러나 기본적 분석은 최종적인 이 목적을 위해 보다 거시적인 차원에서 분석작업을 시작한다.

이에 비해 기술적 분석은 과거의 증권가격과 거래량 정보를 이용하여 미래의 시장과 증권가격의 변화를 예측하려는 방법으로 매매시점의 선택에 초점을 둔 방법이다.

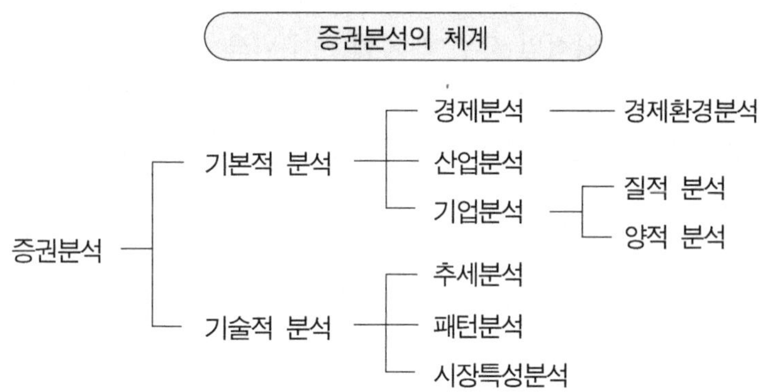


[그림 8-1] 주식투자분석의 체계

결국 주식투자분석은 주식의 가치에 대한 평가와 매매시점을 판단하여 보다 유리한 투자선택을 할 수 있도록 정보를 수집·분석하는 작업을 의미한다. 이 경우 정보는 주식의 투자성과에 영향을 미치는 경제 및 산업의 현황과 전망 그리고 발행기업의 상황, 증권의 수요와 공급 등과 관련된 것이다. 따라서 기본적 분석에서는 기업의 내재가치보다 저평가된 종목을 발굴하는 것이 핵심과제가 되며, 이 과정을 통해 선택된 종목의 과거 거래자료를 통해 언제 매매할 것인가를 결정하는 작업이 기술적 분석이라고 할 수 있다. <표 8-1>은 두 분석기법의 주요 항목을 비교하고 있다.

〈표 8-1〉 두 분석기법의 비교

| 구 분 | 기본적 분석 | 기술적 분석 |
|---|---|---|
| 목 표 | 좋은 종목 선정 → 저평가 종목 | 매매시점 포착 |
| 분석대상 | 내재가치(Value) | 가격(Price) |
| 활용수단 | 재무제표 | 차트 |
| 정 보 | 현재정보(공개정보) | 과거정보 |
| 특 징 | 시장변화원인 파악 | 시장변화방향 파악 |

## 제 2 절 기본적 분석

기본적 분석은 거시경제상황과 산업에 대한 분석과 함께 각 기업의 수익성과 성장성에 대한 분석을 통해 종목을 선정하는 분석방법이다. 증권의 가격은 그 증권을 발행한 기업의 내적인 요인과 외적인 요인에 의해 좌우되므로, 미래의 증권가격 예측을 위해서는 이에 영향을 주는 이들 기초적 요인들을 발견하고 예측하는 것이 중요하다.

기본적 분석에서는 이들 요인과 증권가격간의 관계에 따른 주식의 내재가치를 계산하고, 그 가치와 시장가격을 비교하여 투자를 결정하게 된다. 이 내재가치와 실제시장가치와는 차이가 있으며, 그 차이는 시간이 경과함에 따라 시장가치는 내재가치에 접근하게 된다. 따라서 내개가치보다 고평가된 주식은 매도하고, 반대로 저평가된 주식은 매수하게 된다.

그러나 기본적 분석에서 첫 분석단계로 거시경제변수들을 분석하는 목적은 저평가 종목을 선별한다는 최종 목적 외에 추가적인 목적이 있다. [그림 8−2]에서 보듯이 기본적 분석방법은 TOP_DOWN 방식의 분석구조를 갖추고 있다.

즉 거시경제변수 분석과정에서 투자기간동안 거시경제 상황이 주식투자에 불리하게 전망되는 경우는 투자증권의 종류를 주식이 아니라 다른 증권으로 변경해야 한다는 것을 의미한다. 즉 거시경제분석에서 특히 금리동향이나 경기전망이 주식투자에 불리하게 전망되면 확정이자부증권이 더 유리한 투자대상이 될 수 있다.

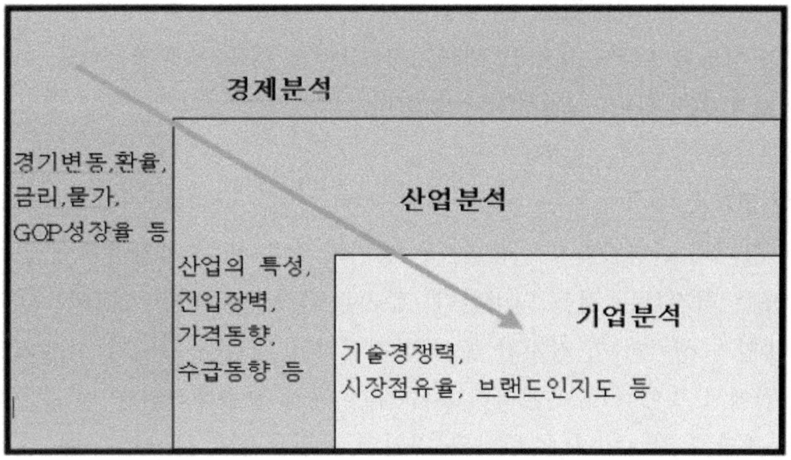


[그림 8-2] 기본적 분석개념

일단 거시경제분석 단계에서 주식투자로 방향이 결정되면 다음 단계는 어떤 업종에 투자할 것인가를 경정하게 된다. 투자매력도가 높은 업종을 선택하게 되면 해당 업종을 구성하는 개별기업군에 대한 구체적인 분석작업을 통해 최종적으로 종목이 결정되는 분석구조를 이루고 있다.

## 1. 거시경제 변수분석

주식가격에는 미래 기업성과에 대한 투자자들의 예상이 반영되어 있다. 기업성과는 국내외의 경제상황과 환경의 변화에 영향을 받지 않을 수 없다. 경제분석의 주된 목적은 기업의 경영성과에 영향을 미치는 기업외적 경제요인과 주식가격과의 관계를 이해하는 데 있다.

경제의 전반적인 움직임은 거시경제변수로 파악되기 때문에 경제분석의 주된 내용은 거시경제변수와 증권가격과의 관계를 파악하는 것이 경제분석의 주요 내용이다. 주식투자의 위험가운데 체계적 위험요인들이 일반적으로 거시경제변수들의 변동에 기인한다. 따라서 거시경제변수는 모든 주식과 채권에 동시에 영향을 미치는 경우가 대부분이다. 또한 개별기업 입장에서는 거시경제변수의 변동으로 인한 위험은 통제할 수 없는 성격이 대부분이다.

거시경제변수 간의 관계는 유기적이고 복합적이기 때문에 경제변수와 증권가격 간의 관계를 단편적으로 정의하는 것은 매우 어려운 일이다. 둘 사이는 경제변수가 증권가격에 영향을 미치는 일방적인 관계가 아니라, 증권가격이 다른 경제변수에도 영향을 미칠 수 있는 쌍방의 인과관계이기 때문이다. 따라서 정확한 경제분석을 위해서는 경제이론에 대한 폭넓은 이해가 선행되어야 한다.

### (1) 경기변동과 주가

주가는 경기에 선행한다고 한다. 이는 경기가 상승 또는 하강하기에 앞서서 주가가 먼저 상승 또는 하강하는 것을 의미한다. '주가는 주식으로부터 기대되는 미래현금흐름의 현재가치'임을 생각하면, 경기가 좋아질 것이라는 시장의 기대가 형성되면 실물경기는 아직 저점에서 벗어나지 못했더라도 주가는 미리 상승움직임을 탈 수 있고, 반대의 경우도 가능하다고 할 수 있다. 주가와 경기의 순환과정의 한 사이클을 그림으로 나타내면 [그림 8-3]과 같다.

경기변동의 위치에 따라 투자대상은 달라진다. 경기저점에서는 향후 경기회복을 겨냥하여 주식과 부동산 그리고 원유와 같은 실물자산 투자가가 바람직하다.

경기정점에서 경제의 모습은 상품의 수요가 공급을 초과하고 이에 따라 물가는 상승한다. 경제주체들의 자금의 수요가 증가하여 이자율이 높은 수준을 보이게 될 것이다. 이 국면에서 투자대상은 채권이다. 향후 경기가 후퇴하게 될 경우 이자율이 하락하고 주식시장은 침체국면으로 접어들 것이다.

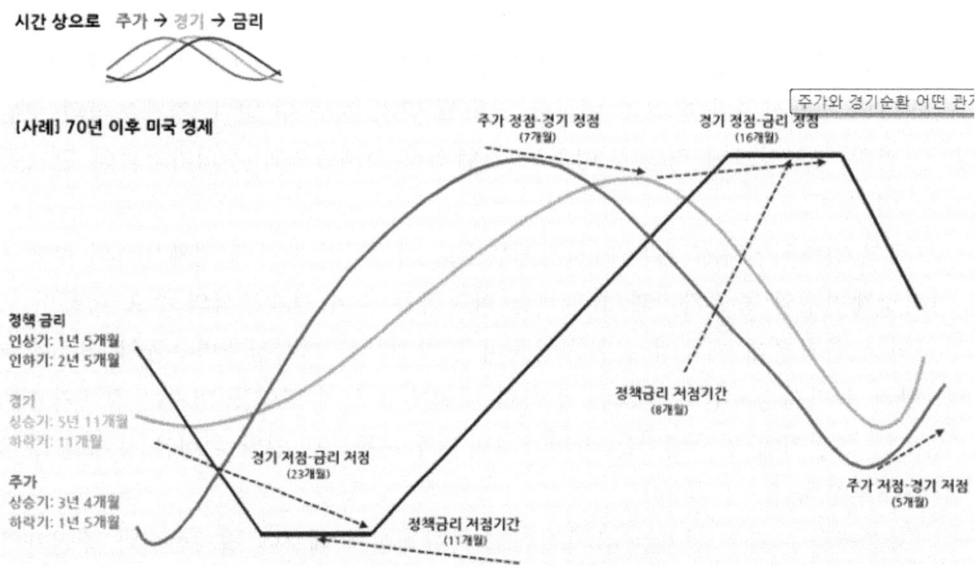


[그림 8-3] 주가와 경기의 순환과정

채권은 확정이자부 증권이므로 이 국면에서 채권이자율은 시중금리가 높은 수준이므로 수익률이 높게 결정될 것이다. 향후 금리하락에 따른 채권가격 상승시기에는 매매차익을 노릴 수도 있다. 경기가 저점에 접근하는 국면에서는 물가하락에 의한 디플레가 우려되기도 한다. 이 국면에서는 현금보유나 예금상품에 투자하는 것이 유리하다. 혹은 부채를 축소하는 의사결정이 효과적이다.

### (2) 통화량, 금리와 주가

금리(이자율)는 화폐의 가격이다. 즉 금리도 주가처럼 시장에서 수요와 공급에 의해 결정되는 대표적인 가격(price)이다. 일반적으로 통화량의 증대는 화폐시장의 새로운 균형을 야기 시켜 이자율을 하락시키고 이로 인해 주가가 상승한다. 즉 통화량 증대로 인한 이자율 하락이 주가에 미치는 영향을 보면 첫째, 이자율 하락이 기업의 금융비용 및 제품원가를 줄여 수익성을 향상시켜 주가의 상승으로 이어진다.

둘째, 통화량 증가에 따른 이자율 하락으로 통화량 증가의 일부가 증권시장에 유입되어 주식에 대한 매입수요의 증가를 상승시키게 된다. 셋째, 주가는 주당 현금흐름의 현재가치이므로 이자율이 하락하면 현금흐름에 대한 할인율이 작아져서 주가를 상승시킨다. 그러나 과도한 통화량 증가는 물가를 상승시켜 인플레이션을 유발할 수 있고 실물자산인 부동산 가격의 상승과 주가의 하락을 동시에 가져올 수 있다.

[그림 8−4]는 우리나라의 기준금리 추이를 보여주고 있다. 2009년 이후 우리나라의 기준금리는 2.5% 이하에서 머물고 있는 저금리 상황이다. 정부는 저금리로 기업의 투자를 촉진하여 경기부양을 통한 청년실업문제를 해결하기 위해 장기간 저금리정책을 견지하고 있지만 기대만큼 고용증진과 경기진작의 효과를 거두지 못하고 있다.

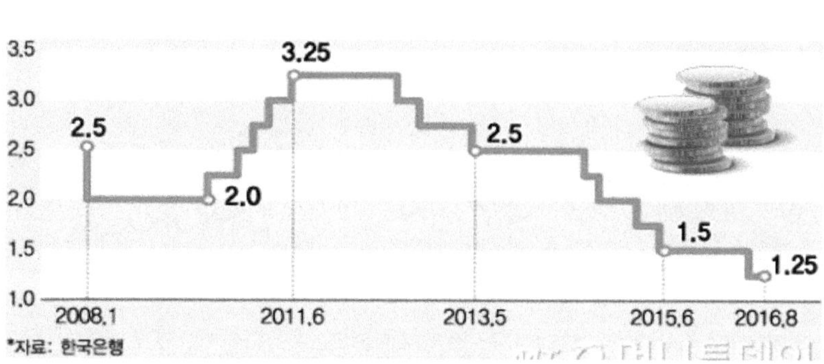


[그림 8-4] 우리나라 기준금리 추이

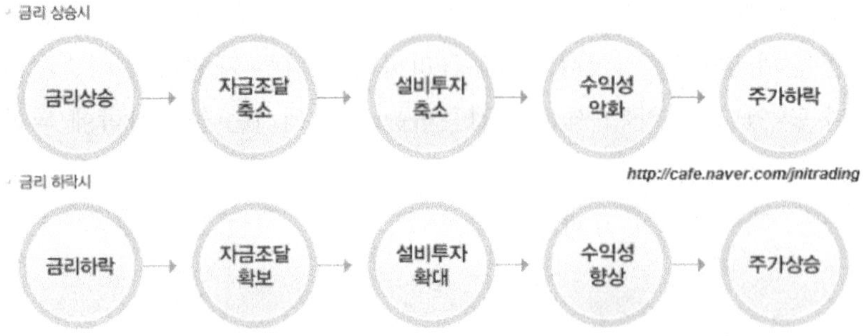


[그림 8-5] 금리와 주가의 관계

기준금리는 대표적인 정책금리로서 여타금리 결정에 기초가 된다. 기준금리 추이를 보여주는 [그림 8-4]에서 2008년의 금리하락의 가파른 추세는 금융위기로 야기된 우리 경제의 다급한 모습을 상상할 수 있게 한다. 기준금리가 단기간에 급격하게 하락했다는 것은 정부가 경제의 상태에 대한 위기감을 그대로 반영하고 있다. 정부의 이런 조치로 기업과 주가는 지켜졌지만 정부와 가계의 부채증가 및 소득의 감소와 같은 희생을 치러야 했다.

[그림 8-5]는 전통적으로 금리와 주가와의 관계를 순차적으로 도식화한 것이다.

### (4) 환율 및 국제수지와 주가

환율이란 그 나라 화폐와 외국 화폐와의 교환비율로서 직접적으로는 외환시장에서의 수급에 의해 결정되며, 국제수지, 물가, 금리 등의 영향을 받는다. 환율하락, 즉 평가절상은 한 나라의 경제가 안정되고 수출이 수입보다 많아서 국제수지의 흑자폭이 증가할 때 나타나는 것이 일반적이다.

[그림 8-6] 환율과 주가의 관계

국제수지 흑자의 증가는 해외부문으로부터의 자금유입의 증가로 나타나 시중의 자금유동성이 풍부해져서 주식의 매입수요를 증가시키므로 안정적 환율인하는 결과적으로 주가를 상승시키는 요인으로 작용한다.

그러나 환율이 급격히 인하되는 경우에는 수출비중이 높은 기업의 대외경쟁력이 약화되고 채산성이 악화된다. 이에 따라 기업의 매출이 감소되고 수익성이 악화됨으로써 주가는 하락하게 된다.

이와는 반대로 환율상승, 즉 평가절하는 수출이 부진하여 무역수지가 악화되고 교역상대국에 비하여 경제성장이 둔화될 때 나타난다. 환율인상이 수출비중이 높은 기업에 대해서는 단기적으로 유리하게 작용한다. 하지만 물가상승의 우려 및 경제성장의 둔화 등의 요인 때문에 환율상승이 주가상승을 동반하기는 어렵다.

### (5) 외국인 투자와 주가

1992년 주식시장 개방 이후 외국자본의 유입으로 외국투자자들이 국내 주식시장에서 차지하는 비중이 크게 높아짐에 따라 외국인의 매매성향이 중요한 투자지표로 등장하게 되었다.

[그림 8-7]에서 보듯이 당연히 외국투자가의 경우 환율동향과 매우 밀접한 관계를 보이고 있다. 환율이 상승하면 외국인투자가 입장에서는 투자수익이 발생해도 환차손이 발생하므로 우리시장의 투자매력도가 급격하게 감소하게 된다.

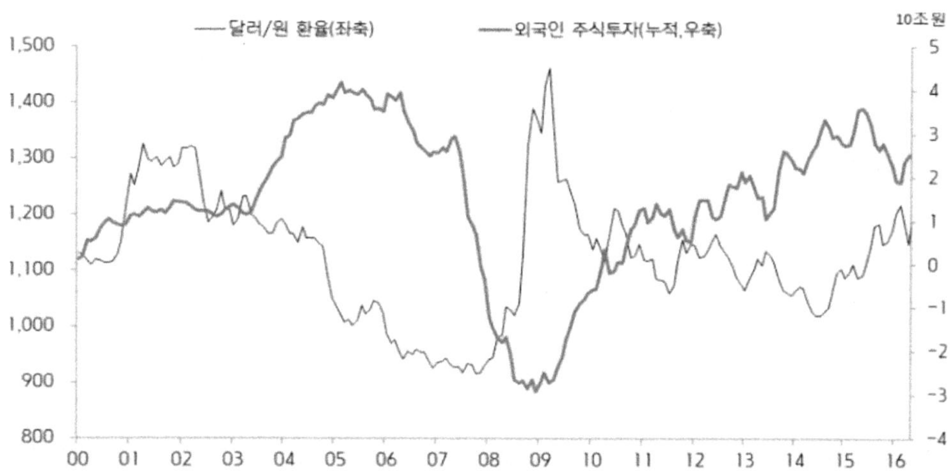


[그림 8-7] 환율과 외국인주식투자

특히 외국 투자자들이 구사하는 다양한 선진투자기법은 투자패턴의 변화를 가져와 내재가치 중심의 주가차별화 현상이 진행되는 등 질적인 변화과정이 급속히 전개되고 있다.

일반적으로 외국인 투자자의 자금이 국내 주식시장에서 주식을 매입하기 위하여 유입되면, 이는 주식의 매입수요를 증대시키기 때문에 주가의 상승요인으로 작용한다.

### (6) 물가와 주가

물가는 기업수지 및 투자심리에 영향을 주어 주식시장에 영향력을 준다. 완만하고 지속적인 물가상승은 실물경기의 상승을 가져오면서 기업수지의 개선과 기업의 자산가치를 증대시켜 주므로 주가를 상승시키게 된다. 그러나, 급격한 물가상승은 금융저축을 위축시키고 부동산, 귀금속 등의 실물자산을 선호케 하여 주가를 하락시키는 요인으로 작용한다.

일반적으로 물가가 상승하면 기업보유자산의 명목가치가 상승함으로써 자산재평가로 인한 무상증자가 가능해지기 때문에 인플레이션이 발생하는 경우에도 주식가치가 상승하여 물가상승을 보전할 수 있다고 하는데, 이를 주식투자의 '인플레이션 헤지' 기능이라고 한다.

그러나 거시경제 변수들간에는 상호 긴밀하게 연결되어 있는 특징이 있어 경제주체들의 의사결정을 힘들게 한다. 즉 거시경제 변수의 특징은 어떤 특정 변수의 지표를 긍정적으로 개선하기 위한 시도를 하게 되면 반드시 이에 대한 댓가를 지불하도록 되었다.

예를 들어 인플레이션을 통제하기 위해 통화공급을 축소하게 되면 금리가 상승하여 기업의 투자를 위축시키게 된다. 이에 따라 고용이 축소되는 반대급부를 지불하게 되는 것이다.

금리인상은 기업의 투자위축에 따른 실업증가만으로 그치지 않는다. 우리나라 화폐의 가치를 증대시켜 환율을 인하시키는 작용을 하게 된다. 따라서 원래의 통화공급 축소의 목적과 무관한 여러 가지 파생문제를 야기하게 되는 것이 거시경제 변수의 특징이다.

기본적 분석이 어려운 이유가 여기에 있다. 아래 그림은 이들간의 관계를 도식화하고 있다. 특히 아래 그림에서는 제외되었지만 환율변수가 추가되면 더욱 복잡해진다.

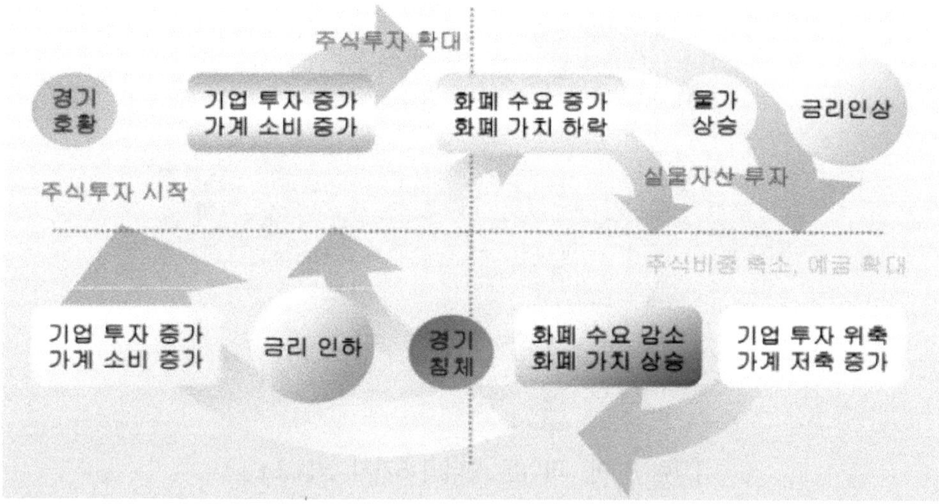


[그림 8-8] 주요 거시경제변수들 간의 관련성

## 2. 산업분석

산업분석은 산업의 특징과 전망에 대한 분석으로, 개별산업 또는 관련 산업에 중요한 영향을 미치는 요인들에 대해 광범위하게 연구·분석하여, 이들 요인들이 주가에 미치는 영향을 파악하는 것을 말한다.

투자대상 주식의 종류는 유가증권시장과 코스닥시장에 상장된 상장주식만 해도 거의 2,000여 종목에 육박한다. 그래서 어떤 종목을 선택할 것인지는 사실 너무도 막막하다. 따라서 선택범위를 줄이기 위하여 어떤 업종이 투자가 매력적인지를 선별하는 작업을 하게 된다.

### (1) 산업수익률 분석

한 산업의 수익률은 해당산업의 경쟁구조가 결정을 하게 되는데, 특정 산업의 수익률을 결정하는 경쟁구조를 파악하는데 있어서 고려해야 할 사항에 대해 아주 매력적인 모델을 제시한 사람은 M. Porter이다. 그는 한 산업의 수익률을 결정하는 요인으로 [그림 8－9]에서 처럼 5가지를 제시했다.

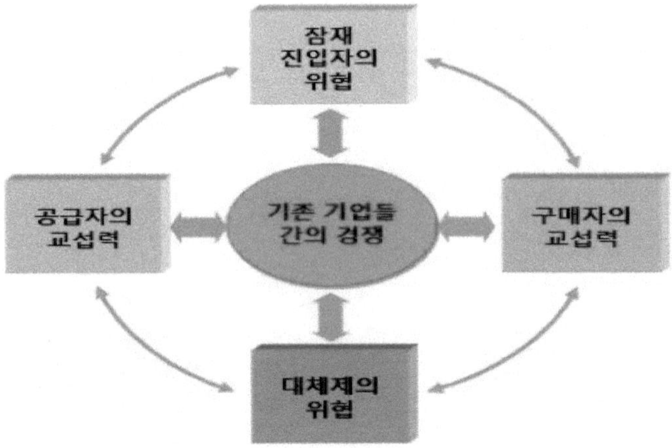


[그림 8-9] 마이클 포터의 5가지 경쟁요소

궁극적으로 증권투자의 성패를 결정짓는 두 요소는 매출액과 이익이다. 과거의 실적 내지 변화 추이가 앞으로도 반복되리라는 보장은 없지만 해당산업의 과거활동을 파악하는 것은 신빙성 있는 산업예측을 위해 반드시 필요하다.

이를 통해 해당산업의 미래 매출 및 이익에 대한 우수한 예측을 시도해야 한다. 따라서 업종별 최근 몇 년간의 매출액 증가율을 파악함으로써 시장이 지속적으로 확대되고 있는지를 알아볼 필요가 있다. 기업의 내재가치는 이익이 크게 좌우하지만 우선은 매출액 실적이 지속적으로 좋을 때 이익의 규모도 크게 발생할 가능성이 높다.

일반적으로 경쟁관계의 유형에는 첫째 경쟁자의 참가를 저지할 수 있는 제품차별화(기술적 독점)의 이점, 둘째 비용우위의 이점, 셋째 집중화의 이점, 넷째 규모의 경제에 의한 이점 등을 들 수 있겠는데, 이러한 경쟁관계의 이점이 어느 정도인지 우선 고려되어야 한다.

제품차별화의 이점은 일반적으로 구매자가 특정기업의 제품을 선호하게 될 때 일어난다. 그러므로 신규참가기업은 실제수준보다 낮은 가격을 책정해야 하고 존립가능한 매출액수준을 유지하기 위해 엄청난 판매촉진 비용을 지출해야 하는 어려움이 있다.

또한 기존기업은 주요 자원에 대한 배타적 소유권 및 특허권·설비·자금·경영기술 등에 있어서 훨씬 유리한 위치에 있으므로 어떤 신규기업보다 저렴한 비용으로 제품을 생산·판매할 수 있고 특정 소비자계층에 대한 절대적인 장악력을 확보할 수도 있으며 또한 대규모 생산에 의하여 더 많은 이윤을 획득할 수 있다. 따라서 이와 같은 관점에서 분석대상 산업의 경쟁관계를 반드시 고려해야 한다.

산업의 생산 및 기술의 진보로 새로운 대체산업이 등장함으로 말미암아 기존산업에 대한 수요가 감소해서 사양화하는 경우가 종종 있는 것을 볼 수 있다. 더구나 오늘날과 같은 급진적인 기술진보시대에 있어서는 산업의 대체가 쉽게 일어날 수 있으며 소득의 증가에 따라 소비자의 취향이 크게 변하므로 이러한 측면에서 산업의 위상을 정확히 파악해야 한다.

### (2) 산업의 수명주기

산업분석에서 고려해야 할 사항으로 해당산업이 속한 수명주기를 파악할 필요가 있다. 일반적으로 특정산업의 수명주기는 해당산업의 구체적인 비즈니스모델, 즉 사업아이템, 또는 제품의 수명주기와 동일하다.

주식 투자대상으로 매력적인 산업은 당연히 향후 실적향상이 예상되는 업종이다. 즉 매출액과 이익의 성장가능성이 향후 주가 상승가능성을 높여준다고 할 수 있다. 주가는 이익과 가장 상관관계가 높다. 그래서 매출액의 크기와 성장가능성은 일차적으로 당연히 중요하지만, 이익은 원가 및 비용구조도 동시에 파악해야 한다.

그림에서 보듯이 이익은 성숙국면에 접어들면 줄어드는 경향을 보이는데, 성숙기에는 경쟁기업의 수가 증가하면서 수익률이 감소하게 된다. 따라서 매력적인 투자대상으로서의 산업은 성장국면에 있는 산업이라고 할 수 있다.

### (3) 경기변동에 대한 저항력

산업의 성격상 불황에 강한 산업인가 약한 산업인가 또는 내수주력 산업인가 수출주력 산업인가에 따라 경기변동에 민감한 산업이 있다. 일반적으로 경쟁이 적은 독과점

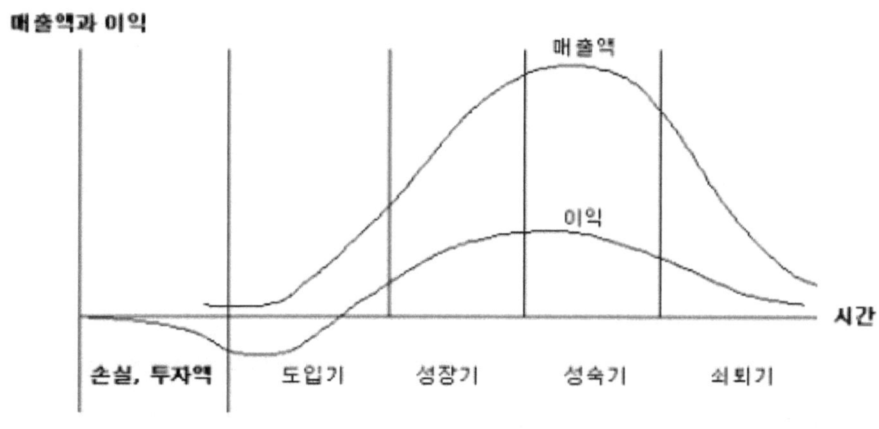


[그림 8-10] 제품수명주기

산업, 소비재 산업, 공익성 산업 등은 불황에 비교적 강하고 경영이 안정되어 있으며 철강, 기계 등의 생산재 산업과 자본재 산업은 경기변동에 따라 민감하게 변동한다.

경기상황에 따라 매출실적의 변동성이 큰 업종은 비교적 위험이 크다고 할 수 있다.

### (4) 정부의 정책

현재, 경제분야에서 정부의 역할은 차츰 증대되어 가고 있다. 정부는 재정적 지원, 경제활동을 규제 또는 촉진하는 법률제도, 관세 및 조세제도 등을 통하여 특정산업을 육성시키거나 기업으로 하여금 대자본을 획득하게 도와줄 경우도 있고, 반대로 기업조성, 소비자보호 및 대외개방정책 등으로 해당산업의 수익성에 큰 타격을 줄 수도 있다.

따라서 증권투자를 위한 산업분석에 있어서는 경제활동에 있어서 정부의 역할 및 특정산업에 대한 법률적 제한이나 자원, 정부의 경제계획 등에 관한 충분한 정보의 수집이 있어야 한다.

### (5) 인력수급 및 노사관계

산업사회에서 노동조합의 영향력이 확대됨에 따라 노사문제와 그에 따른 인력수급의 분석이 매우 중요하게 되었다.

일반적으로 자본집약적 산업에 있어서는 고정비가 많이 소요되어 노동자의 파업이 일어나면, 생산활동의 전개와 무관하게 발생할 대규모의 고정비 부담으로 인하여 그 기업의 수익은 큰 타격을 입게 된다.

한편 변동비가 상대적으로 큰 노동집약적 산업에서는 파업으로 인하여 조업중단이 되면 이로 인한 기업수지의 악화정도는 자본집약적 산업에 비해 상대적으로 적으나 파업 이후에 따라오는 높은 임금상승은 경영실적에 큰 부담을 주게 된다.

## 3. 기업분석

기업분석은 경제분석을 통해 국내외 기업의 외적환경을 분석하고, 산업분석을 통해 유망업종을 선택한 후에 발전 가능성이 크고 안정적인 유망기업을 선택하는 과정이다. 많은 기업 중에서 투자가치를 가진 기업을 선택하기 위해서는 객관적인 기준에 의한 평가가 필요하다. 재무제표를 이용한 재무비율분석이 기본적으로 이용되는 이유가 여기에 있다.

같은 업종에 속한 기업이라도 기업마다 독특한 특성을 가지고 있기 때문에 계량화된 기준만으로 기업의 가치를 평가할 수는 없다. 기업의 평가에는 창업주와 최고경영자의 경영철학, 기업의 조직문화, 노사관계, 제품의 차별화 정도, 시장에서 소비자의 신뢰도 등 객관적으로 계량화하기 어려운 질적인 요소도 포함되어야 한다. 따라서 효율적인 기업가치분석을 위해서는 계량적, 질적 접근방식이 상호보완적으로 병용되어야 할 것이다.

### (1) 재무제표 분석

#### ① 수익성 분석

매출액순이익률은 매출로부터 얻어진 이익을 나타내는 재무비율로, 당기순이익을 매충액으로 나눈 비율이다. 또한 분자에 당기순이익 대신에 영업이익을 대입하여 계산한 비율을 매출액 영업이익율이 된다.

매출액순이익률(return on sales) = (당기순이익/매출액) × 100

총자산순이익률은 경영자가 기업의 영업활동을 수행하기 위해 보유하고 있는 총자산을 얼마나 효율적으로 운영하였는지 나타내는 수익성 비율입니다. 총자산순이익률(ROA)은 당기순이익을 평균 총자산으로 나눈 비율값이다.

자기자본순이익률(ROE, return on equity)은 당기순이익을 평균자기자본으로 나눈 값으로 출자한 자본이 얼마나 효율적으로 이용되고 있는지를 나타내는 재무비율로 주주들이 관심이 높은 비율이다.

#### ② 성장성 분석

성장성 비율은 기업의 경영성과 또는 재무상태가 전기에 비해 당기에 얼마나 성장했는지를 보여주는 지표이다. 매출액증가율(sales growth rate)은 당기매출액을 전기매출액으로 나눈 값으로 표현된다. 매출액 대신 영업이익이나 당기순이익, 혹은 총자산을 사용하여 계산한 비율을 통해 영업이익이나 순이익, 그리고 총자산의 성장여부를 알 수 있다.

#### ③ 안정성 분석

안정성비율은 기업의 장단기 지급능력을 평가하는 비율로 레버리지(levergage) 비율이라고도 한다. 유동비율은 유동자산을 유동부채로 나눈 값으로 단기지급능력을 평가하는 지표이다. 유동비율이 높다는 것은, 유동부채를 지급할 수 있는 현금화 속도가 빠른 자산을 많이 보유하고 있다는, 즉 유동성이 풍부하다는 의미로 해석한다.

부채비율은 부채를 자기자본으로 나눈 값이다. 부채비율은 기업이 지급불능상태에 빠졌을 때 채권자의 채권이 보호를 받을 수 있는 정도를 판단할 수 있는 재무비율이다. 따라서, 부채비율은 낮을수록 안정성이 높다고 해석한다.

이자보상비율은 영업이익을 기간이자비용으로 나눈 비율로, 비율이 높을수록 안정성이 높다. 즉 이자보상비율은 '기업의 영업이익으로 지급이자를 몇 번 커버할 수 있는가?'로 표현되므로 채권자에게 매우 중요한 정보로 평가된다.

#### ④ 활동성 분석

활동성비율은 특정자산의 운용이 효율적으로 수행되고 있는지 여부를 측정하는 재무비율이다. 총자산회전율은 매출액을 총자산으로 나눈 값이다. 총자산회전율은 기업이 수익을 창출하는데 자산을 얼마나 효율적으로 이용하고 있는지 평가하는 것으로 비율이 높을수록 자산이 효율적으로 수익창출에 기여하고 있다고 해석한다.

재고자산회전율은 매출액을 평균재고자산으로 나눈 값으로서, 비율이 높을수록 효율성이 높다. 재고자산 평균회전기간은 재고자산을 매입한 날로부터 판매되는 날까지의 기간을 말하며, 365일을 재고자산회전율로 나누어 계산한다.

매출채권회전율은 매출채권에 대한 투자효율성을 나타내는 비율로, 비율이 높을수록 효율성이 높다. 매출채권회전율은 매출액을 평균매출채권으로 나누어 계산한다.

### (2) 주식시장자료 분석

주가이익비율(PER)은 주식시장 자료가 제공하는 대표적인 정보이다. 이 정보의 중요성은 기업의 실적과 현재의 주가수준을 바로 비교할 수 있는 이점에 있다. 주가를 결정하는 요인은 너무도 다양하지만 가장 대표적인 것은 그 기업의 당기순이익 수준이다.

$$PER = 주가/EPS$$

PER자료는 바로 한 주당 순이익과 주당가격의 비율을 나타내고 있다. 즉 주가수준이 주당순이익(EPS)의 몇 배인가를 나타내고 있는 정보다. 여기서 PER값이 낮을수록 저평가 되어 있을 가능성이 높다고 해석한다. 즉 동일업종의 다른 조건들이 비슷한 경쟁관계의 기업들을 비교했을 때, 상대적으로 낮은 값을 가진 주식의 주가상승 가능성이 높다고 보는 것이다.

주가현금흐름비율은 PER정보와 함께 사용하는 중요한 정보이다. 이 비율은 주당가격을 주당현금흐름의 크기로 나눈 비율이다. 즉,

PCR＝주가(price)/주당 현금흐름(CPS)

PCR은 주가가 주당 현금흐름의 몇 배에 해당하는가의 배수를 나타낸 정보이다. PCR은 사내자금 유보상태를 알려주는 지표로서 기업의 배당금지급, 부채상환, 설비확장 등을 위한 자금조달 능력을 현재주가와 비교한 값이라 할 수 있다. 그 값이 작을수록 주가가 상대적으로 저평가되었다는 것을 의미한다.

이 지표는 PER의 연장이라고 볼 수 있다. 일례로 PER가 다소 높더라도 감가상각비 등의 계상규모가 많아 PCR이 낮게 나타났다면 해당주식의 고평가 우려도 그만큼 높아진다. PCR은 개별기업의 최대 자금동원능력 등 위기상황에 대한 대처능력을 내포하고 있어 경기침체 또는 시중자금난이 심화되었을 때 기업의 안정성을 나타내는 투자지표로 활용될 수 있다.

PCR 산출에 사용되는 주당현금흐름(CPS : cash flow per share)은 다음과 같다.

주당현금흐름＝(당기순이익＋감가상각비)/총 발행주식수

현금흐름(Cash Flows)이란 장부상에 기록된 순이익이 아니라 기업이 실제로 가용할 수 있는 화폐이다. 따라서 현금흐름은 순이익에 실제로 현금의 지출을 수반하지 않은 비용은 더하고 실제 현금의 수입이 없는 수익은 차감해서 구하는 것이다.

또 다른 정보로 주가와 매출액을 결합하여 정보로 가공한 것이 유용하게 사용되고 있다. 즉, 현재의 주가가 주당 매출액의 몇 배인가를 나타내는 수치로 표현된 정보인데 PSR이다. 이 비율은 동시에 현재의 주가수준에서 본 매출액 성장여력의 기대치이다.

즉 매출액이 몇 배로 증가할 것인가를 예측하는데 사용합니다. PSR이 1배이면 향후 매출액이 1배(1백%) 증가하고 PSR이 0.1이면 매출이 0.1배 증가에 그칠 가능성이 크다는 의미이다.

PSR＝주가/주당매출액

PSR은 특정종목의 시가총액을 매출액으로 나눈 값, 혹은 주가를 1주당 매출액으로 나눈 수치이다. PSR가 높을수록 매출액 신장 가능성, 즉 성장가능성이 높다고 해석한다.

특히 이 지표는 미국 나스닥에서 벤처기업의 성장성을 나타내는 지료로 유용하게 활용되고 있는데, 주로 매출액이 앞으로 몇 배로 늘어날 것인가를 예측하는 데 사용한다. 나스닥의 경우 PSR가 높은 기업일수록 주가도 크게 오르고 있다.

PSR이 높다는 것은 해당 기업의 향후 성장성이 시장에서 높이 평가받고 있다는 의미도 되나, 이 수치가 동종 업체에 비해 지나치게 높을 경우 주가에 버블이 있다는 것으로도 해석할 수 있다.

이 지표는 벤처기업이 주류를 이루고 있는 국내 코스닥시장 상장기업들의 주가를 평가하는 데도 유용한 것으로 인식되고 있다. 즉, 벤처기업의 경우 당장의 수익성보다는 미래가치가 중시되는 특성이 있어 수익성 지표만으로는 적정주가를 산정하는 데 한계가 있어 개발된 새로운 투자지표라고 할 수 있다.

## 제 3 절 기술적 분석

### 1. 기술적 분석의 기초개념

#### (1) 의의

기술적 분석(technical analysis)이란 주가의 움직임을 분석하여 개별 종목의 주가나 시장전체의 방향을 예측하는 기법이다. 기술적 분석은 과거의 주가 움직임과 인간의 심리를 기초로 해서 가능성(possibility)의 측면에서 접근하는 방법이라고 할 수 있다.

따라서 순수한 의미의 기술적 분석은 대상이 되는 주가의 움직임에 관심을 가질 뿐 그것들의 내재가치에는 관심이 없다.

기술적 분석은 증권자료 중에서 주식의 가격이나 지수, 거래량, 투자심리 등을 분석대상으로 하는 여러 가지 기법들을 사용하고 있다. 이러한 기법들은 증권시장의 여건이나 분석수단이 발달함에 따라 변화되어 왔다.

최근에는 컴퓨터에 의한 다양한 분석이 가능해지면서 많은 기법들이 새로이 개발되어 이용되고 있다.

#### (2) 기본전제

이와 같은 기술적 분석은 다음과 같은 기본적인 전제 또는 가정을 가지고 출발한다.

첫째, 주가는 기본적으로 수요와 공급에 의해서 결정되며, 주가에 영향을 주는 어떠한 변화(가령 정치, 경제, 사회적 변화 등)도 즉시 주가에 반영된다. 일반적인 경제원리와 마찬가지로 수요가 공급을 초과하면 주가는 오르고 반대로 공급이 수요를 초과하면 주가는 떨어진다.

그런데 증권시장에서 수요와 공급은 투자자들의 투자행태에 따라서 변화한다. 그리고 투자자들의 투자행태는 정치·경제·사회 또는 심리적 요인의 변화에 의해서 결정된다. 따라서 주가는 투자행태를 결정짓는 외부여건의 변화를 반영하여 움직이게 되는데, 기술적 분석가들은 주가 움직임만을 가지고도 외부 여건의 변화를 알 수 있다고 생각한다.

둘째, 주가는 아주 조그마한 변화나 파동을 무시하고 보면 상당한 기간 동안 일정한 추세(trend)를 유지하는 경향이 있다. 주가 움직임이 추세운동을 한다는 전제는 기술적 분석에 있어서 아주 중요한 가정이다.

기술적 분석에서의 추세는 가장 기본적이면서도 중요한 개념이다. 왜냐하면 기술적 분석의 출발이 추세 분석에서부터 이루어질 뿐만 아니라, 대부분의 분석기법들이 추세가 계속되느냐 또는 전환될 조짐을 보이느냐에 초점이 맞추어져 있기 때문이다.

셋째, 주가의 움직임은 일정한 패턴(pattern)을 만들면서 반복되는 경향이 있다. 증권시장에서 주가의 움직임은 투자자들의 심리상태에 크게 의존한다. 그런데 투자자들의 심리상태 즉 인간의 심리는 일정한 사이클을 가지고 반복된다.

### (3) 기술적 분석의 한계점

기술적 분석의 한계점으로는 첫째, 과거의 행태가 반복된다는 가정에 대한 비판이 있다. 과거에 있었던 경제상황이나 투자자들의 심리가 앞으로도 똑같이 반복된다고 기대하는 것은 현실성이 없다는 지적이다.

둘째, 똑같은 현상을 놓고도 분석자의 주관(subjectivity)에 따라 해석에 차이가 있다. 가령 주가의 패턴이나 거래량을 해석할 때 분석하는 사람에 따라 다른 해석이 가능하며, 따라서 객관적으로 일치된 결과를 얻기가 힘들다는 것이다. 셋째, 시장의 변화에 의존하는 분석방법이기 때문에 시장의 변화를 가져오는 근본적인 원인은 고려하지 못한다는 점이다. 즉 시장의 변화를 설명하는 근본적인 요인을 고려하지 않음으로서 중요한 분석대상을 놓쳐버리기 쉽다는 것이다. 넷째, 기술적 분석은 투자자들이 자기보다 약간 뒤늦게 가격변동의 신호를 알고 그에 따라 행동을 취해야 한다는 가정에 기초하고 있다. 그러나 시장이 효율적이고 투자자들이 이성적으로 행동한다면 이러한 가정은 비현실적이다.

## 2. 기술적 분석의 종류

### (1) 기술적 분석의 일반이론 — 다우이론

다우이론은 기술적 분석의 창시자이며 미국의 월스트리트 저널을 창간한 찰스 다우가 제창한 이론이다. 찰스 다우는 19세기말부터 20세기에 걸쳐 주식시장을 분석한 결과 주식시장은 제멋대로 움직이는 것이 아니라 주식시장 전체의 흐름이 다음과 같은 세 가지 종류의 주기적인 추세에 의해 영향을 받는다는 가설을 정립하였다.

〈표 8-2〉 다우이론의 세 가지 추세

| 추세의 종류 | 내 용 |
|---|---|
| 장기추세 | 1년에서 수년간에 걸쳐 형성된 증권 시장의 흐름을 말한다. |
| 중기추세<br>(2차 동향) | 수주일에서 수개월에 걸친 주가 추세이며, 장기 추세를 예측하고 추세가 전환되는 시점을 포착하는 데 주목적이 있다. |
| 단기 변동<br>(일일 변동) | 일별 주가 움직임을 말하며, 단기적이고 불규칙적인 주가 변동으로 분석가치는 없다. |

### (2) 패턴분석 — 지지선과 저항선

패턴분석이란 패턴을 미리 정형화해 놓고 실제로 나타나는 주가의 움직임을 거기에 맞춰봄으로써 주가흐름의 전환시점을 포착하여 적절한 매매시기를 파악하려는 방법이다.

지지(support)란 주가하락을 정지시키는 데 필요한 실제적 혹은 잠재적 매입세력이 형성되는 것을 말한다. 지지선이란 주가가 그 이하로 하락되는 것을 저지시키는 최저의 주가 수준을 의미한다.

저항(resistance)이란 지지의 반대개념으로서 주가상승을 억제시키는 실제적 또는 잠재적 매도세력의 형성을 말한다. 저항선이란 주가가 그 이상 상승하는 것을 저지시키는 최고의 주가수준을 말한다.

일정한 지지수준과 저항수준이 끝없이 지속되지는 않는다. 시장상황이 변하면 주가는 언제든지 이 두 수준을 돌파할 수 있기 때문이다. 어느 시점에서 주가가 저항선을 돌파하여 그 이상으로 상승하면 그때가지 저항선으로 작용하던 주가수준이 새롭게 지지수준으로 되는 것이 일반적이다.

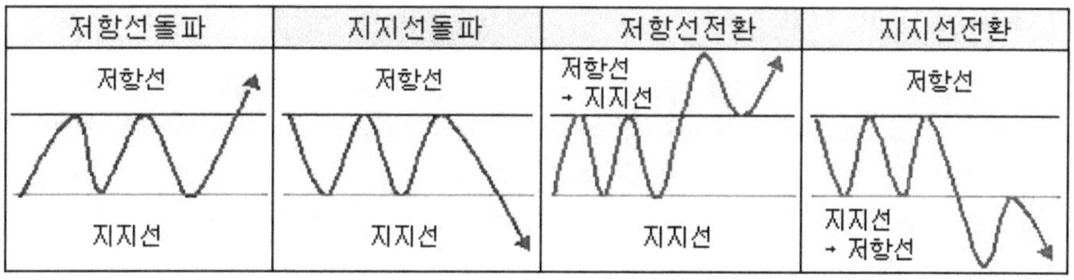


[그림 8-11] 지지선과 저항선

저항선 돌파는 등락을 거듭하다가 매수세가 매도세를 꺾으면 상승의 신호탄이다. 반대로 지지선 돌파는 등락을 거듭하다가 매도세가 매수세를 꺾으면 하락의 신호탄이다.

저항선 전환은 저항선이 한 번 돌파되고 난 후 당분간 그 저항선이 지지선으로 전환된다. 반대로 지지선 전환은 지지선이 한 번 돌파되고 난 후 당분간 그 지지선이 저항선으로 전환된다.

### (3) 이동평균선을 이용한 추세분석

이동평균선이란 단기변동에서 나타나는 불규칙성을 제거하기 위하여 일정기간 내의 변동치를 순차적으로 산술 평균한 다음 그 값을 해당기간의 일수로 나누어 줌으로써 추세변동을 파악하는 방법이다.

이동평균선에는 주가이동평균선과 거래량이동평균선이 있다. 이동평균선은 단기변동에서 나타나는 불규칙성(비정상적인 변동)을 제거하고 장기적인 변형추세를 파악하기 위한 것으로 자의적인 조작이 가능한 비정상적인 변동을 줄여서 전체적인 주가흐름을 객관적으로 관찰하고자 하는 것이다.

#### ① 주가이동평균선

주가이동평균선은 일정기간 동안에 조작 가능한 일일변동치를 최대한 줄이고 주가흐름을 평균화하여 이를 도표상에 옮겨 놓은 연장선이다. 이동평균선은 관측하고자 하는 대상기간에 따라 200일, 120일, 60일, 20일 5일 이동평균선으로 분류할 수 있다.

200일과 120일 이동평균선은 주추세(장기추세)의 흐름으로 경기상황을 반영한다고 평가한다. 그리고 90일이나 60일 이동평균선은 2차 추세(중기추세)의 흐름으로 시장의 주식 수요와 공급을 파악할 수 있는 추세선이며, 20일, 5일 이동평균선은 소추세(단기추세)의 흐름을 분석하는 데 이용된다.

[그림 8-12] 주가지수 이동평균선

주가이동평균선을 이용한 장세판단방법으로는 첫째, 이동평균선 자체의 방향을 분석하는 방법과 둘째, 이동평균선과 현재 주가와의 이격도를 분석하는 방법의 두 가지가 있다.

즉 주가와 이동평균선의 기본적 관계는 다음과 같다. 강세시장에서는 주가가 이동평균선 위에서 파동운동을 거듭하며 상승한다. 이와 반대로 약세시장에서는 주가가 이동평균선 아래에서 파동운동을 거듭하며 하락한다.

주가가 상승이동평균선을 하향 돌파할 때는 조만간 반전·하락할 가능성이 크며, 주가가 하락 이동평균선을 상향 돌파할 때는 조만간 반전·상승할 가능성이 크다. 따라서 주가가 이동평균선을 돌파할 때는 매입 또는 매도신호이다.

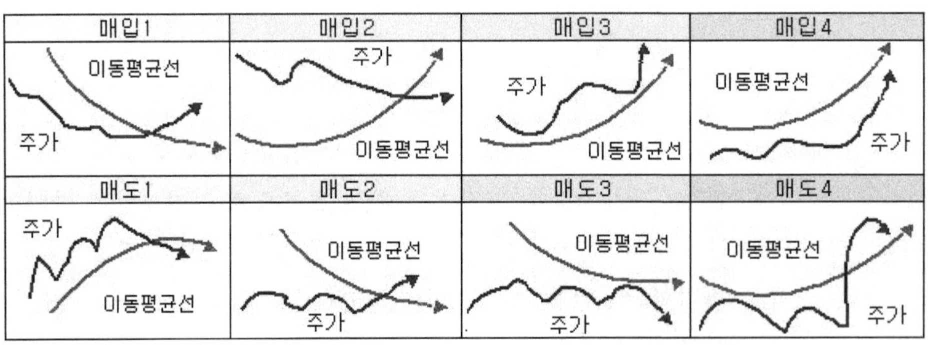


[그림 8-13] 이동평균선 분석

이동평균선을 이용한 투자결정을 할 때, 우선 시장전체의 투자환경을 파악할 필요가 있다. 전체 시장의 분위기가 투자기간 동안 상승장일 것인지 아니면 하락장세가 진행될 것인지를 파악하기 위하여 주가지수를 이용하여 향후 시장의 분위기를 파악해 본다.

[그림 8-13]은 한 금융투자회사에서 제공하는 주가지수 이동평균선이다. 2016년 12월 즈음에 5일이동 평균선이 20일 및 60일 이동평균선을 상향돌파하면서 시장은 강세장으로 전환하는 모습을 확인할 수 있다. 따라서 이 시점 이후에서는 주식매입을 긍정적으로 고려해볼 필요가 있다.

기본적 분석에서 최종적으로 개별종목이 선별되면 구체적으로 매매시점을 선택하는 것을 이동평균선을 이용하여 결정할 수 있다. [그림 8-14]는 최근 경제에서 화두가 되고 있는 전기차 관련 기업의 주가이동평균선이다.

[그림 8-14] 주가이동평균선

② 이격도

이격도는 주가와 이동평균선과의 괴리정도를 말하는 지표로 당일의 주가를 이동평균치로서 나눈 백분율이다. 이것은 보다 단기적인 투자시점을 포착하기 위한 지표로 이동평균선의 결점을 보완한다.

일반적으로 이격도는 일일주가가 평균적인 주가수준에 비해 너무 높지 않은가 또는 시장악재에 의해 너무 밑으로 움직이고 있지는 않는가를 체크하는 지표로 활용된다.

이격도가 100% 이상이라는 것은 주가가 이동평균선 위에 있는 상태이고, 반대로 100% 이하라는 것은 주가가 이동평균선 아래에 있는 상태를 말한다.

이동평균치와 주가와의 괴리가 클 경우 매입 또는 매도시점이 된다는 그랜빌의 투자법칙을 현실화한 것으로 구체적인 매매전략은 다음과 같다.

〈표 8-3〉 이격도를 이용한 매매전략

| 구 분 | 이격도 상태 | 매입시점 | 매도시점 |
|---|---|---|---|
| 상승국면의 경우 | * 25일 이동평균선과의 이격도 | 98% | 106% |
| | * 75일 이공평균선과의 이격도 | 98% | 110% |
| 하락국면의 경우 | * 25일 이동평균선과의 이격도 | 92% | 102% |
| | * 75일 이공평균선과의 이격도 | 98% | 104% |

③ 거래량 이동평균선

일반적으로 주식의 매입수요가 상대적으로 증가할 때, 주가가 상승하고 거래량도 늘어나며, 반대로 주식의 매입수요가 감소할 때는 주가가 하락하여 거래량도 줄어드는 경향이 있다. 거래량 이동평균선은 이러한 원리를 이용하여 주식의 매매시점을 포착하는 방법이다.

이동평균선을 이용하여 매매시점을 포착하는 방법은 첫째, 이동평균선의 기준기간이 짧은 이동평균선이 긴 이동평균선을 상향돌파(골든 크로스)하면 매수시점이 되고 하향돌파(데드 크로스)하면 매도시점이 된다. 둘째, 단기가 중기를 돌파하는 것보다 중기가 장기를 돌파하는 것이 더욱 강력한 매매시점이 된다.

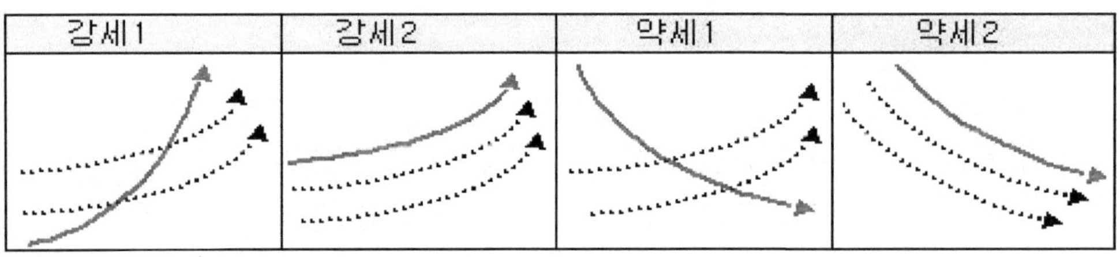


[그림 8-15] 거래량 이동평균선 분석

### (4) 지표분석

기술적 지표는 기술적 분석의 장세 분석에 해당되는 분야이다. 기술적 지표는 현재 시장의 수급 상태, 즉 매입 효과 또는 매도 효과 상태 등을 파악하기 위하여 사용된다.

#### ① OBV

OBV(On Balance Volume)는 그랜빌에 의해 개발된 지표로서, 주식의 매집활동과 분산활동에 관한 정보를 분석하는데 사용된다. OBV지표는 주가 상승일의 거래량에서 주가 하락일의 거래량을 차감하여 이를 매일 누적집계, 도표화한 것이다.

OBV지표는 특히, 주가가 정체되어 있을 때, 거래량 움직임으로 향후 주가의 향방을 예측하는 기술적 지표의 하나이다.

OBV 작성방법은 첫째, 주가가 전일에 비하여 상승한 날의 거래량은 전일의 OBV에 가산한다. 둘째, 주가가 전일에 비하여 하락한 날의 거래량은 전일의 OBV에서 차감한다. 셋째, 변동이 없는 날의 거래량은 무시한다.

분석방법은 첫째, 강세시장에서는 OBV선의 고점이 이전의 고점보다 높게 형성되고(U마크), 약세시장에서는 OBV선의 저점이 이전의 저점보다 낮게 형성된다(D마크). 둘째, OBV선의 상승은 매수세력의 집중을, 하락은 분산을 의미한다.

셋째, OBV선의 장기적 상향추세선이 진행되는 가운데 저항선을 상향돌파하는 경우 강세장을, 장기적 하향추세선을 하회하면 약세장을 예고한다. 넷째, OBV선이 상승함에도 불구하고 주가가 하락하면 조만간 주가상승이 예상되고 OBV선이 하락함에도 불구하고 주가가 상승하면 조만간 주가하락이 예상된다.

#### ② VR

VR(Volume Ratio)은 단순누적차수로서 계산하는 OBV의 결점을 보완하기 위하여 개발된 거래량지표이다. VR은 통상 최근 20여일간의 주가 상승일의 거래량 합계를 주가 하락일의 거래량 합계로 나눈 것이다.

주가의 변동이 없는 날의 거래량은 상승일과 하락일에 반씩 나누어 분배한다. 따라서 VR이 200%라면 대체로 주가 상승시의 거래량이 주가 하락시 거래량의 2배라는 것을 나타낸다.

VR은 150%이면 보통수준이며, 450%를 초과하면 단기과열로 보고 매도신호로 간주되고 70%를 밑돌면 침체권으로 판단하고 매수시점으로 간주한다. VR은 과열권 신호보다는 바닥권 신호에 보다 신뢰성이 높은 것으로 검증되고 있다.

③ 투자심리선

매매시점 포착보다는 시장의 단기과열이나 침체상태를 파악할 수 있는 지표이다. 투자심리선은 10일(2주간) 동안의 주가의 상승일수 비율인데, 재료에 대한 시장 인기정도를 가능해 볼 수 있다.

작성방법은 최근 10일간 중 전일대비 상승일수를 누계하여 10으로 나누어 백분비로 나타낸다.

투자심리선의 지수가 50%를 중심으로 75% 이상이면 과열상태로 경계지대이며, 25% 이하이면 침체상태로 안전지대에 속하고, 25%~75% 사이는 중립지대이다. 따라서 이 선에 따라 투자전략을 세운다면 75% 이상일 때 팔고, 25% 이하일 때 주식을 매수하는 전략이 바람직하다고 할 수 있다.

③ 역시계곡선

역시계곡선은 주가와 거래량간의 상관곡선으로서 주가와 거래량간의 상관관계가 매우 크다는 점과 거래량이 주가에 선행하는 경향이 있다는 두 가지 이론적 관점하에서 작성된 것으로 중기에 있어서의 주가예측에 매우 유용하게 활용되고 있다.

일반적으로 주가의 25일 이동평균치를 종축에, 거래량의 25일 이동평균치를 횡축에 나타내어 매일 매일의 교점을 연결하여 보면 시계반대방향으로 움직이는 좌회전 곡선이 되는 경우가 많기 때문에 이 지표를 역시계곡선이라고 한다.

역시계곡선에서는 주가와 거래량의 흐름을 다음과 같이 여덟 국면으로 일반화하고 있다. 첫째는 거래량이 증가하고 주가가 바닥수준일 때는 하향에서 상승으로의 전환신호국면이다. 둘째는 거래량이 더욱 증가하고 주가도 오름세를 나타날 때는 매입신호이다.

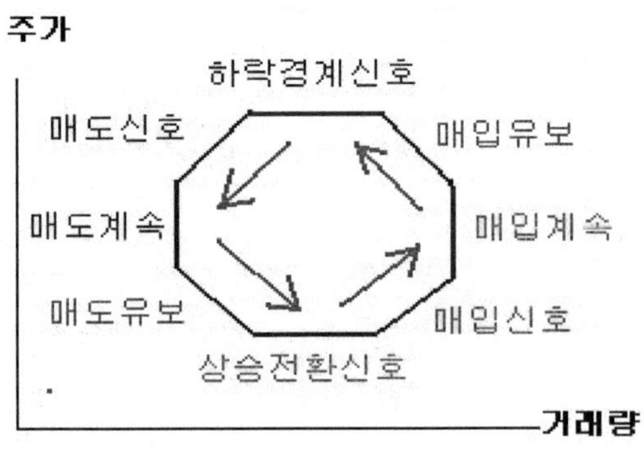


[그림 8-16] 역시계곡선

셋째는 거래량은 더 이상 증가하지 않으나 주가는 계속 올라가고 있을 때는 계속 매입해도 좋다는 신호이다. 넷째는 거래량이 감소하기 시작하고 주가만 올라갈 때는 신규매입을 보류해야 하는 신호이다. 다섯째는 거래량이 더욱 감소하나 주가는 더 이상 오르지 않을 때는 상승에서 하락으로 전환될 것이 예상되는 신호이다. 여섯째는 거래량도 줄어들고 주가도 하락하면 매도신호가 된다. 일곱째는 거래량은 전과 같으나 주가가 계속 하락할 때는 계속 매도해도 좋다는 신호이다. 여덟째는 주가는 계속 하락하나 거래량이 점차 증가하기 시작하면 매도는 일단 보류하고 주가의 추이를 지켜보는 것이 좋다.

제 9 장

Korea Securities Market

# 채권시장

제 1 절 채권의 개요

제 2 절 채권발행시장

제 3 절 채권유통시장

제 4 절 채권투자

# 제 1 절 채권의 개요

## 1. 채권의 이용

채권은 거액의 자금을 일시에 대량으로 조달하려는 경제주체가 차입기간동안 약속한 원리금의 지급방식을 표시한 증서이다. 채권이란 명칭은 투자가입장에서 붙여진 명칭이며, 이를 발행한 경제주체입장에서는 채무가 된다. 자본시장법에서는 이를 채무증권으로 지정하여 증권시장(채권시장)에서 매매할 수 있도록 하고 있다.

채권발행방법은 실물발행과 등록발행 방법이 있는데, 2005년 이후부터는 대부분의 채권들이 실물발행대신 등록발행을 하고 있어 채권투자과정에서 채권실물을 보기가 어려워졌다. 따라서 개인투자가들의 경우 채권투자를 할 경우에 실제 채권이 매매되고 있는지 의문이 들 수가 있는데 대부분의 채권은 실물발행대신에 채권의 권리내용을 등록기관인 한국예탁결제원에 등록하여 발행하고 있기 때문이다.

채권을 등록발행 함으로써 실물발행에 따른 비용을 줄이고 매매거래시 분실위험도 줄일 수 있다 또한 계좌간 대체로 보다 편리하게 유동성확보가 가능한 장점도 있다. 따라서 채권매매를 하게 되면 고객계좌간 기록에 의해서 채권실물 이동없이 계좌간 이체에 의해 거래가 이루어진다.

현재 채권실물을 볼 수 있는 경우는 부동산 매매거래시 의무매입해야 하는 제1종 국민주택채권이 있는데, 이 채권도 2004년 4월부터 실물발행하지 않고 등록발행 함으로써 우리나라에서 발행되는 채권은 이제 채권실물을 보기가 어려워졌다. 현재 유통되고 있는 실물발행채권은 만기가 아직 도래하지 않은 과거에 발행된 채권들과 토지개발공사에서 발행된 토지개발채권 중에서 등록발행과 실물발행을 혼용하여 발행한 일부 채권이 있다.

기업은 영업활동에 필요한 자금조달을 위해 주식이나 은행차입을 등을 이용할 수 있으나 채권을 발행하여 자금을 조달하는 이유는 은행대출에 비해 장기자금 조달에 유리하고 금융비용도 줄일 수 있기 때문이다. 은행차입은 자금을 빌리는 기업의 담보자산 규모나 기업가치에 따라 대출할 수 있는 금액과 금리가 달라지기 때문에 차입규모에 한계가 존재한다. 따라서 기업은 은행대출을 통한 필요자금 조달 외에 추가적인 자금조달을 위해 채권발행을 통한 자금조달방법을 적극 활용하고 있다.

주식회사는 회사 정관에 기재된 수권자본금 범위 내에서 신주를 발행하여 자기자본을 조달할 수 있으며, 수권자본금규모가 부족하면 주주총회를 통해 수권자본금의 규모를 늘릴 수 있다. 그러나 자본조달을 위해 수권자본금 규모를 무리하게 증가시키면서 주식을 발행하게 되면 주식의 가치가 희석되기 때문에 기존 주주의 불만을 야기할 수 있다. 따라서 주주가치를 고려해야 하는 경영환경에서 이 같은 갈등의 소지를 안고 무리하게 증자를 추진하기는 현실적으로 한계가 있다.

또한 발행된 주식수가 많아 주가가 하락하게 되면 향후 유상증자를 통한 자금조달 상황에서 상대적으로 공모금액이 낮게 형성되어 더 많은 주식수를 발행해야 되는 경우가 발생할 수 있다. 주식발행은 기존주주들 사이에 지분율과 같은 민감한 문제가 걸려 있으므로 고려해야 할 사항이 복잡해진다.

사내유보금은 기업이 실현한 이익 중에서 현금배당을 하고 남은 금액을 사내에 유보하고 있는 자금으로 지나치게 많을 경우 자금이 비효율적으로 운용될 수 있기 때문에 기업들은 적정한 수준을 유지하려고 노력한다.

## 2. 채권의 발행

채권은 모든 경제주체가 발행할 수 있는 것이 아니라 법으로 채권발행을 할 수 있는 경제주체가 정해져 있다. 현재 우리나라는 정부, 지방자치단체, 특별법인, 주식회사로 채권발행 주체를 한정하고 있다. 또한 이들 경제주체는 채권발행 자격이 있더라도 발행과 관련하여 엄격한 절차와 규정을 지켜야 한다. 예를 들어 정부는 국회의 동의를 받아야 하고, 주식회사가 채권을 발행할 경우에는 금융감독위원회에 등록해야 하며, 유가증권신고서를 미리 제출해야 하는 절차가 필요하다.

주식은 이익이 있어야 배당을 할 수 있지만 채권발행자는 이익발생여부와 관계없이 채권 발행조건에 명시된 대로 이자를 지급해야 한다. 만약 채권을 발행한 회사가 이자지급일 또는 만기일에 이자와 원금을 상환하지 못하면 부도처리될 수 있다.

채권은 주식과 달리 원리금에 대한 상환기간이 정해져 있으며 다른 유가증권에 비해 만기가 장기인 채권이 대부분을 차지한다. 채권은 자본시장법상 채무증권이므로 어음이나 차용증서와 달리 채권유통시장에서 자유롭게 거래할 수 있어 언제든지 현금화가 가능하여 환금성이 다른 채무증서보다 높은 특징을 가지고 있다.

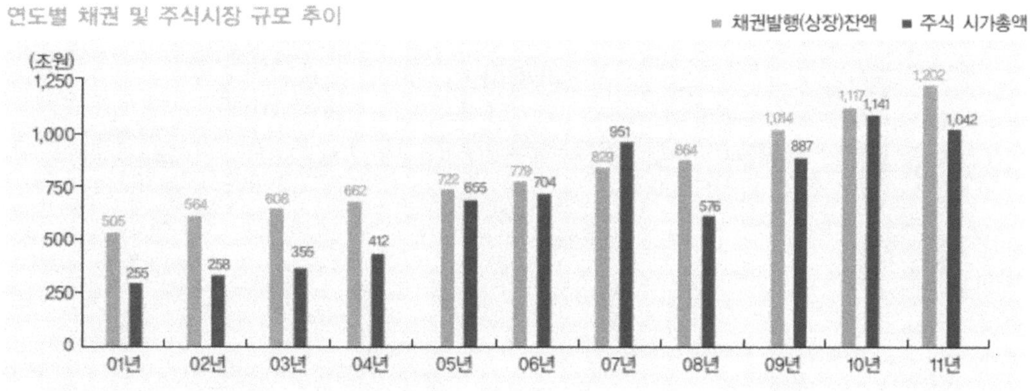


* 채권 상장잔액은 2009년 처음으로 1,000조원 돌파

[그림 9-1] 채권발행규모

## 제 2 절 채권발행시장

### 1. 채권발행시장 구조

채권발행시장은 채권발행자, 발행기관, 투자가로 구성되는 시장으로 투자가의 여유자금을 정부나 기업이 필요로 하는 재정책의 재원 및 산업자금으로 전환하는 기능을 담당한다. 발행시장에서 정부, 지방자치단체, 특별법인 주식회사 등 채권발행자는 채권을 발행하여 필요한 자금을 조달하는 채권발행 주체가 된다.

발행기관은 대부분 증권회사가 담당하며 채권발행자와 투자가 사이에서 채권발행에 따른 제반 업무수행과 발행에 따른 위험부담을 인수하며 판매기능을 담당하는 전문기관으로서 구체적인 역할분담에 따라 간사회사, 인수기관, 청약기관으로 분류할 수 있다. 채권발행기관의 업무와 역할구분은 주식발행시장에서의 발행기관과 거의 동일하다.

투자가는 전문적인 지식과 대규모 자금으로 법인형태를 취하고 있는 기관투자가와 개인자격으로 자산운용을 목적으로 채권에 투자하는 일반개인투자가 있으나 우리나라에서는 주식시장에 비해 기관투자가의 비중이 상대적으로 높은 특징을 가지고 있다.

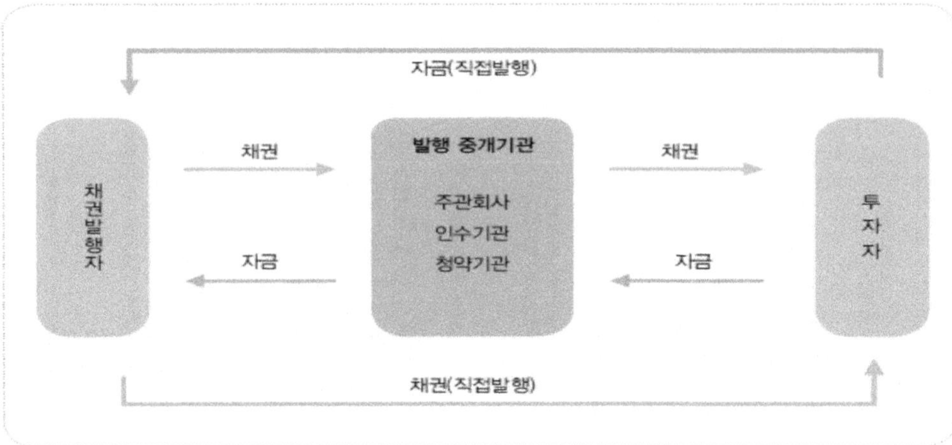


[그림 9-2] 채권발행시장 구조

채권은 한번 발행될 때 발행규모가 주식보다 크다. 보통 수백억원 단위로 채권은 발행하는 경제주체들은 원활한 자금조달을 위해 발행하려는 채권의 매각대금을 일시에 조달하기를 원하게 된다. 따라서 발행기관으로 참여하는 증권회사로부터 총액인수계약을 통해 발행한 채권을 일시에 넘겨주고 희망하는 조달금액 전부를 조달하기를 희망한다. 따라서 총액인수방식의 채권발행방법이 주로 이용되는 특징이 있다.

증권회사는 채권발행자로부터 일정금액의 인수 수수료를 받고 채권을 넘겨받은 다음 중간도매상처럼 해당 채권을 최종 수요자인 투신사, 연기금, 은행신탁 등에 소정의 마진을 붙여 매각하거나 일부는 증권회사 자기상품으로 보유하기도 한다. 이런 총액인수방식의 발행은 발행회사와 발행기관 모두에게 유리하여 현재 회사채 발행의 대부분은 이와 같이 총액인수방식으로 채권발행과 소화를 해결하고 있다.

셋째는 경제조정기능이다. 정부는 증권시장에서, 즉 채권시장에서 채권을 발행하여(공개시장조작) 시중의 통화량을 조정하여 물가안정, 금리안정 등을 꾀하여 경기를 조절하는 등 경제 안정기능을 수행한다.

만약 시중의 통화량이 지나치게 풍부해지면 금리가 인하되고, 물가상승이 예견되면 정부는 통화를 환수하기 위해 채권을 발행하게 된다. 이에 따라 화폐유통량이 감소하면서 자연스럽게 화폐의 가격인 이자율이 상승하고 물가는 하락할 것이다.

반대로 시중의 화폐유통량이 너무 줄어들면 금리가 상승하여 기업의 투자활동이 위축되어 경기가 침체할 가능성이 높아지게 된다. 이런 시점에서 정부는 발행한 채권을 상환함으로써 시중의 화폐량을 증가시키는 조절기능을 하게 된다.

## 2. 채권발행방법

채권의 발행방법은 채권투자자의 대상 범위에 따라 사모발행과 공모발행으로 구분되며, 공모발행은 발행기관의 발행업무 대행 여부 및 미발행채권에 대한 위험부담 귀속에 따라 직접발행과 간접발행으로 세분할 수 있다.

### (1) 사모발행

사모발행은 발행기업이 직접 특정투자자와 사적인 교섭을 통하여 채권을 매각하는 방법이다. 이는 공모로 발행하고자 하여도 인수대상기관을 찾을 수 없거나 단기운영자금 조달을 위해 소규모로 발행하는 경우에 주로 이용되며, 감독기관에 증권신고서 등을 제출하지 않아 신속하게 발행할 수 있다는 이점이 있다.

그러나 사모발행에 따른 발행금리는 금융투자협회에서 고시하는 최종호가수익률에 당해회사의 신용등급에 따라 매수회사와 협의한 일정한 스프레드를 감안하여 결정되기 때문에 공모 발행시보다 높은 금리로 발행된다. 우리나라에서 사모사채는 자금대출(loan)의 성격을 갖기 때문에 은행이나 보험사를 상대로 발행하는 경우가 일반적이다.

### (2) 공모발행

공모발행은 불특정다수(50인 이상, 자본시장법 시행령 제11조)의 투자자를 대상으로 채권을 발행하는 방법이다. 채권의 공모발행은 발행가격과 이자율, 상환기간 등 일정한 조건을 제시하고 널리 투자자를 모집하여 자금을 납입하게 하고 채권을 교부하는 것을 말한다. 채권발행에 따른 위험을 발행자 또는 발행기업이 부담하는 경우를 직접발행이라고 하고, 인수자가 발행자로부터 발행채권의 전부 또는 일부를 인수하여 발행위험을 부담하고 사무를 직접 담당하는 경우를 간접발행이라고 한다.

[그림 9-3] 채권발행방법

① 직접발행

채권발행액을 미리 확정하지 않고 일정기간 내에 투자자에게 개별적으로 매출하여 매도한 금액 전체를 발행총액으로 하는 방법이다. 우리나라 상법상 "주식회사는 사채전액의 납입이 완료된 후가 아니면 이를 발행하지 못한다"라고 규정하고 있어 매출발행에 의한 사채모집을 허용하지 않고 있다.

특수채의 경우 현재 산업은행의 산업금융채권 일부 및 지방공사의 보상채권 일부가 매출발행 되고 있고, 한국은행의 통화안정증권은 매출발행과 경쟁입찰 발행을 병행하고 있다. 경쟁입찰 발행은 채권의 발행조건을 미리 정하지 않고 가격이나 수익률을 다수의 응찰자에게 입찰시켜, 그 결과를 기준으로 발행조건을 정하는 방식이다.

경쟁입찰에 따른 발행금리 결정방식에 따라 복수금리 결정방식(conventional auction), 단일금리결정방식(dutch auction), 차등가격낙찰방식(differential pricing auction method)으로 구분된다. 복수금리결정방식은 각 낙찰자가 입찰 시 제시한 금리를 발행금리로 하여 채권을 발행하는 것이고, 단일금리결정방식은 각 낙찰자가 입찰 시에 제시한 금리중 최고금리를 발행금리로 통일하여 채권을 발행하는 것이며, 차등가격 낙찰방식은 최고낙찰금리 이하 응찰금리를 일정 간격으로 그룹화하여 각 그룹별 최고금리를 낙찰금리로 적용하는 방법이다.

따라서 복수금리결정방식과 차등가격 낙찰방식에서는 낙찰자 간의 발행금리가 다를 수 있으나, 단일금리결정방식에서는 모든 낙찰자에게 동일한 발행금리가 적용됩니다. 우리나라에서는 국고채권의 경쟁입찰발행 시 차등가격낙찰방식을 적용하고 있으며, 이들을 중도환매(buy-back) 또는 교환(conversion offer)하는 경우에는 복수금리결정방식을 사용하고 있다.

② 간접발행

총액인수는 채권발행업무의 일체를 인수기관이 맡아서 처리함과 동시에 채권발행 총액을 인수기관이 인수한 후에 인수기관의 책임 하에 모집 또는 매출하는 방법이다. 총액인수는 모집 또는 매출 시 가격차에 의한 손익이 인수기관에게 귀속되므로 잔액인수에 비해 위험부담이 큰 발행방법이다. 현재 무보증사채의 발행은 대부분 총액인수방법을 이용하고 있다.

잔액인수는 채권발행업무 일체를 인수기관에게 위탁함과 동시에 발행회사의 명의로 채권을 모집 또는 매출하는 것으로, 모집 또는 매출액이 총액에 미달할 때에는 인수기관이 그 잔액을 책임지고 인수한다는 계약에 의한 발행방법이다.

위탁모집은 채권발행에 관한 제반절차를 인수기관에게 위임하여 발행하는 방법으로 인수기관은 발행회사의 대리인 자격으로 또는 인수기관 자신의 명의로 채권을 발행하는 방법이다. 이 경우 채권의 모집 또는 매출이 총액에 미달함으로써 발생하는 위험은 발행회사가 지게 된다.

## 3. 채권종류별 발행방법

채권은 2장에서 발행주체에 따른 분류에서 보았듯이, 국채, 지방채, 특수채, 회사채 등 다양하여 그 종류에 따라 발행방법과 조건 등에 차이가 있다.

### (1) 국채의 발행

국채는 자금용도에 따라 국고채권, 재정증권, 국민주택채권, 보상채권 등으로 나눌 수 있다. 국고채권과 재정증권은 경쟁입찰을 통해서 발행되며, 국민주택채권은 인허가와 관련하여 의무적으로 매입하도록 하는 첨가소화방식 그리고 보상채권은 당사자 앞 교부방식으로 각각 발행된다. 국고채의 입찰에는 국고채전문딜러 및 일반인(전문딜러를 제외한 금융기관, 개인 등)이 참가할 수 있으나, 일반인의 입찰참가는 국고채전문딜러를 통하여만 가능하며 일반인은 입찰금리도 제시할 수 없다.

정부는 국채시장의 유동성제고와 시장의 효율적 육성을 위하여 1999년 7월부터 국고채전문딜러제도를 운용하고 있다. 국고채전문딜러는 국고채경쟁입찰에 독점적으로

〈표 9-1〉 국채의 종류 및 발행방법

| 구 분 | 발행목적 | 발행방법 | 만기 | 표면이자 |
|---|---|---|---|---|
| 국고채 | 재원 조달 | 경쟁입찰 | 3, 5, 10, 20, 30년 | 입찰 시 결정 |
| 재정증권 | 일시 부족 자금 조달 | 경쟁입찰 | 1년 이내 | 0% |
| 외국환평형 기금채권 | 해외부문 통화관리 | 경쟁입찰 | 5, 10, 20년 | 입찰 시 결정 |
| 제1종 국민주택채권 | 국민주택건설 재원 조달 | 첨가소화 | 5년 | 2.00%* |
| 제2종 국민주택채권 | 국민주택건설 재원 조달 | 첨가소화 | 10년 | 0% |

* 2014년 10월 1일부터 발행금리 인하(연 2.25% → 연 2.00%)

참여하고, 콜금리보다 낮은 금리로 제공되는 국채인수 및 유통자금을 지원받을 수 있는 혜택을 부여받고 있다. <표 9-1>은 현재 우리나라의 국채의 종류와 발행방법을 정리한 것이다.

### (2) 회사채

회사채는 투자가 모집방법에 따라 공모발행과 사모발행으로 구분된다. 공모발행의 경우 인수기관인 증권회사, 종합금융회사, 한국산업은행 등이 발행 전액을 인수한다. 사모발행의 경우에는 발행기업이 최종 매수자와 발행조건을 직접 협의하여 발행하게 된다.

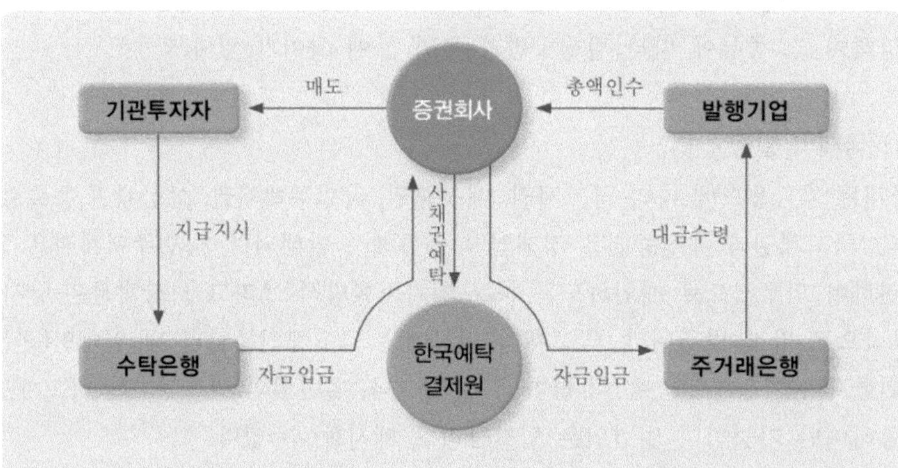


[그림 9-4] 회사채 발행구조

상법상 주식회사가 발행할 수 있는 사채의 총액은 대차대조표에 의하여 회사에 현존하는 순자산의 4배를 초과하지 못하도록 되어있다. 또한 상법상에는 사채발행을 위해서는 이사회의 결의가 필요하다.

앞서 언급한 바와 같이 회사채(무보증사채)를 발행하기 위해서 발행기업은 2개 이상의 신용평가회사로부터 기업의 사업성, 수익성, 현금흐름. 재무 안정성 등을 기초로 회사채 상환능력을 평가받아야 한다.

발행기업의 입장에서는 신용평가에 따른 수수료의 부담에도 불구하고 객관적인 신용등급을 획득함으로써 잠재적 투자자들을 확보할 수 있고 이에 따라 자본조달비용이 낮아지는 효과가 있다.

## 제 3 절 채권유통시장

### 1. 채권유통시장의 개요

주식시장과 마찬가지로 채권의 유통시장도 이미 발행된 채권이 투자자들 사이에서 거래되는 제2차적 시장(secondary market)을 말한다. 채권시장에서 발행시장은 개개인의 여유자금을 재정정책자금이나 산업자금으로 전환시키는 기능을 갖고 있는 반면에, 유통시장은 투자자 상호간의 매매거래를 통하여 채권의 공정한 시장가격을 형성함으로써 채권의 유동성과 환금성을 높이는 기능을 담당하고 있다.

채권유통시장은 크게 다수의 매도와 매수주문이 한 곳에 집중되어 상장종목 채권이 경쟁매매를 통해 이루어지는 거래소시장(장내시장)과 주로 증권회사 창구에서 증권회사 상호간, 증권회사와 고객간 또는 고객 상호간에 비상장채권을 포함한 전 종목이 개별적인 상대매매를 통해 이루어지는 장외시장으로 구분된다.

따라서 채권의 유통시장은 이미 발행된 다양한 채권을 자유롭게 매매할 수 있는 시장으로 발행시장에서 발행된 채권의 유동성을 높여주고 시장성을 부여해 주며 투자원금의 회수와 투자수익을 실현해주는 기능을 담당한다. 또한 채권의 공정한 가격을 형성해주고 채권의 담보가치를 증대해주는 기능을 담당한다. 아울러 신규로 발행되는 채권의 가격을 결정하는 지표로 활용된다.

유통시장을 통해 채권의 가격이 공정하게 형성되면 이는 발행시장에서 기업의 자본비용을 판단하게 되는 근거가 되기도 한다. 즉 채권의 발행금리가 시장을 통해 결정되면 이 금리수준이 기업입장에서는 부채의 자본비용으로 사용된다.

채권의 유동성은 채권의 가치를 판단하는 기준이 되기도 하며 향후 발행될 채권가격(금리)을 결정하는데 있어서 기준이 되므로 중요한 역할을 기능을 담당하게 되는 것이다. 채권을 투자하여 취득하게 된 투자가는 채권의 만기일까지는 발행자에게 원금상환을 요구할 수 없으므로 만기 전에 채권을 현금화하려는 투자가에게 채권의 환금성을 제공하기 위해서는 채권 유통시장이 필요하다.

이러한 채권 유통시장의 기능이 원활하게 수행되기 위해서는 일정한 수준 이상의 물량이 계속적으로 거래되어야 한다. 이를 위해서 우선적으로 채권의 발행물량, 즉 공급량이 많아야 하며 발행된 채권이 특정한 소수의 경제주체에 의해 소유되지 않고 불특정 다수의 투자가에게 분산되어야 한다.

또한 채권의 매매제도가 확립되어 있어야 하며 채권가격과 거래량의 변동성이 일정수준 이상 존재해야 유통시장으로서의 기능을 담당할 수 있을 것이다.

현재 우리나라의 채권 유통시장은 브로커 중심의 시장이며 시장에서 딜러의 역할은 아직 미미한 수준이다. 거래되는 시장도 장외시장의 비중이 높은 편이며 거래소 시장에서는 국고채를 위주로 주로 거래가 활발한 편이다. 또한 주식시장과 달리 개인투자가 비중이 낮은 기관투자가 중심의 시장성격을 가지고 있다.

거래단위는 보통 액면금애 100억원 단위로 거래되는 도매시장의 성격이 큰 특징을 가지고 있다. 우리나라의 채권유통시장은 주식시장에 비해 아직 시장의 발달 정도가 미숙한 상태이다.

## 2. 채권유통시장의 특징

먼저 채권유통시장의 특징으로 장외시장이 중심이라는 점이다. 주식시장이 거래소 시장을 중심으로 거래가 집중되는 반면에 채권거래는 대부분 장외매매를 통하여 이루어져 1998년까지 장외거래 비중이 98% 이상을 차지하고 있다.

그러나 2002년 10월부터 국채전문딜러들에게 부과된 국채 중에서 기준물에 대한 장내거래 의무화방침에 따라 국고채를 중심으로 한 주요 국공채의 장내거래 규모가 점진적으로 증가하는 양상을 보이고 있다. 이에 따라 2004년부터 장내거래의 비중이 약 20% 수준으로 증가하였다.

채권거래에 있어 절대적인 비중을 차지하는 것은 기관투자가들이다. 개인투자가의 거래비중은 2006년 기준으로 전체 거래량의 4% 수준에 머물고 있다. 이는 채권은 주식과는 달리 대부분 금융기관이나 법인 등 기관투자가간 100억원 단위의 대량매매 형태로 거래되고 있기 때문이다.

하지만 2007년 8월부터 한국거래소 내에 1,000원 이상 50억원 미만의 소규모 채권거래가 가능한 '소매채권시장'이 개설되어 개인투자가들도 장내에서 채권을 주식처럼 손쉽게 매매할 수 있게 되었다.

## 3. 거래소 채권시장

### (1) 거래소 시장의 개요

채권거래소 시장은 거래소에 상장된 채권을 대상으로 하여 다수의 투자가가 표준화된 거래조건, 절차 등을 통하여 경쟁매매방식으로 채권을 장내 거래하는 시장이다. 매매거래시간은 공휴일과 토요일을 제외하고 매일 09:00~15:00까지 이며 호가접수시간은 08:00~15:00이다.

가격호가방식은 지정가호가제를 운영하고 있으며, 호가가격, 호가수량 및 매매수량 단위는 주식관련사채권, 일반채권, 외화표시채권에 따라 <표 9-2>와 같이 나누어지며 가격제한폭은 없다. 매매거래시 국채전문유통시장은 익일결제거래를 하며, 그 이외는 당일결재거래를 한다.

〈표 9-2〉 거래소 시장 호가, 수량단위

| 구 분 | 주식관련 사채 | 일반채권 | 외화표시채권 |
|---|---|---|---|
| 호가가격단위 | 1원 | 1원 | 1포인트 |
| 호가수량단위 | 액면 1만원 | 액면 1만원 | 1만 포인트 |
| 매매수량단위 | 권종금액(최소 액면 10만원) | 액면 10만원(소액채권은 1,000원) | 1만 포인트 |

거래소 채권시장은 채권시장의 개설목적 및 시장 참여자에 따라 도매시장인 국채전문 유통시장(KTS : KRX Traiding System for Government Securities)과 환매조건부채권(Repo)시장, 그리고 소매시장인 일반채권시장, 소액채권시장 및 소매채권시장이 개설되어 운영되고 있다. 이 시장은 상장채권에 대한 다수의 매도, 매수 주문이 한 곳에 집중되어 경쟁매매가 이루어지는 조직적이고 투명한 시장이다.

국채전문유통시장(KTS)은 거래소가 국고채시장의 활성화 및 거래투명성 제고를 위해 정부와 함께 1999년 3월에 개설한 국채 전자거래시장(딜러간 경쟁매매시장)으로 인터넷을 이용해 딜러(금융기관)가 직접 시장에 참여하며 모든 거래과정이 실시간 정보화면을 통해 이루어지는 시스템을 사용하고 있다.

이 시장은 국채의 유통과 발행 효율성 향상을 통해 전체 채권시장의 선진화를 위한 중요한 역할을 담당하고 있다. 또한 투명한 시장운영을 통해 시장상황이 정확하게 반영되는 지표금리를 육성하여 합리적인 투자판단의 지표를 제공하고 여타 채권의 적정가격 형성에도 기여하고 있다.

국채전문유통시장은 국채에 대한 투자매매업을 허가 받은 기관투자가인 국채딜러(증권회사, 은행)만이 참가할 수 있는 시장으로서 국채딜러 중 일정한 요건을 갖춘 국채딜러를 국고채전문딜러(PD : Primary Dealer)라고 하는데, 국채전문유통시장에서 시장조성의 의무를 갖는 대신 국고채 발행시 입찰에 독점적으로 참가하여 국고채인수 등에 관하여 우선적인 권리를 부여 받는 혜택을 주고 있다.

환매조건부채권 시장은 환매조건부채권, 즉 Repo(Sales & Repurchase Agreement) 거래란 현재시점에서(매매일)에 현물로 유가증권을 매도(매수)함과 동시에 사전에 정한 미래 특정시점(환매일)에 동 증권을 환매수(환매도)하기로 하는 두 개의 매매계약이 동시에 이루어지는 유가증권의 매도·매수계약을 말한다.

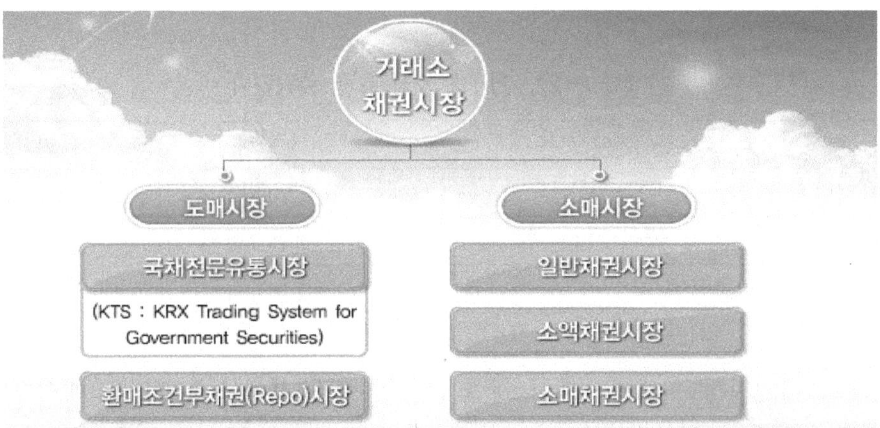


자료 : 한국거래소

[그림 9-5] 거래소채권시장

Repo 거래의 법적형식은 유가증권의 매매거래이지만 경제적 실질은 담보부 소비대차이다. 거래소 Repo시장은 PD들의 결제유동성 조달을 지원하기 위해 2002년 2월에 개설되었으나 콜(Call) 시장 중심의 단기금융시장 운영 및 자금수급자간 기관 미스매치 등으로 거래소는 다소 부진한 상태이다.

일반채권시장은 시장참여자의 제한이 없고 불특정 다수의 일반투자가들이 참여할 수 있는 도소매시장으로 모든 상장채권의 거래가 가능한 시장이다. 매매체계도 주식과 유사하여 주식매매에 익숙한 투자가라면 큰 어려움없이 증권회사에 전화 또는 HTS 등을 통하여 직접 채권을 매매할 수 있다.

이 시장은 주로 회사채와 주식관련사채(전환사채, 신주인수권부사채 등) 및 제1,2종 국민주택채권 경과물 등의 거래가 많이 이루어진다. 특히 상장된 전환사채(CB)의 매매는 공정한 가격형성 및 유동성 제고를 위해 반드시 거래소시장을 통하여 거래해야 하며 매매수량단위는 액면 10만원 단위로 거래가 가능하다.

소액채권시장은 부동산이나 자동차를 구매하는 개인 및 법인 등은 등기, 등록을 위해 정부 또는 지방자치단체에서 발행하는 채권을 의무적으로 매입해야 하는데, 이렇게 발행되는 채권을 소액채권 또는 첨가소화채권이라고 한다. 과거 상당수의 국민들은 이러한 첨가소화채권 처분시에 중간 대행업자에게 일임하여 제값을 받지 못한 채 금전상의 손실을 보는 경우가 많았다.

따라서 정부와 거래소는 이러한 채권을 매입한 국민들이 거래소시장을 통해 공정한 가격으로 이들 채권을 매도하게 하거나, 부득이하게 대행업자들에게 위임하더라도 거래소시장에서 형성된 정상가격을 참고하도록 하기 위해서 1995년 10월부터 '소액채권 집중거래제도'를 도입하여 운영하고 있다.

소액채권시장이 개설된 이후 국민들은 이 채권의 할인비용을 약 15조원정도 줄일 수 있었다고 통계자료에서 확인할 수 있다. 또한 거래소는 회원중개사 중 자격요건을 갖춘 소액채권전담회원을 24개사 이내에서 지정하여 매일 의무매수호가를 제출하게 함으로써 소액채권의 원활한 매매거래 환경조성에 기여하고 있다. 또한 소액채권의 신고가격을 제출하게 함으로써 매출대행기관(은행) 또는 소액채권시장에서 투자가가 이를 매도가격으로 이용하도록 하고 있다.

소매채권시장은 개인투자가와 일반 법인이 액면 50억원 미만인 채권을 거래할 수 있는 시장으로 1,000억원 이상이면 거래가 가능하다. 개인투자가 및 일반법인도 소규모로 손쉽게 채권에 투자할 수 있도록 거래소는 2007년 8월부터 '소매채권전문딜러' 제도를 도입하였다. '소매채권전문딜러'란 일반 투자가에게 채권투자가 원활하게 이루어지도록 소매채권시장에 지속적으로 매수호가를 제공하여 유동성을 높이는 역할을 하는 시장조성자(market maker)를 말한다.

소매채권시장을 이용하면 투자가의 채권선택 폭의 확대, 합리적인 채권가격발견, 실시간 정보를 통한 시장 투명성의 제고 등의 장점 외에도 증권사 지점을 통해 매매할 경우 개별증권사마다 계좌를 개설해야 하지만 소매채권시장을 이용할 경우에는 한 개의 계좌로 모든 증권사와의 거래가 가능하고 주식 거래처럼 전화 또는 HTS를 통한 직접 주문이 가능하여 편리하다.

### (2) 채권의 상장

채무증권 상장은 거래소가 개설하는 유가증권시장에서 발행된 채무증권이 매매될 수 있는 자격을 부여하는 것이다. 자본시장법에서 거래소는 증권시장에 상장할 증권의 심사 및 상장 증권의 관리를 위하여 증권상장 규정을 정하도록 하고 있다. 발행된 채무증권의 상장은 발행기업의 자유의사결정에 의하도록 하고 있다.

채무증권 상장의 이점은 발행기업의 대외 공신력 제고되는데, 기업 경영사항 및 채무증권 발행정보가 공시되어 발행기업의 대외 공신력을 제고시키게 된다. 또한 대용증권 및 담보자산으로 채권이 이용할 수 있게 해준다. 즉, 상장채권은 주식·선물·옵션 거래의 위탁증거금으로 이용하고 공공기관에 납부할 보증금·공탁금으로 사용이 가능하다.

마지막으로 채권을 상장하게 되면 해당 채권은 기관투자자의 투자편입 대상으로 선정될 가능성이 커진다. 연기금, 보험사, 자산운용사 등 기관투자자들은 투자대상으로 상장 채무증권을 선호하기 때문이다. 채무증권의 상장은 한국거래소 『유가증권시장상장규정』에 따라 처리되고 있으며, 상장을 신청한 경우 <표 9-3>과 같이 상장심사를 하고 있다.

다만 국채, 특수채, 지방채는 이 상장요건을 적용하지 않는다.

〈표 9-3〉 채권상장요건

| 구분 | 국내채무증권<br>(유가증권시장상장규정 제88조) | 외국채무증권<br>(유가증권시장상장규정 제95조) |
|---|---|---|
| 발행기업 | 자본금 5억원 이상<br>단, 보증 · 담보부 사채권 · 자산유동화채권은 제외 | · 자기자본 100억원 이상으로 자본잠식 없을 것<br>· 발행회사 자격<br>　· 해외증권시장에 외국주권을 상장한 법인일 것<br>　· 거래소에 외국주권 또는 외국주식예탁증권을 상장하고 있을 것<br>　· 모집 또는 매출의 방법으로 증권을 발행한 법인일 것<br>* 단, 국제금융기구가 발행한 채무증권, 보증·담보부·자산유동화 채권은 제외 |
| 모집/매출 | 모집 또는 매출에 따른 발행 | 좌동 |
| 발행총액 | 발행액면총액이 3억원 이상<br>* 단, 보증 · 담보부 사채권은 5천만원 이상 | 좌동 |
| 미상환<br>액면총액 | 미상환 액면총액이 3억원 이상<br>* 단, 보증 · 담보부 사채권은 5천만원 이상 | 좌동 |
| 통일규격채권 | 『통일규격증권등 취급규정』에 따른 통일규격채권<br>* 단, 공사채등록법(제4조) 또는 상법(제478조제3항)에 따른 등록채권의 경우도 가능 | - |
| 등록채권 | 공사채등록법(제4조) 또는 상법(제478조제3항)에 의한 등록채권일 것<br>* 단, 전환사채권은 등록채권만 상장 가능 | 공사채등록법에 의한 등록채권일 것 |
| 신용평가 등급 | - | 투자적격등급(BBB등급이상) 채권일 것 |
| 비고 | - | 01 상장전 상장시기와 절차에 관한 협의<br>02 상장대리인 선임 |

### (3) 채권 종류별 상장

#### ① 국채 상장

국채상장은 국채상장의뢰서에 의해 상장심사 없이 상장처리하고 있다. 현재 발행되고 있는 국채 중 국고채권 및 재정증권은 발행일에 상장처리 되고 있으며 국민주택1종 및 2종 채권은 일괄상장신청에 의해 매월초일에 상장 처리되고 있다.

국채 중 국고채 및 재정증권의 상장신청은 인터넷을 통하여 한국은행이 대행하고 있으며, 국민주택1종 및 2종 채권은 일괄상장채권으로 매년말 다음 년도 일별 발행예정채권에 대해 일괄상장 신청을 받아 거래소가 매월 초일에 신청한 발행예정물량을 상장처리하고 당월 발행이 확정된 후 발행금액을 통보받아 상장 금액을 확정하고 있다.

② 지방채 상장

지방채는 국채와 같이 공익성을 감안하여 상장심사가 면제되고 있으며 상장신청서에 따라 상장처리 되고 있다. 지방채 중 지역개발채권 및 도시철도채권은 일괄상장되며, 모집발행 채권은 회사채와 유사한 방식으로 상장처리 되고 있다.

지방채의 상장신청서류로는 지역개발채권 및 도시철도채권은 일괄상장신청서와 발행결과 통지서가 있으며, 모집발행 지방채의 경우는 채권상장 신청서와 신탁증서, 인수계약서 또는 매출계약서, 모집위탁계약서 사본 (당해 채권이 간접발행인 경우에 한함) 등의 제출이 필요하다.

③ 특수채 상장

특수채의 상장은 채권의 종류별로 상이한 방법으로 상장처리 되고 있다. 통화안정증권의 경우는 국고채권과 유사한 방식으로 매출일 또는 입찰일에 상장신청하고 발행일에 상장이 이루어지고 있다.

금융특수채 및 비금융특수채의 경우는 자본시장법에서 규정하고 있는 특수채 증권은 간접발행하고 있으며, 발행기관의 상장신청의 편의를 위해 월중 발행한 채권을 취합하여 익월 10일까지 상장신청할 수 있다.

토지주택채권(용지)은 지방채인 도시철도채권과 같이 일괄상장채권으로 상장되고 있다. 즉 매년 말 다음 년도 일별 발행예정채권에 대해 일괄상장신청을 받아 거래소가 특정일에 신청한 발행예정물량을 상장처리하고 당월발행이 확정된 후 발행금액을 통보받아 상장금액을 확정하고 있다.

④ 회사채 상장

회사채 상장은 발행일을 기준으로 이루어지며, 발행기업의 상장신청 및 거래소의 상장심사를 통해 이루어지고 있고, 상장신청서 제출은 금융위에서 증권신고서가 수리된 이후에 하게 된다.

⑤ 외국채무증권 상장

외국채무증권은 외국법인 등(외국정부, 외국지방자치단체, 외국공공기관, 외국법령에 의하여 설립된 외국기업 및 조약에 의하여 설립된 국제금융기구 등)이 발행한 채무증권이다.

외국채무증권은 외국법인 등의 신뢰성 파악 등에 어려움이 있어 투자자 보호를 위해 외국채무증권의 상장심사요건 및 제출서류는 국내채무증권에 비해 엄격한 요건을 정하고 있으며, 또한 외국채무증권의 발행조건이 투자자보호와 채권상장시스템 및 매매체결시스템에 적합한지를 파악하고 적절한 조치를 취할 수 있도록 상장신청서 제출 전에 거래소와 상장절차 및 시기 등을 협의하여야 한다.

## 4. 채권 장외시장

장외시장(Over the Counter Market; OTC)은 거래소시장 외에서 거래되는 시장으로 주로 증권사 창구(지점)를 중심으로 1:1 상대매매가 이루어지는 딜러·브로커 직접탐색 시장 등을 통칭하는 개념이다. 거래소 시장이 투자가 보호와 투명성 강화 등을 실현하기 위해 중앙 집중적이고 경쟁매매 중심의 제도화된 시장인데 비해, 장외시장은 자생적으로 생성되고 존재해온 시장을 사후적으로 제도화하고 관리하는 시장으로 거래관행의 영향력이 큰 시장이다.

채권은 주식과 달리 대규모(보통 100억원 단위)로 거래되기 때문에 개인투자가 보다는 금융기관이나 연기금 등 기관투자가의 대량매매(도매거래) 형태로 거래되고 있으며, 상장 및 비상장채권 구분없이 모든 채권을 거래대상으로 한다. 기관투자가는 거래상대방을 직접 탐색하기보다는 브로커인 증권사를 통한 상대매매형태로 거래에 참여하고 있으며, 개인투자가들이 일부 참여하기도 하지만 주로 금융기관 등 기관투자가들이 거액의 자금을 운용하는 시장이라고 할 수 있다.

채권 장외시장은 거래시간, 거래장소, 거래대상채권, 조건 등의 비표준화(발행조건의 다양성, 발행 종목수가 많음) 등 거래소시장에서 거래가 곤란한 채권에 유동성을 부여함으로써 다양한 채권의 유통 원활화에 기여하고 있다. 매매수량단위는 관행적으로 액면 100억원의 정수배이며, 매매거래시간은 특별한 제한이 없으나 일반적으로 증권회사의 주요 업무시간인 08:30부터 16:00까지 거래가 이루어지는 것이 보통이다.

장외 채권거래는 대부분 증권회사를 통하여 이루어지며, 증권회사가 금융기관과 채권거래를 하는 경우 전화 또는 메신저라는 쌍방향 의사소통 수단을 이용하여 브로커와 투자가간 매매거래 정보를 실시간으로 주고받는다. 이후 채권거래에 대한 합의가 이루어지면 전화통화 또는 팩스 등으로 채권정보와 결제내역을 상호 확인한 후 매매를 확정하는 거래구조를 가지고 있다.

현재 우리나라 증권회사는 채권브로커 업무에 따른 중개 수수료를 받는 방식이 아니라 증권사 상품계정이 고객의 매도 또는 매수주문에 대한 거래상대방이 되어 매채차익을 얻는 방식이며 이에 따른 거래수입은 회계처리상 중개수수료가 아닌 상품운용에 따른 자본이익으로 계상된다.

거래포지션 및 투자전략의 노출을 원하지 않는 기관투자가는 주로 장외거래를 선호하며, 이는 메신저를 이용한 브로커 위주의 상대거래방식인 장외거래의 폐쇄적인 특성이 거래정보 보안유지에 적합하다고 판단하기 때문이다. 기관투자가들은 자신의 거래포지션이 시장에 노출되어 채권가격에 영향을 미치는 것을 기피하는 경향이 있다.

장외 채권거래는 거래절차가 비교적 간소하여 별도의 체결행위 없이 메신저를 통해 확정된 거래내역서를 백오피서(결제부서)에 전달하는 것으로 거래당사자의 매매행위가 종결된다. 거래정정의 유연성도 좋아 장외에서는 주문실수가 있었을 경우에 체결 이후라도 결제이전에는 취소가 가능하다.

채권의 장외거래 결제는 매도자와 매수자가 협의하여 매매계약을 체결한 날의 다음날 (T+1)부터 30영업일(T+30)이내에 할 수 있으나. 보통 익일 (T+1)에 결제한다. 다만 조건부매매, 소액채권매매, 및 단기증권집합투자기구의 채권매매의 경우에는 매매계약을 체결한 날에 결제할 수도 있다.

## 5. 거래소채권 매매제도

### (1) 일반채권매매제도

거래소에 상장된 국채, 지방채, 특수채, 전환사채(CB), 신주인수권부사채(BW), 교환사채(EB), 일반 사채권 등 모든 채권이 매매대상채권이 된다. 매매거래 시간은 공휴일과 토요일을 제외하고 매일 09:00부터 15:00까지로 주식시장과 거래시간은 동일하다.

호가제도는 가격호가방식의 지정가호가제를 운영하고 있으며, 호가접수시간은 08:00부터 15:00까지다. 호가가격, 호가수량 및 매매수량 단위는 주권관련사채권, 일반채권, 외화표시채권에 따라 아래와 같이 나뉘며 가격 제한폭은 없다.

〈표 9-4〉 채권호가단위

| 구분 | 주식관련사채 | 일반채권 | 외화표시채권 |
|---|---|---|---|
| 호가가격단위 | 1원 | 1원 | 1포인트 |
| 호가수량단위 | 액면 1만원 | 액면 1만원 | 1만 포인트 |
| 매매수량단위 | 액면 1,000원 | 액면 1,000원 | 1만 포인트 |

자료 : 한국거래소

가격제한폭은 없으나, 주문자의 입력오류를 방지하기 위하여 호가입력제한을 두고 있다. 매수호가 입력제한은 기준가격 대비 30%(또는 50%) 이상 가격의 입력을 제한하고, 매도호가 입력제한은 기준가격에서 30%(또는 50%) 미달하는 가격의 호가를 제한하고 있다. 여기서 기준가격은 전일종가(종가가 없을 경우 시가평가가격 사용)를 사용한다.

매매체결방법은 단일가매매체결 방법과 복수가격매매체결방법이 있다. 단일가격에 의한 개별경쟁매매방식은 수요와 공급을 집중시켜 균형가격형성의 필요성이 큰 경우에 이용되는 매매방법으로서 일정시간 동안 매도·매수호가를 접수하여 가격 및 시간 우선원칙에 따라 우선하는 호가간에 하나의 가격으로 매매체결이 이루어진다.

과거에는 단일가매매에 참여하는 호가의 우선순위는 동시호가로 간주하여 시간우선의 원칙을 적용하지 않았으나, 2014년 3월부터는 시간우선원칙을 적용하고 있다. 따라서, 단일가매매에 참여한 호가의 경우에도 가격우선 및 시간우선원칙에 따라 우선하는 호가간에 전량을 체결하고, 동일가격대의 호가간에는 수량배분을 하지 않는다.

단일가격에 의한 개별경쟁매매는 시가, 시장재개 및 매매거래 재개 후 최초의 가격결정시(재개시점부터 10분간 접수된 호가) 적용되며, 매매체결가격은 합치가격에 미달하는 매도호가와 합치가격을 초과하는 매수호가의 전 수량합치가격에 해당하는 경우 매도호가 또는 매수호가의 어느 일방의 전 수량, 혹은 타방의 호가수량 중 당해 종목의 매매수량단위 이상의 수량이 합치하는 가격으로 하고, 호가의 우선순위에 따라 합치되는 호가간에 매매거래를 성립시키게 된다.

복수가격에 의한 개별경쟁매매방식은 접속매매라고도 하는데, 매매거래시간 중에 매도호가와 매수호가의 경합에 의하여 가장 낮은 매도호가와 가장 높은 매수호가가 합치되는 경우 선행호가 즉 먼저 접수된 호가의 가격으로 매매거래를 성립시키는 매매방법으로서, 가격우선의 원칙과 시간우선의 원칙에 따라 합치되는 호가간에 매매거래를 성립시킨다.

거래소시장에서 채권거래에 대한 결제제도는 다음 <표 9-5>와 같다.

또한 일반채권시장에서는 '시장조성회원'이란 제도를 두고 있다. 이 제도는 일반투자자의 채권투자가 원활하게 이루어지도록 일반채권시장에 유동성을 공급하는 시장조성자를 말하며, 시장조성회원은 시장조성대상 채권의 가격(수익률) 및 수량을 지속적으로 제시함으로써 유동성을 공급하는 역할을 담당한다.

'시장조성회원'의 자격은 채무증권에 대하여 투자매매업의 인가를 받은 회원으로서, 시장조성회원이 되고자 하는 회원은 분기마다 거래소가 정한 기간 내에 지정신청서를 제출해야 한다. 2015. 12월 말 기준으로 시장조성회원은 21사가 활동하고 있다.

〈표 9-5〉 거래소 일반채권거래 결제방법

| 구분 | | 내용 |
|---|---|---|
| 매매거래의 종류 | | 당일결제(T+0)거래만 허용 |
| 투자자와 증권회사간의 결제 | 매도증권, 매수대금 납부시한 | · 결제일의 15:30분 |
| | 위탁수수료의 징수 | 회원증권사는 투자자로부터 매도 또는 매수의 위탁을 받아 매매가 성립되었을 때에는 거래소에 신고한 위탁수수료율에 의하여 투자자로부터 위탁수수료를 징수 |
| 결제회원의 결제 | 결제시한 | 결제일의 16:00시 |
| | 결제방법 | · 매매거래의 종류별로 매도증권과 매수대금을 각각 차감하여 결제시한 이전에 거래소 결제기구에 납부하여야 함<br>· 외화표시채권의 결제는 외국환관리규정에 의해 지정,고시하는 결제일 기준환율에 의하여 원화로 환산한 금액으로 함 |
| | 결제대용증에 의한 결제 | 사고증권, 소액채권의 매도, 외국인의 매도, 유동성이 낮은 종목의 매도등의 사유로 납부가 불가능할 경우 거래소가 발행하는 결제대용증으로 납부에 갈음할 수 있음 |

시장종성인 지정의 취소는 자진해서 지정을 취소하는 신청을 하거나, 또는 시장조성과 관련하여 시장감시 위원회로부터 불공정거래로 제재를 받은 사실이 확인되는 경우 지정취소가 된다.

시장조성방법은 매도 스프레드가 0.2%p(국채의 경우 0.1%p) 이내의 양방향 호가를 최소 1억원 이상 100억원 이하의 호가 제출하고, 일일 매매거래시간의 2/3 이상 시간동안 지속적으로 제출하여야 한다. 시장조성회원의 혜택은 조성호가에 의한 매매 체결분은 수수료가 면제되며, 시장조성실적에 따라 거래소로부터 대가를 지급받게 된다.

### (2) 소액국공채 매매제도

소액채권이란 대상채권 중 매매일을 기준으로 당월 및 전월에 발행된 채권으로서 1계좌당(공동계좌의 경우 1인당) 액면 5천만원 이하인 채권이 해당된다. 거래대상 채권은 제1종 국민주택채권, 서울도시철도채권 및 서울특별시 지역개발채권, 지방공기업법에 의하여 특별시, 광역시 및 도가 발행한 지역개발공채증권, 부산광역시, 대구광역시, 인천광역시, 광주광역시, 대전광역시 도시철도채권 등이 이에 해당된다.

소액채권거래는 시장집중거래제도를 운영하고 있는데, 소액채권의 시장집중거래제도는 개인이 부동산 등기 시, 차량 등록 시 등 의무적으로 매입하여야 하는 국공채의 환금성을 제고함으로써 첨가소화채권 매입자의 편익제고와 개인부담의 경감을 목적으로 도입되었다.

시장집중거래제도의 대상은 유동성을 고려하여 거래대상채권 중 매매일을 기준으로 당월 및 전월에 발행된 채권으로서 1계좌당(혹은 공동계좌의 경우 1인당) 호가수량이 액면 5천만원 이하인 매매주문을 대상으로 한다.

소액채권의 경우 자기매매의 신고제도를 운영하고 있는데, 이는 시장집중원칙에도 불구하고, 소액채권의 당일결제거래에 한하여 매매가격이 시장가격 이상이거나 거래소 매매거래시간 이후인 경우에는 신고시장수익률을 기준가격으로 하여 시장 외에서 자기매매가 가능하며, 이 경우 회원은 매매건별 매매시간과 종목, 수량 및 가격(수익률) 등을 거래소에 신고하여야 한다.

또한 소액채권 매수전담회원제도는 거래소가 소액채권의 매매거래를 원활히 하기 위하여 회원증권사 중에서 의무적으로 매수호가를 제시하는 소액채권매수전담회원을 지정하여 운영하고 있다. 2015.12월 현재 23개 증권사가 지정되어 있다.

'신고시장가격제도'도 운영하고 있다. 신고시장가격은, 첨가소화국공채를 의무 매수하는 개인의 환금성을 제고하고 시장의 공정가격에 의한 채권소화를 도모하기 위하여 매수전담회원이 희망매수수익률을 신고하면 거래소가 높은 가격 10%와 낮은 가격 20%를 제외한 가격을 산술 평균한 가격을 말한다. 신고시장가격은 익일의 장 종료 시 매매거래에 적용되므로 개인은 이 가격으로 보유하고 있는 국공채를 처분할 수 있다.

소액채권시장에서도 '시장조성회원' 제도를 운영하고 있는데, 일반투자자의 채권투자가 원활하게 이루어지도록 일반채권시장에 유동성을 공급하는 시장조성자를 말하며, 시장조성회원은 시장조성대상 채권의 가격(수익률) 및 수량을 지속적으로 제시함으로써 유동성을 공급하는 역할을 담당한다.

'시장조성회원'의 자격은 소액채권시장의 매수전담회원 또는 매도대행회원이 맡고 있다. 시장조성회원이 되고자 하는 회원은 분기마다 거래소가 정한 기간 내에 지정신청서를 제출하면 된다. 2015. 12월 말 기준으로 시장조성회원은 23개사가 활동하고 있다.

회원자격의 지정취소는 자진해서 지정을 취소 신청하는 방법과 시장조성과 관련하여 시장감시위원회로부터 불공정거래로 제재를 받은 사실이 확인되는 경우, 매수전담회원 또는 매도대행계약 중 어느 하나에도 해당되지 않게 되는 경우 지정취소된다.

시장조성방법은 민평 금리를 기준으로 0.1%p 이내에서 매수 또는 매도의 일방향 호가를 최소 1억원 이상 100억원 이하로 제출하며, 정규시장 중 접속매매시간(09:00~14:40)

의 2/3 이상 지속적으로 제출하여야 한다. 아래 <표 9−6>은 시장조성과 관련된 기본적인 사항이다.

〈표 9-6〉 기본조성요건

| 일일 종목수 | 호가구분 | 호가수량 | 조성시간 | 호가스프레드 | 조성일수 |
|---|---|---|---|---|---|
| 매도/매수별<br>종류 그룹별<br>1종목씩<br>총 4종목 | 매도/매수<br>각각의 일방 | 1 ~ 100억 원 | 접속매매시간의 2/3이상 | 민평 금리 대비 ± 0.1%p 이내 | 평가기간의 2/3 |

한편, 국채전문유통시장에서 거래대상이 되는 국채는 기획재정부 장관이 지정하는 국채지표종목과 국채비지표종목, 통안채, 예보채로 구성됩니다. 기능별 세부내역은 아래와 같다.

〈표 9-7〉 국채거래대상 세부내역

| 구분 | 내용 |
|---|---|
| 지표종목 | 경쟁입찰을 통하여 발행된 국고채로서 각각의 만기별로 가장 최근에 발행된 채권 |
| 비지표종목 | 지표종목을 제외한 국고채 종목 |
| 통화안정증권 | 통안채(만기 2년이하) |
| 예금보험기금채권 | 예보기금특별계정채권, 예보상환기금채 |

환매조건부채권 매매는 거래대상채권이 매매거래일 현재 미상환액면총액이 2,000억원 이상인 채권 중 국고채권, 외국환평형기금채권, 통화안정증권, 예금보험공사채권, 신용등급이 AA 이상인 회사채 및 기타 특수채 증권을 거래대상 채권으로 제한한다.

이와 같이 Repo거래대상 채권을 한정한 것은 발행채권의 위험이 낮고 종목당 유동성이 풍부하며 보유자별 분산도가 높은 채권(미상환액면잔액 2,000억원 이상)을 거래대상채권으로 함으로써 Repo거래의 안정성을 확보하기 위한 것이다.

〈표 9-8〉 환매조건부채권 거래대상

| 분류 | 대상 종목 | 필요 조건 |
|---|---|---|
| 국채 분류 | · 국고채권<br>· 외국환평형기금채권 | ① 미상환액면총액이 2천억 원 이상<br>② Vanilla 채권[1) |
| 통안·예보 분류 | · 통화안정증권<br>· 예금보험기금채권 | |
| 기타채권 분류 | · 회사채<br>· 기타 특수채증권 | 상기의 ①②<br>③ 신용등급이 AA 이상인 채권 |

* 주1) 채권발행시에 만기와 지급금리가 고정되어 있고 조기상환, 주식으로의 전환 등 특별한 옵션이 부가되어 있지 않은 채권

거래기간(종류)은 선진시장의 경우에는 일반적으로 Repo 계약일에 거래기간을 특정하는 Term Repo방식을 채택하고 있으며 거래기간은 1개월 이내의 Repo거래가 전체 거래량의 대부분을 차지하고 있다.

거래소 Repo시장의 경우에도 국제적 추세에 맞게 Term Repo 방식을 채택하고 있으며 거래기간도 유동성이 풍부한 1개월 이내의 8개 Term(1일물, 2일물, 3일물, 4일물, 7일물, 14일물, 21일물, 30일물)과 60일물 및 90일물을 두고 있다.

매매거래(호가제출)시간은 거래소 Repo시장에서 호가접수 및 매매거래시간은 장내 현물시장과의 유기적 연계를 위하여 국채전문유통시장의 매매거래시간과 동일한 시간인 09:00부터 15:00까지 이다.

Repo시장에서는 Repo거래의 특성상 호가는 환매이자율(Repo－rate)로 하며 호가가격단위는 소수점 둘째 자리의 환매이자율로, 호가수량단위 및 매매수량단위는 각각 1만원 및 액면기준(Stock－based) 10억원으로 설정되어 있다.

호가의 종류는 Repo매도의 경우 지정호가 (지정매도호가)만이 인정되며, Repo매수의 경우 지정호가(지정매수호가; 일종의 Special Collateral호가)와 비지정 호가(비지정 매수호가; 일종의 General Collateral호가) 모두 가능하다. 시장참가자는 자신의 PC에 설치한 Web－Browser를 통해 거래소에 주문을 제출하면 된다.

# 제 4 절 채권투자

## 1. 채권투자 개요

### (1) 채권투자수익률

채권수익률이란 채권에 투자해서 얻을 수 있는 투자수익률 또는 채권의 현재가치와 미래가치를 교환하는 비율이다. 채권수익률은 채권을 발행하여 자본을 조달하려고 하는 발행주체의 원리금 상환능력(즉, 신용등급으로 평가된다) 및 시장 상황에 따라 다양하게 형성된다.

채권수익률은 채권투자 금액과 투자한 채권의 미래현금흐름의 현재가치를 일치 시키는 할인율로 규정되며 <식>에서 분모 R을 의미한다. 채권수익률 R은 채권의 미래현금흐름과 현재가치 사이에서 산출되는 것으로, 사용하는 관점에 따라 시장에서 여러 가지 수익률 개념으로 호칭되어 투자수익률, 시장수익률, 유통수익률, 내부수익률(Internal rate of return; IRR) 또는 만기수익률(yield to maturity; YTM)이라고도 한다.

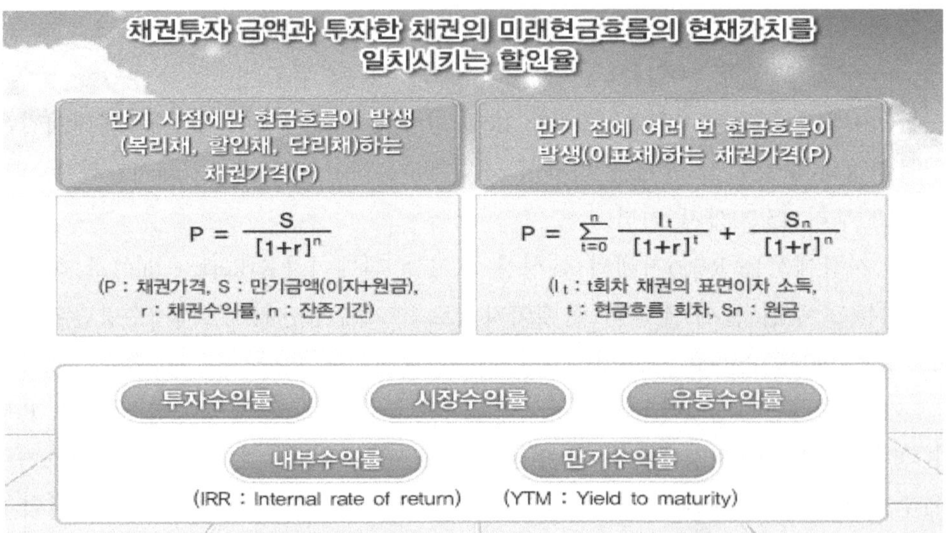


[그림 9-6] 채권투자 수익률

결국 채권수익률은 동전의 앞뒷면처럼 수익률과 할인율 두 가지 개념으로 모두 사용된다. 수익률 개념은 현재의 투자금액에 대하여 미래에 발생하는 수익의 비율을 의미하고 할인율 개념은 미래가치를 현재 가치화하는데 사용되지만 현재가치와 미래가치가 서로 불가분의 관계를 가지고 있어 보통 이자율로 통칭되어 사용되기도 한다. 즉. 수익률과 할인율은 미래와 현재의 양면에서 바라본 것으로 별도의 상이한 개념은 아니다.

채권수익률이 수익률이란 개념으로 사용되는 것은 채권에 투자해서 미래시점에 얻을 수 있는 투자수익률의 개념이다. 만약 현재시점에서 채권에 1억원을 투자해서 1년 후에 1억 1천만원의 수익을 얻게 된다면 이 채권의 투자수익률은 10%이고, 여기서 10%는 채권에 투자해서 얻게 되는 수익률이므로 채권수익률이라고 한다. 즉, 현재시점의 가치를 미래시점의 가치로 바꾸는 수익률의 개념으로 사용된 것이다.

한편 채권수익률은 채권투자 후 미래시점의 원금과 이자를 현재시점의 가치로 환산할 때 사용하는 할인율의 개념으로도 사용된다. 만약 1년 후에 1억 1천만원을 받을 수 있는 채권이 현재시점에서 1억원의 가치로 계산된다면 이 채권의 할인율은 10%가 된다. 이는 채권의 매도자가 보유한 채권을 10%만큼 할인해서 매도함을 의미하고 매수자는 10%만큼 할인해서 매수하여 남은 잔존기간(1년)동안 채권을 보유할 경우 10%의 수익률을 얻을 수 있다는 것을 의미하게 된다.

[그림 9-7] 채권수익률의 개념

결국 채권수익률의 변동은 할인율의 변동과 같은 개념이다. 예를 들어 채권수익률 연 5%의 의미는 채권에 투자해서 연간 5%의 투자수익률을 기대할 수 있다는 의미이고, 달리 표현하면 만기시점의 원리금을 지금시점에서 5%만큼 할인해서 매수할 수 있음을 의미한다. 따라서 채권을 보유하고 있는 상태에서 채권수익률 상승은 그만큼 할인율도 상승하는 개념이므로 보유한 채권가격의 하락을 의미하게 된다.

이와 같이 채권수익률은 채권의 가격을 표현하는 수단이 된다. 채권의 가격을 계산하기 위해서는 먼저 잔존만기까지의 현금흐름을 구하고, 다음으로 계산된 현금흐름을 매매시점의 채권수익률로 매매시점까지 할인하는 과정이 필요하다. 여기서 잔존만기까지의 현금흐름 또는 만기상환금액은 발행당시 이미 결정된 표면금리와 이자지급방법 등에 의해서 결정되고 잔존만기 역시 발행조건에 의해 사전에 결정된다.

결국 채권의 가격은 매일 변동하는 채권수익률에 의해 결정된다고 할 수 있다. 즉, 채권수익률은 채권의 가격을 나타내는 수단으로 사용되며, 채권가격계산에 사용되는 채권수익률은 위에서 언급한 할인율의 개념으로 채권가격과는 반비례하는 관계에 있다.

### (2) 채권의 기준수익률

채권의 기준수익률은 채권시장 전체를 대표하는 수익률로 흔히 매스컴에서 매일 볼 수 있는 채권수익률을 말한다. 또한 발행 및 유통시장에서 차지하는 비중이 커서 만

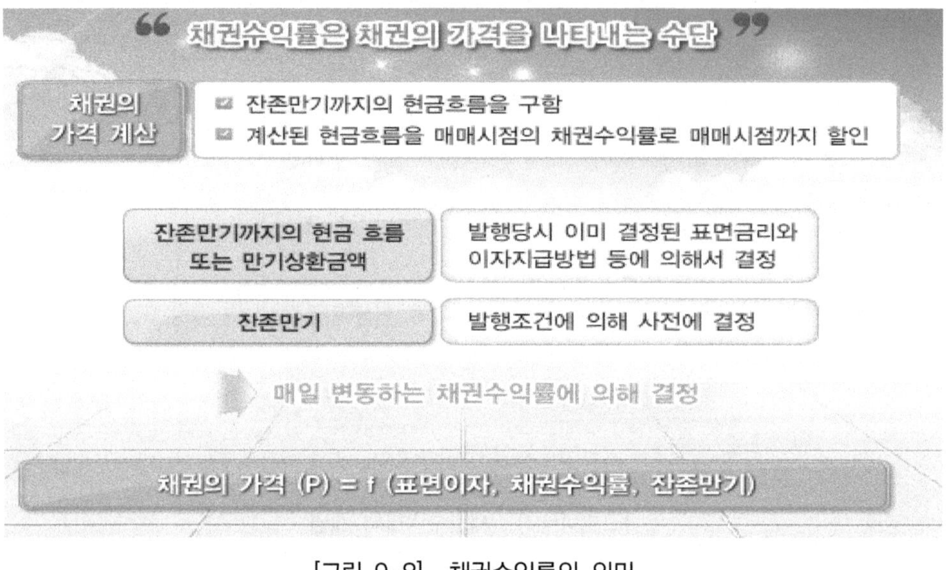


[그림 9-8] 채권수익률의 의미

기나 신용등급 등의 조건이 다양한 수많은 채권들의 채권수익률을 결정할 때 기준이 되는 수익률을 의미한다. 보통 100억원 이상의 매매를 기본단위로 하는 기관투자가간 거래에 제공되는 도매수익률을 의미하는데 시장상황에 따라 기준이 되면 수익률은 조금씩 변화하고 있다.

IMF 구제금융 사태 이전에는 발행되는 회사채의 대부분이 보증사채 위주였으나 이 사태 이후에는 회사채 지급보증을 맡았던 금융기관들이 원리금 지급보증을 기피하거나 신용도하락 등으로 회사채발행이 무보증사채 중심으로 급격히 재편되었다. 이에 따라 채권의 기준수익률도 무보증 회사채로 바뀌게 되었고 2009년에는 발행된 전체 회사채 중에서 무보증사채의 발행비중이 99%수준까지 이르고 있다.

회사채의 경우 이러한 기준수익률에 채권 고유의 신용위험을 반영한 수익률 스프레드를 더해서 채권수익률이 결정된다. 예를 들어 현재 기준수익률로 사용되고 있는 3년 만기 국고채 채권수익률이 3% 수준이라며, 무보증 회사채의 채권수익률은 국고채 수익률 3%에 채권발행회사의 신용위험을 반영한 일정 스프레드를 더하여 국고채 수익률보다는 높은 채권수익률로 거래된다.

따라서 회사채 중에서도 채무불이행 위험이 낮아 신용등급이 좋은 회사일수록 발행하는 채권수익률이 낮고, 채무불이행 위험이 높아 신용등급이 낮은 회사들은 채권수익률이 높게 형성되고 있다. 채권의 기준수익률 변천 사항을 다음 <표 9-9>에 간략히 정리하였다.

〈표 9-9〉 채권기준수익률 변천

- '90년대 : 대기업 발행 3년만기 은행보증 회사채
- '98.3월 이후 : 대기업 발행 3년만기 보증보험보증 회사채
- '98.9월 이후 : 3년만기 무보증 회사채 A+ 수익률
- '00.10월 이후 : 3년만기 무보증 회사채 AA- 수익률과 3년만기 국고채 수익률 혼용
- '03년 이후 : 3년만기 국고채 수익률

### (3) 채권수익률과 표면금리와의 관계

채권수익률은 시장상황에 따라 매일 변하는 반면에 표면금리는 회사가 채권을 발행할 때 미리 정해 놓은 것으로 만기까지 변하지 않는 확정된 이자이다. 즉, 서로 다른 개념의 수익률이다. 주식가격처럼 매일 변동하는 채권수익률과 채권의 발행조건에 명시되어 있는 확정된 연이자인 표면금리를 이해하고 이 둘의 관계를 파악하는 것은 채권을 이해하는데 있어 매우 중요하며 채권투자결정의 기준이 되는 개념이다.

표면금리는 채권의 발행조건에 명시된 확정 이자율로서, 발행자가 액면금액에 대해 1년 동안 지급하는 이자율을 의미한다. 즉, 채권의 액면금액이 1만원인대 표면금리가 10%라는 것은 1년에 1천원의 표면이자가 발생한다는 의미를 갖는다.

여러 종류의 채권이 1년 동안 지급하는 이자지급 횟수가 서로 다르다 하더라도 1년 동안 지급하는 이자금액이 동일하다면 표면금리는 같다. 즉, 표면이자 1천원을 1년에 한번 지급하거나, 나눠서 1년에 2번 지급하거나 1년 동안에 지급하는 이자금액은 1천원으로 동일하므로 표면금리는 10%로 같은 것이다.

채권수익률과 표면금리와의 관계에 대해서는 투자가가 얻게 될 실제 수익률인 채권수익률의 일부가 표면금리라고 생각하면 이해가 보다 쉽다. 즉, 채권수익률이 채권에 투자해서 실현할 수 있는 실질적인 수익률인 반면에 표면금리는 채권수익률을 실현하는 일부분이라는 의미이다.

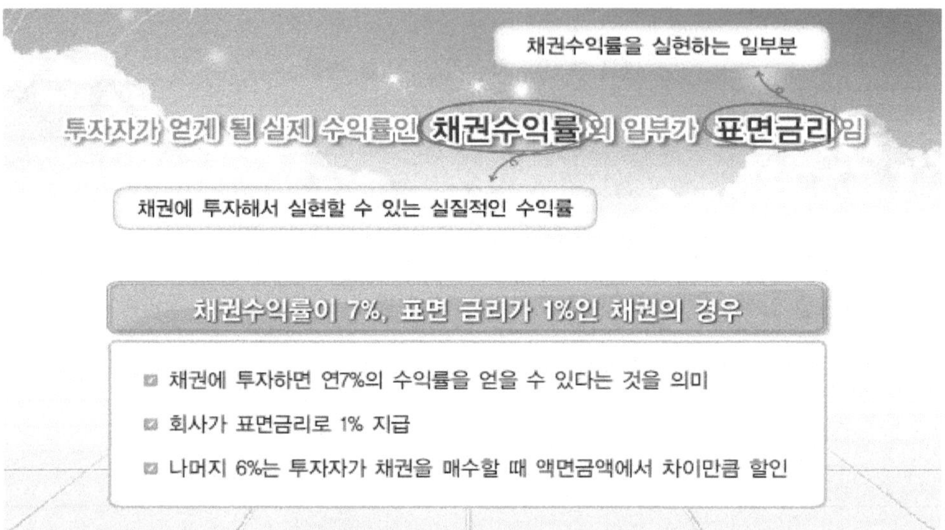


[그림 9-9] 표면금리와 채권수익률

예를 들어 채권수익률이 7%이고 표면금리가 1%인 채권에 투자하는 상황을 가정하면 다음과 같이 설명이 가능하다. 이 채권에 투자하면 연 7%의 수익률을 얻을 수 있다는 것을 의미하며, 이를 실현하기 위해서는 회사가 표면금리로 1%를 지급하고 나머지 6%는 투자가가 채권을 매수할 때 액면금액에서 차이만큼 할인해서 사게 된다고 볼 수 있다.

즉, 액면금액 1만원짜리인 채권의 수익률이 7%, 표면금리가 1%인 채권은 이 채권에 투자해서 연 7%의 수익률을 얻게 되는데, 표면금리가 1%이므로 만기에 받게 될 원리금은 원금 1만원과 표면이자 100원을 합한 10,100이 된다. 그런데 이 채권의 채권수익률은 7%이므로 현재시점에서 이 채권을 사기 위해서는 만기시점의 원리금 10,100을 (1+7%)로 할인해야 하므로 현재시점에서는 액면금액 1만원짜리 채권을 9,439원에 사게 된다. 이 때 액면금액 1만원과 현재시점의 채권가격과의 차이 561원은 약 6% 수준으로 채권 수익률 7%와 표면금리 1%의 차이와 비슷하다.

## 2. 채권투자

### (1) 채권투자의 매력

채권투자는 주식이나 부동산 투자보다 더 적은 금액으로도 큰 위험없이 상대적으로 높은 수익추구가 가능한 투자수단이다. 또한 주식보다 위험이 낮고 은행 정기예금보다는 금리가 높아 수익성이 좋으며, 부동산보다 환금성이 좋은 투자대상으로 수익성, 안전성, 유동성을 골고루 갖추고 있는 매력적인 투자수단이라고 할 수 있다.

먼저 안정성 측면에서 채권투자가 가진 매력은 다음과 같다. 투자가가 은행상품을 선택하는 주된 이유 중에 하나는 은행이 상대적으로 안전하다는 생각 때문이다. 그러나 채권도 주로 정부, 금융기관 또는 주식회사 등 신용도가 높은 경제주체가 발행하고 있기 때문에 원금과 이자상환이 비교적 안정적이다.

오히려 일부 채권들, 예를 들면 국채나 지방채 등은 은행보다 더 안전하다고 할 수도 있다. 수익성 측면에서는 채권 보유시 얻을 수 있는 투자수익은 이자소득과 금리하락에 따른 채권가격의 상승으로 매매차익을 얻을 수도 있다. 현재 우리나라의 금융소득에 대한 과세법안은 이자소득에는 과세를 하지만 매매차익에 대한 과세는 하지 않기 때문에 채권의 투자매력은 더 크다고 할 수 있다. 유동성 측면에서는 투자가가 돈이 필요할 경우에 채권을 유통시장에서 매매를 통해서 환금할 수 있으므로 유동성도 높은 투자수단이라고 할 수 있다.

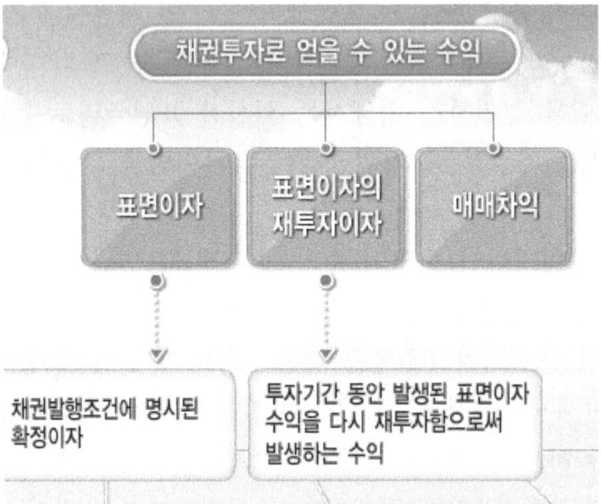


[그림 9-10] 채권투자 수익의 종류

채권투자를 통해 얻을 수 있는 수익의 형태에는 어떤 것이 있을까? 우리가 주식투자로 얻을 수 있는 수익은 배당과 매매차익이 있다. 반면 채권을 통해 얻을 수 있는 수익의 형태에는 표면이자, 표면이자의 재투자, 매매차익 등이 있다. 표면이자는 채권발행조건에 명시된 확정이자다. 표면이자의 재투자는 투자기간 동안 발생하는 표면이자 수익을 다시 투자함으로써 발생된 수익이다.

예를 들어, 채권발행 후 만기 이전에 여러 차례 현금흐름이 발생하는 이표채의 경우에는 표면이자는 투자기간 동안 표면이자율에 의해 일정기간 마다 지급되는 이자이며(회사채는 보통 3달마다 분기별로 지급된다), 매매차익은 투자채권에 대한 매도(만기)금액과 매입금액과의 차이를 말한다.

### (2) 채권투자의 위험

채권투자의 위험은 크게 신용위험(발행회사로 인한 비체계적 위험)과 금리상스에 따른 매매손실 위험(시장요인인 체계적 위험)이 있다. 신용위험은 투자대상 채권의 발행기업이 야기하는 문제로 채권의 신용등급이 하락하거나 부도 등이 발생하여 손실을 입을 수 있는 경우이며, 매매손실위험은 만기 전에 투자한 채권을 매매하여 주식처럼 매매손실을 입은 유형의 위험이다.

신용위험은 투자시점에서 채권발행회사의 재무상태를 분석하거나 높은 신용등급의 채권을 선택할 경우에 어느 정도 회피할 수 있는 위험이다. 반면에 매매손실위험은 투자채권을 만기까지 보유할 경우 투자시점의 채권수익률로 수익을 확정하며 회피할 수 있는 위험이다. 따라서 채권투자시에 투자대상 채권에 대한 신용등급 확인은 신용위험을 통제하기 위해 반드시 필요한 과정이라고 할 수 있다.

흔히 재무영역에서 국채가 위험이 없다고 생각하는데 이는 채무불이행 위험인 비체계적 위험이 없는 것이지 시장위험인 체계적 위험은 존재한다. 세계 각 정부의 국채수익률이 서로 다른 것은 채무불이행 위험의 차이에서 비롯되기보다는 바로 각 국가의 시장위험이 서로 다르기 때문에 발생하는 성격이 더 크다. 즉, 선진국의 국채수익률이 개발도상국의 국채수익률보다 낮게 형성되는 것은 두 국가 사이에 존재하는 시장위험의 차이가 더 크게 작용하고 있다고 볼 수 있다.

채권발행 주체의 채무불이행 위험 수준을 나타내는 신용등급 중에서 BBB- 신용등급 이상을 투자적격등급이라고 한다. 반면에 BB+이하를 투기등급으로 분류한다. 신용등급이 높을수록 채무불이행 위험이 낮아 채권수익률은 낮게 형성된다. 따라서 신용등급별로 투자가에게 제시되는 채권수익률이 다르며. 채권수익률이 높은 채권에 투자한다는 것은 그 만큼 높은 위험을 부담한다는 의미가 된다.

따라서 개인투자가는 채권투자지에 투자종목을 선택할 때는 안전성을 고려하여 BBB등급도 좋지만 가급적 신용등급 A- 이상의 채권들을 선택하고, 수익성을 높이기 위해서는 A- 등급 이상의 채권들 중에서도 채권수익률이 높은 채권을 선택하는 것이 바람직하다.

### (3) 채권과 은행금융상품의 비교

개인투자가들이 채권투자에 관심을 갖게 되는 이유는 은행의 예금금리 수준에는 만족하지 못하고, 주식투자를 하기에는 위험부담을 느끼기 때문이다. 채권투자가 은행예금보다 좋은 이유는 수익성과 안전성, 세금 측면에서 유리, 매매차익이라는 추가적인 수익발생들을 들 수 있다.

먼저 수익성과 안전성 측면에서 채권투자는 은행상품보다 유리하다. 수익성 측면에서 채권수익률이 은행 예금금리보다 보통 1~3% 정도는 높게 형성된다. 지금처럼 저금리 시대에서 이 정도 수준의 수익률차이는 무시할 수 없는 차이라고 볼 수 있다. 그러나 국채나 지방채 등과 타인 채권은 채무불이행 위험이 거의 없어 은행보다 더 안전하다고 인식되어 채권수익률이 은행예금보다 더 낮게 형성되는 경우도 있다.

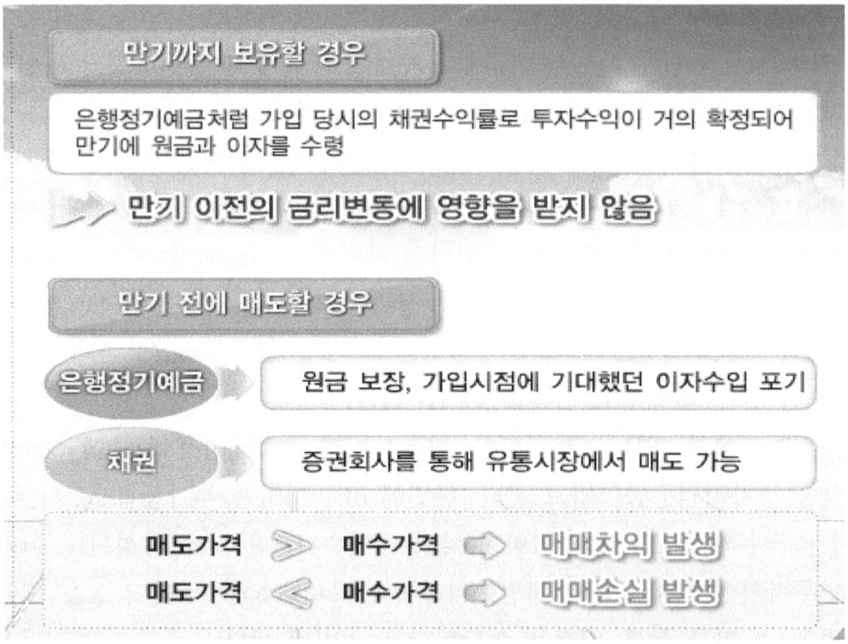


[그림 9-11] 채권투자의 이점

안전성 측면에서 은행과 비슷한 수준의 안전한 채권들, 예를 들어 신용등급 AA- 이상인 채권들도 많다. 투자결정시에 수익성뿐만 아니라 안전성이 매우 중요한 판단 요소가 된다. 흔히 은행예금을 이용하는 투자가들은 투자시에 안전성을 우선적으로 고려하는 투자 스타일을 가진 사람들이다. 따라서 우량 채권들은 은행과 비교하여 채무불이행 위험이 우수한 경우도 매우 흔하게 찾을 수 있다.

채권투자의 매력으로 세금 측면에서 이점이 실제 상황에서는 보다 매력을 느끼는 요인으로 작용한다. 세금이 존재하지 않는다면 채권에 투자할 때 표면금리는 큰 의미가 없고 채권수익률이 투자수익률을 결정하는 주요한 판단기준이 될 것이다. 그러나 투자에서 세금은 매우 중요한 의미를 가지고 있다. 따라서 세금을 고려하면 표면금리가 채권수익률 못지않게 또 하나의 중요한 투자판단의 기준이 된다.

채권에 투자해서 실현한 수익은 채권수익률 만큼 얻고, 세금은 수익 중에서 표면금리로 얻은 부분에 대해서만 과세되기 때문에 채권수익률이 7%로 동일하고 표면금리만 다른 채권 두 채권이 있다면 표면금리가 낮은 채권이 세금을 고려할 경우 훨씬 매력적인 투자대상이 된다.

채권이 은행예금보다 매력적인 투자대상인 또 다른 이유는 주식처럼 채권도 매매차익의 기회가 있다는 것이다. 채권투자는 만기까지 보유할 경우 은행정기예금처럼 가입 당시의 채권수익률로 투자수익이 거의 확정되어 만기에 원금과 이자를 수령하게 된다. 이처럼 만기까지 보유할 경우 채권투자로 인한 수익은 정기예금처럼 만기 이전의 금리변동에는 아무런 영향을 받지 않는다.

그러나 만기 이전에 매도하는 경우에는 상황이 다르다. 정기예금은 만기 이전에 해약하게 되면 원금은 돌려받을 수 있지만 가입시점에 기대했던 이자수입은 포기해야 하는 반면에 채권은 만기 이전에 발행회사에게 원리금 상환요구를 할 수는 없지만 증권회사를 통해 유통시장에서 매도가 가능하다. 따라서 보유한 채권을 매도하려 할 때. 주식처럼 매도가격이 채권을 매수했을 때의 가격보다 높으면 매매차익이 발생하고, 그 반대인 경우에는 매매손실이 발생할 수 있다.

즉, 채권투자는 매수했던 가격보다 만기 전에 채권가격이 많이 상승해 있을 경우 매도하게 하게 되면 보유기간 동안의 표면이자 수입 외에도 추가적인 매매차익을 얻을 수 있는 기회가 더 있어 은행예금보다 매력적이다. 물론 반대의 경우에는 매도를 통해 손실이 발생할 수 도 있으므로 그때는 만기까지 보유하면 간단히 가격변동에 따른 위험을 회피할 수 있다. 따라서 개인투자가는 만기보유를 위해 잔존만기가 보통 1년 정도 남은 채권에 투자하는 것이 좋다. 즉 매매차익, 손실이 발생하는 원인은 매매시점의 채권수익률이 채권을 매수 매도할 때가 서로 다르기 때문이다.

### (4) 채권투자방법

#### ① 채권 선택기준

개인투자가들이 수많은 채권 중에서 투자수익률이 높은 채권을 선별할 수 있는 기준은 무엇일까? 즉 채권투자의 기준은 무엇일까? 2011년말 현재 거래소에 상장된 채권은 9,700여 종에 이른다. 이렇게 많은 상장 채권 중에서 투자규모가 적은 개인투자가들에게 적합한 채권을 선별하기 위해서는 일정한 투자범위를 제한할 필요가 있다.

우선 수익률을 고려하여 국채, 지방채, 특수채 등은 안전성은 뛰어나지만 수익률이 낮기 때문에 투자대상 증권으로서 매력은 크게 떨어진다. 수익률에서 회사채가 단연 매력적이라고 할 수 있다. 만기는 보통 정기예금처럼 잔존만기가 1년 내외 정도 남은 채권이 은행예금과 비슷하게 인식되어 개인투자가에게 적합하다고 할 수 있다.

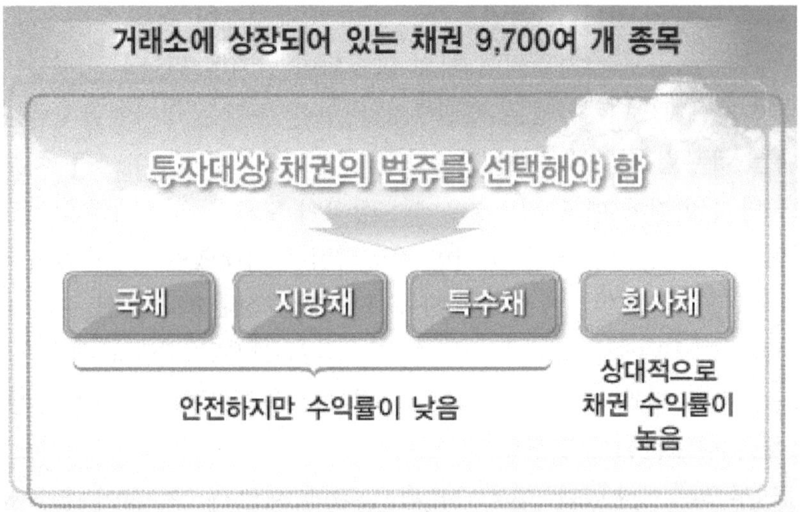


[그림 9-12] 채권의 선택

다음 단계로 채권수익률이 일정 수준 보장되는 회사채 중에서 상대적으로 안전한 채권을 선택하기 위해서는 신용등급이 투자적격 등급인 채권을 선택해야 한다. 그리고 동일한 신용등급이면서 채권수익률이 높은 채권이 투자수익률이 높아 유리하다. 그리고 마지막으로 세금을 합법적으로 줄 일 수 있는 낮은 표면금리를 가진 채권을 최종적으로 선택하면 채권투자시 세후 투자수익률이 높은 선택을 할 수 있다.

② 채권의 선택

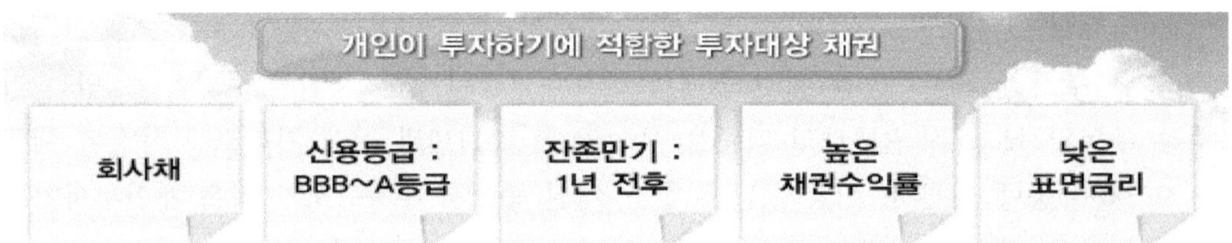


이상의 채권투자시 선택기준을 정리하면, 개인투자가들이 투자하기에 적합한 투자대상 채권은 발행주체로 보면 회사채이고, 신용등급은 BBB－과 A－등급 정도이며, 잔존만기는 1년 전후, 채권수익률은 높고 표면금리는 낮은 채권을 선택하면 된다. 이런 조건의 채권을 선별하기 위해 거래하는 증권회사에 문의하여 판매하고 있는 채권의 목록을 받아볼 수 있는데, 당장은 해당 채권이 없을 경우에도 증권회사들은 보유채권의

특별판매 등을 빈번하게 하기 때문에 매수기회가 발생할 수 있다.

③ 매매시점

주식투자결정에서 투자대상을 선택하는 결정보다 매매시점을 결정하는 것이 더 어려운 의사결정일 경우가 많다. 채권투자시점을 결정하는 것도 주식매매시점 결정 못지않게 어려운 문제이다. 특히 채권은 만기까지 보유하는 경우와 만기 이전에 매도하는가에 따라 의사결정 문제가 달라질 수 있어 더 어렵게 느껴질 수도 있다.

먼저 만기까지 보유할 경우에는 특별한 시기에 관계없이 채권에 투자하더라도 투자시점의 회사채 채권수익률이 은행예금보다는 일반적으로 높기 때문에 특별히 투자시점을 신경쓰지 않고 편하게 의사결정 할 수 있다.

그러나 좀 더 높은 투자수익률을 얻기 위해서는 채권수익률이 높은 시점에서 채권을 매입하는 것이 유리할 것이다. 채권 매수시점의 채권수익률이 높아야 높은 수익률로 할인한 가격으로 채권을 낮은 가격으로 매수할 수 있기 때문이다.

④ 만기까지 보유시 매매시점

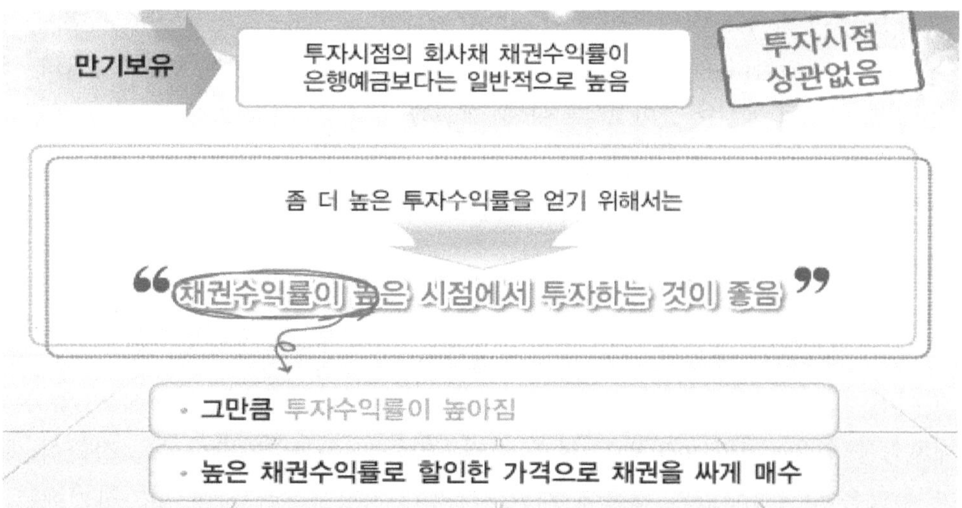


또한 채권을 만기 전에 매도할 계획이라면 매수는 채권수익률이 높은 시점에서 저렴한 가격으로 매수하고, 매도 시점은 채권수익률이 낮은 수준에 있을 때 높은 채권가격으로 매도하는 것이 유리할 것이다.

⑤ 만기전 매도시

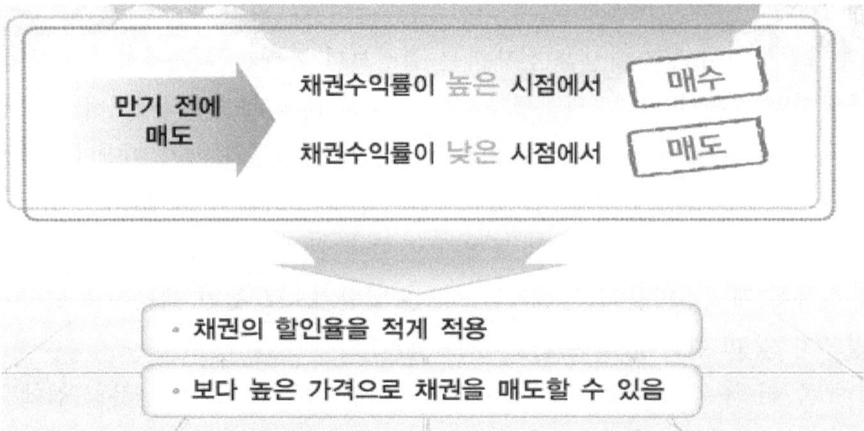


투자가가 현재 채권을 보유하고 있는지 아닌지 따라서도 채권투자 시점을 결정하는데 차이가 있다. 현재 채권을 보유하고 있지 않은 경우에는 채권수익률이 가급적 높은 상태일 때 투자하는 것이 유리하다. 채권수익률이 높다는 것은 그만큼 투자수익률이 높다는 것을 의미하기 때문이다. 즉, 높아진 채권수익률로 만기에 받는 채권의 원리금을 많이 할인해서 살 수 있어 보다 싸게 채권을 구매할 수 있다는 것을 의미한다.

한편 현재 채권을 보유하고 있는 경우에는 채권 수익률이 투자시점의 채권수익률보다 낮아져야 유리하기 때문에 채권수익률이 가급적 낮은 시점일 때 매도를 고려해야 한다. 채권수익률이 낮다는 것은 그만큼 할인율이 낮아 채권가격이 높다는 것을 의미하기 때문에 비싼 가격으로 채권을 매도할 수 있다.

개인투자가에게 적합한 투자방법은 채권을 만기까지 보유하는 만기보유 방법과, 만기 이전에 주식처럼 채권을 매매해서 매매차익을 얻는 두 가지 방법이 있을 수 있다. 매매차익을 얻을 수 있는 방법은 향후 채권수익률 수준과 그 방향성을 정확이 예측해야만 수익을 얻을 수 있기 때문에 개인투자가가 시장을 예측하며 투자하기에는 다소 어려운 방법이다.

따라서 채권투자에 아직 익숙하지 않은 개인투자가들은 채권수익률 예측이 필요없고, 채권을 매수한 시점의 채권수익률로 만기까지 투자수익률을 거의 확정할 수 있는 방법인 만기보유 방법이 적합하다. 투자하려는 채권의 만기를 은행정기예금처럼 잔존만기가 1년 전후 되는 채권을 선택해서 투자한다면 채권을 만기 보유하며 투자하는 방법이 간편하고 위험부담도 상대적으로 낮은 방법이 될 것이다.

### ⑥ 채권투자 절차

채권에 직접 투자하기 위한 절차는 의외로 간편하다. 먼저 증권회사를 방문하여 계좌를 개설해야 하는데, 만약 주식투자 계좌가 이미 개설되어 있다면 별도의 계좌개설 없이 채권매개가 가능하다. 계좌가 개설되면 채권매수금액을 입금하게 되는데 주식과 달리 채권은 일반적으로 증거금이 100%이다.

거래금액을 입금하고 나면 거래소 시장에 상장된 채권을 장내거래를 할 수도 있고, 증권회사 창구에서 장외거래를 할 수도 있다. 거래가 체결되면 결제시기는 주식과 달리 개인투자가들의 경우 50억원 이하의 소규모 채권거래는 거래소시장과 장외시장 모두 매매체결 당일 결제가 된다.

현재 우리나라는 주식투자와는 달리 채권투자에 대한 개인투자가들의 관심수준은 지극히 낮다. 따라서 우리나라의 경제규모나 발전수준에 비해 상대적으로 채권유통시장은 후진적인 모습을 탈피하지 못하고 있는 실정이다. 그러나 향후 저금리 시대가 지속된다면 채권투자에 대한 관심은 지속적으로 증대할 수밖에 없다.

제10장

Korea Securities Market

# 간접투자

제 1 절 간접투자의 개요
제 2 절 간접투자의 유형
제 3 절 뮤추얼펀드

2004년 후반기부터 우리나라에서도 본격적인 간접투자시대가 시작되었다. 지금까지 오랫동안 투자패턴에서 절대적인 위상을 보였던 은행상품이 더 이상 투자대상으로서 의미를 상실하면서 여유자금이 증권시장으로 이동을 시작한 것이다.

이처럼 은행에서 증권시장, 더 정확히 표현하면 주식시장으로 자금이동을 야기시킨 요인은 저금리라는 거시경제변수이다. 물가상승률을 고려하면 1%미만의 실질이자율 수준에서 은행예금금리에 의존하던 투자가들이 근본적인 투자패턴을 고려할 수밖에 없는 상황이 시작된 것이다.

저금리에 의한 투자대상의 변화를 구체화시킨 금융상품은 펀드라는 간접투자 상품이다. 그 중에서도 적립식 펀드라는 간접투자 상품은 주식시장으로 큰 물꼬를 터면서 자금유입을 가속화시키고 있다.

적립식 펀드로 유입되는 거대자금이 주식시장 수요크기를 풍부하게 하면서, 시장개방 후 지금까지 외국인투자가들에게 일방적으로 휘둘리던 시장움직임에서 질적인 변화가 일어났다. 즉, 2005년 외국인들이 지속적인 매도를 하는 과정에서도 거래소시장과 코스닥시장은 사상 최고치의 주가지수를 갱신하는 모습을 보여주었다.

간접투자는 초보 주식투자가에게 종목선택과 매매타이밍선택의 고민을 해결해주는 투자방식이지만, 투자가입장에서는 간접투자 상품이 가지고 있는 제도적, 법률적, 경제적 측면들을 충분히 숙지하고, 각자의 상황에 적합한 상품들을 선별하는 지혜를 가질 때 투자에서 소기의 성과와 목적을 달성할 수 있을 것이다.

# 제 1 절 간접투자의 개요

## 1. 개념 및 등장 배경

간접투자는 일반적으로 증권투자에 전문적인 지식을 갖추진 못한 일반 개인 투자가들로부터 소액의 투자기금을 모아서 거대한 공동기금을 형성한 뒤(자금 pooling), 전문투자기관이 투자가를 대신해서 투자를 하고 투자수익을 자금제공자인 일반 투자가들에게 분배하는 투자유형을 말한다.

증권선진국의 경험에서 보면, 각 국가마다 금리가 일정 수준이하로 하락하게 되면 예외없이 간접투자가 본격화 되었던 것을 볼 수 있다. 즉 가계부분의 여유자금이 은행예금 수익률에 의한 재산증식에 한계에 직면하면서, 운용대산이 은행예금상품에서 증권으로 이동하는 자연스런 현상으로서 간접투자의 시대가 도래하였다고 보여진다.

우리나라의 경우도 2004년부터 금리가 5% 이하수준에서 장기간 유지되면서 은행예금수익률이 물가상승률을 고려하면 마이너스 수익률이 발생하는 저금리 시대가 장기간 지속되었다.

따라서 예전의 고금리 시대에 적은 위험 부담을 안고 누렸던 은행예금상품의 매력이 급격이 감소하면서 더 이상 재테크 수단으로 인정하기 힘든 새로운 금융환경이 도래했다.

아울러 또 다른 자금운용대상인 부동산 시장도 정부의 강력한 규제조치들이 계속 강화되면서 자연스럽게 시중의 자금이 본격적으로 주식시장으로 유입되었는데, 주로 펀드가입이라는 형태로 유입되었다.

향후 금리가 예전처럼 고금리시대로 회귀하지 않는 한 시중의 자금이 주식시장으로 유입되는 추세는 지속될 것으로 보이며, 그것도 개인투자가들의 직접투자 형태보다는 간접투자를 위한 펀드자금형태로 유입이 예상된다.

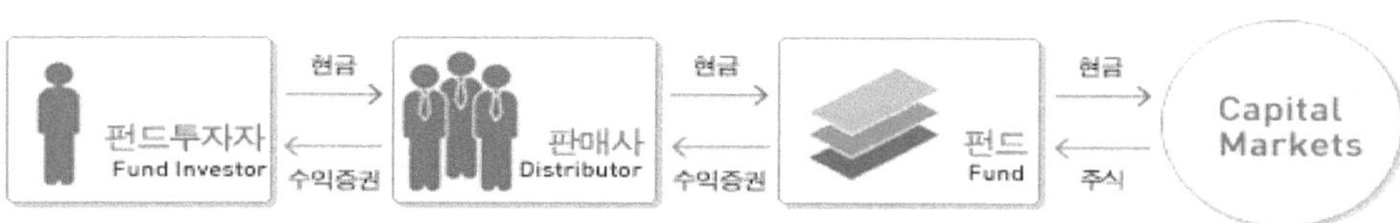


[그림 10-1] 간접투자방법

## 2. 특 징

증권투자에서 투자가들이 가장 어려운 점은 투자종목선택과 매매시점을 포착하는 것이다. 간접투자는 이 두 의사결정을 전문투자기관에게 위탁함으로써, 투자가들이 직접투자를 할 때 부담해야 할 위험을 회피할 수 있는 방안이라 할 수 있다.

그러나 간접투자가 위험이 전혀 없는 것은 아니다. 당연히 원금손실의 가능성도 여전히 가지고 있으며, 펀드의 운용대상이 어떤 투자대상인가에 따라 위험의 크기가 일반적으로 결정된다고 할 수 있다. 이와 관련하여 펀드의 위험수준을 구분해 보면 다음 그림과 같다.

그러나 간접투자는 이런 위험회피뿐만 아니라 추가적인 이점도 있는데, 개인투자가들이 직접투자를 하게 되면 자금규모 때문에 제약이 따른 문제들도 해결할 수 있다. 즉 개인투자가들은 주가가 높은 우량종목들을 매입하는데 거래량 제한 때문에 많은 불편을 현실적으로 겪게 되지만, 간접투자를 함으로써 이런 한계를 제거할 수 있다.

또한 개별주식이 가지는 위험, 즉 비체계적 위험을 거의 분산시킬 수 있을 정도의 포트폴리오를 구성할 수 있는 이점을 추가적으로 가질 수 있다.

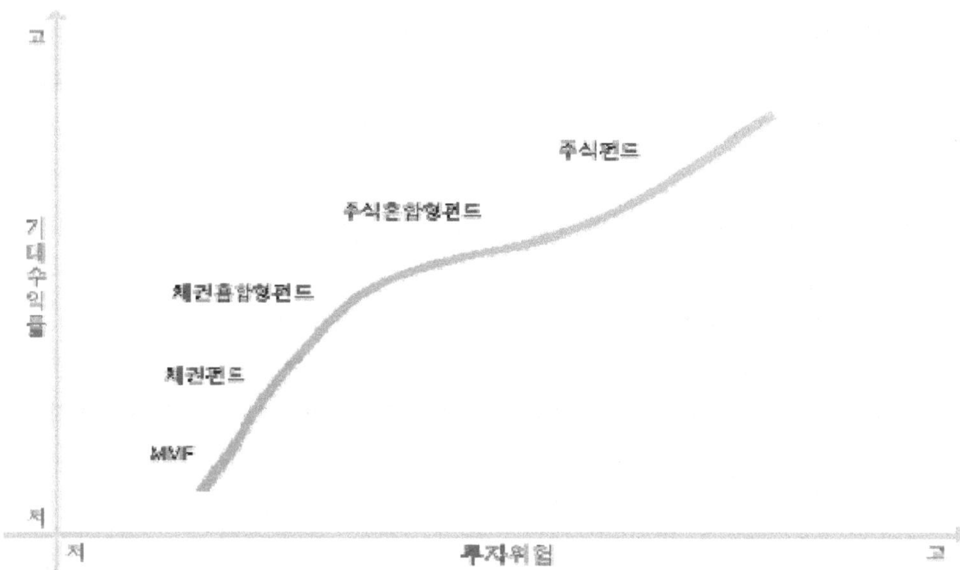


[그림 10-2] 펀드유형에 따른 위험수준

〈표 10-1〉 간접투자의 특징

| 특 징 | 내 용 |
|---|---|
| 공동투자 | 다수의 투자가들로부터 모집된 자금으로 기금(펀드)을 형성하여 증권에 투자하는 방식. |
| 대행투자 | 투자가의 직접투자가 아니라 모집된 공동기금을 전문투자기관이 운용해주는 방식. 이를 위해 펀드 운용과 투자자산의 보관업무를 분리하여 자금제공자의 경제적 보호를 위해 다양한 제도와 규제를 하게 됨. |
| 분산투자 | 개인이 투자하는 경우보다 분산투자로 위험분산효과를 극대화 할 수 있을 가능성이 더욱 높아짐. 이는 자금규모가 증대하면서 목표수익률을 설정하고, 포트폴리오 위험을 최소화 할 수 있는 종목구성을 전문적으로 설계할 수 있는 이점이 있다. |

## 3. 간접투자의 국민경제적 역할

### (1) 시장의 안전장치 역할

간접투자가 활성화되면서 가장 긍정적인 경제적 효과는 우리나라 기관투자가들의 역할이 비로소 제자리를 잡아가고 있다는 측면이다. 기관투자가는 증권시장의 안정을 위해서 개인투자가들보다 장기투자를 통한 합리적인 수익을 확보하는 투자패턴을 가지게 된다.

기관투자가들이 시장이 급락할 때 마지막 안전장치로서의 역할을 할 수 잇을 때 기관투자가로서의 존재가치를 가질 수 있다고 할 수 있는데, 지금까지 우리나라 기관투자가들은 이런 본질적 역할을 제대로 수행하지 못했다. 그래서 오히려 대표적인 기관투자가인 투자신탁회사들이 부실을 거듭하면서 국민의 세금으로 연명하는 기형적인 모습을 보여 왔다.

이렇게 기관투자가의 역할이 제대로 시장에서 작동하면 자연스럽게 단기적인 시장교란요인에 의한 급등락을 기관투자가들이 완충해 주는 기능을 담당하게 된다. 이런 기능은 특히 급락장에서 개인투자가들이 무분별하게 투매를 하거나 시장을 이탈하려는 상황에서 매우 중요한 시장의 안전장치 역할을 수행하게 된다.

우리나라 주식시장의 역사에서 수차례 거듭된 폭락사태가 발생할 때마다 기관투자가들의 역할부재가 국가경제적으로 얼마나 큰 비용을 지불해야 하는지를 반복해서 무기력하게 경험해야 했던 기억들이 있다.

### (2) 증권의 기관화 및 대중화

간접투자는 증권투자에 대한 전문적인 지식이 부족한 일반 투자대중들의 투자위험을 전문가 또는 집단이 해결해 줌으로써 주식투자위험을 상당부분 제거해주는 제도이다. 이를 통해 주식투자의 대중화에 기여할 수 있는 투자방식이다.

이런 추세는 경제가 선진화될수록 저금리 추세가 지속되고, 시중의 여유자금들이 은행금융상품이 제공하는 낮은 예금수익률에 만족하지 못하고 증권시장으로 유입될 것이므로 향후 더욱 강화될 것으로 예측된다.

증권의 대중화 현상은 부의 분배라는 관점에서도 아주 바람직스런 현상으로 여겨지는데, 경제성장을 주도하는 기업의 성과가 자연스럽게 주주인 일반국민들에게 배분되는 과정에서 부의 분배정의도 이루어지는 효과를 기대할 수 있을 것이다.

증권투자의 기관화 현상은 간접투자 패턴이 일반화되면서 개인투자가들의 투자자금이 펀드를 통해 전문 투자기관에 의해 투자됨으로써 증권시장에서 기관투자가들의 영향력이 증대하는 현상이라고 할 수 있다.

## 제 2 절 간접투자의 유형

간접투자는 투자가들이 자금을 제공하기 위해서 구입하게 되는 간접투자상품, 즉 신탁자산 또는 펀드의 유형에 따라 다양한 형태를 가지게 된다. 간접투자는 전문투자기관이 투자를 대행해 주는 것이지만, 일반투자가들은 이 간접투자 상품에 대한 기본적인 성격이나 내용은 충분히 숙지를 해야 할 필요성이 있다.

왜냐하면 전문투자기관과 일반 투자가들이 이 펀드라는 간접투자상품을 통해서 구체적으로 투자를 위탁하고, 그 투자성과에 따라 투자수익을 돌려받기 때문에 투자상품이 가지고 있는 다양한 투자옵션에 따라 많은 것이 결정되기 때문이다.

흔히 투자를 위탁한 일반투자가와 투자를 대행해 주는 전문투자기관 사이에 벌어지는 각종 다툼의 원인을 보면 일반투자가들이 펀드의 구체적인 옵션이나 법률적 사항들을 처음부터 간과한 원인에서 비롯된 것을 많이 보게 된다.

## 1. 간접투자상품의 조직형태에 따른 분류

모든 간접상품은 기본적으로 신탁상품(펀드)을 개발하고, 모아진 자금을 운용하는 운용회사, 이 펀드를 구입함으로써 여유자금을 공동투자자금으로 제공하는 일반투자가 집단, 그리고 운용회사가 구체적으로 자금을 투자함으로써 구성하게 된 투자증권을 보유해주는 보관회사(금융기관)로 구성되어 있다.

조직형태라는 것은 펀드를 개발한 운용회사와 이 펀드를 구입해주는 투자가의 법률적인 관계가 어떤 것인가에 대한 차이라고 할 수 있다. 양자사이의 법률적인 관계는 간접투자상품(펀드)의 법률적 성격이 어떤 것인가에 달려 있다고 할 수 있다.

### (1) 계약형

계약형 투자상품은 일반적으로 수익증권이라는 형태의 간접투자상품이다. 이 형태는 뮤추얼펀드가 도입되기 전까지 우리나라 간접투자상품의 주류를 이루었던 형태이다. 예전에 투자신탁회사들이 이 수익증권을 발매하여 일반투자가들로부터 자금을 모아서 투자를 대행해주던 형태이다.

이 계약형 간접투자상품은 개발 및 운용회사와 투자가가 사이에 신탁계약에 의해 이루어진 투자상품이다. 투자를 대행하는 투자신탁회사는 투자위탁자, 위탁자가 운용하여 구체적으로 구입하게 된 증권을 보유해 주는 수탁자(금융기관), 그리고 자금을 제공한 수익자는 자신의 지분을 수익증권이라는 증권을 보유함으로써 지분권을 갖게 된다.

계약형이란 결국, 자금을 모으기 위해 위탁자(투신사)가 수익증권이라는 형태의 펀드를 개발하여 일반투자가들에 팔아서 자금을 모으게 된다. 이 수익증권을 통해 위탁자와 수익자인 일반투자가는 채권, 채무관계에 놓이게 된다.

〈표 10-2〉 조직형태의 법률적 차이에 따른 구분

| 구 분 | 계약형투자신탁<br>(수익증권) | 회사형투자신탁<br>(뮤추얼펀드) |
|---|---|---|
| 설립형태 | 신탁계약에 의한 신탁관계 | 법인형태의 주식회사 |
| 발행유가증권 | 수익증권 | 주식 |
| 투자자의 법적지위 | 수익자 (Beneficiary) | 주주(Shareholder) |
| 펀드의 운용회사 | 투자신탁(운용)회사 | 투자신탁(운용)회사, 자산운용회사 |
| 판매회사 | 투자신탁회사, 증권회사, 은행 | 투자신탁회사, 증권회사, 은행,<br>자산운용회사 |

### (2) 회사형(뮤추얼펀드)

회사형 펀드는 개발된 간접투자상품, 즉 펀드 자체가 하나의 주식회사이다. 다만 이 주식회사는 일반적인 회사와 달리 증권투자를 위해 설립된 페이퍼 컴퍼니이다. 따라서 이 펀드를 통해 자금을 제공하는 수익자는 이 회사의 주주신분이 되면서 수익도 주주가 배당을 받는 형태로 받게 된다.

이 회사형 펀드는 우리나라에 1998년 처음 도입되어 기존의 수익증권 형태의 신탁계약법에 의해 이루어지던 간접투자 패턴을 바꾸게 되었다. 회사형 펀드인 뮤추얼펀드는 그 자체로서 독립된 하나의 주식회사로서 당연히 주식회사법에 근거하여 운영이 된다.

## 2. 기금의 추가설정 여부에 따른 분류

기금형은 처음 설정된 기금의 일정 한도 내에서 자금을 추가로 설정할 수 있는 펀드이다. 반면에 단위형은 처음 설정된 기금에 자금을 추가로 설정할 수가 없으며, 일정한 신탁계약기간이 정해서 있어서 중도환매가 불가능한 것이 일반적이다.

흔히 간접투자의 경우 펀드의 운용실적이 실적이 공개되면서 뛰어난 실적으로 보이는 펀드의 경우 투자가들이 추가 펀드가입을 문의하는 경우에 이미 펀드모집이 완료됐다는 대답을 듣게 되는데, 이 경우 펀드는 기금형이라는 것이다.

일반적으로 공사채형 펀드는 대부분 기금형으로 운용되고, 주식형 펀드는 기금형과 단위형이 모두 운용되고 있다. 또한 단위형은 중도환매가 대부분 불가능한 폐쇄형 펀드에 해당하고, 기금형은 중도환매가 가능한 개방형 펀드형태를 갖는 것이 일반적이다.

## 3. 중도 환매가능여부에 따른 분류

펀드가 개발될 때 설정된 만기가 있다. 펀드에 가입한 투자가들이 만기 이전에 제공한 자금을 회수하고자 할 경우, 펀드에 따라서 이것이 가능한 경우와 불가능한 경우가 있다.

폐쇄형 펀드는 만기 이전에는 중도 환매가 불가능한 펀드형태이다. 따라서 폐쇄형 펀드의 경우는 투자가의 중도환매요구를 해결하기 위해서 해당 펀드를 거래할 수 있는 거래시장을 개설해야 한다.

따라서 폐쇄형 펀드에 가입한 투자가들은 만기 이전에 자금을 회수하고자 하는 경우에는 보유하고 있는 펀드를 거래시장에서 매각을 통해서 자금을 회수하게 된다. 현재 우리나라는 폐쇄형 펀드를 유가증권시장이나 코스닥시장에서 거래하도록 하고 있다. 이 두 시장의 소속부에 보면 증권투자회사부라는 소속부가 있는데 여기에 상장된 증권이 바로 폐쇄형 펀드들이다.

개방형 펀드는 가입자가 신탁만기 이전에 언제든지 환매를 요구할 수 있고, 환매요구를 받은 펀드 운용회사들은 이에 응해야 한다. 따라서 개방형 펀드는 폐쇄형처럼 별도의 펀드 거래시장이 필요하지 않다.

### 4. 기금운용대상에 따른 분류

펀드를 발행하여 형성된 기금으로 어떤 자산에 운용하는가에 따라 펀드를 구분할 수 있다. 운용대상에 따른 펀드개발은 갈수록 매우 다양한 모습으로 개발되어 투자가들에게 판매되고 있는데, 수익창출이 가능한 투자대상이면 현실적으로 펀드개발이 가능하다고 할 수 있다.

현재 가장 대표적인 운용대상은 주식, 채권과 같은 증권이며, 최근 들어 선박이나 다양한 부동산을 겨냥한 펀드들이 개발되어 판매되고 있다. 지리적인 범위도 점차 확대되어 구체적인 국가의 자산을 대상으로 펀드가 개발되기도 하는데, 중국, 인도, 일본 등의 증권시장에서 운용을 목적으로 개발되는 펀드도 숫자가 점차 증가추세에 있다.

채권에 주로 투자할 목적으로 개발된 펀드를 공사채형 펀드라고 하는데, 이런 펀드는 기금형과 개방형의 펀드 형태를 가지고, 주식에 운용하는 주식형펀드는 개발목적에 따라 기금형과 단위형, 개방형과 폐쇄형의 다양한 형태를 가진다.

펀드의 운용대상이 주식과 채권에 나누어서 투자하는 경우 혼합형이라고도 하며, 주식형은 투자대상 주식의 성격에 따라 안정형, 성장형 등으로 구분하기도 한다.

## 제 3 절 뮤추얼펀드

### 1. 뮤추얼펀드의 구조

뮤추얼펀드는 증권투자를 사업목적으로 설립된 회사이다. 그래서 우리나라에서는 이를 증권투자회사라고 지칭한다. 그러나 법률적으로 회사이지만 일반적인 회사와 달리 구체적인 사업장소나 회사업무, 직원이 존재하는 것이 아니라 서류상의 회사일 뿐 구체적인 업무는 법으로 규정된 외부기관에 분산되어 이루어지는 명목상의 회사, 즉 Paper Company이다.

우리나라에서는 1998년 9월에 뮤추얼펀드제도가 도입되면서, 기존에 투자신탁회사가 신탁계약법에 기초하여 운용해오던 수익증권 형태의 간접투자 분야를 획기적으로 재편하는 변화를 가져왔다.

기존의 신탁계약에 의한 수익증권이 투자신탁회사와 투자가사이의 관계를 일종의 채권, 채무관계를 형성했던 것과 비교해서 뮤추얼펀드의 경우 독립된 회사의 주주신분으로 투자가의 신분이 변함으로써, 이전보다 훨씬 투명성 높은 운영이 가능해졌다고 할 수 있다.

뮤추얼펀드는 아주 복잡해 보이는 운용구조를 가지고 있는데, 이는 투자가 보호와 투명한 펀드운용을 위해 철저하게 법률로써 업무기능을 분할한 뒤 각자 독립된 기관에게 역할분담을 시켰기 때문이라고 할 수 있다.

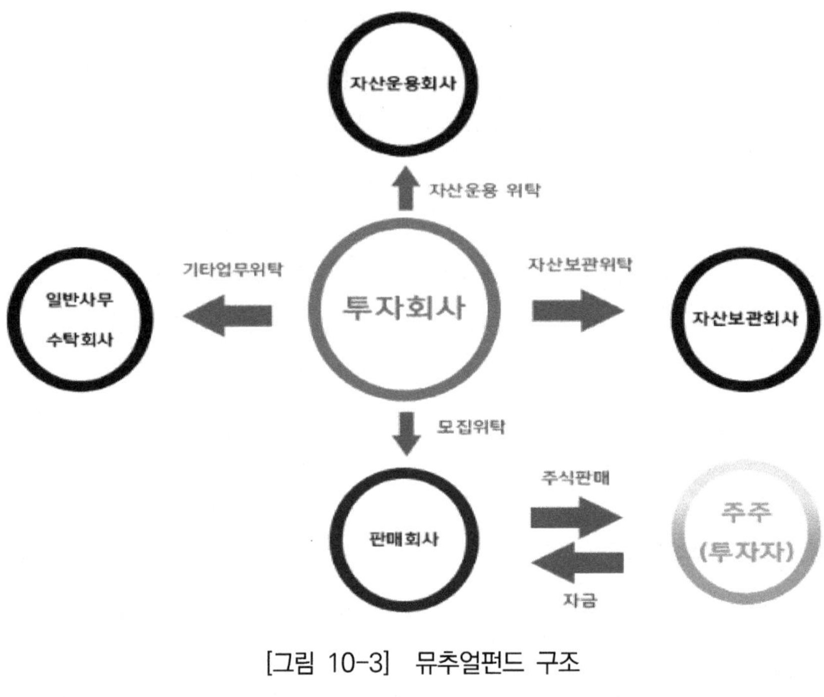


[그림 10-3] 뮤추얼펀드 구조

### (1) 증권투자회사

증권투자회사는 뮤추얼펀드 그 자체로서 주주들로부터 모집한 자금을 투자대상에 운용하여 이로부터 획득한 수익을 주주들에게 배분하는 것을 목적으로 설립된 주식회사이다.

따라서 당연히 투자가들은 주식회사의 주주신분으로서의 권리와 의무를 가지게 된다. 즉, 주식회사의 주주가 가지는 유한책임제도, 배당권, 경영참가권에 해당하는 펀드매니저 교체 요구 등을 할 수 있다.

기존의 주식회사와 차이점은 본점 이외의 지점설치를 할 수 없고, 직원이나 상근임원을 둘 수 없으며, 회사업무를 전문적인 외부기관에 위탁하는 명목상의 회사이다.

뮤추얼펀드의 가장 큰 장점은 투자와 성과배분에 대한 투명성이다. 이런 장점은 운용방식이 주식회사법에 따라 이루어지는데 기인한다고 할 수 있다. 즉 뮤추얼펀드는 투자가를 모집하는 과정에서 투자설명서를 통해 자산운용방안을 투자가에게 공개해야 하고, 영업보고서를 통해 정기적으로 운용내용과 실적을 공개해야 한다.

또한 일반 기업이 외부감사를 받는 것과 마찬가지로 공인회계사의 외부감사를 받는다.

뮤추얼펀드의 운용도 엄격하게 법으로 규제하여 투자가 보호를 위한 장치를 마련하고 있다. 금융감독위원회는 뮤추얼펀드 설립에 대한 허가권을 가지면서 동시에 이들의 운용과정을 감시·감독한다.

펀드의 위험을 통제하기 위해서 증권 외에 부동산투자와 대출업무를 할 수 없도록 규제하고, 펀드자산의 10% 이상을 초과하여 단일종목에 투자하는 것을 금지하고 있는데, 이는 지나치게 특정종목에 투자비중이 집중하면 위험이 분산되지 않기 때문이다.

또한 특정기업 발행주식의 10% 이상 취득하는 것도 금하고 있는데, 이 조치는 뮤추얼펀드의 설립목적이 순수 투자목적이기 때문에 특정기업 주식보유가 늘어나면 경영권 문제와 결부되는 부작용을 낳을 수 있기 때문이다.

### (2) 자산운용회사

자산운용회사는 증권추자회사의 위탁을 받아 그 펀드기금을 대신 운용하는 회사이다. 실질적으로 자산운용회사의 운용능력이 펀드의 성과를 결정하기 때문에 투자가들이 펀드에 가입하기 전에 가장 주의해서 체크해야 할 사항이 운용회사이다.

뮤추얼펀드는 대부분 자산운용회사가 펀드를 설계하고, 운용회사의 펀드매니저가 펀드의 운용을 담당하게 되므로 투자가입장에서는 펀드의 유형과 운용대상 등 펀드와 관련된 각종 옵션조항을 체크하는 한편. 해당 펀드를 개발한 자산운용회사의 과거 영업 실적과 건전성들을 동시에 체크해야 한다.

현재 우리나라는 납입자본금이 70억 이상이고, 운용전문인력이 5인 이상인 자산운용회사 설립요건을 가지고 있으며, 실제 활동 중인 자산운용회사의 숫자는 40여 개에 이르고 있다.

#### (3) 자산보관회사

자산보관회사는 증권투자회사로부터 위탁받은 자산을 별도로 보관하는 업무를 수행하며, 위탁받은 유가증권을 증권예탁원에 예탁해야 한다. 자산보관회사의 업무 역할은 투자가보호를 위한 중요한 장치로 작용하고 있다.

운용회사가 부실해져서 도산하거나, 다른 기업과 인수합병을 하더라도 운용자산이 별도로 보관되어 있으므로 투자가들의 재산이 온전하게 보관될 수 있도록 강구한 조치이다.

자산보관회사의 자격요건은 신탁회사나 신탁업을 하는 금융기관이 담당할 수 있는데, 은행이 주로 이 역할을 담당하고 있다.

#### (4) 판매회사

판매회사는 증권투자회사(펀드)가 투자가를 모집하게 위해 발행하는 주식을 모집. 판매. 환매하는 업무를 담당하는 기관이다. 현재 판매회사는 다양한 금융기관이 참여하여 판매수수료를 중요한 수입원천으로 삼고 있다.

증권회사, 투자신탁회사, 은행, 보험회사, 자산운용회사들이 펀드 판매회사 역할을 담당하고 있다. 그러나 동일한 펀드에 대해서는 판매회사와 자산보관회사가 달라야 한다.

#### (5) 일반사무 수탁회사

일반사무 수탁회사는 증권투자회사의 위탁을 받아 발행주식의 명의개서에 관한 업무, 주권의 발행에 관한 사무, 증권투자회사의 운영에 관한 사무, 계산에 관한 사무, 통지, 공고 또는 회의소집 등의 사무를 담당한다.

### 2. 뮤추얼펀드의 유형

뮤추얼펀드는 중도환매가능 여부에 따라 개방형과 폐쇄형으로 크게 나뉘어 운영되고 있다. 이 두 가지 타입의 펀드는 추가적인 기금설정 여부에 따라 단위형과 기금형으로 구분했던 유형과 결합되어 운영되고 있는데, 일반적으로 개방형은 기금형, 폐쇄형은 단위형 타입으로 운영된다.

### (1) 개방형 뮤추얼펀드

개방형 뮤추얼펀드는 투자가가 언제든지 해당주식의 환매를 판매회사에 청구할 수 있고, 추가가 주식을 발행하여 기금을 보충할 수 있는 펀드이다. 따라서 환매와 추가적인 주식발행에 의해서 펀드의 자본금이 계속 변동하게 된다.

이런 특성에 따라 펀드의 운용성과에 따라 펀드의 자본금이 크게 달라질 것이다. 즉 펀드 매니저의 능력이 좋아 펀드의 운용실적이 높아지면 지속적으로 자금이 유입되면서 자본금이 증가할 것이고, 반대의 경우에는 환매로 자금이탈이 이루어질 것이다.

개방형 펀드의 이런 특성은 펀드매니저에게는 아주 민감한 부분이다. 즉 펀드매니저 입장에서는 펀드 기금이 어느 정도 안정적일 때 당초 자금운용계획에 따라 운용이 가능해 질 수 있다. 중도 환매에 의해 자금이탈이 지속되면 펀드매니저가 제대로 된 자금운용을 하기 힘들어질 수 있을 것이다.

만약 고객이 판매회사에 환매를 요청하면, 판매회사는 펀드로 구성한 포트폴리오 구성종목을 매각한 자금으로 환매에 응하게 된다. 판매회사들이 불가피한 사정으로 고객의 환매요구에 먼저 응한 때는 즉시 증권투자회사에 환매청구를 함으로써 매각하지 못한 뮤추얼펀드 주식을 보유하고 있지 말아야 한다.

개방형 뮤추얼펀드는 환매요청에 즉각 응할 수 있도록 펀드자산의 10% 이상을 현금성 자산으로 보유해야 하며, 투기등급 채권 등 비유동성자산은 펀드자산의 15% 이내로 제한된다.

아울러 일시 대량환매사태에 대비해 펀드자산의 10% 이내에서 금융기관에서 차입하거나 환매조건부 채권 거래를 허용하고 있다. 그러나 대량환매가 펀드자산의 10%를 넘어서면 원칙적으로 청산을 해야 한다.

### (2) 폐쇄형 뮤추얼펀드

폐쇄형 뮤추얼펀드는 만기 이전에는 중도에 환매요구를 할 수 없고, 추가로 주식을 발행하여 기금을 보충할 수도 없는 펀드이다. 따라서 펀드 매니저 입장에서는 처음부터 만기까지 유동성에 따른 제약 없이 확정된 크기의 기금으로 안정적인 자금운용이 가능한 펀드이다.

〈표 10-3〉 개방형과 폐쇄형 뮤추얼펀드의 차이비교

| 주요 사항 | 개방형 뮤추얼펀드 | 폐쇄형 뮤추얼펀드 |
|---|---|---|
| 운용자산의 구성 | 설립시 자본금이 확정되지 않고 투자가들의 주식인수에 따라 운용자산이 변동함 | 설립시 자본금이 확정되고 운용기금 규모도 이 범위 내에서 만기까지 지속 |
| 펀드가입방법 | 언제든지 추가적인 가입가능 | 펀드설립시 일정모집기간 동안에만 가입이 가능함 |
| 주식거래방법 | 투자가와 펀드와의 거래 | 유가증권시장이나 코스닥시장에서 투자가 사이에 거래 |
| 환매방법 | 언제든지 환매가능함 | 1년간 환매가 불가능하며, 주식유통시장에서 매매를 통해 자금회수가능함 |
| 펀드운용의 안정성 | 환매에 대비한 유동성확보에 대한 규정과, 기금의 변동성으로 불안정함 | 펀드규모가 처음부터 확정되어 만기까지 변동이 없어 안정적임 |
| 펀드주식의 매매가격 | 펀드의 순자산가치 | 유통시장에서 형성되는 주식의 시장가치 |

중도환매가 불가능한 펀드유형에 따라 투자가의 자금회수에 대한 불편을 해소하기 위해서 폐쇄형펀드의 주식은 유통시장에 상장하여 투자가들끼리 매매를 통해 중도 환매와 같은 자금회수를 할 수 있도록 장치를 마련하고 있다.

## 3. 펀드투자 체크사항

간접투자는 종목선택과 매매타이밍 등 투자에 관련된 중요한 의사결정권한을 펀드매니저에게 위임하는 투자방식이지만 투자에 대한 결과는 본인이 책임을 진다는 것을 유념해야 한다. 그래서 간접투자를 하는 경우에도 투자결과에 영향을 미칠 수 있는 주요항목에 대한 사항은 의외로 면밀하게 의사결정을 하지 않으면 낭패를 당할 수 있다.

따라서 펀드투자를 하는 경우에도 직접투자 못지않은 투자의사결정과정이 엄연히 존재한다. <표 10-4>는 구체적인 펀드를 선택하기까지 확인해야 하는 체크리스트이다.

〈표 10-4〉 올바른 펀드투자 절차

| 단 계 | 절 차 | 점검대상 |
|---|---|---|
| 1 | 재무목표설정 | 투자목표 우선순위 및 투자기간 결정 |
| 2 | 투자성향 분석 | 리스크 범위 설정 공격성, 안정성 |
| 3 | 위험 분석 | 펀드투자설명서의 위험도 분석 |
| 4 | 보유종목 분석 | 보유종목을 통한 펀드 특성파악 |
| 5 | 펀드성과 분석 | 단기보다 장기 운영 성과 파악 |
| 6 | 운용사와 펀드매니저 점검 | 조직안정성, 운용철학 점검 |
| 7 | 수수료 비교 | 각종보수, 수수료와 운용성과 비교 |
| 8 | 서비스 비교 | 인터넷 정보 제공 등 각종 부가서비스 |
| 9 | 운용기간 비교 | 장기성과 확인 위해 3년 이상 바람직 |
| 10 | 펀드규모 비교 | 펀드 특성에 맞는 규모확인 |
| 11 | 회전율 점검 | 과도한 회전율은 펀드비용을 증가 |

# 제11장

Korea Securities Market

# 간접투자상품


제 1 절 적립식 펀드

제 2 절 주가연계증권

제 3 절 상장지수펀드

제 4 절 랩어카운트

구체적인 금융상품을 소개하는 것은 매우 비효율적일 수 있다. 책은 집필에서 발간까지 상당한 시간이 소요되지만, 금융상품은 다이내믹하게 시장에서 탄생과 소멸을 반복하는 성격을 가지고 있다. 그래서 소개하는 금융상품들도 곧 사라질 운명에 있을지 모른다. 시장은 끊임없이 투자가들의 니즈에 부합하는 금융상품을 금융혁신이라는 과정을 통해 생산할 것이다.

그러나 적어도 여기에 소개하는 간접투자상품들은 어느 정도 수명을 가질 것으로 현재로서는 추측된다. 특히 적립식 펀드라는 형태는 개인투자가들이 소규모 자금으로 구성하기 힘든 포트폴리오를 구성해주는 본래의 간접투자효과 외에 추가적으로 시간차원의 분산투자효과까지 얻는 효과적인 상품으로 평가된다.

적립식 펀드는 주가예측이 본질적으로 어려운 상황을 감안할 때 일정기간동안 분할매입하게 되면 확률적으로 바스켓에 담게 되는 종목들의 평균매입단가를 인하시키는 효과를 거둘 수 있는 확률이 아주 높게 보인다.

현재 널리 판매되고 있는 간접투자 상품들은 각각 나름의 장점과 한계를 가지고 있으므로, 이에 대한 면밀한 조사와 이해를 바탕으로 상품선택을 할 때 보다 우수한 성과를 거둘 수 있을 것이다.

# 제 1 절 적립식 펀드

## 1. 적립식 펀드의 정의

적립식 펀드는 투자가가 매월 일정한 금액을 적립하면서 이 자금으로 투신운용사가 주식과 채권에 투자해 수익을 추구하는 펀드이다. 다시 말해 은행 정기적금이 가지는 안정성과 주식투자의 수익성을 혼합한 상품이다.

적립식 펀드는 적금처럼 일정 금액을 꾸준히 붓는 방식인데 자산 운용방법이 적금과 다르다. 적금은 은행이 그 돈을 맡아서 이자수익을 내거나 하는 방식으로 운용하는 것인데 반해 적립식 펀드는 그 금액을 모아서 주식투자를 하고 그 수익을 금액에 맞게 나누는 방식이다.

아무래도 주식 전문가들이 다루기 때문에 비교적 높은 수익을 예상할 수 있지만 손해를 볼 수도 있는 상품이다. 그리고 계약 방식에 따라 다르겠지만 아무래도 자금 유동성이 높지 않고 일정 기간이 지나면 언제든지 환매가 가능하다.

적립식 펀드는 보통 채권과 주식에 투자를 하는데 채권에 투자하는 비율이 높을수록 안정적이고 주식에 투자하는 비율이 높을수록 수익이 높다. 보통 주식 투자 비율이 40~60% 정도 되는 혼합형을 초보자들에게 많이 추천하는데 자신의 성향이 공격적일수록 주식 투자 비율이 높은 펀드를 선택하면 된다.

수익률이 좋은 펀드일수록 초기 1~2년에는 원금보다 낮은 마이너스 수익률을 내는 것이 많다. 그렇게 주가가 낮을 때 투자를 해야 오히려 저가로 많은 주식을 매입할 수가 있고, 그것이 3~5년 후에는 아주 고수익을 내는 경우가 많다.

물론, 10년 이상 오랫동안 투자를 하면 투자 상품의 가장 큰 장점인 월 복리효과가 극대화되면서 일반 저축상품으로서는 상상도 할 수 없을 정도의 고수익을 기대할 수도 있다.

## 2. 적립식 펀드의 특징과 장점

적립식 펀드는 일반적으로 한 번에 목돈을 투자하고 일정기간 후에 원금과 수익금을 찾아가는 거치식 펀드에 비하여 다음과 같은 장점이 있다.

첫째, 위험을 분산할 수 있다는 것이다. 상품과 주식 매입시기 두 가지 모두를 분산할 수 있다. 즉, 통상 간접투자가 다양한 포트폴리오로 구성되어 직접투자보다 리스크가 낮다는 위험분산효과와 동시에 주식 매입시기 분산의 효과도 존재할 수 있다는 것이다. 즉, 적립식 펀드는 같은 금액을 매달 같은 날에 투자하기 때문에 리스크 감소효과가 클 수밖에 없는 것이다.

둘째, 당장의 목돈 없이 투자하여 목돈을 만들어 가는 것이 가능하다는 것이다. 즉, 매월 20만원 이상 정도면 투자가 가능하고 장기적으로 꾸준히 적립할 경우 은행적금보다 훨씬 빨리 목돈을 만들 가증성이 높다는 장점이 있다.

셋째, 펀드의 계좌당 평균 매입단가를 낮출 수 있다(Cost Averaging Effect)는 것이다. 즉, 일정기간에 돈을 나누어 투자하기 때문에 주식이나 채권이 쌀 때 많이 사고 비쌀 때 적게 사는 효과가 있다.

매월 일정액을 적립함으로 자연스럽게 시장주기 전반에 분산투자가 이루어지고, 주가가 하락하더라도 정기적으로 주식을 분할 매입하기 때문에 평균 매입단가를 낮추는 효과를 볼 수 있으며, 위험을 분산하여 리스크를 최소화하면서도 수익률은 극대화할 수 있는 만큼 자녀교육자금, 주택구입자금, 창업준비자금, 노후생활자금 마련 등에 적격인 상품이라 할 수 있다.

## 3. Cost Averaging Effect

### (1) Cost Averaging Effect개념

코스트 에버리징(매입단가평준화)효과는 주가보다는 늘어나는 주식 수에 초점을 맞춘 적립식 펀드의 핵심이다. 적립식 주식투자는 투자 기간의 분산을 통해 위험을 줄이는 새로운 투자방법이다. 이를 Cost Averaging Effect라 하는데 다음과 같은 3가지 원칙과 결합할 때 성과가 극대화된다.

- 싸게 살 수 있는 때를 찾는 것보다는 바로 지금 투자를 하는 것이 더 중요하다. 장기적으로 보았을 때 주식시장이 상승하던 하락하던 큰 차이가 없다. Cost Averaging Effect에 의해 주식 매입단가는 시장평균가보다 언제나 하회하게 되며, 해당 주식 가격은 결국 시장 평균가로 회귀하는 확률이 높기 때문이다.
- 자신의 투자 성향에 맞는 상품을 선택하여야 한다. 은행권의 적금과 달리 실적배당형 상품이기 때문에 상품의 특성이나 시장 변화에 따라 수익 차이가 날 수

있기 때문이다. 또, 상품별로 부과되는 환매(자금인출) 수수료와 투자기간도 다양한 만큼 자신의 성향과 자금 운용계획을 면밀히 파악하여 상품을 선택해야 한다.

- 꾸준한 투자를 요구한다. 6개월 이상의 추세 하락, 횡보, 추세 상승장을 반복하는 주식시장 속에서 수익률 제고를 위해서는 시장 주기 전반에 장기 분할 투자를 적어도 최소 3년 이상 정액으로 했을 때 Cost Averaging Effect가 극대화될 수 있기 때문이다.

이런 원칙과 투자과정을 통해 기준가격이 높은 기간에는 적은 좌수를 매수하게 되고, 기준가격이 낮을 때는 많은 좌수를 매수하게 됨으로써 평균 매입단가는 일정한 좌수로 매수할 때보다 낮아지게 되는 현상이 발생하게 되는 것이다.

### (2) Cost Averaging Effect 사례

간단한 사례를 통해 적립식 펀드가 어떤 과정을 통해 평균매입단가를 하락시키는가를 살펴보도록 한다. 만약 아래 그림에서 주당 가격이 100원에서 시작해서 가격이 변동하기 시작하고, ①시점에서부터 ④시점까지 매입하고 난 뒤 ⑤시점에서 가격이 원래 100원을 회복했을 때 매각하는 경우 수익률을 보도록 한다.

전체 예산은 4만원이고, 매번 1만원씩 4번을 분할해서 변동된 가격으로 동매입하는 경우 각 가격대별 매입주식수와 누적주식 매입수를 정리하면 다음 표와 같이 될 것이다.

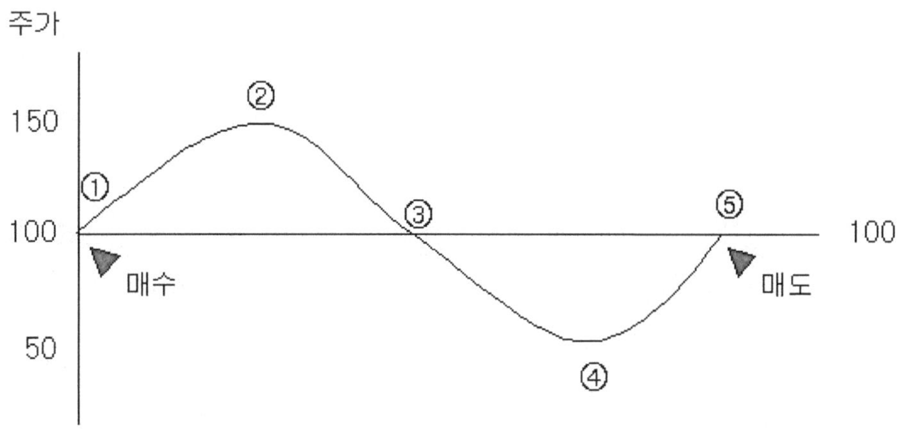


[그림 11-1] 적립식 펀드 원리

〈표 11-1〉 분할매입시 평균단가 인하과정

<table>
<tr><th>주가/매입시점</th><th>① 시점매입</th><th>② 시점매입</th><th>③ 시점매입</th><th>④ 시점매입</th><th>⑤ 시점매도</th><th>수익률</th></tr>
<tr><td>150원</td><td></td><td>66주</td><td></td><td></td><td rowspan="4">466주를<br>주당100원에<br>매도</td><td rowspan="4">16.5%</td></tr>
<tr><td>100원</td><td>100주</td><td></td><td>100주</td><td></td></tr>
<tr><td>50원</td><td></td><td></td><td></td><td>200주</td></tr>
<tr><td>주식누적매입수</td><td>100주</td><td>166주</td><td>266주</td><td>466주</td></tr>
</table>

수익률＝{(46,600－40,000)/40,000}＝16.5%

위 사례는 매우 간단한 사례를 통한 적립식 펀드의 본질적 특성을 보여주기 위해 만든 자료이다. 이해를 돕기 위해 지나치게 단순화시킨 사례이지만 매우 흥미로운 적립식 펀드의 특징과 운용결과를 일목요연하게 보여주고 있다.

만약 일시납으로 100원에서 매입하여 100원에 파는 경우는 수익률이 제로이지만, 4번을 분할해서 매입하는 경우 처음 투자를 시작한 시점의 가격수준으로 되팔아도 수익률이 16.5%나 얻게 되는 재미있는 결과를 보여준다.

4만원을 네 번 분할해서 매입하는 과정에서 매입시점의 가격수준에 따라 매번 매입주식수가 달라지는 것을 알 수 있다. 물론 주가가 200원일 때는 50주밖에 사지 못하지만, 반대로 주가가 50원으로 하락했을 때는 200주까지 매입주식수가 늘어나면서 전체 매입주식수가 466주로 늘어난다.

만약 적립식이 아니라 거치식(일시납)일 경우에는 주가가 100원에서 매입하면 400주가 될 것이다. 결국 분할 매입함으로써 매입주식수가 늘어나고, 이 결과 주당 매입단가가 100원이하로 하락하는 효과를 가져 오는 것이다.

## 4. 적립식 펀드의 함정

최근 1년 내에 저금리 시대의 대안으로 등장한 금융상품이 적립식 펀드이다. 매우 매력적인 상품이지만, 최근의 적립식 펀드 열풍은 다소 이해하기 어려운 점이 있다. 왜냐하면 적립식 펀드란 상품이 최근에 개발된 상품이 아니라는 점과 상품 특성에 과거 대비 새로운 요소가 없다는 것이다.

적립식 펀드를 마치 과거 은행의 신탁상품처럼 거의 안정적으로 은행 금리보다 높은 이자를 주는 상품으로 오해하고 있는 것은 아닌지, 적립식 펀드 가입자도 손해를 볼 수 있다는 것을 충분히 이해하고 있는지, 적립식 펀드가 손해를 볼 경우 해당 금융기관이 손실 보전을 해 주지 않는다는 것을 이해하고 있는지, 등 혹시라도 있을지 모를 적립식 펀드에 대한 환상이 있을까 우려되어 다음과 같이 적립식 펀드가 가지고 있는 단점들을 상세히 알아본다.

▪ 적립식 펀드는 안정적인 수익률을 보장한다?

물론 이러한 홍보 문구는 없을 것으로 보이지만, 적립식 펀드의 영업자들이 적립식 펀드의 장점을 강조하다 보면, 마치 적립식 펀드는 손해를 보지 않고, 당연히 고수익을 보장하는 듯한 착각에 빠질 수 있다.

펀드는 물론 증권시장의 등락에 따른 변동성 위험을 해지해 줌으로써 안정적인 수익을 올릴 확률을 높여주는 상품이지만, 손해의 위험에서 완전히 벗어나 있거나, 혹시 손해가 나면 금융기관이 손해를 보전해 주는 무위험 투자상품은 아니라는 점을 명확히 이해해야 한다.

따라서 투자기간에 제한이 있어, 특정 시점에 투자자금을 회수해야 하는 경우에는 여전히 투자하기에 좋지 않은 상품이다. 왜냐하면 회수해야 할 시기가 마침 증권시장 하락기라면 손해를 볼 수도 있기 때문이다.

▪ 장기투자는 적립식 펀드가 유리하다?

최근 초저금리 시기에 장기투자를 하려는 투자자는 확정금리 상품보다 적립식 펀드가 유리하다고 한다. 물론 현 시점에서 장기투자는 적립식 펀드가 유리할 텐데, 이는 금리의 상승이나 주가의 상승기에 그렇다는 것이다.

그런데, 적립식 펀드는 역시 투자 위험이 존재하므로, 금리가 어느 정도 올라 확정금리 상품에 대한 매력이 부각되면, 인기가 떨어지고, 수익률도 불안정해질 수 있음에 유의해야 한다.

최근 낮은 확정금리는 대출 받는 개인이나 기업들의 신용도가 극히 나빠서 대출 등 확정금리로 자금을 운용하기 어려운데 기인한다고 할 수 있다. 따라서 개인이나 기업의 신용도가 회복되면, 금리도 점차 상승할 것이고, 그러므로 확정금리 상품의 매력이 다시 부각될 수 있으므로 적립식 펀드의 장기투자가 반드시 유리한 것은 아니라고 할 수 있다.

▪ 적립식 펀드는 누구에게나 매력적이다?

앞서 언급한 것처럼 적립식 펀드는 확정금리 상품을 선호하는 투자자에게는 매우 제한적인 매력만 갖고 있다. 최근의 저금리로 인해 확정금리 상품 투자가 자산가치의 감소를 가져올 수 있다는 위험성이 부각되어 적립식 펀드가 상대적으로 인기를 얻고 있는 것이다.

따라서 금리가 올라 어느 정도의 안정적 수익이 보장되면, 상대적으로 확정금리 상품의 인기가 살아날 것이다. 따라서 확정금리 선호자에게는 여전히 적립식 펀드의 매력이 높지 않은 상황이다.

■ 적립식 펀드는 언제 손해를 보나?

적립식 펀드도 주식형, 혼합형, 채권형 등이 있는데, 특히 최근 인기를 얻고 있는 것은 주식형이라고 할 수 있다. 이러한 주식형 적립식 펀드의 인기가 작년부터 급상승한 것은 2003년 초부터 시작된 적립식 펀드가 마침 주식시장의 상승에 힘입어 큰 수익을 올렸기 때문이다.

또한 2004년의 단기 폭락과 장기 횡보 후 최근의 주식시장 상승기에 다시 높은 수익을 보여주게 되어 인기가 배가되고 있는 상황이다. 결국 주식형 적립식 펀드도 주식시장의 상승시에만 이익을 볼 수 있다.

주식시장의 하락이 장기화되면 적립식 펀드 투자자들이 손해를 볼 수도 있다. 물론 주식시장이 다시 상승할 때까지 인내를 갖고 꾸준히 투자하면 결국에는 큰 수익을 얻게 될 것이다.

과거의 주식시장 흐름에도 나타나 있듯이 결국은 장기적으로 주식시장은 추세적인 상승을 이어갈 것이기 때문이다. 따라서 자금이 이용시기가 정해져 있지 않은 경우에는 거의 확정적 수익을 보장받을 수도 있지만, 특정시기에 필요한 자금이라면 적립식 펀드에 투자하지 말아야 할 것이다.

■ 적립식 펀드의 결정적 위험

적립식 펀드는 주식시장의 수급 안정에 크게 기여를 한다. 이는 적립식 펀드는 시간이 갈수록 연기금처럼 펀드의 크기가 눈덩이처럼 불어나는 특성을 갖게 되고, 이러한 투자자금은 주식시장의 든든한 버팀목이 된다.

이로 인해 기업의 수익성 개선 속도보다 주가의 상승속도가 빨라져, 주식시장의 거품을 만들어 낼 수 있기 때문이다. 따라서 적립식 펀드가 무조건 좋다는 접근보다 주식시장의 저평가 시기와 다른 투자대안의 부재 등에 따른 환경적 요소가 낳은 히트상품으로 이해하는 것이 옳을 것이다.

물론 궁극적으로는 수익을 얻는 구조이지만, 주식시장의 성격상 극심함 거품 등이

나타날 경우에는 7~8년 이상 장기적으로 손해를 감수하는 시기를 겪어야 될 수도 있다는 점을 반드시 명심해야 한다.

## 5. 적립식 펀드와 저축의 차이

'펀드'란 은행에서 파는 상품과 큰 차이가 없다. 은행에서 파는 신탁적금들이 펀드라고 보면 된다. 고객들의 돈을 모아 투자를 해서 수익을 내는 것은 동일하다. 다른점은 누가 판매를 하느냐에 따라 펀드냐 저축이냐로 구분될 뿐이다.

은행에서 파는 상품 중 실적에 따라 금리가 차등 지급되는 예금상품들이 대부분 펀드라고 보면 되는 반면, 투자신탁회사에서 파는 상품을 단지 파는 주체가 다르다는 이유로 펀드라고 부르게 한 것이다.

## 6. 변액보험과 적립식 펀드의 차이

### (1) 변액보험의 개념

일반 종신보험·연금보험 등의 보험료는 일반계정으로 분류돼, 만기가 되는 시점에서 일정 금리를 더해 원금과 이자를 함께 찾을 수 있는 것에 반해 변액보험은 보장성이라는 보험의 성격과 수익성이라는 신탁상품을 결합한 보험이다.

따라서, 보험회사의 운용능력에 따라 달라질 수 있는 상품이다. 그래서 변액보험은 보험료의 일부가 특별계정이라는 항목에서 운영된다. 이 점은 증권회사 및 각종 투자회사와 비슷한 형태이다.

변액보험과 적립식 펀드와의 차이는 무엇일까? <표 11-2>에서 보듯이 적립식 펀드와의 가장 큰 차이점은 운용형태는 똑같지만 비용면에서 커다란 차이가 있다. 보험회사에는 많은 설계사와 각종 인력들이 있다. 이로 인한 비용이 많이 소요된다.

반면, 증권회사 및 투자신탁회사는 본업이 고객의 자산으로 수익을 창출하는 사업이라 많은 비용이 들지 않는다. 따라서 변액보험과 적립식 펀드가 같은 수익을 낸다 하더라도 고객에게 돌아가는 이익금은 투자신탁회사 및 증권회사에서 판매하는 적립식 펀드가 훨씬 더 크다고 할 수 있다.

〈표 11-2〉 변액보험과 펀드의 차이

| 구 분 | 변액연금/변액유니버설 | 적립식 펀드 |
|---|---|---|
| 투자방법 | 전문가 대행투자 | 전문가 대행투자 |
| 투자대상 | 주식, 채권 등 모든 자산 | 주식, 채권 등 모든 자산 |
| 비 용 | 사업비, 운용보수, 수탁보수 | 운용보수, 수탁보수, 판매비용 |
| 운용자산에 대한 수익률 | 주식, 채권에 투자한 결과 | 주식, 채권에 투자한 결과 |
| 지급방식 | 연금지급 | 환매청구 |
| 보험적용방식 | 사망, 장애시 보험금 집금 | 없음 |
| 세제혜택 | 10년 이상 계약유지시 비과세 | 주식매매 차익 비과세 |
| 투자기간 | 최소 10년 이상 | 장단기 무관 |

## 7. 적립식 펀드의 구분

### (1) 안정형

채권 비중이 전체 투자금액의 90%를 차지하며 주식 비중은 10% 이상을 초과하지 못하는 상품이다. 우리나라에서 판매되고 있는 금융상품 중 은행의 신탁상품과 비슷하다고 할 수 있다.

### (2) 성장형

안정형과는 달리 저축상품의 90% 이상을 주식에 투자하고 나머지 0%는 채권에 투자하는 상품이자. 안정형에 비해 다소 위험이 높으나 주식시장이 상승할 때에는 안정형보다 훨씬 높은 수익을 내는 장점이 있는 반면, 주가가 하락시에는 안정형보다 수익률이 저조하다.

### (3) 혼합형

위의 두 상품의 비율을 적절히 조합한 것으로 주식시장이 상승할 것으로 예측할 때는 주식의 편입비율을 확대하고, 주식시장이 하락할 것으로 전망될 때는 주식비중을 줄이고 채권의 편입비중을 늘리는 펀드를 말한다.

[그림 11-2] 적립식 펀드 분류

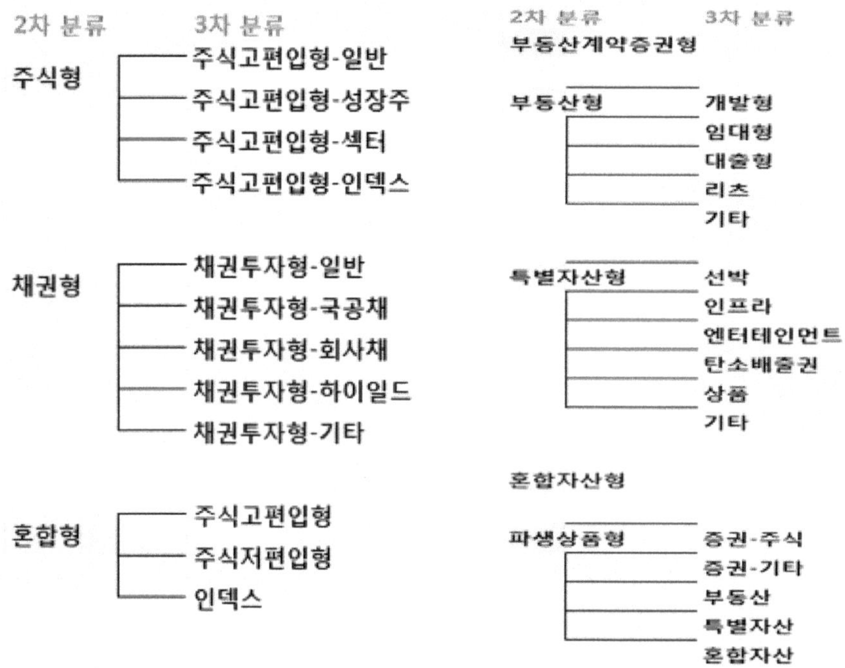


적립식 펀드는 1차적으로 지역적으로 국내투자와 해외투자로 분류하고, 그 다음 [그림 11-2]와 같이 2, 3차 분류를 통해 세분화 할 수 있다. 표에서 보듯이 적립식 펀드는 세분류된 펀드유형에 따라 다양하고 복잡하다. 투자가는 자신의 투자목적, 리스크에 대한 민감도 등 다양한 투자유형에 따라 자신에 적합한 펀드를 선택하면 된다.

## 8. 적립식 펀드의 현황과 전망

최근 빠른 성장세를 보이는 적립식 펀드는 주식형 비중이 높고, 장기계약으로 자금 유출 가능성이 낮으며, 투자자가 대부분 개인이라는 특징을 나타내고 있다. 이에 따라 적립식 펀드의 성장은 자산운용산업의 문제점으로 지적되어 온 수탁구조의 단기화, 채권형 편중, 개인투자자 참여 미흡 등을 보완할 수 있을 것으로 기대 되고, 나아가 증시의 안정적 성장에도 기여할 것으로 전망된다.

〈표 11-3〉 적립식 펀드 판매추이

(단위; 조원,%)

| 연도 | 증권사 | | 은행 | | 보험사 | | 기타 | | 합계 |
|---|---|---|---|---|---|---|---|---|---|
| | 금액 | 비율 | 금액 | 비율 | 금액 | 비율 | 금액 | 비율 | |
| 2013년말 | 15.57 | 32.29 | 31.98 | 66.33 | 0.62 | 1.28 | 0.05 | 0.1 | 48.22 |
| 2014년말 | 14.75 | 32.21 | 30.48 | 66.56 | 0.5 | 1.08 | 0.067 | 0.15 | 45.8 |
| 2015년말 | 14.32 | 30.68 | 31.83 | 68.16 | 0.46 | 0.99 | 0.074 | 0.16 | 46.69 |
| 2016년 2월말 | 14.66 | 30.54 | 32.8 | 68.31 | 0.47 | 0.99 | 0.075 | 0.16 | 48.01 |

[자료=금융투자협회, 자본시장연구원]

적립식 펀드 판매가 전년대비 소폭 증가했지만, 증권사들의 판매 비중은 줄고 은행은 늘어난 것으로 나타났다. 자본시장연구원에 따르면 적립식 펀드의 판매잔고는 지난해 말 46조 6,900억원에서 올해 2월말 48조 100억원으로 2.8% 늘었다.

계좌 수 역시 같은 기간 641만 2,000개에서 642만 6,000개로 약간 증가했다. 지난 2008년 금융위기 이후 판매가 큰 폭으로 줄었던 적립식 펀드가 다시 인기를 되찾고 있는 것이다.

2008년말 적립식 펀드의 판매금액은 76조 5,800억원, 계좌 수도 1,430만 9,000개에 달했다. 현재는 이의 절반 수준에 불과한 것이다. 전체 펀드 판매금액 대비 적립식 펀드의 판매금액 비중도 21.66%에서 11.19%로 크게 감소한 상태다. 연구원은 "2008년 이후 적립식 펀드 판매는 글로벌 금융위기, 가계의 투자여력 감소, 2009년 해외투자펀드 세제혜택 종료, 주가지수의 박스권 횡보 등의 영향으로 감소했다"고 분석했다.

이런 가운데 업권별 적립식 펀드 판매현황을 보면 지난 2013년말 증권사와 은행의 비중은 각각 32.29%와 66.33%에서 2월 말 30.54%와 68.31%로 나타났다.

증권사의 적립식 펀드 판매비중은 꾸준히 감소한 반면 은행의 판매비중은 점차 증가한 것이다.

판매금액으로 봐도 증권사는 2013년 말 15조 5,700억원에서 14조 6,600억원으로 1조원 가까이 감소했지만 반대로 은행은 31조 9,800억원에서 32조 8,000억원으로 1조원 가량 늘어났다. 보험사의 적립식 펀드 판매비중도 2013년 말 1.28%에서 올해 2월 말 0.99%로 줄어드는 추세를 나타냈다.

유형별 판매에서는 주식 및 혼합주식형 적립식 펀드의 판매비중은 감소하고 채권 및 혼합채권형 적립식 펀드의 판매비중은 증가한 것으로 조사됐다. 자본시장연구원은 특히 혼합채권형 적립식 펀드의 비중이 큰 폭으로 증가했다고 평가했다.

전체 적립식 펀드 중 주식형 펀드 비중은 2013년말 78.11%에서 올해 2월 말 63.70%

로 크게 감소했다. 반면 채권형 펀드 비중은 같은 기간 4.78%에서 9.75%로 확대됐다. 혼합채권형 펀드의 비중은 3.32%에서 12.04%로 늘어났고 금액 역시 1조 6,000억원에서 5조 7,800억원 규모로 성장했다. 반대로 혼합주식형 펀드는 2조 6,800억원에서 2조 4,700억원으로 줄었고 비중도 5.56%에서 5.15%로 축소됐다.

투자지역별 적립식 펀드 현황을 보면 국내와 해외 비중이 2007년 말 각각 63.50%, 36.50%에서 올해 2월 말 82.70%, 17.30%로 변화했다. 국내투자 적립식 펀드 비중은 증가했으나 해외투자 적립식 펀드 비중은 감소한 것이다.

자본시장연구원은 해외투자 적립식 펀드의 비율은 세제혜택이 부과된 2007년을 기점으로 증가했으나 2009년 세제혜택이 종료된 이후 꾸준히 감소했다며 2007년 이후 적립식 펀드의 감소는 해외투자 적립식 펀드의 감소에 원인이 있다고 진단했다. 또한 최근 도입된 '비과세해외주식투자전용펀드' 및 개인종합자산관리계좌'(ISA) 등의 영향으로 향후 적립식 펀드 투자가 보다 활성화될 것으로 전망했다.

## 제 2 절 주가연계증권(Equity Linked Securities; ELS)

### 1. ELS 개념

주가연계증권은 개별 주식의 가격이나 주가지수에 연계되어 투자수익이 결정되는 유가증권이다. 즉, 자산을 우량채권에 투자하여 원금을 보존하고 일부를 주가지수 옵션 등 금융파생 상품에 투자해 고수익을 노리는 금융상품으로, 2003년 증권거래법 시행령에 따라 상품화되었다.

일반적으로 ELN(Equity－Linked Note)으로 불리고, 넓은 뜻으로는 신주인수권 증서인 워런트(warrant)도 포함된다.

장외 파생금융상품업 겸영 인가를 받은 증권회사만 발행할 수 있는데, 만기는 3개월~2년으로 1년 이하의 단기가 주종을 이룬다. 유가증권에 대하여 적용되는 일반적인 규제가 동일하게 적용되나 주식이나 채권에 비해 손익구조가 복잡하다.

또한 원금과 수익을 지급받지 못할 위험성도 있고 투자자가 만기 전에 현금화하기가 어렵다는 특징도 지닌다.

주가지수가 상승할 때 일정한 수익을 얻을 수 있도록 하는 것부터 주가지수 등락

구간별 수익률에 차이가 나게 하는 것 등 다양한 유형이 있는데, 일반적으로 원금보장형, 원금부분보장형, 원금조건부보장형의 3가지로 나뉜다.

원금보장형은 보수적이거나 안정적인 투자자가 선호하며, 원금부분보장형은 적극적인 투자자가, 원금조건부보장형은 공격적인 투자자가 선호한다.

투자자에게는 투자선택의 폭을 넓히고, 증권회사에는 수익구조를 변화시켜 증권업 활성화에 기여하는 것으로 평가된다. 또한 주식이나 주가지수 이외에도 원자재·금 등과 같은 실물에 연계되거나, 물가지수나 채권지수 등에 연계되는 등 그 범위가 다양해 질 것으로 전망된다.

## 2. ELS의 수익구조와 종류

국내에서도 2002년 7월부터 증권사에 대해 장외파생상품 업무가 허용되면서, 장외파생상품을 응용한 다양한 상품이 개발되고 있다. 그 대표적인 사례가 신종증권(혹은 구조화 증권, structured securities)이다.

신종증권이란 주가 또는 주가지수, 채권, 금리, 통화 등의 상품과 다양한 형태의 파생상품이 결합되어 만들어진 새로운 형태의 금융상품을 의미한다. 신종 채권은 일반적인 채권 및 주식에 비해 다양한 형태의 현금흐름 구조를 갖고 있다.

국내시장에 소개된 대표적인 사례가 일반인에게도 널리 알려진 원금보존형 주가지수연계증권(equity index linked securities; ELS)이다. ELS는 종합주가 지수의 성과에 따라 증권의 수익률(이자금액)이 달라지는 특성을 갖고 있다.

ELS의 기본구조는 다음과 같이 간략히 설명할 수 있다. 우선 판매사는 원금의 일정부분(프리미엄)으로 주가지수에 대한 warrant(옵션)를 매입한다. 프리미엄을 제외한 원금은 전 자산에 투자되어 만기에 투자자의 투자원금 상환에 충당된다.

ELS의 수익은 warrant의 수익이다. 따라서 ELS는 프리미엄으로 매입하는 옵션의 형태에 따라 다양한 종류의 ELS가 존재할 수 있다.

여기서 중요한 것은 프리미엄을 얼마나 사용하여 옵션을 매입하느냐의 문제이다. 예를 들어 원금보장형 ELS를 만들기 위해서는 원금 100%에서 5%를 제외한 95%를 1년 만기 국채에 투자한다면(현재 1년 만기 국채수익률이 5.26%라고 할 때), 만기에 100이 상환된다<100=95×(1+5.26%)>. 그리고 5%를 warrant 매입에 사용하는 것이다.

물론 원금의 10%를 프리미엄으로 사용하여 warrant를 매입한다면, warrant의 수익은 훨씬 매력적일 수 있다. 그러나 원금의 90%만을 안전자산인 국채에 투자할 수 있고,

만기에 원금의 94.7%<=90×(1+5.26%)>만이 상환될 것이다. 결국 원금보장형 ELS가 아닌 원금의 94.7%만이 보장되는 ELS구조가 되는 것이다.

한편 일정수준의 프리미엄으로 원하는 양의 옵션을 매입하지 못하는 경우가 발생할 수 있다. 예를 들어, 동일한 조건 하에서 현재 주가지수에 대한 1년 만기 콜옵션 가격이 10%라고 하자.

그러나 원금을 보장할 수 있는 상품구조에서 지급되는 프리미엄은 5%를 넘지 못한다. 그러면 결국 원금 금액의 절반에 해당하는 금액만큼의 콜옵션을 매입할 수밖에 없다. 이러한 원금에 대한 매입 옵션량의 비율을 참여율(participation ratio)이라 한다.

만약 만기 주가지수가 20% 상승할 경우, warrant의 총수익률은 20%이지만 ELS의 수익률을 warrant를 원금의 50%만 매입하였으므로 10%가 되는 것이다.

그러면 국내에서 널리 소개된 ELS의 구조를 살펴보자. 현재까지 도입된ELS는 크게 Knock－out형, Bull spread형, reverse convertible형, Digital형으로 분류 된다.

Knock－out형 ELS는 주가지수가 하락할 경우에는 원금의 일정비율을 보장받고(국내에서 판매된 것의 대부분은 원금보장형), 주가지수 상승이 일정수준에 이를 때까지는 주가지수 상승률에 비례하여 일정한 참여율을 획득하고, 만기이전에 한 번이라도 일정수준을 초과하면 비교적 높은 금리의 고정이자를 받는 구조이다.

Bull spread형 ELS는 원금이 보장되어 하한이 존재하고, 그 이후 일정수준까지는 주가지수 상승률에 비례하여 참가율을 획득하고, 그 이상 구간에서는 수익률에 상한이 존재하는 구조이다.

Reverse convertible형 ELS는 주가지수가 상승할 경우에는 고정된 높은 이자를 받으며 하락시에는 원금보장은 없지만 추가적 주식 매입의 기회로 삼을 수 있다. 투자자의 포지션은 풋옵션 매도와 유사하다.

디지털 콜옵션형 ELS는 주가지수가 상승할 경우에는 상승률에 관계없이 고정된 수익을 획득하고 주가지수가 하락할 경우에는 원금을 보장하는 구조이다.

디지털 풋옵션형 ELS는 주가지수가 하락할 경우에는 하락률에 관계없이 고정된 수익을 획득하고 주가지수가 상승할 경우에는 원금을 보장받는 구조이다.

## 3. ELS관련 유사상품과의 비교

ELS는 원금의 보장이 가능하고 주가지수에 따라 수익률을 추가할 수 있다는 점에서 은행에서 판매하는 주가지수연계정기예금(ELD)과 유사하다. 단, 원금보장형만 가능한 ELD에 비해 상대적으로 수익률이 높고 발행하는 상품종류도 다양하다. ELD는 투자원금 중 일부를 원금이 보장되는 이자율로 정기예금에 넣은 뒤 나머지 돈으로 주가지수 옵션 등에 투자해 만기 때 원금을 보장하면서도 이자수익으로 주가지수에 연동해 추가수익을 내는 구조다.

또한 별개의 상품으로서 투신사에서 판매하고 있는 주가연계펀드(ELF)는 증권사가 발행한 ELS 또는 주식워런트를 편입한 펀드다. ELF는 정기예금이 아닌 주로 채권투자를 통해 원금보전을 추구하면서 증권사로부터 ELF 또는 주식워런트를 구입해 펀드에 편입하여 주가지수에 연동해 수익률을 낼 수 있도록 설계되었다.

채권투자를 통해 원금을 보전하고 나머지는 지수에 연동된 파생상품에 투자해 추가수익을 내는 구조를 지닌 것이다. 공모시 확정한 수익률을 주는 ELS와는 달리 ELF는 운용실적에 따라 수익률에서 다소 차이가 날 수 있다.

ELS는 증권사 신용으로 발행되므로 발행 증권사가 부도나지 않는 한 운용성과와 무관하게 원금은 물론 사전에 약속된 수익이 보장된다. 만기 이전이라도 매매할 수 있으나 중도매매시 불리한 가격을 감수해야 한다.

〈표 11-4〉 ELS 유사관련상품의 비교

| | ELS | ELD | ELS펀드 |
|---|---|---|---|
| 운용회사 | 국내 8개 증권사(장외파생금융 인가받은 증권사) ('05. 2월현재) | 은행 | 투신사 |
| 상품형태 | 유가증권 | 은행예금 | 수익증권 |
| 상품구조 | 채권+옵션 등 파생상품 | 예금+주식워런트 | 채권+ELS or 주식워런트 |
| 상품성격 | 유가증권 | 예금 | 채권형 펀드 |
| 원금보장 여 부 | 원금보장 가능 (상품에 따라 원금보장 및 원금손실가능상품 존재) | 원금보장 (예금자보호법 적용) | 원금보존 추구 (채권운용성과에 따라 원금보존여부 결정) |
| 중도해지 및 환매여부 | 제한적(거래소 상장이나 판매사를 통한 현금화가 제한적) | 중도해지 가능 (해지시 원금손실 발생) | 중도환매 가능 (해지시 원금손실 발생) |

은행의 ELD는 예금자보호법으로 보호되는 원금보장형 상품이고 투신사에서 발행하는 ELF는 운용실적에 따라 원금손실을 볼 수도 있다.

### 4. ELS의 특징

최근 증시가 조정을 받고 있는 가운데 주가와 연계된 ELS(주가연계증권)의 인기몰이는 식을 줄 모르고 있다. 인기의 비결은 무엇일까. 여러 가지 이유가 있지만 ELS 인기의 일등공신은 역시 '원금보존과 추가수익'이 뛰어나다는 점을 꼽을 수 있다.

펀드평가회사인 한국펀드평가에 따르면 주가연계증권(ELS)의 수탁액은 지난 11일 기준 5조 9,241억원으로 6조원대 진입을 눈앞에 두고 있다. 특히 올 1분기 시중 증권사 ELS 판매금액이 2조 7,000억원에 육박하는 등 인기가 급상승중이다.

ELS는 대부분 채권(90% 이상)에 투자하면서도 일부를 개별주식에 투자해 원금을 보존하도록 맞추고 나머지 10%는 옵션을 걸어 추가 수익을 내도록 만든 매력적인 상품이다.

기초자산 역시 국내 초우량 기업들을 대상으로 종목이 선정돼 저금리 시대에 비교적 높은 수익확보와 안정성이 뛰어나다. 실제로 지난 4일 우리투자증권의 '2005년 1분기 ELS 시장분석'이라는 보고서에서 올 1분기에 확정된 ELS의 연평균 수익률이 약 6%대 중반으로 은행 정기예금 금리의 두 배 정도라는 결과도 나왔다.

또 다른 특징으로는 주가 흐름에 따라 미리 확정된 수익률이 보장된다는 것이다.

이에 따라 코스피200 지수라든지 삼성전자·SK텔레콤 등 우량주의 변동폭이 일정조건에 부합할 경우 매 6개월마다 조기상환이 가능하다.

## 제 3 절 상장지수펀드(Exchange Traded Funds; ETF)

### 1. ETF의 개요

#### (1) ETF 개념

주가지수와 연동하여 운영하는 인덱스펀드를 기초로 발행한 ETF증권을 거래소시장에 상장하여 일반주식과 동일하게 거래하는 투자상품이다. 이 상품은 투자위험의 분산을 추구하면서도 개별종목처럼 장내에서 거래되어 주식투자시의 간편함과 높은 유동성도 확보할 수 있는 인덱스펀드이다.

다만, ETF는 일반주식과 같이 거래되지만 회사의 주식이 아니라 특정 주가지수를 따라가 수익을 내는 것을 목적으로 하는 인덱스펀드이다. ETF와 일반적인 지수연동형 투자신탁의 차이점은 다음 표와 같다.

우리나라에서는 2002년 10월에 첫 상품이 상장되어 아직 초보적인 수준에 머무르고 있지만, 이후 지속적인 인기를 모으고 있고, 선진국에서는 이미 투자가들에게 큰 인기를 끌고 있다.

ETF는 인덱스 펀드이지만, 기존의 인덱스펀드와는 달리 거래소에 상장하여 거래하기 때문에 주식과 같은 방법으로 거래가 가능하다. 거래소 거래시간 중에 자유로이 매매가 가능하고 매매방식도 일반주식과 같이 증권회사에서 직접 주문을 내거나 홈트레이딩으로 매매할 수 있다.

〈표 11-5〉 주가지수 관련 상품현황

| 구 분 | 주가지수선물 | 인덱스펀드 | ETF |
|---|---|---|---|
| 투자방법 | 선물시장에서 매수·매도하여 환매 또는 만기까지 보유 | 발행시장에서 직접현금을 이용한 설정·환매 | 주식매매 또는 발행시장에서 직접 현물을 이용한 설정·환매 |
| 매수/매도가격 | 현재 시장에서 거래되는 가격 | 매수·매도 가격과 실제 형성된 가격간 불일치 | 현재 시장에서 거래되는 가격 |
| 공매도 | 가능 | 불가능 | 가능 |
| 거래비용 | 낮음 | 설정·환매에 따른 제반 거래비용부담 | 설정·환매시 현물로 설정·환매하므로 낮음 |
| 만기 | 만기가 있어 투자기간 연장을 위해 원원물로 이월해야 됨 | 없음 | 없음 |
| 유동성 | 거래소 시장에서 거래되어 높음 | 장중 실시간 거래 불가능 | LP(liqudity provider)의 시장조성의무로 높음 |
| 레버리지효과 | 레버리지 효과로 손익증폭 | 레버리지는 없고 손익은 지수에 연동 | 레버리지는 없고 손익은 지수에 연동 |

### (2) ETF의 투자방법

ETF는 일반 펀드와 달리 발행시장과 유통시장이 존재한다. 발행시장은 지정판매사를 통해서 설정과 환매가 일어나고, 유통시장은 이미 발행된 ETF가 거래소를 통해서 주식과 같이 매매되는 시장이다.

유통시장에서는 일반투자가들과 지정판매사가 거래소를 통해서 주식과 같은 방법으로 매매하게 된다. 따라서 일반투자가들은 ETF에 투자하기 위해서 유통시장을 이용하면 된다. 발행시장은 차익거래 시나 대규모 설정 또는 해지하는 경우에만 이용하면 된다.

즉, 일반투자가들이 ETF를 투자하는 방법은 증권사에 주식거래계좌를 개설한 후 그 계좌로 주식과 ETF를 함께 거래하면 된다. 일반투자가들은 펀드의 설정·환매를 통해서 투자하게 되는 것이 아니라, 거래소를 통해서 ETF를 매수·매도하게 된다.

일반적으로 펀드에 투자하기 위해서는 투자가는 판매사(증권사)에서 현금을 납입하고 펀드의 설정을 요청하면 판매사는 펀드에 현금을 납입하고 펀드의 수익증권이나 주권을 발급받아 투자가에게 전달하게 된다.

발행시장에서는 지정판매사(AP; Authorized Participant)를 통해서 ETF의 설정과 환매가 일어나게 되고 유통시장에서는 일반투자가들과 지정판매사가 거래소를 통해서 ETF를 주식과 같은 방법으로 매매하게 된다. 따라서 일반투자가들은 ETF에 투자하기 위해서는 유통시장을 이용하면 된다. 발행시장은 차익거래시나 대규모 설정·해지에만 이용하면 된다.

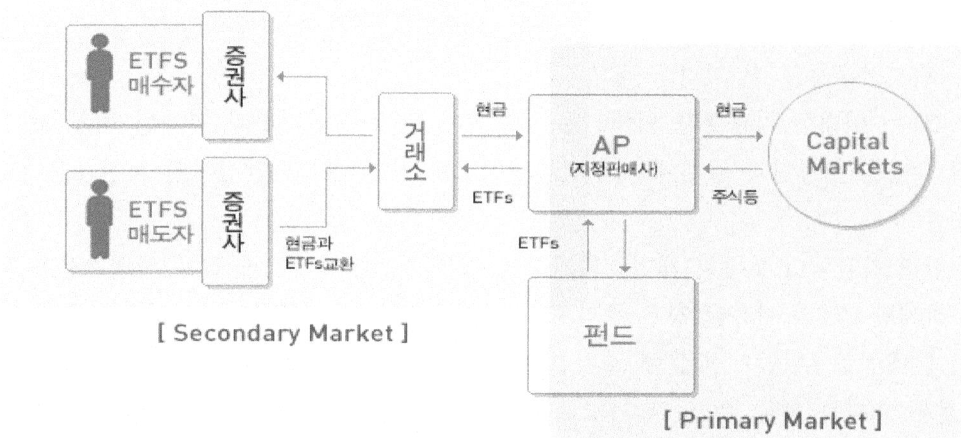


[그림 11-2] ETF 거래방법

ETF 도입 이후, 전문가들은 시장이 좋을 것이란 판단만 들면 초보자들에게 종목을 고민하지 말고 지수대로 움직이는 ETF에 투자하라는 조언을 하고 있다. 즉, 향후 증권시장이 호황이 예상되면, 투자가들은 시장의 평균적인 추세만 따라잡아도 좋겠다는 생각이 들기 마련이다.

상장지수펀드는 주식시장의 방향을 잡아주고 이에 따른 수익을 노리는 상품이라는 본질적 특성을 가진 것이다.

현재 우리나라는 kospi200과 코스닥50 등 특정지수에 편입된 종목군으로 상품을 만들어 이를 주식시장에 상장시킨다.

## 2. ETF거래의 장점

### (1) 분산투자에 의한 리스크 감소

특정 종목의 주식을 보유하는 경우 당해 회사가 파산시 투자가는 모든 것을 잃게 되지만, ETF의 경우에는 대상 주가지수를 구성하는 종목에 널리 분산투자하는 효과가 있기 때문에 개별종목에 투자하는 경우보다 리스크가 분산되는 효과가 있다.

아울러 손쉽게 얻을 수 있는 정보인 주가지수와 연동하여 운용되는 투자상품이기 때문에 ETF의 가격움직임에 대해 늘 확인이 가능하다.

### (2) 소액자금으로 분산투자효과

기관투자가는 연기금처럼 고객으로부터 예탁받은 자금을 낮은 위험하에서 장기적으로 자금을 운용하여 안정적인 수익률을 목표로 설정하여 다수의 주가지수 구성종목에 직접분산투자할 수 있다.

ETF는 이러한 기관투자가들의 수요에 맞게 선물·옵션시장과 연계된 헤지 등 위험관리 수단을 제공함과 동시에 지수연동형이므로 장기적이고 안정적인 자산운용수단을 제공한다.

한편 자금력이 부족한 개인투자가들의 경우 기관투자가들과 같은 인덱스운용은 불가능하지만 ETF를 이용할 경우 주가지수에 연동하도록 운용되는 투자신탁을 주식과 동일하게 매매할 수 있기 때문에 소자본으로도 시장포트폴리오에 분산하여 투자하는 것과 같은 효과를 거둘 수 있다. 즉, 소액자금으로도 거래소에 상장된 대표 우량기업에 분산투자하는 효과를 거둘 수 있는 것이다.

거래는 개별주식거래처럼 하면서, 위험분산과 성과는 펀드처럼 내는 구조를 가지고 있다. 아울러 수익증권처럼 가입과 해지절차를 거칠 필요없이 일반주식 거래처럼 대부분 ETF는 10주 이상 단위로 직접매매를 할 수 있다.

### (3) 거래소에서 실시간으로 거래가능

통상의 투자신탁은 기준가격으로 설정과 해지가 이루어진다. 설정과 해지의 신청은 종가가 결정되기 전에 이루어지고, 실제 설정과 해지를 신청하는 수익자는 기준가격을 잘 모른 채 신청하게 된다.

해지의 경우는 익일 종가를 기준가로 적용하기 때문에 하루의 시차에 따른 가격위험을 지게 된다. 그러나 ETF는 매매시간 중에는 언제라도 거래소의 일반 주식과 마찬가지로 매매할 수 있고, 가격을 지정하여 주문을 내는 지정가주문도 가능하기 때문에 환금성이 보장된다.

가격은 지수변동에 따라 펀드 기준가격이 변동하면서 이에 연동하여 펀드거래가격도 변화하는 것이다. ETF 한 주의 가격은 대략 해당 지수에 100을 곱한 값으로 표시된다.

〈표 11-6〉 ETF와 뮤추얼펀드와의 차이

| 구 분 | ETF | Mutual Fund |
|---|---|---|
| 장중 매매가능성 | 투자가들은 장중 시작가격을 보면서 시장가격에 매매가능하기 때문에 투자가들이 의사결정을 하고 즉시 실행가능 | 투자가들은 종가에 의해서 결정된 펀드의 순현재가치에 따라서 설정방법으로 투자하기 때문에 자신의 투자가격을 모르는 상태에서 투자의사결정을 하게 됨 |
| 환 매 | 시장에서 매도하게 되므로 자신의 환매가격을 즉시 결정가능 | 환매신청일 다음날 종가로 환매금액이 결정되므로 투자가는 정확한 금액을 모르고 환매함 |
| 공매도 | 주식과 같이 공매도 또는 대주에 의한 매도가능 | 공매도 또는 대주에 의한 매도 불가능 |
| 보 수 | 일반펀드에 비해 낮음. 매매시에는 매매수수료 부담 | 일반적인 뮤추얼펀드의 보수는 높음 |
| 거래비용 | 현물로 설정과 해지하기 때문에 펀드 내에서 설정/해지에 따른 매매수수료 부담이 없음 | 설정/해지에 따른 거래비용을 다른 투자가가 부담 |
| 시장충격비용 | 시장에서 형성되는 ETF의 매수/매도 호가간의 시장충격 비용이 있음 | 의사결정과 실행간에 불일치로 인한 기회비용의 손실이 있음 |

#### (4) 낮은 신탁보수

ETF의 경우 현물 주식으로 설정 환매가 이루어지기 때문에 낮은 비용으로 운용이 가능하다. 주식매매시 부담하는 거래세가 없고, 주식형펀드 가운데 운용보수료도 가장 낮은 수준이다.

따라서 통상의 투자신탁과 비교하여 신탁보수 등의 운용 코스트가 낮으며 또한 적극적으로 운용되고 있는 기존의 투자신탁 상품과 비교하여도 상대적으로 저렴하다.

## 제 4 절 랩어카운트

랩어카운트는 증권회사가 투자자의 투자성향과 투자목적 등을 정밀하게 분석하고 진단한 후 고객에게 맞도록 주식, 채권, 수익증권, 뮤추얼펀드 등의 다양한 투자수단을 대상으로 가장 적합한 포트폴리오를 추천하고, 그 포트폴리오를 운용해 수수료(commission)가 아닌 일정한 보수(Fee)를 받는 종합자산관리계좌이다.

랩어카운트는 1970년대 말 미국에서 개발되었으며 특히 1987년 10월 블랙먼데이 이후 투자자들의 직접투자가 위축되면서 그 대안으로 크게 활성화되었다. 1990년대 이후 투자환경이 점점 복잡해지고 투자자의 수요도 다양화, 고도화되면서 이를 겨냥한 랩어카운트는 미국 증권사들의 주력상품으로 자리 잡게 되었다.

### 1. 국내 도입과정

#### (1) 자문형 랩어카운트

증권업협회에서는 랩어카운트의 도입을 위해 1998년 12월 해외 사례 등 조사 연구 활동을 시작하였고, 1999년 1월부터 증권회사 실무자를 중심으로 태스크포스를 구성하여 구체적인 검토에 들어갔다.

같은 해 4월에는 미국에 연수단을 파견하여 랩어카운트 현황에 대해 전반적인 조사를 실시했으며 국내에서는 관련 세미나를 개최하는 등의 노력을 기울였다. 그 결과 2001년 3월 정부는 증권회사에 자문형 랩어카운트 업무를 허용하였다.

자문형 랩어카운트는 위탁수수료 중심의 수익구조에 한계를 느낀 중대형 증권사가 관련 상품을 대거 출시하면서 도입 3개월 만인 2001년 5월 예탁자산이 3조원에 육박할

정도로 인기를 끌었다.

그러나 이후 수수료 관련 법적 제한(초과매매수수료 징수금지 등), 일임형 랩어카운트의 출시(2003년 11월) 등으로 현재는 판매가 뜸한 실정이다.

### (2) 일임형 랩어카운트

자문형 랩어카운트는 FP가 자산관리에 대한 자문만을 해줄 수 있는데 그쳐 고객의 간접투자 욕구를 100% 충족시켜줄 수 없었다. 이후 증권업협회는 꾸준히 랩어카운트 관련 제도개선에 힘을 기울였고, 그 결과 정부는 2003년 3월에 일임형 랩어카운트 업무를 증권사에 허용하였다.

일임형 랩어카운트는 FP가 고객의 투자와 관련한 완전한 일임 및 대리권을 가지는 것으로 증권사의 실질적 맞춤형 자산관리업무를 가능하게 하였다. 2005년 2월 현재 전체 증권회사의 일임형랩어카운트 잔고는 약 4조 5천억원으로 증권회사의 대표적 자산관리상품으로 자리를 잡아가고 있다.

또한 2004년부터 불기 시작한 적립식 펀드 투자붐에 힘입어 적립식 펀드를 편입한 랩어카운트(일명 적립식랩) 또한 투자자의 새로운 투자수단으로 각광받고 있다.

## 2. 랩어카운트의 유형

랩어카운트는 자산운용방식, 투자대상, 일임의 정도 등에 따라 다양한 종류가 존재하지만 일반적으로 펀드형 랩(Mutual Funds형) 및 컨설턴트 랩(Consultant형)으로 구분된다.

### (1) 펀드형 랩(Mutual Funds Wrap)

고객이 FP와의 상담을 통해 고객의 성향 및 투자목적 등을 파악하여 고객에게 가장 적합한 우수 펀드로 최적의 포트폴리오를 구성하는 투자전략을 제안하여 준다.

### (2) 컨설턴트 랩(Consultant Wrap)

고객의 보다 적극적이고 다양한 투자스타일을 반영하기 위하여 FP와의 상담을 통하여 최적의 포트폴리오 및 개별주식에 대한 투자전략을 제시해준다.

## 3. 랩어카운트의 장단점

기존 영업과 랩 서비스를 이용한 영업에는 대상고객, 영업방식, 자산운용방식 등 여러 가지 측면에서 서로 다른 점들이 있는데 요약하면 다음과 같다.

랩 서비스의 도입은 증권회사와 영업사원뿐만 아니라 자문사와 운용회사, 나아가서 고객들에게까지 영향을 미치게 될 것으로 보인다. 각 당사자들에게는 단점보다는 장점이 많으며, 특히 장기적이고 안정적인 증권투자 문화의 정착에 크게 기여할 것으로 보인다.

〈표 11-7〉 기존영업과 랩의 비교

| 구 분 | 위 탁 | 투신상품 | 랩 |
|---|---|---|---|
| 업무분야 | 증권업(매매중개) | 투신업(투신상품판매) | 증권업+투신업+투자자문업<br>(컨설팅) |
| 수 익 | 매매수수료 | Fee-based 수수료 | Fee-based 수수료 |
| 영업직원<br>자격요건 | 2종 투자상담사<br>1종 투자상담사 | - | FP(금융자산관리사)<br>일반운용전문인력 |
| 영업핵심 | 종목 및 매매타이밍선정<br>매매기술 | 자금 유치력 | 자금 유치력<br>포트폴리오 관리능력 |
| 주요고객 | 직접투자고객 | 간접투자고객 | 직접투자 및 간접투자고객<br>맞춤형 서비스희망 고객 |

〈표 11-8〉 랩어카운트의 장단점

| 구 분 | 장 점 | 단 점 |
|---|---|---|
| 증 권<br>회 사 | • 자산기준의 운용수수료 수입 가능<br>• 안정적인 수익기반 확보<br>• 이익상충 적음(고객의 신뢰획득 가능)<br>• 고객의 관계 긴밀화 및 장기화<br>• 영업사원의 독립성 약화 | • 영업직원의 재교육 등 Wrap 업무에 대응하기 위한 시스템구축 비용 소요<br>• 수수료 수입총액의 감소 우려 |
| 영 업<br>직 원 | • 이익상충 문제 해결(고객 유인효과) | • 회사로부터 독립성 약화<br>• 수입감소 우려 |
| 고 객 | • 이익상충 가능성 적음<br>• 소액으로 전문가의 서비스 가능<br>• 주문형 상품으로 고객수요 부응<br>• 다양한 서비스 이용가능 | • 주가하락시 상대적으로 수수료 부담 증가<br>• 일괄 수수료로 불필요한 서비스대가 지불 |
| 투 자<br>자문사 | • 고객저변의 확대<br>• 수수료와 무관한 신축적 운용가능<br>• 사무비용 절감 | • 운용보수의 감소<br>• 시장상황에 관계없이 수수료 이상의 운용성적 요구부담 |

## 4. 랩어카운트 투자방법

### (1) 랩어카운트 계좌개설 방법

투자자가 직접 증권사 영업점에 내방하여 금융자산관리사(FP)와 면담을 통하여 설문지를 작성한 후 계좌신청서류를 작성하고 투자금액을 납입하여야 한다.

### (2) 금융자산관리사란?

고객의 재무설계와 투자규모 및 투자성향을 분석하여 종합적인 자산운용전략을 수립하여 고객의 상담에 응하거나 고객으로부터 투자일임을 받아 고객별로 투자 자산을 운용하고 관리하는 업무를 수행하는 자를 말한다. 금융자산관리사는 다음과 같은 자격요건을 필요로 한다.

① 경영학, 경제학 증권관련분야 석사학위 이상의 학위를 소지한 자 또는 증권투자신탁업법 제13조의 운용전문인력으로서, 증권관계기관에서 7년 이상 근무하고 신탁재산의 운용업무 또는 투자일임업무(이하 '운용전문업무'라 함)에 3년 이상 근무한 경력이 있는 자
② 공인회계사로서 증권관계기관에서 5년 이상 근무하고 운용전문업무에 3년 이상 근무한 경력이 있는 자
③ 외국의 FP로서 외국금융기관에서 해당업무를 2년 이상 담당한 경력이 있는 자
④ 한국증권업협회가 주관하는 FP자격시험에 합격한 자

### (3) 업무제한 및 관리

관련 법령은 금융자산관리사(FP)가 아닌 자가 랩어카운트 상품을 판매하지 못 하도록 제한하고 있으며, FP에 관한 사항을 증권업협회에 등록하도록 하여 FP의 자격기준, 등록 및 취소 등을 관리하고, 투자자의 보호 등을 위하여 일정기간마다 증권연수원의 적격성 과정의 이수를 의무화할 예정이다.

### (4) 랩어카운트와 다른 펀드와의 차이점

주식형 수익증권은 증권투자대행기관(투자신탁, 투자신탁운용)이 다수의 투자자들로부터 공동출자한 기금을 형성하고 이를 유가증권에 분산 투자한 후 투자수익을 분배하도록 하는 증권투자신탁이며, 뮤추얼펀드는 유가증권 등을 투자목적으로 하는 상법

상의 주식회사로서 투자자는 뮤추얼펀드가 발행하는 주식을 소유함으로서 주주로서 투자하게 된다.

반면에, 랩어카운트는 증권사 등이 투자자에게 가장 적합한 유가증권 portfolio에 관한 상담결과에 따라 자산을 운용(또는 자산운용회사를 소개)해 주고 이에 부수되는 주문집행, 결제 등의 업무를 일괄 처리해 주고, 잔고평가금액에 근거한 일정비율의 수수료를 받는 '자산종합관리계좌'를 말한다.

제12장

Korea Securities Market

# 파생금융상품시장

제 1 절 파생상품시장의 개요

제 2 절 선물시장의 구조와 거래제도

제 3 절 금융선물

파생상품은 기초자산 또는 지수로부터 파생된 경제적 가치를 갖게 되는 교환이나 약정이라고 정의할 수 있는데 크게 선도계약(Forward Contract), 선물계약(Futures Contract), 옵션(Option), 스왑(Swap) 등 네 가지 유형으로 분류된다. 선도나 선물은 특정 상품을 미래의 특정 시점에 미리 정한 가격 및 수량으로 사거나 팔 것을 약정한 계약으로, 선도가 장외에서 당사자끼리 거래가 이루어지는 반면 선물은 거래소에서 정형화된 상품으로 거래가 된다는 점에서 구분된다.

옵션은 특정상품을 특정 기일 내에 사거나 팔 수 있는 권리를 말하며, 스왑은 거래 쌍방간에 상품 또는 경제적 조건을 서로 맞바꾸는 것을 말한다.

우리나라도 국제화와 개방화가 진행됨에 따라 환율, 주가, 금리 등이 국내적 요인은 물론 해외요인에 의해서도 영향을 받게 되어 그만큼 가격변동위험 등 불확실한 환경을 가지게 되었다. 이에 정부는 증대되는 위험관리수단으로서 파생상품시장의 국내 개설의 필요성을 인식하여 1996년 5월 3일 KOSPI 200 주가지수선물을 도입하고, 1997년 7월 7일에는 KOSPI 200 주가지수옵션을 도입하였다. 이후 1999년 4월 23일에는 선물거래소가 개장되어 금리선물, 통화선물이 상장되었고, 2001년 1월 30일에는 KOSDAQ 50 주가지수 선물이 2001년 12월 14일에는 KOSDAQ 50 주가지수 옵션이 선물거래소에 상장되어 거래되고 있으며, 2002년 1월 28일에는 증권거래소에 주식옵션이 상장되어 거래되었다. 한국증권거래소와 한국선물거래소로 양분화되어 있던 국내선물시장은 2004년 1월2일부터 KOSPI 200 선물·옵션 등 상장주식 관련 상품이 선물거래소에 상장되어 거래가 시작됨으로써 선물거래소로 일원화 되게 되었다. 2005년 1월 28일에는 한국증권선물거래소법에 따라 통합거래소인 한국증권선물거래소가 설립되어 선물거래는 한국증권선물거래소가 운영하는 선물시장에서 거래되게 되었다.

## 제 1 절 파생상품시장의 개요

### 1. 파생상품의 정의와 기능

파생이란 '사물이 어떤 근원으로부터 갈려 나와 생김'이라고 사전에 풀이되고 있다. 그러면 파생상품(Derivatives)이란 무엇인가를 짐작할 수 있다. 파생상품이란 그 상품의 근원인 기초자산에서 갈라져 나와 생긴 상품이다.

즉, 기초자산이란 파생상품의 거래대상을 의미한다. 이러한 기초자산에는 농산물, 원유 등 실물상품과 주식, 금리, 통화 등 금융상품이 있다. 그러면 간단하게 예를 들어 보면 다음과 같다.

만약 개별기업인 (주)영남전자가 있다고 하자. 이 영남전자의 주식이 기초자산이라면, 영남전자의 주식선물이나 영남전자 주식옵션 등은 그 기초자산인 영남전자 주식에서 갈라져 나온 파생상품이라고 할 수 있다.

우리나라의 '자본시장과 금융투자업에 관한 법률'에서는 금융투자상품을 증권과 파생상품으로 구분하고 있다. 증권과 파생상품은 모두 원본 손실가능성 즉, 투자위험이 존재한다는 점에서 동일하다.

그러나 파생상품은 투자자가 취득과 동시에 지급한 금전인 원본을 초과하는 추가적인 손실이 발생할 수 있다는 점에서 증권과 다르다. 파생상품의 법률적 개념을 그림으로 정리하면 다음 [그림 12-1]과 같다.

예를 들어 보면, 주식워런트 증권(ELW)은 행사가격, 만기 등 상품구조가 파생상품인 옵션과 유사하지만 증권으로 분류된다. 이는 주식워런트증권의 발행이 증권회사에게만 허용되고 주식워런트 증권을 매수하는 일반투자가 입장에서의 투자위험은 최초 투자한 금액의 범위로 제한되기 때문이다.

파생상품의 유형은 계약의 형태와 기초자산의 종류 및 시장의 특성, 즉 거래되는 장소에 따라 분류할 수 있다. 파생상품을 계약의 형태에 따라 선도/선물형, 옵션형, 스왑형의 세 가지 유형으로 구분하고 있다.

그러나 파생상품은 시간이 흐를수록 점점 더 복잡해지면서 선물과 옵션을 조합한 선물옵션, 스왑과 옵션을 조합한 스왑션 등 다양한 파생상품이 등장하고 있다. 파생상품을 상호 결합한 상품을 모두 고려하면, 대략 2,000여종의 파생상품이 있는 것으로 알

[그림 12-1] 파생상품의 법률적 개념

려져 있다.

파생상품은 거래가 이루어지는 장소에 따라 장내파생상품과 장외파생상품으로 구분한다. 장내 파생상품은 계약조건이 표준화된 형태로 거래소와 같이 조직화된 시장에서 거래되는 것을 의미한다. 장외파생상품은 상품의 품질과 만기 등 계약조건을 거래당사자의 협의편의에 따라 자유롭게 정하여 거래하는 것을 의미한다.

파생상품의 주요기능 중 하나가 바로 보유하고 있는 기초자산의 가격변동에 대한 위험관리 수단인 헤지(hedge)기능이다. 가축을 보호하기 위해 낮은 키의 나무로 만든 울타리를 뜻하는 고대 그리스의 'hecke'에서 유래된 헤지는 사전적 의미로는 도박이나 투자를 할 때 위험을 줄여주는 수단이나 행위를 지칭한다. 따라서 헤지즌 어떤 외부의 위험에 대한 대비책이라는 의미로 볼 수 있다.

만약 상품에 대한 가격이 항상 고정되어 있으면 어떻게 될까? 그런 경우에는 언제나 일정한 가격으로 매매할 수 있으므로 위험이 존재하지 않는다. 그러나 가격이 변동하는 순간 위험이 존재하게 된다. 아쉽게도 가격은 고정되어 있는 것이 아니라 항상 변동한다.

따라서 파생상품은 경제여건의 변화에 민감한 주가. 금리, 환율 등의 미래가격을 예상하여 만든 상품으로서, 작은 투자금액을 통해 사전에 가격변동에 따른 위험을 방지할 목적으로 만들어졌다.

가격변동에 의한 위험을 감소시키는 것을 금융에서는 가격변동위험을 커버 또는 헤지라고 한다. 이러한 가격변동위험을 감소시키는 것은 보험과 유사한 역할을 하므로 포트폴리오 보험이라고도 한다.

## 2. 선물거래

거래를 할 때 사는 사람은 대금을 지급하고, 파는 사람은 대금을 받고 물건을 인도한다. 이때 지급하는 대금과 인도하는 물건이 즉시 교환되는 것이 보통이다. 이와 같이 물건을 현재 지급한다는 뜻에서 이러한 거래를 현물거래라고 한다.

우리가 일상생활에서 하는 모든 거래는 엄밀히 말하면 현물거래라고 할 수 있다. 그렇다면 선물거래는 무엇일까? 거래당사자들이 오늘 물건을 사고팔기로 약속만 하고, 대금과 물건의 교환은 나중에 하기로 정하는 경우가 있을 수 있다.

이와 같이 선물거래는 현재시점에서 매매가격과 수량 등을 약속만 해놓고 미래에 대금과 물건을 교환하기로 한 날짜인 결제일에 물건의 시장가격과는 상관없이 당초에 약속한 가격으로 사는 사람은 대금을 지불하고 파는 사람은 물건을 인도하는 거래를 말한다.

예를 들어 A씨는 선물시장에서 오늘 삼성전자 주식 20주를 30일 후에 주당 100만원에 사겠다는 계약을 B씨와 체결하고, 30일 후에 B씨로부터 삼성전자 주식 20주를 받고 매수대금 2만원(100만원×20주)을 B씨에게 지급하는 거래가 바로 선물거래이다.

### (1) 선물거래의 특징

선물거래는 실제 거래대금의 10－15%에 해당하는 증거금만 있으면 되므로 투자금액에 비해 이익과 손실이 크게 나타나는 레버리지 효과가 있다. 레버리지란 지렛대를 의미하는 레버(lever)에서 파생된 단어로 사전적으로는 지렛대의 원리라는 의미를 갖고 있다.

물리학에서 지렛대란 막대를 이용하여 작은 힘을 큰 힘으로 바꾸는 장치라고 정의한다. 그리고 재무적 측면에서는 타인자본을 지렛대 삼아 자기자본 이익률을 높이는 효과를 가리킨다.

예를 들어, [그림 12－2]와 같이 주식에 대한 현물거래와 선물거래를 가정해 보자. 현물거래에서는 1주당 10만원 하는 주식 20주를 사려면 원금 100%인 200만원을 지불해야 한다. 그러나 주식 20주를 매수하는 선물거래는 결제일 이전에 증거금만 지불하면 되는데, 만약 증거금이 10%라고 하면 20만원으로 선물계약을 체결할 수 있다.

이때, 주식가격이 10만원에서 15만원으로 상승하면 현물거래자는 200만원을 투자하여 100만원의 이익을 얻는 반면에 선물거래자는 20만원을 투자하여 100만원의 이익을 얻게 된다. 이와 반대로 주식가격이 5만원으로 하락하게 되면 현물거래자는 200만원

[그림 12-2] 선물거래의 레버리지 효과

을 투자하여 100만원의 손실을 보게 되고 선물거래자는 20만원을 투자하여 100만원의 손실을 입게 된다.

이와 같이 선물거래는 증거금제도에 의해 현물거래에 비해 투자금액은 적지만 손익규모는 동일하기 때문에 레버리지 효과가 크게 나타난다. 즉 선물거래는 성공했을 경우에는 수익성이 높지만 반대로 실패할 경우 손실도 크게 나타난다. 따라서 선물거래는 투자가의 예측대로 시장이 움직이면 수익이 높지만, 시장예측에 실패하는 경우에는 확대된 손실을 입게 되는 양면성을 갖고 있다.

파생상품거래는 계약체결시점과 결제시점 사이에 기간이 길므로 거래 상대방의 결제불이행 위험에 항상 직면하게 된다. 따라서 결제이행을 보장하기 위해 계약체결 시점에서 각 거래당사자로부터 보유 포지션의 위험정도에 상응하는 금전 또는 유가증권을 징수하는데 이것이 증거금이다.

증거금 규모는 통상 선물거래의 기초자산 가격이 하루 동안 최대로 움직이는 수준으로 설정되며 연쇄적인 결제불이행을 방지하기 위해 증거금을 매일 산출하여 손실액이 누적되지 않도록 하고 있다.

증거금은 납부주체에 따라 고객이 회원에게 납부하는 위탁증거금과 회원이 거래소에 납부하는 거개증거금이 있다. 위탁증거금은 개시증거금, 유지증거금, 그리고 추가증거금으로 구분된다.

개시증거금은 선물거래를 처음 시작할 때 납부하는 증거금인데 상품의 가격과 변동성을 등을 감안하여 상품별로 차등화되어 있다. 예를 들어 코스피 200 선물의 개시증

[그림 12-3] 증거금의 종류

거금은 계약금액의 15%이며 미국달러선물과 3년 국채선물의 개시증거금은 각각 계약금액의 4.5%와 1.5% 수준이다.

유지증거금은 선물거래를 하는 동안 유지해야 하는 최소한도의 증거금으로써 위탁증거금의 2/3 수준이다. 그리고 추가증거금은 투자가의 증거금이 유지증거금 수준 이하로 떨어졌을 때 최초의 개시증거금 수준을 맞추기 위해 추가로 납부해야 하는 금액이며, 이때 추가로 납부하도록 요구하는 것을 마진콜이라고 한다.

증거금의 실제 사례를 [그림 12-4]처럼 들어보기로 하자. 투자가 A씨가 코스피 200선물 1계약을 200포인트에 매도하는 계약을 체결하기 위해서는 1,500만원(200 포인트×50만원×15%)의 증거금을 개시증거금으로 납부해야 한다.

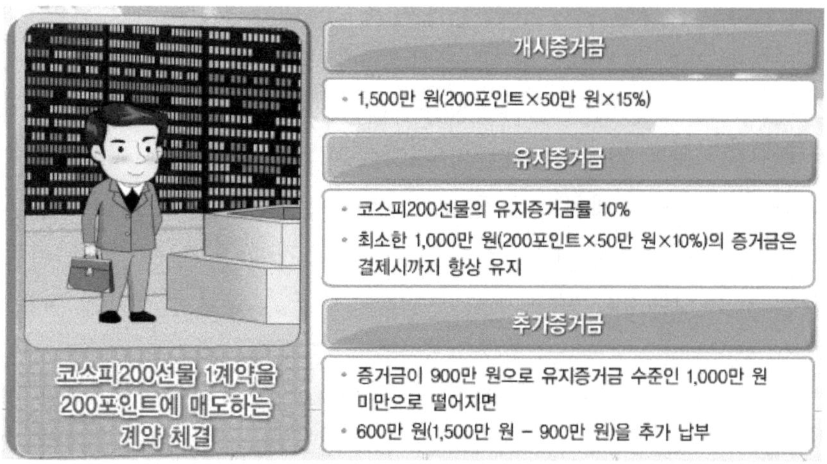


[그림 12-4] 증거금 예

또한 코스피 200선물의 유지증거금률은 10%이므로 최소한 1,000만원(200포인트 ×50만원×10%)의 증거금은 결제시까지 항상 유지해야 한다. 만약 투자손실이 발생하여 투자가 A씨의 증거금이 900만원으로 유지증거금 1,000만원 미만으로 떨어지면 원래 개시증거금 수준인 1,500만원까지 600만원을 추가 납부해야 한다. 추가납부가 이루어지지 않을 경우 해당 선물계약을 정리 처분하고 남은 증거금을 돌려주게 된다.

이렇게 선물거래의 중요한 특징을 정리해 보면 다음과 같다. 첫째, 선물거래는 반드시 조직화된 거래소에서 자격 있는 회원의 중개를 통하여 거래된다. 선도거래는 시간과 장소에 관계없이 계약당사자간에 이루어지는 것인데 반해, 선물거래는 다수의 수요자와 공급자가 일정한 시간에 정해진 장소에 모여 시장을 형성함으로써 이루어진다.

회원의 자격은 거래소마다 차이가 있지만 개인 또는 법인이 일정한 자격요건을 갖추는 경우에 취득할 수 있으며 거래소 회원은 독점적인 중개권과 더불어 운영에 관여할 수 있는 권리를 갖는다고 볼 수 있다. 선물거래는 거래소가 지정한 거래시간 동안 공개호가방식(Open Outcry)을 통하여 또는 전산거래방식을 활용하여 장내에서 자기거래 및 고객위탁거래를 수행하게 된다.

둘째, 선물거래는 거래소가 지정한 표준화된 상품으로 선물시장의 참여자로 하여금 계약조건에 대한 명확한 이해를 가능하게 하고 시장유동성을 높일 수 있다.

셋째, 선물거래의 원활한 계약이행보증을 위해 선물거래소는 공통적으로 청산기관을 운영하고 있다. 운영형태는 거래소의 별도 자회사나 산하 부서로 혹은 청산전문기관에 의뢰하는 방식으로 거래소의 청산기능을 수행하고 있다.

청산소는 선물계약을 매도한 사람에게서 해당 상품을 받아 이것을 계약을 매입한 사람에게 전달하고 대금을 받아 다시 원래의 매도자에게 전달하기만 하면 된다. 청산회원은 결과적으로 자기 또는 고객중개 거래분을 포함하여 계약이행을 재정적으로 보증하게 됨으로써 선물계약 이행의 확실성을 기하고 있다.

따라서 선물거래는 거래당사자간의 계약이 아니라 궁극적으로 거래소와의 계약이다. 선물거래는 반드시 중개회사(회원)를 통해 매매주문을 내며, 거래소 내에서 공개호가방식이나 전산거래방식에 따라 결정된 가격으로 거래가 이루어진다. 따라서 매입자와 매도자는 서로 상대방을 알지 못하더라도 거래가 성립되며 계약에 따른 모든 책임은 거래소가 진다.

넷째, 선물거래에서는 선물계약의 종료를 위해 반드시 상품의 인수와 인도가 행해질 필요가 없다. 선물거래에서는 계약기간이 도래하기 이전이라도 매입한 선물계약을 다시 팔거나 매도한 선물을 다시 매입하는 반대매매가 가능하기 때문에 매매차금만 주고받으면 만기 이전이라도 거래의 종결이 가능하다.

다시 말하면 선물거래의 가장 큰 특징이 바로 이러한 청산거래(Offset Transaction)가 가능하다는 것이며, 실제로 전체 거래의 95~98%가 청산거래에 의해 결제가 이루어진다. 이에 비해 선도거래에서는 실물의 인수도가 이루어지는 경우가 많다.

다섯째, 선물거래를 하고자 하는 고객이나 회원들은 의무적으로 거래소가 지정하는 소정의 증거금(Margin)을 납부하게 된다. 계약이행의 보증 성격을 갖는 이 증거금의 수준은 일일가격변동 허용폭 크기와 비슷한 수준으로, 거래소는 증거금 수준의 적절한 관리를 통해 매일매일 가격변동에 따른 매입자, 매도자의 손익으로부터 발생되는 일일대차를 0으로 만들고, 만일의 경우에 손실이 난 고객이 요구 증거금을 추가로 납부하지 않을 경우 다음날 해당 고객의 포지션에 대한 강제청산을 통해 고객손실분을 고객 위탁증거금에서 정산하는 방식으로 계약이행의 안전을 기하고 있다.

### (2) 선물거래의 기능

선물거래의 주된 기능은 위험의 회피라고 할 수 있는데 선물거래가 가지는 유용한 기능들은 다음과 같다.

#### ① 가격변동의 회피기능

예를 들면 현물보유자가 가격하락을 예상할 경우에는 현물 보유량만큼을 선물시장에서 매도(Short Position)하여 현물가격 하락에 따른 손실액을 선물시장에서 얻는 이익으로 보전할 수 있게 된다.

한편 장래에 현물이 필요한 사람이 현물가격 상승을 예상할 경우에는 필요한 수량만큼을 선물시장에서 매수(Long Position)계약을 해두면 가격상승에 따른 기회손실액을 선물시장에서의 이익으로 보전할 수 있다. 이러한 위험 회피 기능이 선물거래의 가장 큰 의의라고 할 수 있다.

#### ② 현물시장의 거래활성화 및 가격안정화 기능

선물거래의 가격변동위험 전가기능으로 투자위험이 감소됨에 따라 투자자들이 현물시장에 대한 투자를 확대할 수 있게 되고 차익거래자(Arbitrager)는 선물시장과 현물시장의 왜곡된 가격으로부터 차익을 얻기 위해 선물시장과 현물시장을 동시에 이용하기 때문에 현물시장의 거래가 활성화된다.

또한 이러한 현물시장과 선물시장간의 왜곡된 가격을 이용한 차익거래의 빈번한 발생이 현물시장의 수급과 가격에 영향을 미치므로 현물시장의 가격이 보다 합리적으로 형성되고 안정화될 수 있다.

③ 미래가격의 예측기능

선물시장에서는 다수의 참여자가 현물의 장래가격과 관련된 각종 정보를 수집·분석·예측하고 이를 바탕으로 가격경쟁을 통하여 장래 특정시점에서의 현물가격 예측치인 선물가격이 형성됨에 따라 그 가격의 공정성과 신뢰도가 높다. 이에 따라 선물시장에서의 선물가격을 통해 미래의 가격을 예측할 수 있게 된다.

④ 새로운 투자수단의 제공기능

선물거래는 비교적 적은 금액(증거금 10% 내외)으로 큰 규모의 거래가 가능하므로 투자원금에 대한 수익률이 매우 높아 투자자들에게 좋은 투자수단이 될 뿐 아니라 투기성 자금을 선물시장에 집중시켜 생산자, 대규모 소비자, 중개업자 등의 위험관리 수요자(헷져)에 풍부한 유동성을 제공함으로써 헷져의 수요를 충족시켜 국민경제에 기여하게 된다.

### (3) 선물거래의 유형

헤지거래는 주가변동이 예상되는 경우 주식보유 손익과 반대되는 손익구조를 가진 선물포지션을 취하는 것을 말한다. 주식을 보유한 투자가가 향후 주가하락에 대비하여 보유주식 금액에 상당하는 주식선물을 매도하는 것이 가장 일반적인 헤지거래의 형태이다. 이는 보유주식의 가격변동에 따른 위험을 회피할 수 있는 수단으로 이용된다.

구체적인 사례를 들어 설명해 보자. 투자가 A는 주당 80만원 수준의 삼성전자 주식을 1,000주, 즉 8억원 상당의 주식을 보유하고 있다. 그런데 향후 주식시장의 침체 가능성이 높아지고 반도체 관련 주가도 하락이 예상되는 상황이 발생한다고 가정하면 이런 상황에 대비하여 어떻게 위험을 관리할 것인가?

이런 경우 투자가 A가 손실에 대비하기 위해 적절한 방법은 무엇일까? 정답부터 제시하면 선물시장에서 삼성전자 주식선물 100계약(우리나라의 경우 선물 1계약은 주식 10주를 거래단위로 함)을 매도함으로써 주가변동에 따른 위험을 피할 수 있다. 그 후 결제일에 주가가 80만원에서 60만원으로 하락한 경우 보유주식의 가치가 8억원에서 6억원으로 감소하여 2억원의 손실이 발생한다.

그러나 80만원에서 매도한 주식선물을 60만원에서 되사는 반대거래를 통해 2억원의 이익을 볼 수 있다. 이와 같이 주식선물을 이용하면 보유주식의 가격하락에 따른 손실을 주식선물의 이익으로 완전히 상쇄할 수 있는데 이런 위험 관리방식을 헤지라고 한다.

### (4) 선물가격

#### ① 선물가격 결정

선물가격은 당연히 가격지표이므로 해당 선물시장에서 결제월종목별로 매수와 매도의 크기에 의해 결정된다. 그러나 선물가격은 장래 일정시점의 현물가격이므로 해당 현물가격 선물가격을 결정하는데 중요한 요소가 된다.

간단한 예를 들어 설명하면 다음과 같다. 이론적으로 1년 후에 인도를 하는 조건으로 금 선물을 구입하는 것과, 현재 시점에서 금을 매입하여 1년간 보유하는 것은 같아야 한다. 즉, 특정시점의 선물가격은 그 시점에 현물을 매입하여 만기까지 보유할 경우 발생하는 비용의 합계금액이라고 할 수 있다.

이때 발생하는 비용에는 어떤 것이 있을까? 우선 현물을 매입하기 위해서는 자본이 필요하므로, 이에 대한 조달비용과 이자비용이 발생한다. 또한 현물을 만기시점까지 보관하는 보관비용도 발생하게 된다. 따라서 [그림 12-5]와 같이 선물가격은 현물가격에 이자비용과 보관비용이 추가되기 때문에 선물가격이 현물가격보다 높게 형성되는 것이 자연스럽다.

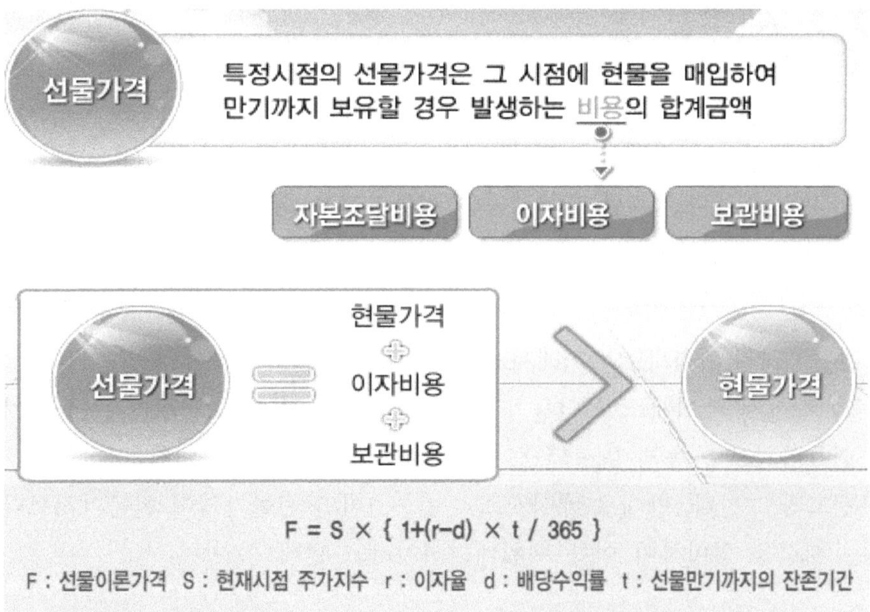


[그림 12-5] 선물가격과 현물가격의 관계

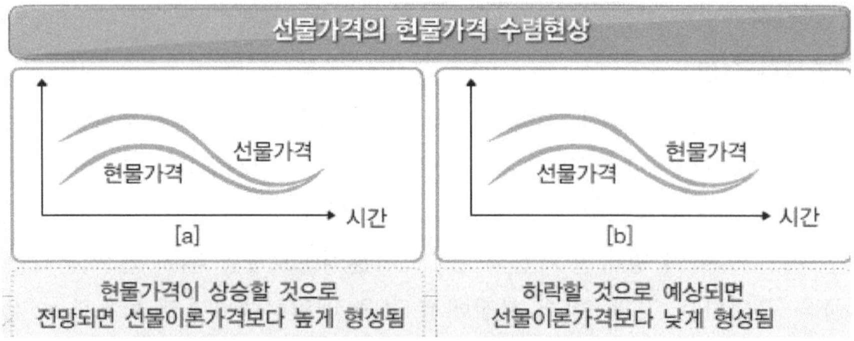


[그림 12-6] 현·선물가격의 수렴

물론 일반상품과 달리 주식이나 국채 등 유가증권과 같은 현물을 보유할 경우에는 보유비용이 발생하지 않고 오히려 배당소득이나 이자소득 같은 중간소득이 발생한다. 이 경우에는 선물가격에서 이들을 차감해야 한다. 이와 같이 선물의 적정가격 즉 선물이론가격은 현물가격에 보관비용과 이자비용 등을 감안하여 계산한 선물가격을 말한다.

만기일이 다가올수록 선물이론 가격은 현물가격과 같아지는데, 이는 보관비용과 이자비용이 만기일이 다가올수록 제로가 되기 때문이다. 이런 측면들을 고려하여 코스피 200주가지수선물의 이론가격을 살펴보면 다음과 같다.

선물가격은 투자가별로 중요한 가격결정요소의 하나인 장래 현물가격 전망에 따른 수요와 공급에 의하여 변동하게 된다. 그렇기 때문에 선물가격이 선물이론가격과 항상 일치하는 것은 아니다. [그림 12-6]처럼 선물가격은 향후 현물가격이 상승할 것으로 전망되면 선물이론가격보다 높게 형성되고, 반대로 하락할 것으로 예상되면 선물이론가격보다 낮게 형성된다.

② 선물시장의 가격지표와 거래지표

선물시장에서 베이시스란 선물가격과 현물가격의 차이를 말한다. 선물가격은 이론적으로 현물가격보다 높게 형성되므로 베이시스가 양(+)이면 이를 정상적인 시장으로 보고 콘탱고라고 한다. 반대로 베이시스가 음(−)이면 선물가격이 현물가격보다 저평가 되어있는 시장을 의미하며 이를 백워데이션이라고 한다.

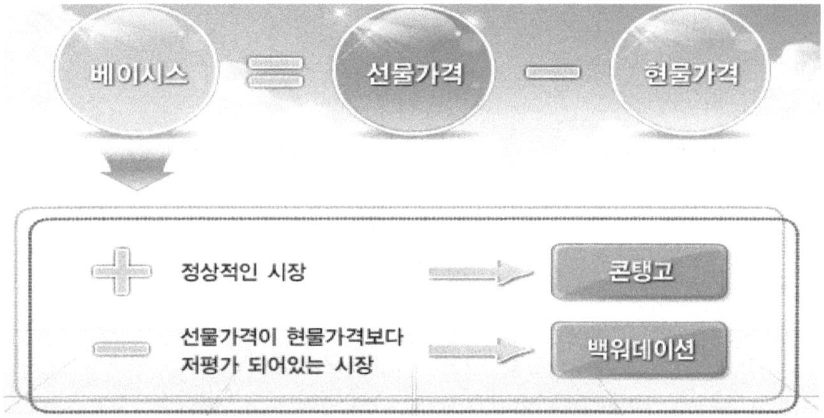


[그림 12-7] 선물시장의 가격

베이시스는 선물시장에서 매우 중요한 투자지표인데 이는 베이시스가 차익거래 방향을 결정짓기 때문이다. [그림 12-8]은 베이시스와 차익거래의 관계를 정리한 것이다. 베이시스가 확대되고 있다면 선물가격이 고평가되고 현물가격이 저평가되었다고 판단하여 현물에 대한 프로그램매수 유입으로 현물가격이 상승할 가능성이 높다.

반대로 베이시스가 축소되고 있으면 현물가격이 고평가되고 선물가격이 저평가 되었다고 판단하여 프로그램매도 유입으로 현물가격이 하락할 가능성이 증가하게 된다. 베이시스는 시장베이시스와 이론베이시스로 나눌 수 있다.

시장베이시스는 선물시장가격에서 현물가격을 차감한 것이고, 이론베이시스는 선물이론가격에서 현물가격을 차감한 것이다.

한편 괴리율은 선물시장가격과 선물이론가격간의 간이를 백분율로 나타낸 것으로서, 베이시스와 마찬가지로 괴리율과 선물가격이 고평가 또는 저평가되었는지 여부를 파악하는데 이용된다.

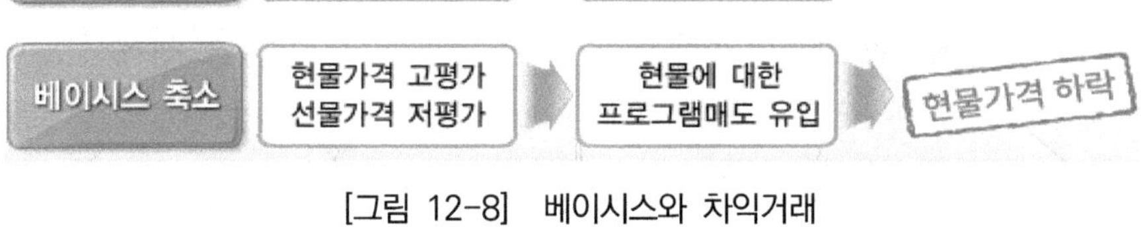


[그림 12-8] 베이시스와 차익거래

[그림 12-9] 베이시스 유형

예를 들어 괴리율이 양(+)이면 선물시장가격이 선물이론가격보다 고평가되었음을 나타내고, 괴리율이 음(−)이면 선물시장가격이 선물이론가격보다 저평가되었음을 나타내는 것이다.

주식시장과 마찬가지로 선물시장의 거래량과 거래대금은 시장의 활발한 정도를 가늠할 수 있는 대표적인 유동성지표이다. 주식현물시장에서 거래량이란 일정기간 동안 매매된 개별종목의 주식수 합계를 말한다.

그런데 선물거래는 일종의 계약으로서 선물시장에서는 거래량 대신에 일정기간 동안에 거래된 계약 수 즉 약정수량이라는 용어를 쓰고, 단위는 계약으로서 표시한다. 또한 선물시장의 약정금액은 현물시장의 거래대금과 같은 개념으로 거래가 체결된 약정가격에 약정수량을 곱하여 계산한다.

미결제약정은 선물의 매수 또는 매도포지션을 취한 상태에서 청산되지 않고 남아있는 계약수로서, 선물시장에서 선물가격, 약정수량과 함께 시장상황을 판단하는 중요한 지표로 이용된다. 새로운 선물계약이 늘어나면 미결제약정은 증가하지만 기존 포지션에 대한 청산계약이 증가하면 미결제약정은 감소하게 된다.

구체적인 예를 들어 설명해보면 다음과 같다. 7월1일 선물 1계약을 매수하고 Brk 선물 1계약을 매도하였다면 약정수량은 1계약이고 미결제약정수량도 1계약이 된다. 7월2일 A가 자신이 매수한 선물 1계약을 또 다른 선물매수자 C에게 전매하였다면 약정수량은 1계약이 추가되지만 미결제약정수량은 그대로 1계약이 된다.

왜냐하면 A의 계약은 이미 청산되었지만 선물매도자 B와 선물매수자 C의 계약만 남아있기 때문이다. 7월 3일 C가 선물을 2계약 매수하고 D가 선물을 2계약 매도하면 약정수량과 미결제약정수량은 각각 2계약씩 증가한다.

〈표 12-1〉 약정수량과 미결제약정수량 산출방법

약정수량과 미결제약정수량 산출방법

| 거래일 | 매수자 | 매도자 | 누적 약정수량 (계약) | 누적 미결제약정수량 (계약) |
|---|---|---|---|---|
| 7월 1일 | A | B | 1 | 1 |
| 7월 2일 | C | A | 2 | 1 |
| 7월 3일 | C | D | 4 | 3 |

A씨의 계약은 이미 청산

B와 C의 계약은 남아있음

각각 2계약씩 증가

포지션을 청산하지 않은 미결제약정수량이 많다는 것은 선물을 통해 단기 시세차익을 노리는 투기거래자보다는 실제 수요에 의해 선물을 이용하는 투자가가 더 많다는 것을 의미한다. 일반적으로 선물거래에서는 투자가가 보유할 수 있는 미결제 약정수량에 한도를 두고 있다.

이는 투자가의 결제불이행위험을 사전에 방지함과 동시에 시세조종 등 불공정거래행위를 예방하고 대량의 미결제약정의 청산에 따른 시장충격을 완화하기 위한 것이다.

## 3. 옵 션

### (1) 옵션거래의 정의

경제활동 중에서 발생하는 모든 거래의 기본적인 철학은 '살 때는 싸게, 팔 때는 비싸게'라고 할 수 있을 것이다. 우리는 물건을 거래할 때 어떻게 하면 싸게 사고 어떻게 하면 비싸게 팔 수 있을지 다각적으로 궁리하지만, 우리의 의지와 예상대로 거래가 이루어지지 않는 것이 문제다.

오히려 어떤 물건을 비싸게 사고 싸게 팔아야 하는 극한 상황을 맞기도 한다. 이러한 불확실한 상황을 극복하기 위해 물건을 특정가격에 살 수 있는 권리 또는 특정가격에 팔 수 있는 권리를 미리 확보하고 거래할 수 있으면 좋지 않을까 하는 생각을 하게 된다.

물론 권리는 의무와 달리 자신에게 유리한 경우에만 행사하는 경제적 가치가 있다. 따라서 권리를 확보하려면 일정한 비용을 지불해야 한다. 그러나 가격이 오를 것 같은 상품을 사전에 약속한 특정가격으로 싸게 구입하거나, 가격이 떨어질 것 같은 상품을 사전에 약속한 특정가격으로 비싸게 팔 수 있다면 그 차액만큼 이익이 발생할 것이다.

옵션은 바로 이러한 경제적 필요에 의해 출발한 것이라고 할 수 있다. 옵션이란 특정일에 거래대상 자산을 사전에 약정한 가격으로 사거나 팔 수 있는 권리를 말한다. 여기서 살 수 있는 권리는 콜옵션이고, 팔 수 있는 권리는 풋옵션인데 권리를 매수한 사람은 매도한 사람에 대한 대상자산을 사거나 팔 수 있는 권리를 갖게 된다.

옵션이란 말 그대로 선택이라는 의미를 가진다. 옵션거래에서 옵션을 매수한 사람은 권리를 행사할 수 있기 때문에 이 권리에 대한 대가로 옵션을 매도한 사람에게 옵션가격인 프리미엄을 지불하게 된다.

일상생활에서 옵션과 비슷한 개념으로서 아파트 분양권을 들 수 있는데, 아파트 분양권은 살 권리를 가지는 일종의 콜옵션이다. 분양권은 거래대상 아파트를 미래의 만기일(입주일)에 사전에 약속한 가격(분양가격)으로 입주할 수 있는 권리로 볼 수 있다.

예를 들어 분양가 2억원의 아파트 분양권을 500만원 지불하고 구입한 사람은 입주시점에 아파트 가격이 3억원이 되어도 사전에 약정한 2억원에 아파트를 구매할 수 있기 때문에 가격상승에 따른 이익 9,500만원을 얻게 된다. 만약 아파트 가격이 분양권 가격보다 하락하는 경우 분양권을 소유한 사람은 해당권리를 포기하기 때문에 분양권 구매시 지불했던 500만원의 손실을 입게 된다.

### (2) 옵션의 종류

콜옵션(Call Option) 거래는 거래대상인 기초자산을 권리행사 가격에 살 수 있는 권리를 사거나 파는 거래이다. 콜옵션 매수자는 기초자산을 권리행사 가격으로 살 수 있는 권리를 취득하기 위해 그 대가로 프리미엄을 매도자에게 지불한다.

반면에 콜옵션 매도자는 대가로 프리미엄을 받는 대신에 매수자의 청구가 있으면 기초자산을 권리행사 가격으로 매도해야 한다. 풋옵션거래는 거래대상 기초자산을 권리행사 가격에 팔 수 있는 권리를 사거나 파는 거래이다. 풋옵션 매수자는 기초자산을 권리행사 가격으로 팔 수 있는 권리를 취득하기 위해 그 대가로 프리미엄을 매도자에게 지불한다. 반면에 풋옵션 매도자는 프리미엄을 받는 대신에 매수자의 청구가 있으면 기초자산을 권리행사 가격으로 매입해야 한다. [그림 12-10]은 풋옵션 거래의 기본적인 개념을 나타내고 있다.

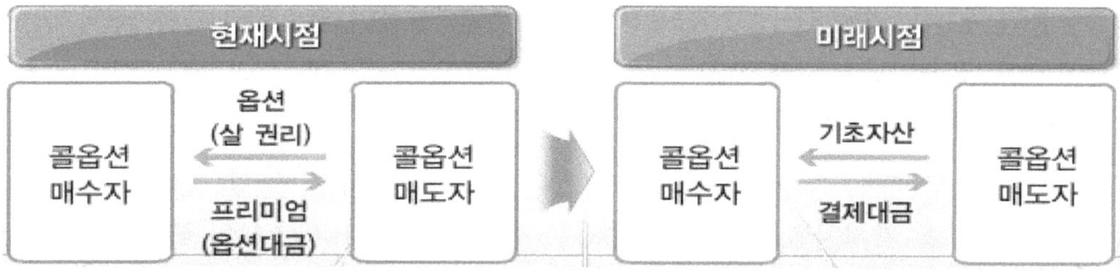


[그림 12-10] 콜옵션 거래 개념

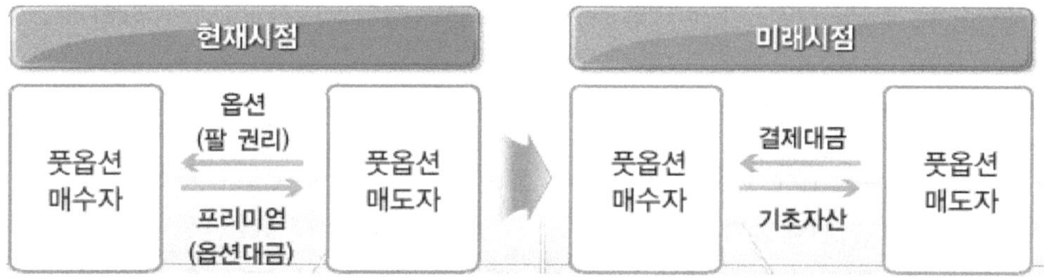


[그림 12-11] 풋옵션거래의 개념

### (3) 선물과 옵션의 차이

선물거래는 미리 정해진 기간에 미리 가격으로 특정자산을 사거나 또는 파는 거래이다. 반면에 옵션거래는 미리 정해진 기간에 미리 정해진 가격으로 특정자산을 사거나 팔 수 있는 권리를 거래하는 것이다. 따라서 선물과 옵션은 <표 12−2>와 같이 거래대상, 권리와 의무, 계약시 수수방법, 증거금, 위험구조, 결제방법 등에서 차이가 난다.

〈표 12-2〉 선물과 옵션의 비교

| 구분 | | 선물거래 | 옵션거래 |
|---|---|---|---|
| 거래대상 | | 대상자산 자체 | 대상자산을 사거나 팔 수 있는 권리 |
| 권리와 의무 | | 매수자 : 권리와 의무<br>매도자 : 권리와 의무 | 매수자 : 권리<br>매도자 : 의무 |
| 계약시 수수금액 | | 프리미엄 수수가 없음 | 매도자 : 권리부여 ⇦ 매수자<br>매수자 : 프리미엄 ⇦ 매도자 |
| 증거금 | | 매수자와 매도자 모두 납부 | 의무를 부담하는 매도자만 납부 |
| 위험구조 | 매수자 | 위험 무한정 | 위험이 프리미엄으로 한정 |
| | 매도자 | 위험 무한정 | 위험 무한정(프리미엄만큼 위험 감소) |
| 결제방법 | | 반대매매 또는 최종결제 | 반대매매 또는 권리행사 |

선물과 옵션의 차이를 보면 다음과 같다. 첫째, 선물거래는 특정자산 자체가 거래대상이지만, 옵션거래는 특정자산을 사거나 팔 수 있는 권리가 거래대상이다. 둘째, 권리와 의무관계에 있어서 차이가 있다.

선물의 매수자와 매도자는 결제일에 현물가격과 관계없이 특정 자산을 사거나 팔아야 하는 의무를 가지지만, 옵션의 매수자는 현물가격에 따라 옵션의 행사여부를 결정할 수 있는 권리를 가질 뿐 의무는 없다.

셋째, 선물의 매수자와 매도자는 모두 증거금을 납부하고 거래에 따른 대가를 주고받지 않으나, 옵션은 매수자가 매도자에게 대가를 지급한다는 점에서 차이가 있다.

### (4) 옵션거래 유형

콜옵션 매수는 주가가 상승할 것이 예상되는 경우 가장 간단하면서도 높은 수익률을 확보할 수 있는 거래방법이다. 예를 들어 삼성전자 주식이 100만원에 거래되고 있을 때, 투자가 A는 행사가격 100원인 콜옵션 1계약을 프리미엄 5만원을 지불하고 매수하였다고 가정하자.

이 경우 옵션 만기일에 주식가격이 100만원 이상인 경우 권리를 행사하게 될 것이다. 만일 옵션 만기일에 주식가격이 110만원이 되었다면 권리를 행사하여 110만원의 주식을 100만원에 매수할 수 있다. 따라서 투자가 A는 콜옵션 1계약당 10만원의 이익을 얻게 되는데, 옵션매수비용 5만원을 차감한 5만원이 순이익으로 남게 된다.

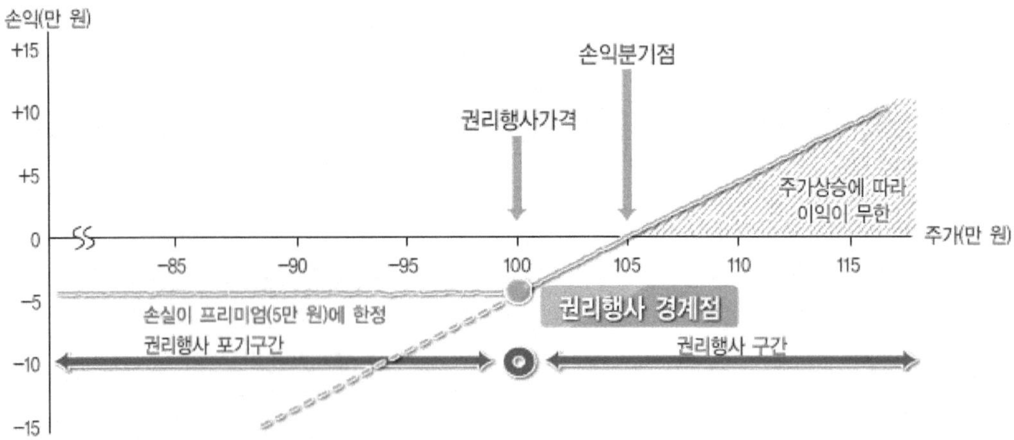


[그림 12-12] 콜옵션 매수의 손익구조

그러나 옵션 만기일에 주식가격이 100만원 이하이면 권리를 포기해야 할 것이므로 옵션매수대금으로 지불한 5만원의 손실을 보게 된다. 이와 같이 콜옵션을 매수한 경우 주식가격이 상승할수록 이익은 그만큼 커지지만, 주식가격이 하락하더라도 손실은 지불한 프리미엄으로 한정된다.

[그림 12-12]는 이런 특성을 가진 콜옵션 매수의 손익구조를 그래프로 정리한 것이다.

## 4. 파생상품의 거래

### (1) 대표적인 상장파생상품

[그림 12-13]은 우리 증권시장에 상장된 대표적인 파생상품들이다. 특징적인 것은 선물관련 파생상품이 주를 이루고 있다는 것이다. 그러나 코스피200지수옵션은 단일 옵션거래품목으로는 세계적인 유동성을 자랑하는 거래상품이다.

[그림 12-13] 대표적인 상장상품들

그러면 투자가들이 선물, 옵션을 거래하기 위해서는 어떤 절차를 거쳐야 하는가를 요약해서 보기로 한다. [그림 12-14]에서처럼, 투자가들이 파생상품거래를 시작하려면 우선 선물회사 또는 금융투자회사(증권사)에 위탁거래계좌를 개설해야 한다.

위탁계좌는 가까운 선물회사 또는 금융투자회사를 방문하여 필요한 서류를 작성하면 바로 개설이 된다. 이때 각 중개회사는 투자가에게 선물거래에 따른 손실위험을 알리는 의무를 지게 되는데 이에 따라 손실 위험을 알린 후에 투자가로부터 '선물거래 위험고지서'에 서명을 받게 되어 있다. 그 다음에 선물상품별로 정해진 위탁증거금을 납부하고 선물거래를 하게 된다. 주문은 전화나 홈트레이딩 시스템을 이용하여 고객이 편리한 방법으로 하면 된다.

그러나 파생상품거래는 레버리지 효과에 의해 투자원금에 비해 많은 이익을 얻을 수 있는 반면에 손실도 입을 수 있다는 것을 명심해야 한다. 따라서 파생상품을 거래하는 투자가는 다음과 같은 사항을 반드시 숙시하여야 한다. 첫째, 자신의 예상과 반대방향으로 가격이 변동할 때는 비교적 단기간에 투자원금에 해당하는 위탁증거금의 전부를 상실할 수 있으며, 심한 경우에는 그 손실이 원금을 훨씬 초과할 수도 있다는 것을 명심해야 한다.

둘째, 시세변동에 의한 손실금액이 일정금액 이상일 경우에는 위탁증거금을 추가로 납부해야 하며, 소정의 시한까지 위탁증거금을 추가로 납부하지 않을 때에는 투자가의 의사와 관계없이 중개회사가 임의로 미결제약정의 전부 또는 일부를 처분하거나 위탁증거금으로 납부한 대용증권의 전부 또는 일부를 처분할 수도 있다.

셋째, 시장의 상황에 따라서는 의도한 대로 미결제약정을 처분할 수 없는 경우도 있을 수 있다. 예를 들면, 가격이 크게 변동하거나 상대주문이 적을 때에는 유동성이 부족하여 처분이 곤란한 경우도 발생할 수 있다. 거래의 상황에 이상이 발생하는 등 시

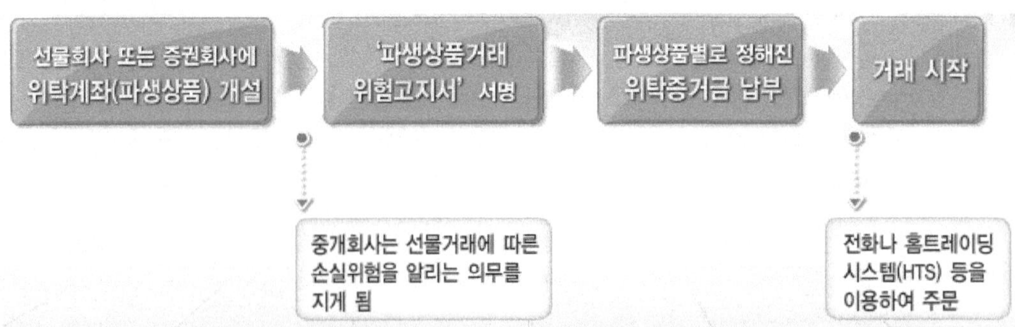


[그림 12-14] 파생상품거래 절차

장관리상 필요한 경우에는 한국거래소는 가격제한폭, 위탁증거금률, 추가증거금의 징수시한 등을 변경할 수도 있다.

이와 같이 파생상품거래는 단기간에 많은 손실을 입을 위험이 있기 때문에 파생상품거래설명서뿐만 아니라 거래의 위험이나 구조에 대하여 충분히 이해를 한 후 자금력, 투자목적, 및 투자경험 등을 고려하여 투자가 자신의 판단과 책임으로 거래를 하는 것이 바람직하다는 것을 유념해야 한다.

## 제 2 절 선물시장의 구조와 거래제도

### 1. 선물시장 구조

#### (1) 선물거래소

선물거래는 선물거래소(Futures Exchange)라고 하는 조직화된 시장에서 이루어진다. 일반적으로 선물거래소는 회원제로 형성되며 다음과 같은 기능을 수행한다. 첫째, 선물거래소는 선물거래소 회원들이 선물계약을 매매할 수 있는 장소(Floor)를 제공한다. 둘째, 선물거래소 내에서 선물거래에 적용될 수 있는 윤리적 기준과 재무적 기준을 시행한다. 셋째, 회원의 사업적 이익을 증진시킨다.

선물거래가 가장 활발한 미국에는 시카고 상품거래소(CBOT), 시카고 상업거래소(CME), NYMEX, COMEX 등의 여러 선물거래소가 있다. 이들 미국의 선물거래소에서 거래되는 상품은 매우 다양한데, 1848년에 설립된 CBOT에서는 상품선물과 금리선물 그리고 주가지수선물이 활발히 거래되고 있으며 CME에서는 상품선물 이외에 외환선물, 금리선물, 주가지수선물 모두가 거래되고 있다.

미국 이외에도 런던, 몬트리올, 암스테르담, 오사카, 동경, 홍콩, 싱가포르, 브라질 등 전 세계적으로 여러 나라에서 선물거래소를 개설하고 있으며 선물거래소 숫자는 계속 증가 중이다. 이러한 선물거래소에서 거래되는 상품은 지역별 특성에 따라 상품선물, 외환선물, 금리선물, 그리고 주가지수선물을 모두 포함하기도 하며, 이중에서 일부만을 취급하기도 한다.

### (2) 청산소(Clearing House)

선물시장에서의 거래는 궁극적으로 선물거래소와의 거래가 되기 때문에 거래의 결제도 거래소를 상대로 이루어진다. 각 투자자의 선물거래의 상대가 되어 결제를 하는 기관인 청산소는 선물거래의 운용과 유지를 위하여 매우 중요한 존재이다.

청산소는 선물거래소 회원간 채무를 보증함으로써 선물거래의 재무적 이행을 확실하게 한다. 또한 선물계약 정산의무를 이행하기 위한 간편한 방법으로서 고객간 상계를 가능하게 한다.

청산소는 거래소의 한 부서조직인 경우도 있고, 몇 개 거래소가 공동설립 운영하는 경우도 있다. 선물거래소에서 체결된 모든 계약의 자료는 즉시 청산소로 이관되어 청산소의 대형 컴퓨터에 입력된다.

청산소는 이 자료를 바탕으로 모든 선물거래자들의 상품가격 변동에 따른 재정상태의 변화를 분석하고 당일의 거래가 끝난 후에는 즉시 각 품목별, 만기월별로 정산가격을 발표한다. 정산가격은 당일의 종가와 거래시간내의 가격등락폭에 의해 형성되며, 모든 선물거래자들의 손익을 매일매일 정산하는 기초가 된다.

### (3) 선물거래 조건

미국의 선물시장에서는 선물거래소가 선물거래의 조건을 정하고 이를 상품거래위원회(Commodity Futures Trading Commission; CFTC)가 승인하고 있다. 선물의 거래조건에서 정하는 사항은 거래단위, 가격단위와 최소가격변동단위, 일별 가격변동폭, 품질, 거래시간, 인도월, 인도의 시기와 절차 등이다.

#### ① 거래단위와 품질

모든 선물계약은 그 해당 품목마다 표준화된 거래단위가 있다. 그러므로 선물거래는 그 해당 품목의 규정된 수량으로서 선물거래 1계약이 될 수 있는 것이다. 이와 같이 모든 선물거래는 품목과 시장에 따라 거래단위가 서로 다르다.

선물거래에 있어서 거래단위는 원활한 거래를 위해 매우 중요한 사항이다. 거래단위가 너무 작으면 잦은 거래를 해야 하는 투기자들에게는 너무 많은 거래비용이 발생하기 때문에 원활한 거래가 이루어지기 어렵다.

반대로 거래단위가 너무 크면 헷져(Hedger)들은 헷지에 필요한 만큼의 거래를 하기 어렵게 된다. 이러한 문제를 고려하여 거래소에서는 각각의 품목에 대해 가장 알맞는 거래단위를 정해 놓고 있다. 이와 함께 선물거래 대상 상품의 품질도 표준화되어 있다.

② 가격단위와 가격변동범위

가격단위는 단순히 가격이 명시되는 단위이다. 예를 들면 옥수수선물은 1/4센트가 가격단위이며, 정부재정증권선물의 가격단위는 1/32달러이다. 이 가격단위는 곧 최소가격변동단위의 산정에 사용된다. 선물거래소에서는 급격한 가격변동으로 인한 거래질서의 혼란을 막기 위하여 하루에 변동할 수 있는 최대가격변동폭을 설정하고 있다.

가격변동폭은 단위당 변동금액으로 정하는 방법과 전일가격에 대한 변동비율을 기준으로 정하는 두 가지 방법이 있는데 우리나라 주가지수선물의 경우 후자에 의한 방법을 채택하고 있다.

③ 인도조건

선물계약에는 상품의 인도시기와 절차, 그리고 만기를 명시하고 있다. 인도월을 정하는 방법은 어느 특정한 달로 정하는 방법과 거래일을 기준으로 하여 계약 후 일정 시점으로 정하는 두 가지 방법이 있다.

미국의 CBOT나 CME의 경우 상품거래에는 품목에 따라 인도월이 다르며, 금융선물거래는 3개월 간격으로 인도월을 정하고 있다. 일정한 시기에 추수를 하는 농산물의 경우에는 추수기를 인도월로 정하는 것이 보통이지만 그 이외의 상품이나 금융선물의 인도월은 보통 3월, 6월, 9월, 12월 등 일정한 간격으로 정해진다.

구체적인 인도일은 인도월의 일정한 날로 정하는데 그 달의 아무 날이나 가능하지만 가장 일반적인 것은 인도월의 세 번째 금요일이다. 우리나라에서는 주가지수선물의 만기일은 3, 6, 9, 12월의 2번째 목요일로 정해 놓고 있다.

이와 같이 1년의 12개월 전부를 인도월로 정하지 않고 격월 또는 3개월 간격으로 인도월을 정하고 있는 것은 인도월을 소수로 한정하여 거래를 집중시킴으로써 거래가 원활하게 이루어지게 하기 위함이다.

## 2. 선물계약의 종료와 증거금

### (1) 선물계약의 종료

거래된 선물계약이 어느 특정일 현재 만기일 도래에 의한 실물의 인수도 또는 반대매매에 의해 청산되지 않고 남아있는 계약을 미청산계약(Open Interest)이라고 한다. 그러므로 미청산계약은 앞으로 인도 또는 인수를 해야 하는 의무를 가지고 있는 계약의 수를 말한다.

어떤 선물계약에 대한 거래가 처음으로 허용되는 시점에서는 미결제약정이 없다. 그러나 선물거래가 시작되면서 미청산계약의 수는 점차 증가한다. 선물계약을 사거나 판 거래자가 선물계약과 관련한 의무를 이행하는 선물계약의 종료방식에는 선물계약에 따른 상품의 인도, 현금결제, 반대매매, 그리고 거래소 밖에서의 당사자간 상품의 인도 등의 방법이 있다.

① 상품의 인도 또는 현금 결제

선물계약은 미래의 일정한 날짜에 일정한 상품과 대금을 교환하기로 한 계약이다. 따라서 선물계약의 만기일에는 매도자와 매수자 사이에 상품과 대금을 교환되는 실물거래가 이루어진다.

그러나 최근에는 만기일에 상품의 인수인도 대신 현금을 지불함으로써 거래를 종결시키기도 한다. 현금결제시에 거래자들은 만기일에 선물계약에 의한 가격과 현물시장 가격의 차이만을 지급하게 된다.

이러한 상품의 인도 또는 현금결제 방식은 모두 만기일에 이루어진다. 그러나 이러한 방식에 의한 계약종료는 선물거래에서 0.65%에 불과하다.

② 반대매매

가장 빈번히 이용되는 선물계약의 종료 방법으로 거래자는 동일한 종류의 계약을 반대로 체결함으로써 선물계약상의 의무를 이행하는 방법이다. 예를 들면 갑이 5월 1일에 9월 인도 밀의 선물계약 1단위(5,000부셀)를 부셀당 171센트에 을로부터 샀다고 하자. 갑은 밀의 값이 오르자 5월 10일에 동일한 조건의 선물계약을 병에게 부셀당 185센트에 팔았다면 갑은 을과의 선물계약과 관련된 의무를 병과의 선물계약에 의해 면제받게 되며 두 건의 선물계약과 관련된 의무는 을과 병 그리고 청산소가 부담하게 된다.

③ 장외에서 상품의 인도

선물계약의 거래자는 장외에서 상품의 인도방식에 의해 선물계약을 종료할 수도 있다. 이 경우에 선물계약의 매도자와 매수자는 동시에 선물계약에 의한 상품과 현금의 교환과 선물계약의 해지에 동의하여야 한다.

이러한 거래는 실제로 선물계약상 상품을 보유한 자와 이 상품을 원하는 실수요자간에 이루어지고 있으며 선물거래소에서도 예외적으로 이러한 계약의 종료방식을 인정하고 있다. 이 방식은 반대매매와 유사하지만 다음과 같은 점에서 차이가 난다.

첫째, 거래자들은 실제로 상품을 인도한다. 둘째, 선물거래의 종료가 선물거래소 밖에서 이루어진다. 셋째, 거래당사자들은 상품의 가격 등 거래조건을 서로 상의하여 결정할 수 있다.

### (2) 증거금과 일일정산제도

선물계약의 결제일이 되면 선물거래의 매입자와 매도자 쌍방은 계약과 관련된 의무를 이행하여야 한다. 즉, 매입자는 결제일에 대상 품목을 정해진 가격으로 매입해야 하며, 매도자는 반대로 정해진 가격에 팔아야 한다.

그러나 가격이 불리한 방향으로 움직여서 손해가 발생하면 선물거래자가 계약을 이행하지 못할 가능성이 커지며, 이 경우 선물계약의 이행을 보증한 청산소는 손실을 입게 된다. 이러한 손실을 방지하기 위하여 선물거래를 위한 계좌를 개설할 때 선물중개인은 투자자에게 그리고 청산소는 선물중개인에게 계약의 이행을 보증하기 위한 증거금을 내도록 요구하고 있다. 이러한 증거금은 선물계약마다 다를 수가 있으며, 증거금으로는 일반적으로 현금과 대용증권이 이용된다.

증거금에는 개시증거금, 유지증거금 그리고 추가증거금의 3가지 종류가 있다. 선물거래를 위한 계좌 개설시에 납부하는 증거금은 개시증거금(Initial Margin)이라 한다. 통상 개시증거금은 선물계약의 일일가격제한폭을 기준으로 책정된다. 대부분의 선물계약에서 개시증거금은 기초자산 가액의 약 5~18% 사이에서 책정된다.

개시증거금을 예치하고 매입 또는 매도 포지션을 취한 고객은 보유하고 있는 선물포지션의 가격이 변동될 때마다 증거금을 조정하게 되는데 이 때 거래소에서 정한 최소한의 증거금은 계속 유지하여야 한다.

이와 같이 고객구좌의 보유포지션에 대한 가격변동에 따라 유지해야 하는 최저수준의 증거금을 유지증거금이라 하며 유지증거금은 대개 개시증거금의 75%수준에서 결정된다. 투자자의 증거금 수준이 유지증거금 이하로 떨어지면 그 투자자는 Margin Call을 당하게 되며 이때 개시증거금 수준까지 납부하여야 하는데 이 증거금을 추가증거금이라 한다.

반면, 이러한 증거금은 선물계약 거래자의 자산으로서 그 가격이 상승하여 증거금의 가치가 개시증거금을 초과하게 되면 투자자는 그 차액을 인출할 수 있다.

이렇게 청산소는 선물거래에서 거래자가 얻은 매일매일의 이익이나 손실을 계산하여 거래자의 계좌에 반영하는데 이러한 제도를 일일정산(Daily Settlement 또는 Marking to Market)제도라고 한다.

한편, 증거금의 가치가 하락하여 유지증거금이하가 되었는데도 거래자가 추가증거금을 납부하지 않는다면 어떻게 될까? 이 경우 선물중개인은 다음날 반대매매를 통하여 계약거래자의 계좌를 정리하고 남은 잔액은 당사자에게 반환하는데 필요시에는 거래자의 다른 계좌도 함께 정리할 수 있다.

최초의 증거금 수준이 낮은 이유는 바로 이 일일정산제도와 유지·추가증거금제도 때문이라고 할 수 있다. 이러한 제도들이 청산소가 부담할 위험을 감소시키므로 선물거래시 개시증거금 수준이 낮더라도 계약의 이행이 보증될 수 있는 것이다.

## 3. 선물중개인

미국의 경우 선물중개인으로는 선물중개회사(FCM) 외에도 IB(Introducing Broker), CPO(Commodity Pool Operator), CTA(Commodity Trading Advisor), AP(Associated Person) 등이 있다.

이들은 모두 상품선물거래위원회의 허가를 받아 영업을 하며, 비회원 또는 일반 고객의 주문을 장내중개인에게 중개하는 역할을 한다.

### (1) 선물거래자

#### ① 브로커(Broker)와 상주투자자(Local)

거래소에는 브로커(Broker)와 로칼(Local)이라고 불리는 상주투자자들이 있다. 브로커는 단순히 다른 거래자(고객)의 주문을 받아 거래를 대신 성립시켜 주는 사람이다. 브로커는 개인일 수도 있고 증권회사 등에 속한 사람들일 수도 있다.

브로커는 이러한 서비스의 대가로 수수료를 받는다. 상주투자자(Local)는 자신의 계좌를 통해 직접 선물거래에 참여하는 사람들이다. 이들은 선물계약을 낮은 가격에 사서 높은 가격에 매도함으로써 이익을 얻으려는 사람들이다.

이들은 선물거래 변동에 따른 위험을 부담하면서 이에 대한 보상으로 이익을 얻는다. 이러한 상주투자자는 선물거래를 촉진하고 있지만 상주투자자가 브로커를 겸할 수도 있어 고객의 이익과 상주투자자의 이익이 상충하는 경우도 발생할 수 있다.

#### ② 위험회피자(Hedger)와 투기자(Speculator)

선물거래에 참여하는 사람들은 그들의 목적에 따라 크게 위험회피자(Hedger)와 투기자(Speculator)로 구분할 수 있다. 위험회피자는 그 자산을 현재 보유하고 있거나 앞으로 취득하려는 실수요자로서 실물상품의 가격변동에서 오는 위험을 회피하려는 사람이다.

이들은 자신의 현물포지션과 반대거래를 함으로써 가격변동 위험을 줄이고자 한다. 위험회피자는 상품선물의 주요한 이용자이며 이들은 브로커를 통하여 거래를 체결한다. 이에 비해 투기자는 선물거래의 대상이 되는 자산을 직접 소유하거나 사용하는 실수요자가 아니다.

다만 선물의 가격변동으로부터 이익을 얻으려 투자하는 사람이다. 선물거래소 내에서 자기계산으로 거래하는 자는 모두 투기자로서 이들은 선물거래에 유동성을 증가시킴으로써 가격변동 위험의 회피를 가능하게 하기 때문에 선물시장에서는 매우 중요한 역할을 하고 있다고 할 수 있다.

투기자들 중에는 선물 스프레드(Futures Spreads)를 이용하여 비교적 낮은 위험을 부담하면서 투기적인 이익을 얻으려는 사람들이 있는데, 이들을 스프레드거래자(Spreader)라고 부른다. 선물스프레드 거래는 한 종류의 선물계약은 매입하고 만기일 등이 다른 종류의 선물을 매도하는 방법을 말한다.

③ 단기투자자와 포지션거래자

거래 형태에 따라 선물거래자를 구분하면 단기투자자와 포지션거래자로 구분할 수 있다. 초단기투자자(Scalper)는 아주 미세한 선물가격의 변화로부터 이익을 얻으려는 목적으로 초단기의 거래를 하는 투기자들이다.

이들은 보통 몇 분 이상 선물을 보유하는 일이 드물다. 한편 거래당일 하루 동안의 가격변동에 편승하여 거래를 하는 사람들도 있는데 이들을 일일거래자(Day Trader)라고 부른다. 초단기투자자들과 마찬가지로 이들도 단기적인 가격변동에 대한 추측에 의존하여 거래를 한다.

이에 비해 포지션거래자는 단기적인 투기자들보다 훨씬 긴 기간동안 선물을 보유하는 사람들이다. 이들은 선물가격의 변동이 자신에게 유리한 상태가 되기까지 기다리면 이익을 얻을 수 있다고 믿는다. 따라서 이들은 상당히 긴 기간동안 포지션을 유지한다.

## 4. 거래유형

### (1) 가격관계를 이용한 거래

실제시장에서 형성되는 선물의 가격은 적정가치를 반영하여 형성되는 경우가 많지 않다. 즉, 현물과 선물의 가격 차이 또는 근월물과 원월물의 실제가격차이가 이론적인 가격차이보다 더 크거나 적은 경우가 시장에서는 흔히 발생할 수 있다.

이러한 가격관계를 이용하여 무위험이익을 취하는 재정거래와 상대적으로 적은 위험을 감수하는 스프레드 거래가 있다. 이러한 거래들은 시장에 유동성을 제공하기도 하고 선물의 가격이 이론적인 적정가치의 수준에서 형성되도록 하는 중요한 역할을 하며 때로는 시장거래의 주요부분을 담당하기도 한다.

① 단순투기거래 (Speculation)

투기란 자산의 예상되는 가치변동에서 이익을 추구하면서 이를 위해 예상이 빗나갔을 때 입을 수 있는 잠재적 손실도 감수하는 형태의 경제행위라고 할 수 있다. 선물거래는 대상현물에 비하여 현물시장에서의 신용거래보다도 낮은 증거금수준(보통 5% 내외)을 요구할 뿐이므로 그만큼 현물거래에 비해 손익확대(Leverage)가 크다.

일반적으로 수익률은 위험과 비례한다고 할 수 있는데 예상이 맞을 때에는 높은 수익률을 얻을 수 있으나 반대의 경우 역시 큰 손실을 입을 수 있기 때문에 선물거래를 투기적 목적으로 할 때에는 이점을 충분히 감안하여야 한다.

시장 측면에서 보자면 투기자는 해지거래자가 전가하려는 위험을 받아주는 역할을 하므로 시장의 유동성에 있어 중요한 위치를 차지하고 있는 것이다.

구체적인 투기거래기법으로는 대상 선물계약 종류의 수에 따라 단순투기거래와 복합투기거래로 나눌 수 있다.

단순투기거래는 한 종류의 선물계약을 거래대상으로 삼는 전략을 말하는 것으로 장래의 선물가격 변화를 추정하여 가격상승이 예상되면 선물계약을 사고 가격하락이 예상되면 선물계약을 팔아 추후 가격변동 발생 후에 청산 또는 반대매매를 통하여 이익을 취하려는 전략이다.

이러한 거래는 해당 포지션을 취하면서 동시에 반대 포지션을 취하지 않기 때문에 선물가격의 변동이 그대로 거래손익으로 나타나므로 수익이 기대되는 만큼 손실을 입을 위험도 커지게 된다.

② 복합투기거래 (Arbitrage거래 또는 Spread거래)

복합투기거래는 크게 현물과 선물 또는 선물과 선물의 매입매도를 동시에 행하는 차익거래(Arbitrage Transaction)와 스프레드 거래(Spread Transaction)로 구분할 수 있다.

차익거래(Arbitrage Transaction)는 선물시장에서 선물의 가격이 일시적으로 불균형 상태에 있거나 선물시장과 현물시장을 종합할 때 어느 한 쪽이 불균형 상태에 있어 선물과 현물을 동시에 이용하여 한 시장에서는 매입하고 다른 시장에서는 매도를 하는 전략을 말한다.

이에 비하여 스프레드 거래(Spread Transaction)는 성격이 비슷한 복수의 상품선물거래를 의미하는데 동일한 선물계약에 대해 인도월(Delivery Month)만 다른 두 개의 선물을 매입·매도하는 인도월간 스프레드 거래, 동일한 인도월을 갖는 상이한 선물을 매입·매도하는 상품간 스프레드, 그리고 동일한 선물이 상이한 시장에서 거래될 때 그 차이를 이용하여 이익을 취하려고 하는 시장간 스프레드로 구분된다.

선물가격은 상품의 미래가격으로서 일반적으로 만기일이 길수록 현물가격과의 차이가 커지며 선물의 만기시점에서 선물가격과 현물가격은 일치한다. 따라서 베이시스는 계약 초기에 가장 크고 시간이 경과함에 따라 0에 수렴하게 된다. 이 베이시스를 이용하면 상품의 미래가격에 대한 투자자의 예측을 추정할 수 있다.

정상적인 시장에서는 선물가격이 현물가격보다 또 원월물이 근월물 보다 높다. 왜냐하면 선물계약시에는 상품의 인도 인수가 현물거래시보다 늦게 이루어지므로 그 기간 동안의 상품보관료, 보험료, 그리고 투자금액에 대한 금리 등이 발생하기 때문이다.

따라서 일반적으로 베이시스는 0보다 작게 된다. 그러나 곡물이나 난방용 기름과 같은 계절상품의 경우에는 선물계약에 의한 상품의 인도시점이 곡물의 수확기이거나 비수기라면 선물가격이 현물가격보다 낮게 되는 역조시장(Inverted Market)을 형성할 수도 있다. 이러한 역조시장에서는 만기일이 길수록 선물가격이 낮아지며 베이시스가 영보다 크게 된다.

이러한 베이시스는 현물가격이나 선물가격에 비해 변동이 작다. 즉 현물가격과 선물가격이 크게 변동하는 경우에도 베이시스는 비교적 안정적이므로 이러한 성질을 이용하여 선물을 이용한 차익거래(Arbitrage)로 위험회피(Hedging)가 이루어진다.

선물가격은 현물가격과 밀접한 관계를 갖고 있다. 베이시스는 동일한 상품의 현물가격과 선물가격의 차이인 반면, 스프레드는 종류가 다른 두 선물가격의 차이를 나타낸다. 만기가 상이한 동일상품의 선물가격 차이를 상품내 스프레드(Intra-Commodity Spread)라 하고 서로 다른 종류 상품의 선물가격의 차이를 상품간 스프레드(Inter-Commodity Spread)라 한다.

현물시장에서 거래되는 특정한 상품과 관련된 여러 종류의 선물의 가격변동은 유사하기 마련인데, 이 가격변동의 형태가 유사한 선물을 이용함으로써 위험회피의 목적을 얻을 수 있다. 두 가지 선물의 유사한 가격변동을 이용한 스프레드 거래는 낮은 위험부담과 높은 수익을 가능하게 한다.

예를 들면, 동일 상품 내에서 결제월이 다른 선물의 가격차이인 결제월간 스프레드와 다른 상품으로서 결제월이 동일한 선물가격간의 차이인 상품간 스프레드가 있을 수 있다. 결제월간 스프레드를 구체적으로 정의하면 다음과 같다.

스프레드＝근월물가격－원월물가격

만약 시장의 구조적인 문제 등에 기인하여 일시적으로 특정한 선물계약의 가격변동이 크다면 인도기일에 차이가 있거나 성질이 유사한 두 가지 종류의 선물의 가격차이를 이용하여 이익을 얻을 수 있다.

이러한 스프레드 거래는 낮은 가격변동 위험을 부담하는 투자자들에게 이익 획득의 기회를 제공하며 일반적으로 매우 안정적이라고 할 수 있다.

③ 헷징거래

앞에서 살펴본 바와 같이 선물시장의 참가자들 중 헷져들은 자신이 가지고 있는 자산 또는 앞으로 소유하고자 하는 자신의 가격변화에 따른 위험을 회피하기 위해서 선물거래를 이용한다.

이때 현물가격과 선물가격이 동일한 방향으로 동일한 크기만큼 변하여 현물시장에서의 손실이 선물시장에서의 이익에 의하여 완전히 상쇄되는 경우를 완전 헷지라고 하며 완전히 상쇄되지 않은 경우를 불완전 헷지라고 한다.

금융선물거래에 있어서 헤징이란 현물시장에서 현재 보유하고 있는 금융자산 또는 앞으로 변제해야 할 채무에 대해서 선물시장에서 현물시장과는 정반대의 매입 또는 매도거래를 함으로써 주가, 금리, 그리고 환율변동에 따라 발생될 현물시장에서의 손실(또는 이익)을 선물시장에서의 이익(또는 손실)으로 상쇄시키는 것을 말한다.

이는 장래의 불확실한 환율 및 금리수준을 일정하게 확정시킴으로써 손실발생위험을 제거하는데 그 목적이 있으며 헤징의 성공여부는 베이시스(Basis)의 움직임, 즉 선물가격과 현물가격의 차에 의하여 결정된다.

## 제 3 절 금융선물

금융선물의 발달은 금융환경의 변화와 밀접한 관계가 있다. 1971년 브레튼우즈 협정 파괴로 주요 통화의 환율이 변동환율제도로 변화하였고 1973년 제1차 오일쇼크로 인플레이션과 금리변동이 심화되었다.

이러한 환율과 금리의 급격한 변동은 외환이나 채권을 운용하는 금융기관이나 기업의 금융자산 가치의 변동을 초래하였고 이러한 가격변동 위험에 대한 대비책으로서 금융선물이 개발되었다.

금융선물거래는 계약시점에서 매매당사자간에 결정된 가격에 의해 미래의 일정일에 일정금융자산을 수도할 것을 계약조건으로 하는 선도거래와 비슷한 성격을 갖고 있으나 거래형식 및 내용에 있어 다음과 같은 특징을 갖고 있다.

첫째, 금융선물시장은 참가자(회원)가 일정시간에 같은 장소 즉, 거래소라고 하는 공식적이고 체계적인 장소에 집합하여 거래가 이루어지는 경매시장의 성격을 갖고 있다. 둘째, 금융선물거래는 거래단위규모, 인도결제일 등 계약조건이 표준화되어 있다.

셋째, 금융선물거래는 최종수도일 이전에 거래소에서 시장가격으로 수시로 매매되므로 시장성이 높다. 넷째, 금융선물거래는 거래자 사이에 청산소가 개입하여 계약체결의 이행을 보증하고 있을 뿐만 아니라 일일결제제도 및 거래자에 대한 증거금 적립제도를 운용하고 있어 거래에 대한 신용위험(거래불이행 위험)이 거의 존재하지 않는다.

## 1. 금융선물의 종류

금융선물은 금리선물, 외환선물, 주가지수선물 그리고 선물옵션의 4가지로 구분된다. 금리선물은 금리의 변동위험에 대한 헷지의 수단을 제공하며, 외환선물(Foreign Exchange Futures)은 환율의 변동위험, 그리고 주가지수선물은 주가의 변동위험에 대한 헷지수단을 부여하고 있다. 금융선물을 분류하면 <표 12-3>과 같다.

## 2. 외환선물

외환선물은 시카고의 CME의 한 분과인 IMM(International Money Market) 등에서 환율변동에 따른 위험을 회피하기 위해서 거래된다. 그러나 외환선도시장이 매우 잘 발달하여 외환선물시장은 비교적 규모가 작다.

외환선물의 가격은 현물시장과는 달리 외화 1단위당 달러금액으로 표시된다. 예를 들면 $ .9285/yen(.00) 또는 $ .5750/DM 등으로 표시된다. 외화선물은 향후 지급해야 할 외화부채 또는 취득할 외화수익과 관련된 환율변동 위험을 헷지하기 위해서도 이용되지만, 향후 환율변동에 대한 예측에 따라 투기적인 목적으로 외환선물이 이용되기도 한다.

〈표 12-3〉 금융선물 유형

| | | |
|---|---|---|
| 금융선물<br>(Financial Futures) | 통화선물<br>(Foreign Currency Futures) | 엔, 영국 파운드, 스위스프랑, 프랑스 프랑, 멕시코 페소 대 US$ |
| | 금리선물<br>(Interest Rate Futures) | 장기금리 : T−Bond, GNMA<br>중기금리 : T−Note<br>단기금리 : T−Bill, Euro−dollar |
| | 주가지수선물<br>(Stock Index Futures) | S&P 500<br>KOSPI 200, KOSDAQ 50<br>Value Line<br>NYSE Index |
| | 선물옵션 (Option on Futures) | 장기금리선물옵션<br>S&P 500 주가지수 선물옵션<br>NYSE Index 선물옵션 등 |

즉, 외국통화의 시세가 오를 것으로 예상될 경우에는 해당 통화의 선물을 매입하고, 반대로 하락할 것으로 예상되면 선물을 매각한다. 이러한 투기적인 거래는 외환을 직접 매입 또는 매각하는 것도 한 방법이지만 외환선물시장을 이용함으로써 투자이익을 극대화할 수 있다.

금융시장에서는 주로 선물계약을 이용하여 미래의 인도가격을 사전에 고정시키지만 외환시장에서는 주로 외환선도계약을 이용하여 미래의 인도가격을 사전에 고정시킨다. 외환선도시장과 외환선물시장은 서로 다르지만 이 두 시장은 상호조화를 이루면서 공존하고 있다.

외환선도시장은 대규모의 무역회사나 기관투자가들이 주로 이용하고 외환선물시장은 소규모의 무역회사와 투기자가 주로 이용한다. 그리고 이 두 시장은 밀접하게 연결되어 있으며 가격의 변동성 또한 매우 유사하다.

어떤 측면에서는 외환선물거래자는 규모가 크고 유동성이 높은 외환선도시장으로부터 간접적인 혜택을 받고 있다고 볼 수 있다. 또한 외환선도거래는 외환선물거래에 비해 규모와 만기일 등 계약조건은 당사자간의 합의에 따라 융통성있게 조정된다.

외환선도시장과 외환선물시장은 계약을 체결하고 청산하는 절차에서 서로 다른 점이 있다. 외환선물시장에서는 신용위험을 최소화하기 위하여 청산소와 증거금제도를 채택하고 있으나 선도계약이 그렇듯이 외환선도시장에서는 청산소와 증거금제도가 없기 때문에 딜러들이 고객에 대한 신용도를 직접 점검해야 하며 고객들에게 개별적으로 보증금을 요구하기도 한다.

또한 외환선도 계약은 만기일 이전에 청산이 어렵기 때문에 선도계약의 90%정도가 만기일에 인도된다. 그러나 외환 선물계약의 경우 만기일 이전에 대부분 청산되고 실제로 만기일에 인도되는 계약은 전체의 1%에도 못 미친다.

## 3. 금리선물

금리선물은 금리변동에 따른 금융자산의 가치변동 위험을 헷지하기 위하여 고정금리를 지급하는 각종 채권, 정기예금 등을 거래대상으로 하는 선물이다. 금리(이자율)변동에 따른 위험회피가 목적인 금리선물거래는 거래대상만 다를 뿐 통화선물거래와 유사한 방법으로 이루어진다.

### (1) 금리선물의 종류

금리선물시장에서 거래되는 선물상품은 고정금리를 지불하는 채권을 기초자산으로 하고 있다. 고정금리를 지불하는 채권은 금리변동위험과 부도위험 등의 위험을 갖고 있다.

채권의 금리변동 위험은 경제전반의 금리변화에 따라 채권가격이 변하여 채권의 보유자가 손해를 입을 가능성을 말한다. 그리고 부도위험은 채권 발행자의 파산 등의 이유로 원금과 이자의 전부 또는 일부를 받지 못할 위험이다. 따라서 부도위험이 높을수록 채권자가 요구하는 이자율은 높게 되며 채권가격은 낮게 된다.

채권의 만기 이전에 채무자의 신용상태가 변하면 부도위험이 변하고 채권가격도 변하게 된다. 또한 경제 환경 등의 변화에 따라 채무 이행 가능성에 대한 투자자의 기대가 변하면 이에 따라 채권의 가격도 변하게 된다.

금리선물은 이러한 금리변동에 따른 채권가격의 변동위험을 관리하기 위하여 도입되었으며 현재 미국에서 가장 활발히 거래되는 상품이다.

금리선물의 괄목할 만한 성장은 고정금리 채권시장의 급격한 신장과 금리변동의 심화 등과 같은 사실에 기인된 것으로 이 두 가지 요인으로 인해 고정금리로 표시된 채무증서의 보유나 거래에 수반된 금리위험을 회피하거나 관리할 수 있는 수단으로서 만들어진 것이다. 금리선물의 대상인 채권은 화폐시장(Money Market)에서 거래되는 단기채권과 채권시장(Bond Market)에서 거래되는 장기채권으로 구분된다. 단기채권에는 단기재정증권(Treasury Bill)과 유로달러예금증서(Eurodollar Certificate of Deposit)가 있으며 장기채권은 중장기재정증권(Treasury Note, Treasury Bond)이 있다. 이에 따라 금리선물도 단기금리선물과 장기금리선물로 구분되고 있다.

### (2) 금리선물의 이용

위험회피가 선물거래의 가장 큰 의의라고 할 수 있는 만큼 여기에서는 헷징거래만 살펴보기로 한다. 매입헤징(Buying Hedging)은 장래의 금리하락에 따른 위험을 회피하기 위하여 선물매입거래를 통하여 현물거래에서 얻은 손실을 상쇄시키려는 거래로 Long Hedging이라 한다.

즉 기업이나 금융기관이 장래에 투자할 자금을 보유(장래에 채권 매입 예정)하고 있거나 현재 고금리로 자금을 차입하고 있는 경우 앞으로의 금리의 하락이 예상(금리하락은 채권가격상승을 의미함)되면 기회손실이 야기될 우려가 있으므로 이를 방지하기 위하여 매입예정채권이나 차입자산과 관련한 선물매입(Long Position)계약을 체결한다.

그 후 예상대로 금리가 하락(채권가격상승)하면 선물포지션을 매입가격보다 높은 가격으로 매도하여 매매차익을 얻게 되는데 이 차익으로서 보유자금이나 고금리차입금의 기회손실을 상쇄시킬 수 있다.

반면, 매도헤징(Selling Hedging)은 장래의 금리상승에 따른 위험을 회피하기 위하여 선물매도거래를 통하여 현물거래에서 입은 손실을 상쇄시키려는 거래로 Short Hedging이라고 한다.

기업 또는 금융기관이 장래의 일정시점에서 자금의 차입을 예정하고 있거나 현재 금리변동에 민감한 자산(채권 등)에 투자하고 있는 경우, 금리상승(채권가격하락)이 되면 차입비용의 상승 또는 현 보유자산의 가치하락에 따른 손실이 불가피하므로 이를 방지하기 위하여 선물매도(Short Position)계약을 체결하고, 그 후 예상대로 금리가 상승하면 선물포지션을 매입하여 청산함으로써 이익을 취하게 된다.

이 이익으로서 보유 자산(채권 등)의 가치하락 위험이나, 차입비용상승의 위험을 헷징 할 수 있다.

## 4. 주가지수선물

### (1) 주가지수 선물거래의 개요

주가지수 선물거래란 증권시장에서 매매되고 있는 전체 주식 또는 일부 주식의 가격수준을 나타내는 주가지수를 매매대상으로 하는 금융선물의 한 종류이다. 즉 선물가격의 기준이 되는 기초자산이 주가지수일 때 이것을 주가지수선물이라고 한다.

주가지수는 주식집단의 가격수준을 나타내는 수치일 뿐 실물이 없는 추상물이기 때문에 일반 선물거래와는 달리 현물인수도가 불가능하므로 최종 결제시 현금으로 결제하게 된다.

### (2) 주가지수 선물거래의 특징

주가지수 선물거래가 일반 선물거래와 비교되는 특징으로는 첫째, 통상의 상품(농축산물, 광산물 등) 선물거래에서는 실제로 존재하는 상품을 표준화하여 선물거래의 대상으로 하고 있는 반면, 주가지수 선물거래는 현물시장에서 거래되고 있지 않는 계산상의 수치(주가지수)를 그 대상으로 한다는 점이다.

둘째, 통상 선물거래에서는 최종거래일까지 반대매매 되지 않는 약정은 매매대상인 실물을 인도하고 그 대가를 지불함으로써 계약이 종료되나 주가지수 선물에서는 매매대상물이 실제로 존재하지 않기 때문에 실물을 인도할 수 없어 현금으로 결제된다.

이때 현금결제의 방법으로는 약정지수와 최종 결제지수와의 차이에 거래소에서 정한 일정액을 곱하여 산출한 금액을 수수하게 된다.

### (3) 주가지수 선물거래의 도입배경과 발전과정

주가지수 선물의 도입은 미국의 KCBT(Kansas City Board of Trade)가 1977년에 새로운 선물거래 제도의 도입을 검토하면서 논의되어 1982년 2월 밸류라인 주가지수(Value Line Composite Index; VLCI) 선물의 첫 거래가 이루어진데 이어 동년 4월에는 시카고 상업거래소(CME)가 S&P 500 주가지수 선물을, 5월에는 뉴욕선물거래소(NYFE)가 NYSE 종합주가지수선물거래를 시작하였다.

그 후에도 주가지수선물이 속속 도입되어 1983년 7월 KCBT의 미니 밸류라인(Mini−Value Line) 주가지수와 CME의 S&P 100 주가지수 선물, 1984년 7월 CBOT의 NASDAQ 100 주가지수 선물이 도입되었다. 이후 영국, 일본, 프랑스, 독일, 싱가포르 등 세계 여러 나라에 주가지수 선물거래 도입이 확산되었다.

주가지수 선물의 도입 및 발전이 급속하게 이루어지고 있는 배경으로는 첫째, 정치, 경제적 변동이 심해짐에 따라 주가가 급변동하게 되어 이에 따른 위험회피문제가 대두되었다.

둘째, 주식시장의 규모확대로 주주의 수가 증가하였으며 셋째, 기관투자가의 자금운용 증대와 경쟁의 심화로 최소의 위험으로 수익을 극대화하려는 투자전략에 따라 주가지수선물의 이용이 확대된 점을 들 수 있다.

또한 주가지수 선물의 대상 현물시장인 주식시장이 대규모 거래량, 가격의 변동성, 가격정보의 광범위하고 신속한 전달, 주가지수의 다양함 등을 갖추고 있기 때문에 주가지수 선물은 도입된 지 얼마 되지 않아서 급속하게 확대·발전하고 있는 것이다.

#### (4) 우리나라의 주가지수 선물거래

선물(통화 및 금리, 주가지수)과 옵션 등 근대에 개발된 가장 혁신적인 금융기법으로 인정되고 있는 파생 금융상품은 그 규모가 급격히 확대되어 미국을 비롯한 선진국에서는 현물거래 규모를 훨씬 웃돌며 금융시장의 중추적 역할을 하고 있다.

우리나라에서는 1996년 5월에 최초로 증권거래소에서 한국주가지수 200(KOSPI 200)을 대상으로 주가지수선물거래를 도입하여 금융선물거래의 서막을 열었다. 그 이듬해인 1997년 7월에는 주가지수선물과 동일한 기초자산을 대상으로 KOSPI 200옵션거래를 증권거래소에 상장하였다.

이 주가지수선물과 옵션거래가 시작된 후 매년 거래가 비약적인 신장세를 지속하여 우리나라 증권거래소는 거래량 면에서 2001년 연말기준으로 세계 1위의 시장으로 발전하기도 했다. 또한 2001년 1월 30일부터는 한국선물거래소에 코스닥 50 지수를 대상으로 하는 KOSDAQ 50 선물이 상장되어 거래되고 있다.

한국증권거래소와 한국선물거래소로 양분화되어 있던 국내선물시장은 2004년 1월 2일부터 코스피 200 선물·옵션 등 상장주식 관련 상품이 선물거래소에 상장되어 거래가 시작됨으로써 선물거래소로 일원화되었으며, 2005년 1월 28일부터는 통합거래소인 한국증권선물거래소가 설립됨에 따라 선물거래는 한국증권선물거래소가 운영하는 선물시장에서 거래되게 되었다.

[저자 약력]

전 양 진

경북대학교 경영학과 학사
경북대학교 석사 및 박사(재무관리)
영남이공대학교 사회실무학부장 역임
현 영남이공대학교 경영계열 교수

**한국의 증권시장**

초판인쇄 2017년 2월 15일
초판발행 2017년 2월 20일

지은이 전양진
펴낸이 박노일

총괄기획 김중용 · 최준규
편 집 심성보 · 김인숙

펴낸곳 pnc publishing and culture 피앤씨미디어

경기도 고양시 일산동구 강송로 153 310-1501
등록 제396-2012-000203호

전 화 070)7550-3758 팩 스 02)718-8554
홈페이지 www.pncmedia.co.kr 이메일 pnc@pncmedia.co.kr
ISBN 979-11-5730-392-2 93320



정 가 20,000원